萨孟武……作品系列

中国社会政治史

隋唐五代卷

萨孟武 著

生活·讀書·新知 三联书店

Simplified Chinese Copyright © 2021 by SDX Joint Publishing Company
All Rights Reserved.
本作品简体中文版权由生活·读书·新知三联书店所有。
未经许可,不得翻印。

图书在版编目(CIP)数据

中国社会政治史:全四册/萨孟武著.—北京:
生活·读书·新知三联书店,2021.4(2023.7重印)
(萨孟武作品系列)
ISBN 978-7-108-07038-8

Ⅰ.①中… Ⅱ.①萨… Ⅲ.①政治制度-历史-中国
②政治制度-历史-中国 Ⅳ.①D69

中国版本图书馆 CIP 数据核字(2021)第 005708 号

著作财产权人:ⓒ 三民书局股份有限公司
本书中文简体字版由三民书局股份有限公司授权生活·读书·新知三联书店有限公司在中国境内(台湾、香港、澳门地区除外)独家出版。
本书中文简体字版禁止以商业用途于台湾、香港、澳门地区散布、销售。
版权所有,未经著作权财产权人书面授权,禁止对本书中文简体字版之任何部分以电子、机械、影印、录音或其他方式复制或转载。

目　次

第一章　隋
　　第一节　统一国家的再生　002
　　第二节　南方世族的没落及北方世族之政治地位　019
　　第三节　社会经济的破坏及隋之灭亡　036
　　第四节　隋的政治制度　060
　　附　录　隋建元表　086

第二章　唐
　　第一节　国家的统一　088
　　第二节　世族势力的逐渐消灭　112
　　第三节　民族的发展　128
　　第四节　制度废弛与藩镇之乱　153
　　第五节　宫廷梦乱与宦官之祸　178
　　第六节　文官制度的败坏与朋党之争　204
　　第七节　军备废弛与外敌之患　224
　　第八节　民穷财匮与唐之灭亡　245
　　第九节　唐的政治制度　291
　　附　录　唐建元表　382

第三章　五代
　　第一节　政局的纷乱与军阀的割据　386

第二节　民族意识的消沉与契丹之祸　408

第三节　周世宗的革新与中国统一的曙光　425

第四节　五代的政治制度　453

附　录　五代建元表　470

第一章 隋

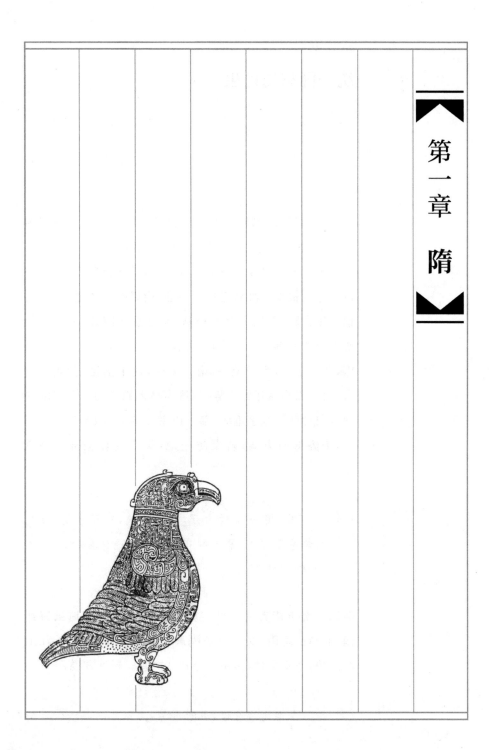

第一节
统一国家的再生

南朝疆域，宋初最大，齐梁稍蹙，陈则极小。南朝领土常给北朝蚕食，这是可以证明北朝有统一南朝之势。从来成就统一之业者大率起自北方，其或奋身南地，亦必以北方为根据。汉高起兵于沛县，而以关中为基础，光武倡义于舂陵，而以河北为根基，北方吞并南方，可以说是历史上的常例。推原其故，实有两种原因，一是地势的原因，北方平原，容易统一，南方多山，便于割据，合北方数省之力，以高屋建瓴之势，当然容易控制江南。而江南之地，西自巫峡，东至沧海，都可以乘便横渡，南军若分防各地，则势悬而力弱；若聚防一地，又守此而失彼。薛道衡说：

> 江东甲士不过十万，西自巫峡，东至沧海，分之则势悬而力弱，聚之则守此而失彼。（《隋书》卷五十七《薛道衡传》）

兼以江南所恃者为长江，益州据长江上游，其地虽属江南，而高山险阻，又与荆扬隔离。益州失守，则以长江上游之势，下临吴楚，实足以夺长江之险。崔仲方说：

> 今唯速造舟楫，多张形势，为水战之具……若贼

以上流有军,令精兵赴援者,下流诸将即须择便横渡。如拥众自卫,上江水军鼓行以前,虽恃九江五湖之险,非德无以为固,徒有三吴百越之兵,无恩不能自立。(《隋书》卷六十《崔仲方传》)

这就是孙子所说:"善攻者,敌不知其所守。"(《孙子》第六篇《虚实》)"吾所与战之地不可知,不可知,则敌所备者多;敌所备者多,则吾所与战者寡矣。故备前则后寡,备后则前寡;备左则右寡,备右则左寡;无所不备,则无所不寡。"(《孙子》同上)其后贺若弼伐陈,即应用这个政策而稍加修正①。

先是弼请缘江防人,每交代之际,必集历阳。于是大列旗帜,营幕被野。陈人以为大兵至,悉发国中士马,既知防人交代,其众复散。后以为常,不复设备。及此,弼以大军济江,陈人弗之觉也。(《隋书》卷五十二《贺若弼传》)

南朝的陈以为水战非北人所长,大江可以阻止隋兵南下,结果竟如李安所料,轻敌而无备,遂为隋之舟师所败,而至灭亡。

平陈之役,以杨素为司马……率蜀兵顺流东下……安谓诸将曰,水战非北人所长。今陈人依险泊船,必轻我而无备,以夜袭之,贼可破也。诸将以为然,安率众先锋大破陈师。(《隋书》卷五十《李安传》)

二是经济的原因,秦汉以前,北方田地甚见肥沃,而以雍州(关中)为最。据《禹贡》所载,雍州田上上,而荆州田下中,扬州田下下。这种经济环境,到了西汉时代,稍稍变动。雍州虽是"膏壤沃野千里"(《史记》卷一百二十九《货殖传》),而江南之地渐次开垦,火耕水耨,其田并非劣等。

---

① 贺若弼也善收罗陈人之心。"军令严肃,秋毫不犯。有军士于民间沽酒者,弼立斩之。"(《贺若弼传》)此即马谡所说:"用兵之道,攻心为上,攻城为下;心战为上,兵战为下。"(《蜀志》卷九《马谡传》注引《襄阳记》))

楚越之地,地广人稀,饭稻羹鱼,或火耕而水耨,果隋蠃蛤,不待贾而足,地势饶食,无饥馑之患,以故呰窳偷生,无积聚而多贫,是故江淮以南无冻饿之人,亦无千金之家。(《史记》卷一百二十九《货殖传》)

其经济状况所以不如北方者,实因"地广人稀",劳动力感觉缺乏。而劳动力所以缺乏,又因为"江南卑湿,丈夫早夭"(《史记》卷一百二十九《货殖传》)。东汉以后,雍州久经丧乱,而三辅尤觉荒凉,经济中心渐次东移,即由关中移于河南汝南、陈留,渐及于江淮一带之地。唯比较南北双方户口,仍然是北多南寡。这种情况一直到南北朝,还是一样①。

南北户口比较表

		西汉	东汉	三国	晋代	南北朝
全国	户	12 233 062	9 618 630		2 459 840	
	口	59 594 978	49 150 220		16 163 863	
南方	户	2 619 025	4 216 516	800 000	1 045 688	906 870
	口	12 959 975	18 959 935	3 240 000		4 685 501
北方	户	9 614 037	5 402 114	663 423	1 414 152	3 375 368
	口	46 635 003	30 190 285	4 432 881		

户口是古代富国强兵的基础,北方户口多于南方,经济上北方的垦田多,军事上北方的兵力强,南风不竞,职此之故。而隋又依高颎的政策,破坏陈之经济。

---

① 前汉户口为平帝元始二年之数,据《汉书·地理志》。后汉户口为顺帝永和五年之数,据《后汉书·郡国志》。两汉南方均包括扬荆益交四州。三国户口据《通典·食货》,其南方包括吴蜀二国。晋之户口为武帝太康元年之数,据《晋书·地理志》,其南方包括梁益宁荆扬交广七州。南北朝户口据《通典·食货》,南方为宋孝武帝大明八年之数,北方为尔朱构乱以后之数。正光以前,户口比晋太康,倍而余矣,即其盛时,有户五百余万。

上尝问颎取陈之策。颎曰,江北地寒,田收差晚。江南土热,水田早熟。量彼收获之际,微征士马,声言掩袭。彼必屯兵御守,足得废其农时。彼既聚兵,我便解甲,再三若此,贼以为常,后更集兵,彼必不信。犹豫之顷,我乃济师,登陆而战,兵气益倍。又江南土薄,舍多竹茅,所有储积,皆非地窖,密遣行人因风纵火,待彼修立,复更烧之,不出数年,自可财力俱尽。上行其策,由是陈人益敝。(《隋书》卷四十一《高颎传》)

但是南北朝时,北方社会尚有种种矛盾。一是种族摩擦,孝文采用汉化政策,用夏变夷,北方人种成为虏汉相杂,而自六镇叛变,分为周齐之后,种族偏见又复发生,因为尔朱荣所率领的部众乃是六镇鲜卑及胡化汉人。固然当时汉胡之别已经离开种族观念,而以文化为标准。但是文化上既有区别,则种族斗争在所难免。所以宇文泰入据关中之时,不能不把一切汉姓改为蕃姓,而附会为三十六国九十九姓之后,借以消灭汉胡偏见。二是将门与华族的冲突,江左之人文,高门华胄大率风流相尚,罕以物务关怀,所以政权实际上乃属于军人。关中之人雄、代北之人武,他们与江左之人不同,本来喜以武事为职。唯自孝文迁都洛邑之后,宗文鄙武,也造成了将门与华族的倾轧。张彝求铨削选格,排抑武人,不使预在清品,羽林、武贲将几千人相率至尚书省诟骂,焚毁张彝屋宇,屠杀张彝父子,即其明证。

在这种情况之下,必须有人焉,汉族而是胡人,华门而为武将,而后才能拉拢各界,收拾残局。当时有这个资格者则为杨坚,他是汉人,只因世仕北朝,渐次胡化。父忠从周太祖起义关西,赐姓普六茹氏(《隋书》卷一《高祖纪》),而坚又娶独孤信之女为妇,长子勇字睍地伐(《隋书》卷四十五《房陵王勇传》),完全是胡人的名,所以就人种说,乃是胡化的汉人。杨氏为杨震之后,四世三公,德业相继,东汉以来,称为关西世族。其渡江一支如杨佺期者,常自谓承籍华胄,江表莫比(《晋书》卷九十九《桓玄传》)。"周代公卿,类多武将"(《隋书》卷四十六《张煚传》),杨忠便是十二大将军之一,所以就家世言,乃是华门的武将。有这数重资格,在政局动荡之际,已经可以君临北方。而周宣帝,"性残忍暴戾……上下愁怨,而内外离心,各求苟免。隋高祖为相,又行宽大之典"(《隋书》卷二十五《刑法志》)。其对百姓,本着"不夺其时,不穷其力,轻其征,薄其赋"(《隋书》卷二十四《食货志》)的政策,以为"宁积于人,无藏府库"(《隋书》卷二十四《食货志》),所以不久即登大位。此时全国将近统一,只唯东南之陈未灭,而陈后主复"性猜忍疾忌,威令不行,左右有忤意者,动至夷戮,百姓怨叛"(《隋书》卷二十五《刑法志》)。所以隋文能够利用北方之力,南平江表,天下大同。于是五胡乱华以后二百余年的混乱社会,又由隋统一起来。

隋既统一中国,就乘人心厌战之际,同秦代一样,收天下兵器,示不复用。

> 开皇十五年二月景辰,收天下兵器,敢有私造者坐之。关中缘边不在其例。(《隋书》卷二《文帝纪》)

并实行下列各种政策,以巩固国家统一的基础。

一、运河的开凿

秦开驰道,造成了两汉统一的基础。但是秦代经济乃以关中为中心,关中之地物产丰富,其依靠外郡供给者甚少,而驰道运输,须用人畜之力,用人畜运输粮食,人畜本身也要消费粮食。因之路途过远,沿途所费的粮食比之实际运到的粮食,数量更多。关于马之食粮,汉时赵充国曾有估计,他说:

> 以一马自佗负三十日食,为米二斛四斗、麦八斛。(《汉书》卷六十九《赵充国传》)

关于牛之食粮,王莽之将严尤说[①]:

> 计一人三百日食,用粮十八斛,非牛力不能胜,牛又当自赍食,加二十斛,重矣。(《汉书》卷九十四《匈奴传下》)

---

① 一马三十日食米二斛四斗、麦八斛,一牛三百日食粮二十斛,三十日食二斛,牛马食量相差过远。

由此可知凡定都关中者，倘关中的生产不能供给关中的需要，只用陆路运输粮食，是得不偿失的。隋时，经济中心已由关中渐次移至江淮之地，而政治的中心则因国防关系，仍须留在关中，以防御突厥与吐蕃的侵略。一方政治的中心仍在关中，同时经济的中心已经东移，凡遇饥馑之年，不能不移跸洛阳就食。例如：

（开皇四年）九月甲戌，驾幸洛阳，关内饥也。（《隋书》卷一《文帝纪》）

（开皇十四年）八月辛未，关中大旱，人饥，上率户口就食于洛阳。（《隋书》卷二《文帝纪》）

于是如何联系政治中心与经济中心，就成为问题了。陆路运输既有缺点，水路运输又因河流缺乏，有所不能。这样，开凿运河便成为隋代的中心工作。

由关中至江淮，再至江南，可以分为五节：一是由长安至潼关，二是由潼关至洛阳，三是由洛阳至淮安，四是由淮安至京口，五是由京口渡江至余杭。由长安至潼关，可以利用渭水，当时渭水多沙，深浅不常，漕者苦之。所以隋文帝最先就开广通渠三百余里，使长安与潼关之间有水路可以运输。

文帝以渭水多沙，流有深浅，漕者苦之，开皇四年，命宇文恺率水工凿渠引渭水，自大兴城东至潼关三百余里，名曰广通渠，转运通利，关中赖之。（《隋书》卷二十四《食货志》）

由潼关至洛阳，有黄河可以通航。由洛阳至淮安，虽有洛水、汴水、泗水、淮河，而皆不相连接，所以炀帝即位，就着手开凿通济渠。

大业元年，命尚书右丞皇甫议，发河南、淮北诸郡民，前后百余万，开通济渠。自西苑，引谷、洛水达于河。复自板渚引河，历荥泽入汴。

又自大梁之东，引汴水入泗，达于淮。(《资治通鉴》卷一百八十《隋纪》炀帝大业元年)

由淮安至长江，地势由北而南，吾国河流均自西而东，没有航运，南方商品不能以最低的运费，输于北方，所以隋文又开山阳渎，以通漕运，炀帝继之，大功以成。

(开皇七年)于扬州开山阳渎，以通运漕。(《隋书》卷一《文帝纪》)

大业元年，发淮南民十余万，开邗沟，自山阳至扬子入江。(《资治通鉴》卷一百八十一《隋纪》炀帝大业元年)

由京口至余杭，地势也是由北向南，自五胡乱华、元帝渡江以后，吴越之地渐次开垦。沈约说：

江南之为国盛矣……地广野丰，民勤本业，一岁或稔，则数郡忘饥。会土带海傍湖，良畴亦数十万顷，膏腴上地，亩直一金，鄠、杜之间不能比也。荆城跨南楚之富，扬部有全吴之沃，鱼盐杞梓之利充仞八方，丝绵布帛之饶覆衣天下。(《宋书》卷五十四《沈昙庆传》)

江南之地甚为重要，不但经济上须设法沟通，而政治上亦宜设法控制。怎样沟通大江南北，交通的便利当然不失为一个条件。因此，炀帝又开江南河，使江北运河通过长江，再与江南运河连接。

大业六年，敕穿江南河，自京口至余杭八百余里，广十余丈，使可通龙舟。(《资治通鉴》卷一百八十一《隋纪》炀帝大业六年)

但是古来为河南之患者，不是来自关中，便是来自河北，所以炀帝于并州则筑驰道，于冀州也开运河，使路程能够缩短，以便控制。

大业三年,发河北十余郡丁男,凿太行山,达于并州,以通驰道。(《隋书》卷三《炀帝纪》)

大业四年,诏发河北诸郡男女百余万,开永济渠,引沁水南达于河,北通涿郡。(《隋书》卷三《炀帝纪》)

关中以高屋建瓴之势,控制河南,而河南之地又有两条运河,一通至余杭,一通至涿郡,交通的便利缩小了天子统治的领域,不但运输粮食容易,即征发军士也容易,这当然可以巩固中央的政权。秦筑驰道,造成了两汉统一的基础;隋开运河,又造成了大唐统一的根基。世上常有一种行为,有害于一时,而利于千百载之下,隋开运河,隋民不胜其害,唐宋之民不胜其利,隋虽二世而亡,其有助于中国文化的发展者却甚大。

二、钱币的统一

统一的政权须以经济的统一为基础,首都若能站在经济上优越的地位,自可利用经济之力,以控制全国郡县。按欧洲各国能由封建国家变成统一国家,乃有恃于商业的发达。商业每集中于最适当的地方,即集中于交易的通路,外国商品先运到这个地方,而后再散布于全国;国内商品也集合于这个地方,而后再输出于外国。由于这种关系,全国遂以该地为中心,成为一个经济的有机体。商品生产愈发达,商品交换愈频繁,各地对于这个地方的隶属性也愈益强烈。国内各地人民由于经济上的必要,常常来到这个地方,有的久居其地,有的暂时逗留。这个中心点愈发达,就成为全国的大都会,不但可以支配全国的经济生活,且又可以集中全国的精神活动。于是该地的言语遂成为商人及学者的用语,最初驱逐了拉丁语,次又驱逐了地方的方言,而使国语因之成立。国家的行政亦适应于经济的组织,渐次集中起来。中央政权由于时势的需要,复以该地为政府所在地,这样一来,这个中心点便成为全国的首都,不但经济上可以支配全国,就是政治上也可以支配全国。近代国家有统一的国语、集中的权力、唯一的首都,是这样成立起来的。这种过程在领土辽广的国家,已经不容易发生,何况隋唐以后,经济中心又由关中移至江淮,经济中心与政治中心分别为两。虽然可用驰道运河联系双方,但是万一乱起一方,经济中心与政治中心断绝关系,则中央政权必将因为失去经济基础,而致无力控制各地。怎样补救这个缺点,钱币政策不失为一个方法。秦铸半两,汉用五铢,王莽篡位,四海分崩,而人心思汉,尚有"黄牛白腹,五铢当复"之谣(《后汉书》卷十三《公孙述传》)。察之吾国历史,凡国家将乱之际,币制必先混乱。王莽代汉,变更币制,"每一易钱,民用破业,而大陷刑"(《汉书》卷二十四下《食货志下》)。董卓秉权,更铸小钱,"钱无轮郭文章,不便人用"(《后汉书》卷七十二《董卓传》)。三国鼎立,魏用五铢,吴蜀各铸大钱①。晋初,亦用五铢,"元帝过江,用孙氏旧钱,轻重杂行,大者谓之比轮,中者谓之四文。吴兴沈充又铸小钱,谓之沈郎钱"(《晋书》卷二十六《食货志》)。降至南北朝,币制愈乱,钱币时时改铸,而每次改铸之时,又贬其质,形式日益薄小,奸民乘机,便大事私铸,乃至"风飘水浮"(《魏书》卷五十八《杨侃传》),"随手破碎"(《宋书》卷七十五《颜竣传》)。"交易者以车载钱,不复计数,而唯论贯。"(《隋书》卷二十四《食货志》)币制如斯棼乱,商货当然不能流通,经济上的割据可以造成政治上的割据,所以隋文受禅,就着手于钱币的改铸。开皇元年,铸新钱,背面肉好,皆有周郭,文曰五铢,自是钱币始一,百姓便之。

　　高祖既受周禅,以天下钱货轻重不等,乃更铸新钱,背面肉好,皆有周郭,文曰五铢,而重如其文。每钱一千,重四斤二两。是时钱既新出,百姓或私有镕铸。三年四月,诏四面诸关各付百钱为样,从关外来勘样,相似然后得过,样不同者,即坏以为铜,入官。诏行新钱已后,前代旧钱有五行大布、永通万国及齐常平,所在用以贸易不止。四年,诏仍依旧不禁者,县令夺半年禄,然百姓习用既久,尚犹不绝。五年正月,诏又严其制,自是钱货始一,所在流布,百姓便之。(《隋书》卷二十四《食货志》)

---

① 蜀铸当百大钱,径七分,重四铢,文曰直百。吴嘉禾五年,铸大钱,一当五百,径一寸三分,重十二铢,文曰大泉五百。赤乌元年,铸一当千大钱,径一寸四分,重十二铢。

但是人民盗铸钱币，乃是因为钱币本身的价值低于钱币所代表的价格。汉代五铢用铜铸之，五铢之铜适值五铢钱所代表的价格。隋呢？钱虽用铜，而又和以锡镴，锡镴既贱，求利者多，盗铸之事尚有所闻。隋文乃用严刑，禁人使用恶钱，于是盗铸颇息。

> 是时见用之钱，皆须和以锡镴，锡镴既贱，求利者多，私铸之钱不可禁约……乃令有司括天下邸肆见钱，非官铸者皆毁之，其铜入官。而京师以恶钱贸易，为吏所执，有死者，数年之间，私铸颇息。（《隋书》卷二十四《食货志》）

大业以后，王纲弛紊，巨奸大猾乘机私铸，钱渐薄恶，货贱物贵，而隋竟至于亡。

> 大业已后，王纲弛紊，巨奸大猾遂多私铸，钱转薄恶，初每千犹重二斤，后渐轻至一斤，或剪铁鍱、裁皮糊纸以为钱，相杂用之，货贱物贵，以至于亡。（《隋书》卷二十四《食货志》）

三、军政的统一

汉用农兵之制，将军均为中朝近卫，有事领兵征伐，事讫皆罢，将归于朝，兵归于野，所以虽然戎车屡驾，而骄兵悍将却不之有。魏晋以降，豪族大族均有部曲，桓氏部曲遍布荆楚，所以桓温虽死，桓玄尚能崛起荆州，入秉朝政。桓玄既灭，而桓谦犹能割据荆州，并怀异志。这种家兵制度，到了南北朝，虽然式微，而军阀盘踞州郡，干涉中央政治，还是常见不鲜。隋文践祚，采用府兵之制，以革其弊。隋代兵制，其详已不可考，唯隋依周制，唐依隋制，我们若以《隋书》《百官志》、《通典》《武官》、《通考》《兵制》三书为资料，并参考周唐二代制度，则隋代兵制亦得略知一二。

就兵役说，民年二十一为兵，六十乃免，每岁从役二十日，余皆安居田亩，有事才被征发。

> 高祖受禅，仍依周制，役丁为十二番……十八已上为丁，丁从课役，六十为老乃免……开皇三年正月，初令军人以二十一成丁，减十二番，每岁为二十日役。（《隋书》卷二十四《食货志》）

炀帝即位，又改为二十二成丁。

> 仁寿四年十月，诏男子二十二成丁。（《资治通鉴》卷一百八十《隋纪》文帝仁寿四年）

其后兵役繁重，盗贼群起，国家为征调民夫，这个诏书遂成具文。

就编制说，中央设十二卫，各置大将军一人、将军二人。卫之下为鹰扬府，每府置鹰扬郎将一人、副鹰扬郎将（后改为鹰击郎将）一人。鹰扬府之下为军坊，每坊置坊主一人、佐二人。军坊之下为乡团，每乡团置团主一人、佐二人。①

> 隋十二卫，曰翊卫，曰骁卫，曰武卫，曰屯卫，曰御卫，曰候卫，各有左右，皆置将军，以分统诸将之事，有郎将、副将、坊主、团主，以相统治。（《文献通考》卷一百五十一《兵考三兵制》）

> 十二卫各置大将军（正三品）一人、将军（从三品）二人，总府事，并统诸鹰扬府……鹰扬府每府置鹰扬郎将一人，正五品，副鹰扬郎将一人，从五品……鹰扬每府置越骑校尉二人，掌骑士，步兵校尉二人，领步兵，并正六品……五年，又改副郎将并为鹰击郎将。（《隋书》卷二十八《百官志下》）

---

① 唐制，天下置府数百，每府有折冲郎将一人、左右果毅都尉各一人，各府皆遥隶于诸卫。隋亦有折冲郎将、果毅郎将之官，但非属于各地鹰扬府，而是属于中央的左右备身府。隋各地军府以鹰扬郎将主之，故称鹰扬府。唐各地军府以折冲郎将主之，故称折冲府。

诸府皆领军坊,每坊置坊主一人、佐二人,各乡团置团主一人、佐二人。(《隋书》卷二十八《百官志下》)

就军队的训练说,后周之制,刺史以农隙教民骑射;唐制,每岁冬季,折冲都尉教民战阵。即周以练兵之权属于刺史,领兵之权属于各府郎将,唐则练兵与领兵之权均属于各地折冲府。隋代如何?

(开皇十年)五月乙未,诏曰,魏末丧乱……兵士军人权置坊府,南征北伐,居处无定……朕甚愍之。凡是军人,可悉属州县,垦田籍帐一与民同。军府统领,宜依旧式,罢山东、河南及北方缘边之地新置军府。(《隋书》卷二《高祖纪》)

诏书所谓"军府统领,宜依旧式",不知是何旧式?岂隋文受禅之时,全国军府分为两种,一是旧式军府,即北周所置的军府;二是新式军府,即隋文新置的军府,开皇十年平陈之后,罢去新式军府,而令旧式军府统领军队么?北周之制,各州刺史有练兵之权,所以大业三年罢州置郡之时,历史又追述旧事云:

旧有兵处,则刺史带诸军事以统之。(《隋书》卷二十八《百官志下》)

炀帝时代,各地军府定名为鹰扬府,例如李轨为武威鹰扬府司兵(《新唐书》卷八十六《李轨传》),刘武周为马邑鹰扬府校尉(《新唐书》卷八十六《刘武周传》),梁师都为朔方鹰扬府郎将(《新唐书》卷八十七《梁师都传》),这可以证明凡要害之地均置鹰扬府。其在各郡,则一变北周之制,不使太守负军事责任,别置都尉、副都尉各一人,使其领兵。

(大业三年)罢州置郡,郡置太守……旧有兵处,则刺史带诸军事以统之,至是别置都尉、副都尉,都尉正四品,领兵,与郡不相知,副都尉正五品。(《隋书》卷二十八《百官志下》)

鹰扬府除郎将外,既置越骑校尉,掌骑士,又置步兵校尉,掌步兵,何以各郡都尉又有领兵的权呢?我们以为这是分地练兵之制。鹰扬府不是各郡都有,只设置于要害之处。各郡壮丁势不能送至鹰扬府所在地,加以训练。文帝时代,各州刺史负训练壮丁之责,大业三年以后,训练壮丁之权属于各郡都尉,太守不得与知。而既已训练之后,则由鹰扬府"统领"之,平日安居田亩,有事才被征发。这种农兵制度当然可以摧毁三国以来的部曲,而使中央政权更见巩固。

四、忠君道德的提倡

上述各种改革固然可使国家臻于统一之域,但是要维持国家的统一,除了物质的条件之外,尚需要一种精神的条件,即全国人民对于皇帝有尽忠的观念,忠与义不同,忠是君臣之间的道德,义是朋友之间的道德。两者区别,据通俗的解释,忠是绝对的义务;义是相对的义务。"知伯国士待我,我故国士报之"(《史记》卷八十六《豫让传》),这是义。"君虽不君,臣不可以不臣"(《旧唐书》卷二《太宗纪上》),这是忠。其实,这种忠的观念,在秦汉以前是没有的。孟子说:"君之视臣如土芥,则臣视君如寇仇",比干谏而死,孔孟称之;武王革命,孔孟又称之,就是孔孟不以忠为绝对的义务,而以忠为相对的义务。君守君道,而后臣致其忠。所以孔孟一方赞成忠君,同时又赞成放伐暴君,即主张二重道德。这个二重道德对于中国有很大的效用。民主政治必以人民有相当的能力为前提,以中国古代人民的程度,很难实行民主政治。既然不能实行民主政治,则欲统治庞大复杂的国家,必须建立绝对王政,而后才能统治各地,而使国家达到长治久安之域。但是君权过大,又可以酿成君主的虐政。一方要求巩固的君权,同时又怕君主滥用其权,于是二重道德就发生作用了。即君主的行为不越出一定限度,则主张忠君的道德;君主的行为若越出一定限度,则主张放君的道德,于庶民中再择一位真命天子,重新建设一个新政权。这是忠和放同时并存的理由。到了秦汉以后,才提高君权,"以君臣之义无所逃于天地之间,至桀纣之暴,犹谓汤武不当诛之,而妄传伯夷、叔齐之事"(《明夷待访录·原君》)。这样一来,忠已不是相对的义务,而是绝对的义务,为人君者纵令行同桀纣,而为人臣者亦须杀其身以事其君。何以秦汉以后,这样提高君权?天下者天下之天下,唯有德者居之,但是由谁判断有德与无德呢?天视自我民视,天听自我民听,当然由人民判断。当时没有议会以代表民意,桀说桀有德,汤说汤有德,结果只有诉诸武力,而如但丁(Dante Alighieri)所说:"用武力以判定功罪,乃是上帝判定功罪的最后方法,所以由战争得到胜利者,可以视为受了上帝的承认。"①汤武战胜桀纣,就是天命在兹的证据。但是这样下去,百姓遭殃了。后儒惧篡夺相继,引起战争,延而害及社会的安宁,所以不惜提高君权,把相对义务的忠改为绝对义务的忠。但是古人之所谓"忠",实在令人莫名其妙。为人臣的如果须忠其君,则曹魏篡汉,固可斥为不忠;对于不忠之人,照道理说,应该不必报之以忠。然而司马夺取魏之天下,刘裕夺取晋之天下,萧道成夺取宋之天下,都是以"篡"报"篡",何以不受后人谅解?说到这里,我记得王敬则与宋顺帝的对话了。萧道成使王敬则勒兵入宫,迫宋顺帝禅位。"帝收泪谓敬则曰,欲见杀乎?敬则曰,迁居别宫耳。官先取司马家,亦如此。帝泣而弹指曰,愿后身世世勿复生帝王家。"(《资治通鉴》卷一百三十五齐高帝建元元年,参阅《南史》卷四十五《王敬则传》)即由敬则观之,刘裕可以废晋恭帝,以为零陵王,寻又杀之,则萧道成何以不可废宋顺帝,以为汝阴王,寻又弑之?若谓萧道成不忠,则萧道成不过以"篡"报"篡",为司马家报仇耳。南北朝时,人人都没有忠的观念,朝代更易,一般臣下无不"宴安宠禄,曾无释位之心;报使献诚,但务随时之义"(《周书》卷三十《于翼传》赞)。他们送故迎新,其视帝位禅代,无异于"将一家物与一家"(《南史》卷二十八《褚照传》)。而所谓忠臣也者亦尽"如失主犬,后主饲之,便复为用"(《梁书》卷十七《马仙琕传》)。何以南北朝人士这样缺乏忠的观念呢?南北双方之君临天下者皆为国日浅,威德未洽,强君武王力而为之,仅以自守,不过一再传而复乱政。这样,人民对

---

① 但丁之言,见 W. A. Dunning, *A History of Political Theories, Ancient and Mediaeval*, 1923, p.232。参阅拙著《政治学》第 4 版,第 268 页。

于皇室当然没有尊敬的观念。我们以为忠的观念乃发生于所有权之中,"所有"应先占有,占有须有两种要素,一是心的要素(Animus),即占有的意思;二是物的要素(Corpus),即占有的实力;有占有的意思和实力,而占有之后,又经过一定期间,则该物便成为占有者的所有物。魏李安世上疏求均田,且说:"又所争之田,宜限年断,事久难明,悉属今主。"(《魏书》卷五十三《李安世传》)这就是说,凡用强力夺取的田,经过一定年间,悉视为夺取者的所有物,区区数亩田地,占有尚须经过一定年间,才视为夺取者的所有物,则以天下之大,当然更非确实占有不可。唐夺隋的天下,宋夺周的天下,读史者不以为怪。而王莽夺取西汉,曹操夺取东汉,竟被后人批评。就是因为唐宋二代传祚数百年,王莽不及身而亡,曹魏虽然传祚五世,亦仅四十六年而亡,又只能占有北方数州,其实力不能占有天下,所以只可视为篡夺。所谓正统与篡夺只是法律上的名词,不是道德上的名词,唯有依照民法上所有权观念,加以解释,而后才能说明其真相。由此可知朝代更迭愈频繁,天下是谁的天下,即谁对天下有所有权,必将不能明了。南北朝不过一百五十余年,南朝易代四次,北朝也有禅代之事。传祚既然短促,而任何国家又只能偏安一地,不能统一涵夏,这样,它们当然不能因暂时占有而取得所有权。既然没有所有权,则人们何必尊重其所有物,而发生忠的观念?王通说:"无定主,而责之以忠……虽曰能之,末由也已。"(文中子《中说》卷三《事君篇》)这种风气由统治者看来,是很危险的。隋文帝是周的大臣,他可以夺取周的天下,他的大臣当然也可以夺取隋的天下。他夺取周的天下之时,周的大臣漠不关心,则别人再来夺取隋的天下,隋的大臣亦必不以为意。这是何等危险的事。他知道忠的道德若不提倡,他的帝位不能稳固,所以一方奖励忠臣。

    (许善心在陈为)通直散骑常侍,聘于隋,遇高祖伐陈,礼成而不获反命……留絷宾馆。及陈亡,高祖遣使告之。善心哀服号哭于西阶之下,藉草东向,经三日,敕书唁焉。明日,有诏就馆拜通直散骑常侍,赐衣一袭,善心哭尽哀,入房改服,复出北面立,垂涕再拜受诏。明日,乃朝伏泣于殿下,悲不能兴。上顾左右曰,我平陈国,唯获此人,既能怀其旧君,即

是我诚臣也。敕以本官直门下省,赐物千段,皂马二十匹。(《隋书》卷五十八《许善心传》)

他方又惩戒贰臣,斥之为反复子,或黜或死,防其以戴己者戴人。

> 上曰,我……微刘昉、郑译及(卢)贲、柳裘、皇甫绩等,则我不至此,然此等皆反复子也。当周宣帝时,以无赖得幸,及帝大渐,颜之仪等请以宗王辅政,此辈行诈,顾命于我,我将为治,又欲乱之。故昉谋大逆于前,译为巫蛊于后,如贲之徒皆不满志,任之则不逊,致之则怨,自难信也,非我弃之,众人见此,或有窃议,谓我薄于功臣,斯不然矣。(《隋书》卷三十八《卢贲传》)

当隋文未曾受禅之时,当然希望周的大臣尽是刘昉、郑译之流,而既已平陈之后,又希望自己大臣尽是许善心之辈。因为周的大臣若尽是许善心,则隋文将无法取得周的天下。反之,隋文的大臣若尽是刘昉、郑译,则隋文天下必将得而复失。在这种矛盾的环境之下,遂生出矛盾的赏罚来。有恩于我者,因其为臣不忠,黜之以警戒贰臣;有仇于我者,因其为臣尽忠,赏之以鼓励忠臣。汉高祖用季布而杀丁公,就是因为"丁公为项王臣不忠,使项王失天下者乃丁公也"(《史记》卷一百《季布传》)。隋亡,唐太宗谪裴虔通于驩州,亦因其不忠于隋炀帝。唐太宗之言如次:

> 上(唐太宗)谓侍臣曰:"君虽不君,臣不可以不臣。裴虔通,炀帝旧左右也,而亲为乱首。朕方崇奖敬义,岂可犹使宰民训俗?"诏曰:天地定位,君臣之义以彰;卑高既陈,人伦之道斯著。是用笃厚风俗,化成天下,虽复时经治乱,主或昏明,疾风劲草,芬芳无绝,剖心焚体,赴蹈如归。夫岂不爱七尺之躯,重百年之命?谅由君臣义重,名教所先,故能明大节于当时,立清风于身后。至如赵高之殒二世,董卓之鸩弘农,人神共疾,异代同愤。况凡庸小竖,有怀凶悖,退观典策,莫不诛夷。辰州刺史、长蛇

县男裴虔通,昔在隋代,委质晋藩,炀帝以旧邸之情,特相爱幸。遂乃志蔑君亲,潜图弑逆,密伺间隙,招结群丑,长戟流矢,一朝窃发,天下之恶,孰云可忍?宜其夷宗焚首,以彰大戮,但年代异时,累逢赦令,可特免极刑,除名削爵,迁配巂州。(《旧唐书》卷二《太宗本纪上》)

物质上造成统一的基础,精神上培养忠君的观念,隋虽二世而亡,而继隋的唐却因此收获不少,所以就整个历史说,隋的地位和秦一样,有秦的统一,而后才有汉的繁盛,有隋的统一,而后才有唐的繁盛,这是读史者所共知的。

第二节
南方世族的没落及北方世族之政治地位

世族政治萌芽于魏世，发展于晋代，而完成于南北朝。在其完成之时，即开始没落之势。南朝世族以王谢为大，琅邪王氏为晋太保王祥弟览（宗正卿，封即丘子）之后。晋室南渡，王导、王敦共佐中兴之业。陈郡谢氏在汉魏尚无赫赫之人，晋代谢鲲又系"任达不拘"之徒（《晋书》卷四十九《谢鲲传》）。淝水之役，谢安、谢玄、谢石大败北师，使胡马不能南下，于是谢家遂同王家成为南朝世族的领袖。唯在刘宋，谢晦因参与废立，而为文帝所忌，终招杀身之祸（《宋书》卷四十四《谢晦传》）。谢灵运又因罪叛逸，流于广州，复为文帝所杀（《宋书》卷六十七《谢灵运传》）。自是而后，谢家势力遂远逊于王家。举一例说：刘宋传祚六十年，《宋书》之中，王家独立有传者十三人，谢家七人。萧齐传祚二十四年，《南齐书》之中，王家独立有传者十人，谢家三人。萧梁传祚五十六年，《梁书》之中，王家独立有传者十一人，谢家二人。陈陈传祚三十三年，《陈书》之中，王家独立有传者五人，谢家二人。[①] 由此可知王谢二家不待

[①]《宋书》中，王家独立有传者为王弘、王诞、王惠、王球、王准之、王韶之、王微、王华、王昙首、王敬弘、王僧绰、王僧达、王景文等十三人。谢家为谢晦、谢景仁（弟述附传）、谢方明、谢瞻、谢弘征、谢灵运、谢庄等七人。《南齐书》中，王家独立有传者为王俭、王琨、王延之、王僧虔、王晏、王思远、王秀之、王慈、王融、王奂（从弟缋附传）等十人。谢家为谢超宗、谢瀹、谢朓等三人。《梁书》中，王家独立有传者为王亮、王莹、王瞻、王志、（转下页）

北军之至，已经渐次式微。其所以式微，乃有两种原因。一、他们与魏晋之世族不同，魏晋世族有部曲及宾客，南渡之后，他们又握兵权，而多都督荆州军事。荆州居建康上流，其势可以威胁扬州，而自宋代以后，高祖"遗诏诸子次第居之"（《宋书》卷六十八《南郡王义宣传》）。东晋之时桓氏"部曲偏于荆楚"（《晋书》卷一百十八《姚兴载记下》），桓玄失败之后，"荆湘江豫犹多桓氏余烬，往往屯结"（《宋书》卷五十一《临江王道规传》）。齐武帝永明五年，荒人桓天生率众作乱，"犹自称桓玄宗族"（《南齐书》卷二十六《陈显达传》）。反之，南朝"膏腴贵游咸以文学相尚"（《梁书》卷四十一《王承传》），不乐武职（《南齐书》卷五十二《丘灵鞠传》）。而朝代更易，豪族虽无汗马之劳或运筹之功，亦得平流进取，坐至公卿。二、他们既为公卿之后，又复风流相尚，不以物务关怀。致令人主不愿寄以大任，故自宋孝武帝以后，皆信任寒素的中书舍人。齐武帝尝云："公卿中忧国如吕文度者，复何忧天下不宁？"（《南史》卷七十七《茹法亮传》）齐明帝亦谓"学士不堪治国，唯大读书耳"（《南齐书》卷五十六《刘系宗传》）。而茹法亮之权更大，"太尉王俭常谓人曰，我虽有大位，权寄岂如茹公"（《南史》卷七十七《茹法亮传》）。这样，豪族在军事上没有权力，在政治上也不过是素餐。加以侯景乱时，一般士大夫因"肤脆骨柔，不堪行步，体羸气弱，不耐寒暑，坐死仓卒者往往而然"（《颜氏家训》第十一篇《涉务》）。到了梁末陈初，于谨南伐江陵，衣冠之士多没为仆隶。

> 于谨南伐江陵……江陵既平，衣冠仕伍并没为仆隶。（《周书》卷三十二《唐瑾传》）

隋师平陈，江南世族遂跟着南朝政权的颠覆，势力几乎消灭。

> 江表自东晋已来，刑法疏缓，世族陵驾寒门，平陈之后，牧民者尽更变之。（《资治通鉴》卷一百七十七隋文帝开皇十年）

（接上页）王峻、王暕（子训附传）、王泰、王份（孙锡、金附传）、王筠、王规、王承等十一人。谢家为谢朏（弟子览附传）、谢举二人。《陈书》中，王家独立有传者为王冲、王通（弟劢附传）、王质、王固、王玚五人。谢家为谢哲、谢嘏二人。其见于《循吏传》《儒林传》《文学传》《孝义传》者不录。

北朝世族分为山东及关中二系，山东以崔、卢为大。清河崔氏为魏司空崔林（《魏志》卷十四《崔林传》）之后，后魏太祖道武帝入主中原，崔玄伯掌机要，草创制度。国号曰魏，即从玄伯之议（《魏书》卷二十四《崔玄伯传》）。子浩事太宗（明元帝）、世祖（太武帝）二帝，二帝东征西讨均从浩计。世祖曾"敕诸尚书，凡军国大计，卿等所不能决，皆先咨浩，然后施行"（《魏书》卷三十五《崔浩传》）。清河崔氏见重于北朝，殆此之故。其后，浩以修史不慎，而蒙灭族之祸。而清河崔氏别一支，即魏中尉崔琰（《魏志》卷三十二《崔琰传》，琰乃林之从兄）之后，如崔逞、崔亮、崔休（《魏书》卷三十二《崔逞传》、卷六十六《崔亮传》、卷六十九《崔休传》，参阅卷二十四《崔道固传》）均见重于后魏。到了周齐分据，齐之崔㥄（崔休子）"每以籍地自矜，谓卢元明曰，天下盛门唯我与尔，博崔赵李何事者哉"（《北齐书》卷二十三《崔㥄传》）。博陵崔氏为汉崔骃（《后汉书》卷八十二《崔骃传》）之后，魏有尚书仆射崔赞，晋有大司农崔洪（《魏书》卷五十七《崔挺传》，参阅《晋书》卷四十四《崔洪传》）。然在南北朝，博陵崔氏的功名事业远不如清河崔氏，吾人观《魏书》崔览（卷四十九）、崔辩（卷五十六）、崔挺（卷五十七）以及《北齐书》崔暹（卷三十）、崔昂（卷三十），《周书》崔谦（卷三十五）、崔猷（卷三十五）各传，即可知之。范阳卢氏为魏司空卢毓（《魏志》卷二十二《卢毓传》）之后，毓子钦晋尚书仆射（《晋书》卷四十四《卢钦传》）。后魏有卢玄（《魏书》卷四十七《卢玄传》）、卢同（《魏书》卷七十六《卢同传》），"子孙继迹，为世盛门"，然其"文武功烈殆无足纪"（《魏书》卷四十七《卢玄传》史臣曰）。唯周之卢辩曾继苏绰之后，依周礼，建六官，革汉魏之制，稍有功业可言（《周书》卷二十四《卢辩传》）。

关西以韦、裴为首，京兆韦氏为汉丞相韦贤（贤子玄成亦为丞相，《汉书》卷七十三《韦贤传》）之后，唯由东汉而至南北朝，虽"世为三辅冠族"（《魏书》卷四十五《韦阆传》），而无杰出人才。只唯后周韦孝宽以定策平齐之功，出为延州总管，进位上柱国（《周书》卷三十一《韦孝宽传》）。河东裴氏为汉尚书令裴茂之后，茂长子潜魏尚书令，次子徽魏冀州刺史，潜子秀晋尚书令，徽子楷晋中书令。南北朝之裴氏即裴茂之后（《魏书》卷六十九《裴延俊传》，参阅《魏志》卷二十三《裴潜传》、《晋书》卷三十五《裴秀裴楷传》）。故齐文襄谓裴氏为"三河冠盖"（《周书》卷三十四《裴宽传》）。唯在南北朝，裴氏并无杰出人才。后魏裴延俊虽为侍中吏部尚书，而"在台阁守职而已,不能有所裁断直绳也"(《魏书》卷六十九《裴延俊传》)。只唯后周裴宽曾以军功,为骠骑大将军,开府仪同三司(《周书》卷三十四《裴宽传》)。北朝为鲜卑种族所建立,其对中原遗黎未必信任,秉政之人多系宗室或有军功的人。崔玄伯、崔浩虽有大功于后魏,竟遭灭族之祸。世家子弟因畏祸晦迹,不敢有所建树,抑或因为养尊处优,失去进取之心,吾人不敢遽下论断。

隋文肇兴,要建立巩固的国家,对于豪宗大族,不能不设法打击。他自己既是关西世家之一,故除南朝世族之外,北方世族于政治上尚有相当的地位。但吾人须知隋代以后,所谓世族只是经济上的阶级,而非法律上的身份。阶级与身份不同,阶级是经济上的差别,身份是法律上的制度。身份是固定的,阶级可以转变。此种转变固有许多原因,其最重要的乃是财产的变更,而在隋代,则为举官方法的变更。按士族的势力乃与中央集权抵触,而世族所以有其势力则由于三种原因,一是土地集中,二是户口荫附,三是九品官人之法。隋文对此三者采用如何政策,今试分别说明之。

一、对于土地集中的政策

隋承丧乱之后、文帝受禅之初,有户三百六十万,平陈所得,又五十万(《通典》卷七《历代盛衰户口》),每户以五口计算,全国人口约二千零五十万。地广人稀,隋就沿北朝之制,实行均田,一以限制世族的土地,二以增加国家的税收。

(高祖受禅)仍依周制,役丁为十二番……及颁新令……男女三岁已下为黄,十岁已下为小,十七已下为中,十八已上为丁,丁从课役,六十为老乃免。自诸王已下至于都督,皆给永业田各有差,多者至一百顷,少者至四十亩。其丁男、中男永业露田皆遵后齐之制,并课树以桑榆及枣。其园宅率三口给一亩,奴婢则五口给一亩。丁男一床,租粟三石,桑田调以绢䌷,麻土以布绢,䌷以匹加绵三两,布以端加麻三斤。单丁及仆隶各半之。未受地者皆不课。有品爵及孝子顺孙、义夫节妇并免课役……开皇三年正月……初令军人以二十一成丁,减十二番,每岁为二十日役,减

调绢一匹为二丈。(《隋书》卷二十四《食货志》)

关于此制,值得吾人研究者有三。

1. "自诸王以下至于都督,皆给永业田各有差。"这里所谓都督,非指魏晋以来的都督诸州军事,而是指一种加官,以酬勤劳,如秦汉之关内侯。即不是职官之名,而为勋官之名。

> 高祖又采后周之制,置上柱国、柱国,上大将军、大将军,上开府仪同三司、开府仪同三司,上仪同三司、仪同三司,大都督、帅都督、都督,总十一等,以酬勤劳。(《隋书》卷二十八《百官志下》)

所以《通典》云:

> 后周又有大都督、帅都督、都督,至隋并以为加官。(《通典》卷三十二《都督》)

《食货志》所谓"下至都督",是指此而言,即有勤劳而赐以都督以上之号者,皆可领受永业田。

2. "其丁男、中男永业露田皆遵后齐之制。"后齐有丁中之别,"男子十八已上、六十五已下为丁。十六已上、十七已下为中","率以十八受田,输租调"(《隋书》卷二十四《食货志》),即唯丁男才得受田而输租调。隋既遵后齐之制,而《食货志》叙述隋代租调,亦只提及丁男,则"中男"二字似是衍文。

3. 奴婢可否受田,《食货志》未曾说及。奴婢若不受田,奴婢似无负担租调之义务。何以《食货志》于叙述丁男所输租调之后,又继有"单丁及仆隶各半之"之言?反之,奴隶若可受田,则隋代均田制度乃同后魏、北齐一样,有利于世族,即均田制度,财政之意义多,社会政策之意义少。

年代愈久,平民的永业田愈益增加;勤劳愈多,公卿的永业田也日见扩大。兼以"身死王事者,子不退田"(《隋书》卷六十六《郎茂传》),所以积时既久,公田必渐次减少，而至于没有余田分配人民。开皇中，苏威曾经提议，减功臣之地以给人民，卒因朝臣反对，而不果行。

> 太常卿苏威立议，以为户口滋多，民田不赡，欲减功臣之地以给民。（王）谊奏曰，百官者历世勋贤，方蒙爵土，一旦削之，未见其可，如臣所虑，正恐朝臣功德不建，何患人田有不足？上然之，竟寝威议。（《隋书》卷四十《王谊传》）

于是京辅及三河之地就有人满之患，文帝发使四出，均天下之田，狭乡每丁所得，不过二十亩，老小又少焉。

> （开皇十二年）时天下户口岁增，京辅及三河地少而人众，衣食不给，议者咸欲徙就宽乡……帝命诸州考使议之，又令尚书以其事策问四方贡士，竟无长算。帝乃发使四出，均天下之田，其狭乡每丁才至二十亩，老小又少焉。（《隋书》卷二十四《食货志》）

隋之均田乃沿北朝之制。隋文受禅之时已经施行（参阅《隋书》卷二十四《食货志》）。开皇十二年，帝发使四出，均天下之田，乃是因为户口增加，各乡有宽狭之别，而致土地之分配不能平均。所谓宽乡是地广人寡，狭乡是地狭人众。"议者咸欲徙就宽乡"，而"竟无长算"（《隋书》同上）。纵有长策，经过二三世，宽乡亦必变为狭乡。文帝只顾目前，不计未来，不但不肯移民以就宽乡，又不令田多之民捐出其田，以与无田之人。丘濬曾说：

> 臣按井田既废之后，田不在官而在民，是以贫富不均。一时识治体者咸慨古法之善，而卒无可复之理。于是有限田之议、均田之制、口分世业之法，然皆议之而不果行，行之而不能久。何也？其为法虽各有可取，然不免拂人情而不宜于土俗，可以暂而不可以常也，终莫若听民自便之为得也。必不得已创为之制，必也因其已然之俗，而立为未然之限，不追

咎其既往，而惟限制其将来，庶几可乎。(《大学衍义补》卷十四《制民之产》)

所谓"不追咎其既往，而惟限制其将来"，乃对多田者言之。至于无田可耕之人又将如何解决？何以即做独断的结论，而谓"不惟民有常产，而无甚贫甚富之不均"，"富者不复买田……而富室不无鬻产，田直日贱，而民产日均，虽井田之制不可猝复，而兼并之患日以渐销矣"(《大学衍义补》同上)？所以还是依王船山之言，土地问题不如听民自谋之为便。他说：

> 五代南北之战争，民之存者仅矣。周灭齐而河北定，隋灭陈而天下一。于是而户口岁增，京辅三河地少人众，且无以自给。隋乃遣使均田，以谓各得有其田以赡生也。惟然，而民困愈亟矣。人则未有不自谋其生者也，上之谋之，不如其自谋；上为谋之，且弛其自谋之心，而后生计愈蹙，故勿忧人之无以自给也。藉其终不可给，抑必将改图，而求所以生，其依恋先畴而不舍，则固无自毙之理矣。上惟无以夺其治生之力，宽之于公，而天地之大，山泽之富，有余力以营之，而无不可以养人。今隋……乃欲夺人之田以与人，使相倾相怨以成乎大乱哉。故不十年而盗贼竞起以亡隋，民之不辑也久矣……故曰惟然而民困愈亟也。(《读通鉴论》卷十九《隋文帝》)

隋代均田之制如何，兹为读者容易理解起见，将其初年制度，作表如次①：

---

① 官吏尚有职分田与公廨田，职分田充官吏的禄俸，公廨田供衙署的经费。《隋书·食货志》云："京官又给职公田，一品者给田五顷，每品以五十亩为差，至五品则为田三顷。六品二顷五十亩，其下每品以五十亩为差，至九品为一顷。外官亦各有职分田，又给公廨田，以供公用。"
  关于职分田，王夫之说："郡县之天下，合四海九州之人以错相为吏，官无定分，职无常守，升降调除，中外南北，月易而岁不同，给以田而使营佐。将人给之乎？贵贱无差，予夺无恒，而且不胜给矣。将因职而给之乎？有此耕而彼获者矣。而且官不习于田，一授其权于胥隶，胥隶横于阡陌，务渔猎而不恤其荒瘠，阅数十年，而农非其农，田非其田，徒取沃土而灭裂之，不足以养士，而徒重困乎平民也，故职田者三代以下必不可行之法也。"(《读通鉴论》卷十九《隋文帝》)关于公廨田，隋制，"台省府寺咸置廨钱，收息取给，苏孝慈以为官民争利，非兴化之道，上表请罢之"(《隋书》卷四十六《苏孝慈传》)，于是遂用公廨田以代廨钱。唐代公廨田是"借民佃植，至秋冬受数而已"(《通典》卷三十五《职田公廨田》)。隋代公廨田如何利用，大率与唐相同。

隋丁中均田赋役表

丁法		均田			赋役	
黄	三岁以下。					
小	四岁至十岁。					
中	十一岁至十七岁。					
丁	十八岁(开皇三年改为二十一岁,炀帝即位,又改为二十二岁)至五十九岁。	男	露田八十亩 永业二十亩	亲贵永业田多者至一百顷,少者至四十亩。	租	丁男一床,粟三石,单丁及仆隶各半之。
		女	露田四十亩		调	丁男一床,绢一匹、绵三两,或布一端、麻三斤,单丁及仆隶各半之。开皇三年,减绢一匹为二丈。
					役	每岁三十日。开皇三年,减为二十日。
老	六十岁以上。					

二、对于户口荫附的政策

魏晋以来,户口多给世族挟存,"编户之命竭于豪门,王府之蓄变为私藏",当然是"主威不树,臣道专行"(《宋书》卷四十二《王弘传》赞),而有害于国家的统一。隋文对于户口逃隐,最初也采用搜括政策。例如:

(乞伏慧)拜曹州刺史,曹土旧俗,民多奸隐,户口簿帐,恒不以实。慧下车按察,得户数万……岁余,转齐州刺史,得隐户数千。(《隋书》卷五十五《乞伏慧传》)

(令狐熙)拜沧州刺史,时山东承齐之弊,户口簿籍类不以实。熙晓谕之,令自归首,至者一万户。(《隋书》卷五十六《令狐熙传》)

上以百姓多流亡,令(皇甫)诞为河南道大使,以检括之。(《隋书》卷七十一《皇甫诞传》)

但是单单检括户口,未必就有效果。户口逃隐乃有其逃隐的原因,直接原因为赋役繁重,间接原因为间伍不修。隋文关于直接原因,曾轻徭薄税,使百姓离开豪强,成为国家的编户。

隋受周禅……时承西魏丧乱,周齐分据,暴君慢吏,赋重役勤,人不堪命,多依豪室,禁网骤紊,奸伪尤滋。高颎睹流冗之病,建输籍之法,于是定其名,轻其数,使人知为浮客,被强家收大半之赋,为编氓奉公,上蒙轻减之征,先敷其信,次行其令,烝庶怀恩,奸无所容,隋氏资储遍于天下,人俗康阜,颎之功力焉。(《通典》卷七《丁中》)

关于间接原因,则设里间之制,使百姓互相检举。户口不实者,正长远配,于是丁增加四十四万,口增加一百六十四万一千五百。

(高祖受禅)颁新令,制人五家为保,保有长,保五为间,间四为族,皆有正。畿外置里正,比间正,党长比族正,以相检察焉……是时山东尚承齐俗,机巧奸伪、避役惰游者十六七,四方疲人,或诈老诈小,规免租赋,高祖令州县大索貌阅,户口不实者,正长远配。而又开相纠之科,大功以下,兼令析籍,各为户头,以防容隐,于是计帐进四十四万三千丁,新附一百六十四万一千五百口。(《隋书》卷二十四《食货志》)

隋文之检括户口,虽然可以说,志在打击人民之荫附于世族,然其最大目的乃在于增加赋役,故强迫大功以下折籍。所以王船山谓隋代户口岁增,非民之自增,乃朝廷强迫其增。

今隋之所谓户口岁增者,岂徒民之自增耶?盖上精察于其数,以敛赋役者之增之也,人方骤蕃,地未尽辟,效职力于为工为贾,以易布粟,园林畜牧以广生殖者未遑,而亟登之版籍,则衣食不充。非民之数盈,地之力歉,而实籍其户口者之无余,而役其户口者不酌其已盈而减其赋也。

(《读通鉴论》卷十九《隋文帝》)

炀帝即位之初,又从裴蕴之言,貌阅一次,又进丁二十四万三千、口六十四万一千二百。

> 于时犹承高祖和平之后……户口多漏,或年及成丁,犹诈为小,未至于老,已免租赋。蕴历为刺史,素知其情,因是条奏皆令貌阅,若一人不实,则官司解职,乡正、里长皆远流配。又许民相告,若纠得一丁者,令被纠之家代输赋役,是岁大业五年也。诸郡计帐进丁二十四万三千、新附口六十四万一千二百。(《隋书》卷六十七《裴蕴传》)

两种政策颇收效果,炀帝时代,户八百九十万七千五百四十六、口四千六百一万九千九百五十六(《隋书》卷二十九《地理志上》)。二十年之光阴,户口竟然增加一倍,可知魏晋南北朝户口减少,不是死亡者多,而是民皆逃隐。

三、九品官人之法之废除

九品官人之法为魏晋以来强宗大族猎官的工具。这种制度自晋以后,历受有识之士的批评。后魏于宣武帝时代,罢诸郡中正。

> 正始(后魏宣武帝年号)元年,乃罢诸郡中正。(《通典》卷十四《历代选举制中》)

正始二年,又诏曰:"中正所铨但存门第,吏部彝伦仍不才举。"(《魏书》卷八《宣武帝纪》)是则正始元年所罢者乃诸郡中正,至于州大中正仍然存在,吾人观孝昌(后魏孝明帝年号)初,崔鸿为齐州大中正(《魏书》卷六十七《崔鸿传》),即可知之。隋文践祚,开皇年间才废除九品中正之制。

南朝至于梁陈,北朝至于周隋,选举之法虽互相损益,而九品及中正

至开皇中方罢。(《文献通考》卷二十八《举士》)

代以科举制度,科举分为两种,一是贡举,每岁由各州依常科举人,例如:

> (开皇七年春正月)乙未,制诸州岁贡三人。(《隋书》卷一《文帝纪》)

二是制举,由天子自定科目,令百官举之,例如:

> (开皇八年秋七月)丙子,诏京官五品以上、总管刺史以志行修谨、清平干济二科举人。(《隋书》卷二《文帝纪》)

隋代年祚短促,科举之制文献上记载甚少。吾人所能知道的,文帝时有秀才之科,例如:

> (杜正玄)开皇末举秀才,尚书试方略,正玄应对如响,下笔成章……而辞理华赡。素(杨素,时为尚书仆射)乃叹曰,此真秀才,吾不如也。
> (《隋书》卷七十六《杜正玄传》)

炀帝时,又置进士科。这是唐代以后举士的重要制度。隋时,进士还是试策,唐杨绾说:

> 炀帝始置进士之科,当时犹试策而已。(《旧唐书》卷一百十九《杨绾传》)

由此可知隋代科举是同东汉一样,举了之后,必加以试。隋承南北朝之弊,崇尚文词,陷于浮虚,颇失取才之实。

> 魏氏取人,尤爱放达,晋宋之后,只重门资……有梁荐士,雅爱属词;陈氏简贤,特珍赋咏……逮至隋室,余风尚在。开皇中,李谔论之于文帝

曰,魏之三祖更好文词,忽君人之大道,好雕虫之小艺,连篇累牍,不出月露之形,积案盈箱,唯是风云之状,代俗以此相高,朝廷以兹擢士,故文笔日烦,其政日乱。帝纳李谔之策,由是下制禁断文笔浮词……炀帝嗣兴,又变前法,置进士等科,于是后生之徒复相仿效,因陋就寡,赴速邀时,缉缀小文,名之策学,不以指实为本,而以浮虚为贵。《《旧唐书》卷一百一《薛登传》,参看《隋书》卷六十六《李谔传》》

而取士标准又太过严格,秀才一科只取十余人,何能网罗天下人才?

隋仁寿中,杜正伦与兄正玄、正藏俱以秀才擢第,隋代举秀才止十余人,正伦一家有三秀才,甚为当时所称。《《旧唐书》卷七十《杜正伦传》》

取士既然不依门荫,而用科举,则育才方法实属必要。仁寿以前,置国子寺①,统国子、太学、四门、书算学,各置博士、助教、学生等《《隋书》卷二十八《百官志下》》。"京邑达于四方,皆启黉校。"真是"讲诵之声,道路不绝","中州儒雅之盛,自汉魏以来,一时而已"《《隋书》卷七十五《儒林传序》》。班固曾谓汉时儒生之多,"盖禄利之路然也"《《汉书》卷八十八《儒林传》赞》。朱熹以道统自居,谓"古之太学主于教人,而因以取士,故士来者为义而不为利"。明代丘濬以为士之游于太学,"彼果何所为而来哉?固将以希禄食,干爵位,以为父母之养、乡里之荣,以行己之所志也。其心未尝无所利,苟无所利,孰肯去乡井,捐亲戚,以从事于客游哉"《《大学衍义补》卷七十《设学校以立教下》》。仁寿元年,隋文恐生徒太多,无所安插,国子学(不久,改为太学)唯留学生七十人,太学、四门及州县学并废。

(仁寿元年六月)乙丑,诏曰:"……朕抚临天下,思弘德教,延集学

---

① 《历代职官表》(卷三十四《国子监·隋》)云:"谨案,自汉以降,博士皆隶于太常。至隋,而国子寺始别为一署,无所统属,寻又改名国子监。至今(清代)沿为定式焉。"

徒,崇建庠序,开进仕之路,伫贤隽之人。而国学胄子垂将千数,州县诸生咸亦不少。徒有名录,空度岁时,未有德为代范,才任国用,良由设学之理,多而未精。今宜简省,明加奖励。"于是国子学唯留学生七十人,太学、四门及州县学并废……秋七月戊戌,改国子为太学。(《隋书》卷二《文帝纪》)

关此,叶水心曾说:

> 仁寿元年,减国子学生止留七十人,太学、四门、州县学并废。当时国子千数,则所散遣者数千万人,岂不骇动……盖其心实谓空设学校,未足以得人耳。古之为教使材者必由学,舜、周公之论是也。汉以后,传经师章句而已。材者由于学则枉以坏,不材者由于学则揠以成。教之无本而不行,取之虽骤而不获,则学之盛衰兴废,盖未易言也。(《文献通考》卷四十一《太学》)

炀帝即位,复开庠序,改国子寺为国子监(《隋书》卷二十八《百官志下》)。国子郡县之学,虽比开皇之初为盛,而外事四夷,戎马不息,师旅怠散,盗贼群起,方领矩步之徒亦转死沟壑,经籍湮没于煨烬,而隋祚亦随之而亡。

> 炀帝即位,复开庠序,国子、郡县之学盛于开皇之初……既而外事四夷,戎马不息,师徒怠散,盗贼群起……空有建学之名,而无弘道之实,其风渐坠,以至灭亡。(《隋书》卷七十五《儒林传序》)

世族由上述三种政策,虽然受到打击,但学校之生徒既寡,育才无途,取士之人数又少,择才不广。也许隋文恐员多阙少,引起党派之争。然而因此隋文要治理国政,不但隋初,就是后来,也要于士族之中,选择人才。兹依唐柳冲之言(《新唐书》卷一百九十九《柳冲传》),并据《隋书》列传,将隋代北方世族在政治上之地位,列表如次。

隋代北方世族在政治上之地位表

地域	姓氏	史　略
山东郡姓	太原王	王韶，自云太原晋阳人，祖谐原州刺史，父谅早卒。韶在周，累以军功，官至车骑大将军，仪同三司。及平齐，进位开府，封昌乐县公。隋文受禅，进爵项城郡公。晋王广之镇并州也，除行台右仆射。平陈之役，以本官为元帅府司马，及克金陵，韶即镇焉。晋王广班师，留韶于石头防遏，委以后事。岁余征还，进位柱国，后卒。（《隋书》卷六十二《王韶传》） 《隋书》卷六十九之王劭亦太原晋阳人，此两人当系晋王浑之后。
	博陵崔	崔仲芳，博陵安平人，崔挺之后，祖孝芬，魏荆州刺史。父宣献，周小司徒。仲芳以军功，授平东将军，银青光禄大夫，赐爵石城县男。周武帝时，献平齐二十策。齐平，授仪同，进爵范阳县侯。宣帝嗣，为少内史。隋文作相，仲芳劝其应天受命，及受禅，进位上开府，进爵安固县公，上书论取陈之策。及大举伐陈，以仲芳为行军总管。陈平，出为代州总管。炀帝时，进位大将军、民部尚书，寻转礼部尚书。后坐事免，寻拜信都太守，上表乞骸骨，优诏许之，卒于家。（《隋书》卷六十《崔仲芳传》） 《隋书》卷五十四之崔彭及《北史》卷三十二之崔弘道亦博陵人。
	范阳卢	卢贲，涿郡范阳人，魏卢同之后，父光周开府燕国公。周武帝时，贲袭爵，历鲁阳太守，仪同三司，宣帝即位，加开府。隋文作相，引贲置左右，恒典宿卫。贲乘间进说，以应天受命之事，及受禅，拜左领军右将军。贲因劝晋有功，而不掌朝政，屡出怨言，废于家，寻卒。（《隋书》卷三十八《卢贲传》） 《隋书》卷五十六之卢恺、卷五十七之卢思道亦涿郡范阳人。
	赵郡李	《隋书》卷四十六之李雄，赵郡高邑人；《隋书》卷五十七之李孝贞，赵郡柏人，世为著姓。据《北史》卷三十三，李孝贞系魏李顺之后。李雄《北史》卷三十三，作李子雄，李孝伯之后。因北史所载李子雄世系与《隋书》李雄同。至于《北史》卷七十四之李雄、《隋书》卷七十之李子雄乃渤海蓨人。即两书将李雄及李子雄之名相换。《隋书》卷六十六之李谔亦赵郡人。隋文作相，甚见亲待，访以得失，及受禅，赐爵南和伯，迁治书侍御史，以年老，出拜通州刺史，卒官。《隋书》卷七十之李密乃陇西成纪人，曾祖弼周魏国公，祖耀周邢国公，父宽周蒲山郡公，详《北史》卷六十《李弼传》。
	荥阳郑	郑译，荥阳开封人，魏郑羲之后，祖琼魏太常，父道邕周司空。周武帝时，译拜银青光禄大夫，左侍上士，与仪同刘昉常侍帝侧。宣帝嗣位，超拜开府内史上大夫，封沛国郡公，委以朝政。宣帝不豫，译与刘昉引隋文入受顾托。隋文秉政，以译领天官都府司会，总六府事，进位上柱国。及受禅，以上柱国归第，赏赐丰厚。（《隋书》卷三十八《郑译传》）

续表

地域	姓氏	史　略
关中郡姓	京兆韦	韦世康,京兆杜陵人,魏韦阆之后,叔孝宽仕周,官至大司空、上柱国。世康尚周文帝(宇文泰)女,授仪同三司,从武帝平齐,进位上开府,出为绛州刺史。隋文受禅,擢为礼部尚书,进爵上庸郡公,转吏部尚书,又出拜荆州总管。时天下唯置四大总管,并扬益三州并亲王临统,唯荆州委于世康,时论以为美。十七年,卒于州。(《隋书》卷四十七《韦世康传》) 《隋书》卷四十六之韦师亦京兆杜陵人。
	河东裴	裴蕴,河东闻喜人,刘裕北伐,大约其祖先从裕南徙。故其祖之平梁卫将军(参阅《梁书》卷二十八《裴之平传》),父忌陈都官尚书,没于周,赐爵江夏郡公。蕴以其父在北,阴奉表于隋文,请为内应,及陈平,拜开府仪同三司。炀帝时,拜太常少卿,迁民部侍郎,因括户有功,渐见亲委,擢授御史大夫,与裴矩、虞世基参阅机密,进位银青光禄大夫,后为宇文化及所杀。(《隋书》卷六十七《裴蕴传》) 裴矩,河东闻喜人,祖佗魏都官尚书。(《北史》卷三十八《裴佗传》)矩初仕于齐,齐亡,不得调。隋文为定州总管,召补记室。及作相,召参相府记室事。寻受禅,矩以军功拜开府,赐爵闻喜县公,转吏郎侍郎。炀帝即位,矩言胡中多诸宝物,吐谷浑易可并吞,帝经略四夷咸以委矩,迁黄门侍郎,建征辽之策,矩以本官兼掌兵事,进位右光禄大夫。宇文化及僭帝位,以矩为尚书右仆射,封蔡国公。宇文斥败,为窦建德所获,复以矩为吏部尚书。建德败,矩举山东之地归唐,授民部尚书。(《隋书》卷六十七《裴矩传》) 《隋书》卷六十二之裴肃、卷六十六之裴政亦河东闻喜人。参阅《北史》卷三十八《裴肃传》、卷七十七《裴政传》。
	河东柳	柳裘,河东解人,其先世自本郡迁于襄阳,曾祖世隆齐司空,祖惔梁尚书左仆射,父明义兴太守。裘仕后梁,拜驸马都尉。江陵陷,遂入关中。周明武间,累迁太子侍读,封昌乐县侯。宣帝即位,拜仪同三司,进爵为公,留侍禁中。及帝不豫,与刘昉等引隋文入总万机,进位上开府,拜内史大夫,委以机密。开皇元年,进位大将军,拜许州刺史,转曹州刺史,寻卒。(《隋书》卷三十八《柳裘传》) 柳机,河东解人,父庆魏尚书左仆射。机于周武帝时,累迁少纳言,封平齐县公。及齐平,拜开府。宣帝时,拜华州刺史。隋文作相,拜卫州刺史,及践祚,进爵建安郡公,征为纳言。任职数年,复出为华州刺史,寻转为冀州刺史,后以疾还京,卒于家。(《隋书》卷四十七《柳机传》,参阅《北史》卷六十四《柳虬传》) 《隋书》卷四十七之柳述为机子。卷六十二之柳彧、卷六十六之柳庄亦河东解人。

续表

地域	姓氏	史　略
	河东薛	薛冑，河东汾阴人，后魏薛辩之后。父端仕周，拜蔡州刺史。周明帝时，冑袭爵文城郡公，累迁上仪同，拜司金大夫，后加开府。隋文受禅，历任兖郢二州刺史，征拜大理卿，迁刑部尚书。后朝廷疑冑怀贰心，遂坐除名，配防岭南，道病卒。（《隋书》卷五十六《薛冑传》） 《隋书》卷五十七之薛道衡，亦河东汾阴人。卷六十五之薛世雄本河东汾阴人，其先寓居关中。
	弘农杨	杨素，弘农华阴人，祖暄魏辅国将军、谏议大夫，父敷周汾州刺史，没于齐，不屈，以忧愤卒。周武帝时，拜素为车骑大将军，仪同三司。平齐之后，加上开府，封成安县公。隋文作相，素深自结纳，历汴州刺史，迁徐州总管，进位柱国，封清河郡公。及受禅，加上柱国。开皇四年，拜御史大夫，素数进取陈之计，及大举伐陈，以素为行军元帅。陈平，拜荆州总管，进爵郢国公，改封越国公，拜纳言，转内史令。寻代苏威为尚书右仆射，与高颎专掌朝政。大业元年，迁尚书令，明年拜司徒，改封楚国公，其年卒官。（《隋书》卷四十八《杨素传》，参阅《北史》卷四十一《杨敷传》） 《隋书》卷七十之杨玄感为素子，卷四十六之杨尚希及杨异、卷五十六之杨汪亦弘农华阴人。
	京兆杜	杜正玄，本京兆人，父景仕齐，景则杜铨之族孙，而铨则为杜预之五世孙。隋仁寿中，正玄与其弟正藏、正伦俱以秀才擢第，隋代举秀才只十余人，正玄一家有三秀才，甚为当时所称。（《隋书》卷七十六《杜正玄传》，参阅《北史》卷二十六《杜铨传》）
伐北虏姓	元	元景山，河南洛阳人，与拓拔魏同宗。祖燮魏安定王，父珪宋安王。周齐分据，景山仕周，以军功累迁抚军大将军，平蔡郡公。隋文作相，进位上大将军，及受禅，拜上柱国。隋文大举伐陈，以景山为行军元帅，后坐事免，卒于家。（《隋书》卷三十九《元景山传》） 《隋书》卷四十之元谐、卷四十六之元晖、卷五十之元孝矩、卷五十四之元亨均河南洛阳人，拓拔魏之同宗。
	长孙	长孙览，本拓拔氏，河南洛阳人，魏司空长孙道生之后。览于周武帝时拜车骑大将军。宣帝时，进位上柱国、大司徒。隋文作相，拜宜州刺史。开皇二年，将伐陈，征为东南道行军元帅，统八都督，进军临江，会陈宣帝卒，以礼不伐丧而归。览转泾州刺史，卒官。从子炽，隋时，擢户部尚书。炽弟晟，开皇中，建议用离间之策，使突厥互相猜贰，突厥果分为东西，官至左领军将军，迁右骁卫将军，唐太宗后长孙氏即晟之女。（《隋书》卷五十一《长孙览传》）

续表

地域	姓氏	史　略
	宇文	宇文庆，河南洛阳人，其先与北周同源。庆祖金殿魏徽南大将军，仕历五州刺史，安吉侯。父显和夏州刺史。庆仕周，官至骠骑大将军，开府仪同三司，封汝南郡公。隋文作相，进位上大将军，委以心腹，寻加柱国。开皇初，拜左武卫将军，进位上柱国，出除凉州总管。岁余征还，不任以职，卒于家。(《隋书》卷五十《宇文庆传》) 《隋书》卷五十六之宇文弼亦河南洛阳人，卷六十一之宇文述乃代郡武川人，本姓破野头，后从其主，为宇文氏，卷八十五之宇文化及为述之子。
	于	于仲文，河南洛阳人，于栗䃺之后。祖谨周太傅燕国公，父寔周大左辅燕国公。仲文于宣帝时，为东郡太守。隋文作相，以军功进位大将军，领河南道行军总管，及受禅，拜行军元帅，统十二总管以击胡。伐陈之役，又拜行军总管。炀帝即位，迁右翊卫大将军，参掌文武选事，甚见亲幸。辽东之役，宇文述以兵馁败绩，诸将皆委罪于仲文，系仲文。仲文忧恚，发病，出卒于家。(《隋书》卷六十《于仲文传》) 《隋书》卷三十九之于义，为仲文之叔父。
	陆、源、窦	代北虏姓之陆、窦二家《隋史》上无传。源家虽有源师(《隋史》卷六十六《源师传》)，亦无赫赫勋功，他于隋文受禅时，除魏州刺史。炀帝即位，拜大理少卿，转刑部侍郎，卒官。窦家，《周书》卷三十有窦炽及窦毅，唐高祖后窦氏即毅之女。

依上表所示，可知北方士族在政治上仍有地位，但其地位自五胡乱华而至于周齐分据，均侍靠皇室，与南方士族最初势可迫主者不同。

第三节
社会经济的破坏及隋之灭亡

政治黑暗可以引起社会问题,社会贫穷也可以引起政治问题。社会问题的解决必须依借政治的权力,每个集团均欲利用政权,解决社会问题,求其有利于自己,于是社会斗争就转变为政治斗争。这个时候政府必须站在斗争之外,按照时代的需要,施行适当的政策,不然,政权将有颠覆之虞。

社会问题便是贫穷问题,吾国以农立国,社会贫穷或由于天灾,或由于土地问题。而土地问题又可以分为两种,一是地狭人庶,生产不能供给消费之用;二是豪强兼并,多数农民失去土地,无法谋生。隋在文帝时代,虽然数遭水旱,而灾情并不严重,户口仍不断地年年增加起来。

> 时百姓承平日久,虽数遭水旱,而户口岁增。
> (《隋书》卷二十四《食货志》)

这比之汉武帝时代"蝗虫大起,赤地数千里,或人民相食"(《汉书》卷七十五《夏侯胜传》),后汉桓帝时代"郡国蝗,河水溢,百姓饥穷,流冗道路,至有数十万户"(《后汉书》卷七《桓帝纪》),相差甚远。而与晋怀帝永嘉三年"大旱,河洛皆竭可涉",四年"大蝗,食草木牛马皆尽"(《晋书》卷五《怀帝纪》),更不能相比。所以户口滋盛,"君子咸乐其生,小人各安其业,强无凌弱,众不暴寡,人物殷阜,朝野欢娱。二十年间天下无事,区宇之内晏如也"(《隋书》卷二《文帝纪》史臣曰),虽然"百官禄赐皆出于丰厚","出师命赏,亦莫不优隆",且常蠲免租调,"以赐黎元",而"中外仓库莫不盈积"(《隋书》卷二十四《食货志》)。

> 有司上言,库藏皆满。帝曰,朕既薄赋于人,又大经赐用,何得尔也?对曰,用处常出,纳处常入。略计每年赐用至数百万段,曾无减损。于是乃更辟左藏之院,构屋以受之。(《隋书》卷二十四《食货志》)

灾情既不严重,户口与土地的比率又复如何?

> (开皇五年)户八百九十万七千五百四十六,口四千六百一万九千九百五十六,垦田五千五百八十五万四千四十一顷,其邑居、道路、山河、沟洫、沙碛、咸卤、丘陵、阡陌皆不预焉。(《隋书》卷二十九《地理志上》)

这与两汉比较一下,有如次表所示。

两汉及隋户口垦田比较表①

时代	户数	口数	垦田数
前汉	12 233 062	59 594 978	8 270 536 顷
后汉	9 698 630	49 150 220	6 896 271 顷
隋	8 907 546	46 019 956	55 854 041 顷

隋代户口比两汉少,垦田比两汉大,生产技术自东汉以后,日渐进步。人之食量古今相差不巨,而由汉至隋,固然均以六尺为步,二百四十步为亩,百

---

① 前汉为平帝元始二年之数,据《汉书》卷二十八下二《地理志》。后汉为顺帝永和五年之数,据《后汉书》卷三十三《郡国志五》。

亩为顷，但是隋尺比之汉尺，约合一尺二寸（《隋书》卷十六《律历志上》）。合这数点观之，隋代户口并不算多，土地的生产可以供给社会的需要，地狭人庶之患未曾存在。这样，成为问题者只有土地的分配了。隋用均田之制，保障任何平民，一夫一妇必有一百四十亩之田，而实行之后，凡在狭乡者，每丁才至二十亩，老小又少焉。二十亩之地是否可以维持一家生计，我们若能知道隋代农业生产力，不难计算出来，惜历史缺乏这种资料。魏晋之际，"一亩十斛，谓之良田"（嵇康《养生论》），而傅玄又谓："近魏初，白田收至十余斛，水田收至数十斛。"（《晋书》卷四十七《傅玄传》）隋亩大于魏亩，倘令每亩收获仍是十斛，则二十亩可得二百斛，其量不比西汉百亩农民的收获少；若在十斛以上，则其收获更丰。其实，隋时每亩收获多少，我们无从考证。问题所在，乃是猝然遇到凶荒，则青黄不接，难保百姓不铤而走险，于是文帝又仿汉代常平仓之制，设置义仓。义仓最初是用劝课方法，听民自由纳谷入仓，以备凶年之用。

> （开皇五年）五月……工部尚书……长孙平奏曰，古者三年耕而余一年之积，九年作而有三年之储，虽水旱为灾，而人无菜色，皆由劝导有方，蓄积先备故也。去年亢阳，关内不熟，陛下哀愍黎元，甚于赤子，运山东之粟，置常平之官，开发仓廪，普加赈赐，少食之人莫不丰足，鸿恩大德前古未比。其强宗富室家道有余者，皆竞出私财，递相赒赡，此乃风行草偃，从化而然。但经国之理，须存定式。于是奏令诸州百姓及军人，劝课当社，共立义仓，收获之日，随其所得，劝课出粟及麦，于当社造仓窖贮之，即委社司执帐检校。每年收积，勿使损败。若时或不熟，当社有饥馑者，即以此谷赈给。自是诸州储峙委积。（《隋书》卷二十四《食货志》）

不久，又把劝课改为征收，上户纳谷一石，中户七斗，下户四斗，由额数不定的捐输改为上中下三等的租税。

> （开皇十六年）二月，又诏社仓准上中下三等税，上户不过一石，中户不过七斗，下户不过四斗。（《隋书》卷二十四《食货志》）

户口不比两汉多,而垦田增加数倍,复有义仓之设,以备凶饥之用。这样,社会问题当然无从发生。但是关于义仓,王夫之曾有批评。

假使社有百家,岁储一石,三年而遇水旱,曾三百石之足以济百家乎?倘水旱在三年之外,粟且腐坏虫蚀而不可食也。且储粟以一石为率,将限之耶,抑贫富之有差耶(据上举《食货志》之言,有上中下三等之别)?有差而人诡于贫,谁尸其富?家限之则岁计不足,而遑计他年?均之为农,而有余以资义仓,其勤者也。及其受粟而多取之者,其惰者也。非果有君子长者,以仁厚化其乡,而惰者亦劝于耕,以廉于取,则徒取之彼以与此,而谁其甘之?不应,抑将刑罚以督之。井里不宁而讦讼兴,何义之有?而惰窳不节之罢民,且恃之以益其骄怠,况乎人视为不得已,而束于法以应令?糠核湿腐,杂投而速蠹,仅以博好义之虚名,抑何为者耶?况行之久而长吏玩为故常,不复稽察里胥之干没,无与为治,民大病而匄免不能,抑其必致之势矣。(《读通鉴论》卷十九《隋文帝》)

义仓虽有缺点,唯炀帝即位之初,"国家殷富","府库盈溢"(《隋书》卷二十四《食货志》),"赤仄之泉流溢于都内,红腐之粟委积于塞下"(《隋书》卷四《炀帝纪》史臣曰),其状颇有似于汉武帝初年"都鄙廪庾尽满,而府库余财,京师之钱累百巨万,贯朽而不可校,太仓之粟陈陈相因,充溢露积于外,腐败不可食"(《汉书》卷二十四上《食货志上》),于是既效汉武,又学秦皇,遂令政治问题引起了社会问题。

国家建设必须有益于民生,吾国古代以农立国,一切建设苟与农业没有直接或间接的关系,势必劳民伤财,虽无水旱之灾,也可以引起社会问题。而在各种建设之中,最足引起人民反感者,莫如土木工程。一般人民贫居陋巷,而皇帝乃雕墙峻宇,两相对照,谁能不生不平之心?固然萧何曾说:"天子以四海为家,非令壮丽,亡以重威。"(《汉书》卷一下《高帝纪》七年)然亦须有限度。建设不已,试问钱财与人工从何而来?繁敛租税,租税必转嫁于农民,征调力役,而力役又舍农民莫属。租税增加,可使农村减少资本;力役增加,可使农村缺乏劳动力,这两者都是有害农业的。农业萎缩,谷价腾贵,于是农村贫穷又转变为大众贫穷,其初也土匪遍地,其次也政权颠覆,其终也群雄割据。这个时候不是乱到全国皆乱,纵以汉高祖、唐太宗那样雄才大略,也必不能收拾残局,使天下复归统一。

《春秋》隐公七年,"夏城中丘,不时也"。胡安国谓:"《春秋》,凡用民必书。其所具作不时害义,固为罪矣。虽时且义,亦书,见劳民为重事也。人君而知此义,则知慎重于用民力矣。凡书城者完旧也,书筑者创始也。城中丘,使民不以时,非人君之心也。"吴澄谓:"君之资于民者,资其力也。民之报其君者,报以力也。故无事,则资其力而用之于农以足食生财。有事,则资其力而用之于兵以敌忾御侮。非农非兵,而劳民之力,必以其时,以其礼,而不敢妄兴。不得已而役之,亦必节其力而不尽也。《春秋》凡力役必书,重民力也。"(引自《大学衍义补》卷八十七《城池之守》)不时尚不可用民力以"完旧"(谓修缮),岂可用民力以"创始"(谓兴作),猥苦百姓,空虚国帑,以恣一己之享乐?史家常称文帝"躬节俭"(《隋书》卷二《高祖纪下》)。然而开皇十三年,"帝命杨素出于岐州,北造仁寿宫。素遂夷山堙谷,营构观宇,崇台累榭,宛转相属,役使严急,丁夫多死。疲敝颠仆者,推填坑坎,覆以土石,因而筑为平地,死者以万计。宫成,帝行幸焉,时方暑月,而死人相次于道,素乃一切焚除之。帝颇知其事,甚不悦,及入新宫游观乃喜,又谓素为忠"(《隋书》卷二十四《食货志》)。宜乎王船山谓文帝"剥剔丁壮以供土木也,不待炀帝之骄淫,而民已无余地以求生矣"(《读通鉴论》卷十九《隋文帝》)。

炀帝即位,变本加厉,大兴土木,以夸示天子之尊贵,以放纵一己之快乐。单单土木工程,计其所用役丁,前后不下数百万。兹特列表如次:

炀帝大兴土木表

种类	年代	役丁数	工作情况	备考
建东都	大业元年	每月役丁二百万人。	东京官吏督役严急,役丁死者什四五,所司以车载死丁,东至成皋,西至河阳,相望于道。	《资治通鉴》卷一百八十《隋纪》,又《隋书》卷二十四《食货志》

续表

种类		年代	役丁数	工作情况	备考
建宫苑	显仁宫	大业元年		南接皂涧,北跨洛滨,周围数百里,发大江之南、五岭以北,奇材异石,输之洛阳。又求海内嘉木异草、珍禽奇兽,以实园苑。	《资治通鉴》卷一百八十《隋纪》,又《隋书》卷二十四《食货志》
	离宫	大业元年		自长安至江都置离宫四十余所。	《资治通鉴》卷一百八十《隋纪》
	西苑	大业元年		西苑周二百里,其内为海,周十余里,为蓬莱、方丈、瀛洲诸山,高出水百余尺。台观殿阁罗络山上,北有龙鳞渠,萦纡注海内,缘渠作十六院,门皆临渠,堂殿楼观穷极华丽。	《资治通鉴》卷一百八十《隋纪》
	汾阳宫	大业四年		在汾州之北汾水之源。	《资治通鉴》卷一百八十一《隋纪》
	江都宫			宫在江都,大业六年三月,帝幸江都宫,不知建于何时。	《资治通鉴》卷一百八十一《隋纪》
	临朔宫			宫在涿郡,大业七年四月,车驾幸临朔宫,不知建于何时。	《资治通鉴》卷一百八十一《隋纪》
开运河	通济渠	大业元年	发河南、淮北诸郡民,前后百余万。	自西苑引谷洛水达于河,复自板渚引河,历荥泽入汴。又自大梁之东,引汴水入泗,达于河。	《资治通鉴》卷一百八十《隋纪》,又《隋书》卷三《炀帝纪上》
	山阳沟	大业元年	发淮南民十余万。	自山阳至扬子入江,渠广四十步,渠旁皆筑御道,树以柳。	《资治通鉴》卷一百八十《隋纪》
	永济渠	大业四年	发河北诸郡男女百余万。	引沁水南达于河,北通涿郡,丁男不供,始以妇人从役。	《资治通鉴》卷一百八十一《隋纪》
	江南河	大业六年		自京口至余杭八百余里,广十余丈。	《资治通鉴》卷一百八十一《隋纪》

续表

种类	年代	役丁数	工作情况	备考
筑驰道	大业三年	发河北十余郡丁男。	凿太行山,达于并州,以通驰道。	《隋书》卷三《炀帝纪上》及《资治通鉴》卷一百八十《隋纪》
筑长城	大业三年	发丁男百余万。	西距榆林,东至紫河,绵亘千余里,筑之一旬而毕,死者大半。	《隋书》卷三《炀帝纪上》及卷二十四《食货志》,又《资治通鉴》卷一百八十及卷一百八十一《隋纪》
	大业四年	发丁男二十余万。	自榆林谷而东。	
掘堑壕	炀帝即位年	发丁男数十万掘堑。	自龙门东接长平、汲郡,抵临清关,渡河至浚仪、襄城,达于上洛以置关防。	《资治通鉴》卷一百八十《隋纪》

同时炀帝又复外事四夷,当南北分立之际,为中国边患者乃是蠕蠕,"蠕蠕衰微,突厥始大,东极东胡旧境,西尽乌孙之地,弯弓数十万,列处于代阴,南向以临周齐二国","周人东虑,恐齐好之深;齐人西虞,惧周交之厚","争请盟好,永结和亲"(《隋书》卷八十四《突厥传》史臣曰)。突厥亦游牧民族,"其俗畜牧为事,随逐水草,不恒厥处"(《隋书》卷八十四《突厥传》),"倏来忽往,云屯雾散,强则骋其犯塞,弱又不可尽除"(《隋书》卷三十七《梁睿传》)。遂"竭生民之力,供其来往;倾府库之财,弃于沙漠。华夏之地实为劳扰,犹复劫剥烽戍,杀害吏民,无岁月而不有也"(《隋书》卷八十四《突厥传》),其或命将抵抗,而"周齐之世有同战国,中夏力分,其来久矣,突厥每侵边,诸将辄以全军为计,莫能死战,由是突厥胜多败少,所以每轻中国之师"(《隋书》卷五十四《李彻传》)。周末隋初,突厥分为四部,长孙晟以为"突厥难以力征,易可离间"。反间既行,果相猜贰,互相攻战,于是势力稍杀,上表称臣,迄于仁寿,不侵不叛(参阅《隋书》卷五十一《长孙晟传》、卷八十四《突厥传》)。但是夷狄之性实如段文振所言:"弱则归投,强则反噬,盖其本心也。"(《隋书》卷六十《段文振传》)当时夷狄最强盛者确是突厥。高颎曾言:

此虏(突厥)颇知中国虚实、山川险易,恐为后患。(《隋书》卷四十一《高颎传》)

炀帝果有大略,理应乘机讨伐,一举歼灭,顾乃赦而不征,听其休养生聚,同时却东征西讨,自耗国力,养疽贻患,这是炀帝的失策。

炀帝外事四夷表

夷名	讨伐经过	备考
平林邑	仁寿末,群臣有言林邑多奇宝者。大业元年,炀帝遣大将军刘方以步骑万余击林邑,频战皆胜,入其国都。林邑降,于是朝贡不绝。	《资治通鉴》卷一百八十《隋纪》,又《隋书》卷八十二《林邑传》
讨契丹	大业元年,契丹寇营州,炀帝遣通事谒者韦云起率兵讨平之。	《资治通鉴》卷一百八十《隋纪》
破吐谷浑	大业四年,炀帝遣宇文述讨吐谷浑,吐谷浑率众西遁,述引兵追之,获其王公以下三百人,虏男女四千口而还。吐谷浑可汗伏允南奔云山,其故地皆空,东西四千里南北二万里,皆为隋有,置郡县镇戍,发天下轻罪徙居之。	《资治通鉴》卷一百八十一《隋纪》,又《隋书》卷八十三《吐谷浑传》
招赤土	大业四年三月,帝募能通绝域者,屯田主事常骏等请使赤土,帝大悦,命骏赍物五千段,以赐其主。十月,常骏等至赤土境,赤土王遣其子随骏入贡。	《资治通鉴》卷一百八十一《隋纪》
取伊吾	大业四年,炀帝遣右翊卫将军薛世雄率兵击伊吾,伊吾不为备,世雄军至,大恐请降,世雄乃于汉伊吾城东筑城,置戍而还。	《资治通鉴》卷一百八十一《隋纪》
击流求	大业六年,炀帝遣虎贲郎将陈棱、朝请大夫张镇周发兵万余人,泛海击流求。行月余,至其国,屡破之,遂至其都,斩流求王,虏其民万余口而还。	《资治通鉴》卷一百八十一《隋纪》及《隋书》卷八十一《流求国传》
伐高丽	大业七年,诏总征天下兵,无问远近,俱会于涿,以讨高丽。八年正月,大兵集于涿郡,总一百一十三万三千三百,号二百万,其馈运者倍之,旌旗亘九百六十里,近古出师之盛未之有也。四月,车驾渡辽,	《资治通鉴》卷一百八十一及卷一百八十二《隋纪》及《隋书》卷八十一《高丽传》

夷名	讨伐经过	备考
	分道出师,高丽皆婴城固守,食尽师老,转输不继,诸军多败绩,于是班师引还。初大军渡辽凡三十万五千人,及还至辽东城仅二千七百人,资储器械亘万计,失亡荡尽。 大业九年二月,又征兵讨高丽。四月,车驾渡辽,命诸将攻辽东,二十余日不拔,死者甚众。六月,礼部尚书杨玄感作乱,反书至,帝密召诸将,使引军还,军资器械攻具积如丘山,营垒帐幕案堵不动,皆弃之而去。高丽出数千兵追蹑,逼后军,杀略数千人。 大业十年二月,诏复征天下兵,讨高丽,百道俱进,车驾次怀远镇。时天下已乱,人多流亡,所在阻绝,军多失期,高丽亦困弊,遣使乞降,帝许之,班师还京师。	

炀帝讨伐四夷,其动机与汉武帝不同。武帝说:"四夷侵陵中国,朕不出师征伐,天下不安,为此者不得不劳民。若后世又如朕所为,是袭亡秦之迹也。"(《资治通鉴》卷二十三汉武帝征和二年)炀帝即位之时,国家富强,纵以突厥之悍,亦不敢稍亏臣礼。

至于其他各国,大率与隋没有利害关系。其所以四出征伐,乃有别的动机,一是货,炀帝为好货的人,建筑显仁宫,课天下诸州各贡嘉木异草、珍禽奇兽,以实园苑(《资治通鉴》卷一百八十隋炀帝大业元年),其讨伐西域与南蛮,目的均在于货。

  (帝)每日引(裴)矩至御座,亲问西方之事。矩盛言胡中多诸宝物,吐谷浑易可并吞。帝由是甘心,将通西域。(《隋书》卷六十七《裴矩传》)
  时天下无事,群臣言林邑多奇宝者……上遣大将军刘方……率……步骑万余……击之。(《隋书》卷八十二《林邑传》)

二是名,炀帝又是好名的人,"帝善属文,不欲人出其右。薛道衡死,帝曰,更能作空梁落燕泥否?王冑死,帝诵其佳句曰,庭草无人随意绿,复能作此语耶"(《资治通鉴》卷一百八十二隋炀帝大业九年)。其伸威海外,乃欲"辚轹轩唐,奄吞周汉,子孙万代,人莫能窥,振古以来,一君而已"(《隋书》卷七十《杨玄感传》史臣曰),故当启民可汗奉觞上寿,就有"何如汉天子,空上单于台"之句。

> 帝亲巡云内,溯金河而东,北幸启民所居。启民奉觞上寿,跪伏甚恭。帝大悦,赋诗曰:鹿塞鸿旗驻,龙庭翠辇回。毡帷望风举,穹庐向日开。呼韩顿颡至,屠耆接踵来。索辫击毡肉,韦韝献酒杯。何如汉天子,空上单于台。(《隋书》卷八十四《突厥传》)

炀帝外事四夷,虽然拓地千里,而却未曾殖民于其地,四夷来降者,又穷奢极侈,欲以富乐夸之。

> 帝以诸蕃酋长毕集洛阳,丁丑,于端门街盛陈百戏,戏场周围五千步,执丝竹者万八千人,声闻数十里,自昏至旦,灯火光烛天地,终日而罢,所费巨万,自是岁以为常。诸蕃请入丰都市交易,帝许之,先命整饰店肆,檐宇如一,盛设帷帐,珍货充积,人物华盛,卖菜者亦藉以龙须席。胡客或遇酒食店,悉令邀延就坐,醉饱而散,不取其直,绐之曰,中国丰饶,酒食例不取直。胡客皆惊叹,其黠者颇觉之,见以缯帛缠树,曰中国亦有贫者,衣不盖形,何如以此物与之,缠树何为?市人惭不能答。(《资治通鉴》卷一百八十一《隋纪》炀帝大业六年)

所以扩充版图,对于国计民生,毫无利益,徒徒直接增加中国的奢靡,间接促成中国的贫穷而已。

当时全国户口不及五千万,而炀帝前后所用壮丁,约在千万以上,农村劳动力减少,农业生产力降低,其结果便表现为谷价踊贵。

> 耕稼失时,田畴多荒,加之饥馑,谷价踊贵,东北边尤甚,斗米直数百钱。(《资治通鉴》卷一百八十一《隋纪》炀帝大业七年)

而全国壮丁尽为国家征用，"比屋良家之子多赴于边陲，分离哭泣之声连响于州县"（《隋书》卷二十四《食货志》），甚至开凿永济渠之时，"丁男不供，始以妇人从役"（《隋书》卷二十四《食货志》）。天下死于役，而家伤于财，防灾工作无法进行，于是又不断地发生了凶荒。

大业四年，燕代缘边诸郡旱，时发卒百余万筑长城，帝亲巡塞表，百姓失业，道殣相望。

大业八年，天下旱，百姓流亡，时发四海兵，帝亲征高丽，六军冻馁死者什八九。

大业十三年，天下大旱，时郡县乡邑悉遣筑城，发男女无少长皆就役。（《隋书》卷二十二《五行志上》）

贫穷成为普遍的现象，"老弱耕稼，不足以充饥；馁妇纺织，不足以赡资"（《隋书》卷二十四《食货志》）。这个时候，义仓若能发米赈济，则饥民得食，或不至铤而走险。但是汉代常平仓"外有利民之名，而内实侵削百姓，豪右因缘为奸，小民不能得其平"（《后汉书》卷六十九《刘般传》）。同样，隋代义仓，细民也不沾其利，文帝时代仓吏已有盗米之事。

开皇十六年，有司奏合川仓粟少七千石，命斛律孝卿鞫问其事，以为主典所窃。复令孝卿驰驿斩之，没其家为奴婢，鬻粟以填之，是后盗边粮者一升以上皆死，家口没官。（《隋书》卷二十五《刑法志》）

他日关中大旱，民犹不免食豆屑杂糠。

（文帝）尝遇关中饥，遣左右视百姓所食，有得豆屑杂糠而奏之者。上流涕以示群臣，深自咎责，为之撤膳，不御酒肉者殆将一期。（《隋书》卷二《文帝纪》仁寿四年）

而炀帝淫侈，国用不足，复贷义仓之谷以充官费。

> 大业中年，国用不足，并用社仓之物，以充官费。（《旧唐书》卷七十《戴胄传》）

凶荒之岁，官吏常因圣旨未到，不敢开仓。

> 是时百姓废业，屯集城堡，无以自给。然所在仓库犹大充牣，吏皆惧法，莫肯赈救，由是益困。初皆剥树皮以食之，渐及于叶。皮叶皆尽，乃煮土或捣藁为末而食之。其后人乃相食。（《隋书》卷二十四《食货志》）

兼以军旅所需又征敛于民，政府每有征敛，官吏常先贱买之，然后宣布命令，贵卖于人。

> 所在皆以征敛供帐军旅所资为务，百姓益困，而弗之恤也。每急徭卒赋，有所征求，长吏必先贱买之，然后宣下，乃贵卖与人，旦暮之间，价盈数倍。（《隋书》卷二十四《食货志》）

这样，百姓愈贫穷了。按国家财政乃以国民经济为基础，经济破产，税源枯竭，国家财政当然因之困难，而炀帝以供费不供，复逆收数年之赋。

> 六军不息，百役繁兴，行者不归，居者失业，人饥相食，邑落为墟，上不知恤也。东西游幸，靡有定居，每以供资不给，逆收数年之赋。（《隋书》卷四《炀帝纪》义宁二年）

财政混乱，奸吏更有侵渔的机会。

> 炀帝……淫荒无度……征税百端，猾吏侵渔，人不堪命，乃急令暴条

以扰之,严刑峻法以临之,甲兵威武以董之,自是海内骚然,无聊生矣。(《隋书》卷四《炀帝纪》史臣曰)

而刑赏无章,"赏不可以有功求,刑不可以无罪免"(《隋书》卷七十《杨玄感传》史臣曰)。侵渔者谓之奉公,即日升擢;清平者谓之附下,旋即诛夷。

> 炀帝嗣兴……纲纪弛紊,四维不张,其或善于侵渔,强于剥割,绝亿兆之心,遂一人之求者,谓之奉公,实时升擢。其或顾名节,存纲纪,抑夺攘之心,以从百姓之欲者,则谓之附下,旋即诛夷。夫吏之侵渔,得其所欲,虽重其禁,犹或为之。吏之清平,失其所欲,虽崇其赏,犹或不为。况于上赏其奸,下得其欲,求其廉洁,不亦难乎?(《隋书》卷七十三《循吏传序》)

吾国先哲主张刑赏要依功过。孔子说:"以德报德,则民有所劝。以怨报怨,则民有所惩"(《礼记注疏》卷五十四《表记》),以德报德就是有功者必赏,以怨对怨就是有罪者必刑。且又主张刑赏要速,迟则失去效用。《司马法》(第二篇《天子之义》)云:"赏不逾时,欲民速得为善之利。罚不迁列,欲民速睹为不善之害也。"炀帝刑赏无章,遂致是非颠倒,天下士大夫莫不变节,终至贪污成为普遍的现象。

> 于时朝政渐乱,货赂公行,凡当枢要之职,无问贵贱,并家累金宝,天下士大夫莫不变节。(《隋书》卷三十九《骨仪传》)

> 于时皇纲不振,人皆变节……文武多以贿闻。(《隋书》卷六十七《裴矩传》)

百姓一方受了贫穷的压迫,同时又受了酷吏的侵渔,饥寒交迫,于是相率离开"王化"的社会,走到违法的方面去,用违法的方法,来苟全自己的生命。

> 百姓困穷,财力俱竭,安居则不胜冻馁,死期交急,剽掠则犹得延生,

于是始相聚为群盗。(《资治通鉴》卷一百八十一《隋纪》炀帝大业七年)

最初群盗尚用宗教形式,诱惑百姓。

(大业)六年春正月……有盗数十人,皆素冠练衣,焚香持华,自称弥勒佛,入自建国门,监门者皆稽首,既而夺卫士仗,将为乱。齐王暕遇而斩之,于是都下大索,与相连坐者千余家。(《隋书》卷三《炀帝纪》)

这个宗教仪式也有其时代背景,佛教盛行于南北朝之世,当时民间所信者为释迦佛。释迦佛能够超度众生么?不能。中国固有的宗教失去民众信仰,而舶来的宗教又只是"银样镴枪头",人民绝望之余,又希望一个新生的神出来拯救,于是隋代就有"弥勒佛出世"之说。

释氏之说,以为释迦佛衰谢,弥勒佛出世,故盗称之以为奸。(《资治通鉴》卷一百八十一《隋纪》炀帝大业六年胡三省注)

弥勒代替释迦,天上权威变更了,地上皇朝自宜改换,群盗为奸,遂皆以弥勒为幌。

唐县人宋子贤善幻术,能变佛形,自称弥勒出世,远近信感,遂谋因无遮大会举兵袭乘舆,事泄伏诛,并诛党与千余家。扶风桑门向海明亦自称弥勒出世,人有归心辄获吉梦,由是三辅人翕然奉之,因举兵反,众至数万。海明自称皇帝,改元白乌,诏太卿仆杨义臣击破之。(《资治通鉴》卷一百八十二《隋纪》炀帝大业九年)

人心动摇,而炀帝仍大肆淫欲,虐用其民,"骄怒之兵屡动,土木之功不息",当时人民如何苦于役,可看下例。

大业初，炀帝潜有取辽东之意，遣(元)弘嗣往东莱海口监造船。诸州役丁苦其捶楚，官人督役，昼夜立水中，略不敢息，自腰以下无不生蛆，死者什三四。(《隋书》卷七十四《元弘嗣传》)

隋家造殿，伐木于豫章，二千人挽一材，以铁为毂，行不数里，毂辄断，别数百人赍毂自随，终日行不三十里，一材之费已数十万工，揆其余可知已。(《新唐书》卷一百三《张玄素传》)

人民惮役甚于惮税。张衡曾乘间进谏，"比年劳役繁多，百姓疲敝，伏愿留神，稍加折损"(《隋书》卷五十六《张衡传》)。苏威亦已看到"劳役不息，百姓思乱"(《隋书》卷四十一《苏威传》)。所以最初起来为盗的乃是苦役的人。

大业七年……苦役者始为群盗。(《隋书》卷三《炀帝纪》)

而炀帝竟不之悟，尚复"转输不息，徭役无期，士卒填沟壑，骸骨蔽原野，黄河之北则千里无烟，江淮之间则鞠为茂草"(《隋书》卷七十《杨玄感传》)。于是"百姓思乱，从盗如市"(《隋书》卷六十六《鱼俱罗传》)，而宗教形式的叛变又发展为群众暴动。此时也，炀帝竟和秦二世一样，讳言盗贼。

帝问侍臣盗贼事，宇文述曰，盗贼渐少，不足为虞。(苏)威不能诡对，以身隐于殿柱，帝呼威而问之。威对曰，臣非职司，不知多少，但患其渐近。帝曰，何谓也？威曰，他日贼据长白山，今者近在荥阳、汜水。帝不悦而罢。(《隋书》卷四十一《苏威传》)

内外群官"奏贼皆不以实"(《资治通鉴》卷一百八十三隋炀帝大业十二年)，而谓"鼠窃狗盗，不足为虞"(《隋书》卷四《炀帝纪》史臣曰)。于是群盗"相聚萑蒲，揭竿而起"(《隋书》卷四《炀帝纪》史臣曰)。苏威之言可以为证。

帝问苏威以讨辽之策，威……欲令帝知天下多贼，乃诡答曰，今者之

役不愿发兵,但诏赦群盗,自可得数十万,彼喜于免罪,竞务立功,一岁之间,可灭高丽矣。(《隋书》卷六十七《裴蕴传》)

百姓从盗,乃是因为受了生活的压迫。这个时候,炀帝若能同汉武一样,下罪己之诏,罢征辽之师,发粟以赈穷乏,停役以苏民困,则危机未必不能挽回,而炀帝乃欲利用严刑,禁止群盗,百姓怨嗟,当然群盗大起。

穷人……聚为盗贼,帝乃更立严刑,敕天下窃盗已上,罪无轻重,不待闻奏,皆斩。百姓转相群聚,攻剽城邑,诛罚不能禁,帝以盗贼不息,乃益肆淫刑。九年,又诏,为盗者籍没其家,自是群贼大起,郡县官人又各专威福,生杀任情矣。(《隋书》卷二十五《刑法志》)

当此之时,讨伐高丽之师又复失败,吾国对外战争每每引起内乱。专制政府能够存在,完全依靠于力。外战胜利,可以表示政府力大;外战失败,又足以证明政府力弱。古来奸雄之欲窃取帝位者均先立功于国外,沈约说:"高祖(刘裕)无周世累仁之基,欲力征以君四海,实须外积武功,以收天下人望。"(《宋书》卷四十八《朱龄石传》论)按对外战争需要巨大的军队与经费,召集民夫,非力莫行;征敛物资,非力莫办。人民莫不爱其财产,而尤爱其生命。政府的力本来是物质的,而一旦人民信其有力,就变成精神的,这个精神的力实大过物质的力数倍。军事失败,精神的力随之减少,从前不敢反抗政府者,现在便公开反抗,无所顾忌了。王莽失败于匈奴,旋即引起国内大乱,是其明证。大业八年,车驾渡辽,亲征高丽,大败而归。"初渡辽九军三十万五千人,及还至辽东城,唯二千七百人。"(《隋书》卷六十一《宇文述传》)命将出师,败北,犹可以归罪于将;御驾亲征,大败,谁负其责?太子不过储君,尚且宁可闲居无事,不宜冒险建立奇功。盖如四皓所说:"太子将兵有功,即位不益,无功则从此受祸。"(《汉书》卷四十一《张良传》)故非万不得已之外,以命将出师为宜。炀帝亲征而失败,皇帝的权威愈益降低,所以当大业九年第二次讨伐高丽之际,杨玄感就乘机起事。

帝伐高丽，命（礼部尚书杨）玄感于黎阳督运……（玄感）故逗遛漕运，不时进发，欲令渡辽诸军乏食……玄感入黎阳……刑三牲誓众，且谕之曰："主上无道，不以百姓为念，天下骚扰，死辽东者以万计。今与君等起兵，以救兆民之弊何如？"众皆踊跃称万岁……从之者如市……玄感……每誓众曰："我身为上柱国，家累巨万金，至于富贵无所求也。今不顾灭族者，但为天下解倒悬之急耳。"众皆悦，父老争献牛酒，子弟诣军门请自效者，日以千数……每战多捷，众益盛，至十万人……引兵西趣潼关……宇文述等诸军蹑之……玄感大败……自度不能免，谓其弟积善曰，我不能受人戮辱，汝可杀我。积善抽刀斫杀之。（《资治通鉴》卷一百八十二《隋纪》炀帝大业九年）

杨玄感起兵黎阳，固然不及年而亡，然其影响甚大，有如苏威所说，"但恐浸成乱阶耳"（《隋书》卷四十《苏威传》）。大凡称兵作乱的人若仅是饥寒交迫之辈，其势虽足以骚扰社会，亦必不足以变易皇朝。倘若名流世家也来参加，则社会观感不同，作乱者将不视之为作乱，而视之为起义了。在杨玄感以前，不过穷人聚为盗贼而已，杨玄感发难之后，乱事规模猝然扩大。而炀帝竟不觉悟，以为天下之乱在于人多，而欲以杀止乱。

帝谓群臣曰，玄感一呼，而从者如市，益知天下人不欲多，多则为贼。不尽诛，后无以示劝。乃令裴蕴穷其党与，诏郡县坑杀之。死者不可胜数，所在惊骇，举天下之人十分，九为盗贼，皆盗武马，始作长枪，攻陷城邑。（《隋书》卷二十四《食货志》，参阅卷六十七《裴蕴传》）

百姓没有生路了，乱事愈演愈大，"大则跨州连郡，称帝称王；小则千百为群，攻城剽邑。流血成川泽，死人如乱麻。炊者不及析骸，食者不遑易子。茫茫九土并为麋鹿之场，惵惵黔黎俱充蛇豕之饵"（《隋书》卷四《炀帝纪》史臣曰）。兹将隋末群雄割据列表如次。

隋末群雄割据表

姓名	国号	史　略
李　密	魏	李密曾祖弼魏司徒,入周为太师魏国公,祖曜邢国公,父宽隋上柱国、蒲山郡公。杨玄感起兵黎阳,遣人入关迎密。元感败后,密亡命群盗间,依韦城翟让,转掠荥阳、梁郡间。大业十三年,让令密别统所部,号蒲山公。密说让取兴洛仓,发粟以赈穷乏。让等请密为主,建号魏公,筑洛口城居之。遣将东略地,各郡相继降密。炀帝遣王世充选卒十万击密,密数败之。寻杀翟让,而并其众。十四年,复败王世充,进据金墉城,又败隋于上春门(东都北门),于是海岱江淮间争响附。既而宇文化及拥兵十万至黎阳,东都(隋主侗)遣使招密,密降。因得专力击化及。化及败,世充乘其弊,引兵击密,密军败,西走降于唐。其后谋叛,为唐将所斩。(《新唐书》卷八十四《李密传》)
王世充	郑	王世充,胡人也。性机巧,为江都郡丞。炀帝数南幸,世充善伺帝颜色,阿意顺旨,拜为江都通守。大业十三年,奉命讨李密。明年,炀帝弑于江都,越王侗即位于东都,拜世充为纳言,封郑国公。世充翦除异己,遂专大权。寻败李密于氓山,密之将帅州县多附于世充。唐武德二年,弑隋主侗,僭即帝位,国号郑。北据河,东至徐兖,南有襄邓,西保慈涧。唐遣秦王世民击平之,以世充归长安,为羽林将军独孤修德所杀。(《新唐书》卷八十五《王世充传》)
窦建德	夏	窦建德世为农,少重然诺,喜侠节,为乡人所爱护。时山东饥,群盗起,建德入高鸡为盗,众渐盛至万人。大业十二年,其党高士达为隋将杨义臣所灭,建德亡走饶阳,攻陷之。十三年,据乐寿,自称长乐王,破隋将薛世雄军于河间,河北郡县相率降附。建德遂定都乐寿,改国曰夏。唐武德二年,建德击灭宇文化及于聊城,寻降隋,隋主侗仍封为夏王。俄而世充废侗自立,建德始建天子旌旗,出入警跸,书称诏。三年,唐军围东都急,世充请救,建德引军而西,战于成皋,军败,为唐所擒,斩于长安市。(《新唐书》卷八十五《窦建德传》)
薛　举	秦	薛举,兰州金城人,殖产巨万,好结纳边豪为长雄。隋大业末,任金城府校尉。会岁凶,陇西盗起,举即举兵,囚郡县官,发粟以赈贫乏,自称西秦霸王,袭取枹罕,尽有陇西之地。大业十三年,称秦帝,徙都天水。唐武德元年,举卒,子仁呆立,兵败,为唐所灭。(《新唐书》卷八十六《薛举传》)
李　轨	凉	李轨,凉州姑臧人,家以财雄边,好赒人急,乡党称之。隋大业中,补鹰扬府司兵。大业十三年,起兵,称河西大凉王,袭取张掖、敦煌诸郡,尽有河西之地。武德元年,唐遣使招之,拜为凉州总管,封凉王,既而自称帝。二年,唐遣其将安兴贵袭执之,斩于长安。(《新唐书》卷八十六《李轨传》)

续表

姓名	国号	史　略
刘武周	定杨	刘武周，马邑人，喜交豪杰，以征辽有功，还马邑，为鹰扬府校尉。大业十三年，据郡作乱，开仓赈穷乏，得兵万人，自称太守，附于突厥，寻引突厥破隋兵，陷定襄，突厥立武周为定杨可汗，僭称皇帝，都马邑，又攻陷雁门郡。武德二年，又陷并州及晋州，逼绛州，陷浍州。唐遣秦王世民击败之，遁入突厥，寻为所杀。(《新唐书》卷八十六《刘武周传》)
高开道	燕	高开道，沧州阳信人，世煎盐为生。隋大业末，依河间贼格谦，据豆子，谦称燕王，以开道为将。大业十二年，谦败死，开道收其余众，掠燕地。唐武德元年，取北平，陷渔阳，遂称燕王，都渔阳。三年，降唐，命为蔚州总管，封北平郡王。四年，复叛，称燕王，北连突厥，南结刘黑闼。七年，其将张金树杀之以降。(《新唐书》卷八十六《高开道传》)
刘黑闼	汉东	刘黑闼，贝州漳南人，嗜酒，喜蒲博，不治产，亡赖。隋末，亡命为盗，后投窦建德，建德用为将，封汉东郡公。建德败，武德四年，黑闼袭据漳南，取深州，进陷瀛州，取观州、毛州，又陷定州及冀州，拔洺州、相州，取黎卫二州，既又陷邢州、赵州、魏州、莘州。五年，自称汉东王，定都洺州。秦王世民击败之于洺水，黑闼遁归突厥。既而复引突厥寇定州，陷瀛州，取观州，于是山东震骇，州县相率降附。仍据洺州，引兵而南，攻魏州，太子建成等击之，相持于昌黎。黑闼食尽，遁至饶州，其下执诣太子所，斩之。(《新唐书》卷八十六《刘黑闼传》)
徐圆朗	鲁	徐圆朗，兖州人，隋末为盗，据本郡，以兵徇琅邪以西，北至东平，尽有之。唐武德三年，来降，拜兖州总管，封鲁国公。四年，叛附刘黑闼，兖郓陈杞鲁戴诸州皆应之，保任城，自称鲁王。六年，黑闼平，圆朗兵败，弃城走，为人所杀。(《新唐书》卷八十六《徐圆朗传》)
萧铣	梁	萧铣，后梁宣帝曾孙也。炀帝以铣外戚，擢为罗川令。大业十三年，巴陵校尉董景珍等共推铣为主，自罗川入巴陵，称梁王，明年称帝。攻下南郡，遂徙都江陵。时镇将闻炀帝遇弑，所至迎降。于是东自九江，西抵三峡，南尽交址，北距汉川，铣皆有之。唐武德四年，遣江夏王孝恭等攻铣于江陵，铣降，斩于长安。
辅公祏	宋	辅公祏，齐州临济人，隋季与乡人杜伏威为盗，转掠淮南。及伏威降唐，唐授公祏淮南道行台左仆射、舒国公。伏威入朝，留公祏守丹阳。武德六年，公祏以丹阳叛，称帝，国号宋。七年，赵郡王孝恭等讨斩之。(《新唐书》卷八十七《辅公祏传》)

续表

姓名	国号	史　略
沈法兴	梁	沈法兴,湖州武康人,初为吴兴郡守。大业十四年,举兵以讨宇文化及为名,攻余杭、毘陵、丹阳,皆下之。据江表十余郡,自称江南道大总管。武德二年,称梁王,都毘陵。三年,李子通渡江,取京口,战败法兴,法兴走死。(《新唐书》卷八十七《沈法兴传》)
李子通	吴	李子通,沂州丞人,少贫,以渔猎为生,家有余,则以赒人。先依长白山贼帅左才相,寻渡淮,窃据海陵,称将军。唐武德二年,陷江都,遂称帝,国号吴。三年,渡江取京口,败沈法兴,遂取毘陵及丹阳郡。既而杜伏威遣将攻之,渡江取丹阳,子通食尽,遂弃江都保京口,于是江西之地(今人谓之江北)尽入于杜伏威。伏威徙丹阳,子通东走太湖,袭沈法兴于吴郡,大破之,法兴走死。子通徙都余杭,尽收法兴之地,北自太湖,南至岭,东包会稽,西距宣城,皆有之。四年,为伏威将王雄诞所败,送京师。高祖薄其罪,赐宅一区,田五顷。及伏威来朝,子通欲逃归旧地,为关吏所获,伏诛。(《新唐书》卷八十七《李子通传》)
朱粲	楚	朱粲,亳州城父人,初为县吏。大业中,从军,亡命为盗,转掠荆沔及山南郡县。唐武德元年,降隋,隋主侗以为楚王。粲寻称楚帝于冠军,陷唐邓州,据之。二年,粲为淮安土豪杨士林所攻,请降于唐,唐仍以为楚王。后叛奔王世充,洛阳平,诛粲。(《新唐书》卷八十七《朱粲传》)
林士弘	楚	林士弘,饶州鄱阳人。初从其乡人操师乞为群盗。大业十三年,师乞攻陷豫章,以士弘为将军。师乞旋败死,士弘代统其众,称帝,都豫章,国号楚,取九江、临川等郡。北自九江,南至番禺,皆为所有。十三年,萧铣克豫章。武德二年,士弘将王戎以南昌降唐。士弘惧,请降,寻复走保安成山洞,为洪州刺史若干则所破,旋死,其众遂散。(《新唐书》卷八十七《林士弘传》)
梁师都	梁	梁师都,夏州朔方人,为郡豪姓,仕隋,为朔方鹰扬府郎将。大业十三年,据郡作乱,称大丞相,北连突厥,袭取延安等郡,遂称帝,都朔方,国号梁。引突厥居河南地,既而数入犯,为唐所败,其地多归于唐。武德五年,克其朔方东城。贞观二年,遣柴绍等击之,进围朔方,其下杀师都以降。(《新唐书》卷八十七《梁师都传》)
杜伏威	吴	杜伏威,齐州章丘人,初与辅公祏为群盗,转掠淮南,据六合,称将军。大业十三年,据历阳,自称总管。唐武德元年,降隋,隋主侗命为楚王。二年,降唐,唐以为和州总管。三年,进封吴王,攻李子通败之,尽取其江西地,复渡江,居丹阳。子通自京口东走。四年,伏威遣将击平子通,遂有淮南江东之地,南至岭,东距海。五年,入朝,其地悉入于唐。七年,卒于长安。(《新唐书》卷九十二《杜伏威传》)

续表

姓名	国号	史　略
郭子和	永乐	郭子和,同州蒲城人,初为隋左翊卫,以罪徙榆林。大业末,郡饥,子和乃与死士十八人斩郡丞王才,开仓赈穷乏,自号永乐王。南连梁师都,北事突厥。武德元年,降于唐,授灵州总管。五年,从平刘黑闼,有功赐姓李,拜右武卫将军。显庆初卒。(《新唐书》卷九十二《李子和传》)
宇文化及	许	宇文化及,隋左翊卫大将军、许国公宇文述之子也。初为右屯卫将军,从炀帝幸江都。大业十四年,虎贲郎将司马德戡等定谋弑帝,推化及为主,自江都趣彭城,欲西还长安。李密据巩洛拒化及,化及不得西,乃引兵取东郡。既又北趣黎阳,与李密相持。食尽,乃入汲郡求粮,东郡亦降于密。化及复自汲郡据魏县,称帝,国号许,有济北数城。唐武德二年,淮南王神通击化及于魏县,化及走保聊城,寻为窦建德所灭。(《隋书》卷八十五《宇文化及传》)

当时民众所要求者为粮食,前已引过天下饥荒的情况如次:

> 是时百姓废业,屯集城堡,无以自给。然所在仓库犹大充牣,吏皆惧法,莫肯赈救,由是益困。初皆剥树皮以食之,渐及于叶。皮叶皆尽,乃煮土或捣藁为末而食之。其后人乃相食。(《隋书》卷二十四《食货志》)

李勣说:"天下之乱本于饥。"(《新唐书》卷九十三《李勣传》)百姓困穷,而各地义仓积谷尚多,有仓不开,不但民众不平,使群雄有借口的机会。例如:

> 天下大乱,百姓饥馁,道路隔绝,(马邑太守王)仁恭……不敢辄开仓廪,赈恤百姓。其麾下校尉刘武周……每宣言郡中曰,父老妻子冻馁,填委沟壑,而王府君闭仓不救百姓,是何理也? 以此激怒众,吏民颇怨之。其后仁恭正坐厅事,武周率其徒数十人大呼而入,因害之……武周于是开仓赈给,郡内皆从之。(《隋书》卷六十五《王仁恭传》)

> 大业末,(榆林)郡饥,(李)子和与死士十八人执丞王才,数以不恤下,斩之。开仓赈穷乏,自号永乐王。(《新唐书》卷九十二《李子和传》)

> 大业中，(罗艺)补虎贲郎将，辽东之役，李景以武卫大将军，督饷北平，诏艺以兵属……天下盗起，涿郡号富饶，伐辽兵仗多在，而仓庤盈羡……苦盗贼侵掠……艺捍寇数破却之，为诸将忌畏。艺阴自计，因出师诡说众曰，吾军讨贼，数有功，而食乏，官粟若山，而留守不赈恤，岂安人强众意耶？士皆怨，既还，郡丞出郊谒艺，执之，陈兵入……艺即发库赍赐战士，仓粟给穷人，境内大悦。(《新唐书》卷九十二《罗艺传》)

而慢藏海盗，又足以引诱群雄进攻。

> 东郡贼翟让聚党万余人……(李)密(复)说让曰……明公亲率大众，直掩兴洛仓，发粟以赈穷乏，远近孰不归附？百万之众一朝可集，先发制人，此机不可失也……密与让领精兵七千人……袭兴洛仓，破之，开仓恣民所取，老弱襁负，道路不绝。(《隋书》卷七十《李密传》)

> 河南、山东大水，隋帝令饥人就食黎阳仓，吏不时发，死者日数万。(李)勣说李密曰，天下之乱本于饥，今若取黎阳粟以募兵，大事济矣。密以麾下兵五千付勣……济河，袭黎阳，守之，开仓纵食，旬日胜兵至二十万。(《新唐书》卷九十三《李勣传》)

李渊由太原进兵关中，也是因为关中有永丰仓。

> 汾阳薛大鼎说李渊曰，请勿攻河东，自龙门直济河，据永丰仓，传檄远近，关中可坐取也。渊将从之，诸将请先攻河东……河东……任瑰说渊曰，关中豪杰皆企踵以待义兵……鼓行而进，直据永丰，虽未得长安，关中固已定矣。(《资治通鉴》卷一百八十四《隋纪》恭帝义宁元年)

各地义仓成为群雄进军的目标，又成为他们煽动民众的工具，于是隋的天下就在开仓与争仓的风潮之下，分崩瓦解，而中国也由统一暂时宣告分裂。自古以来，存富于府库不如存富于民间，一旦有急，纵多赋敛，民亦无伤。苟子说:"王者富民……亡国富筐箧,实府库。筐箧已富,府库已实,而百姓贫,夫是之谓上溢而下漏。入不可以守,出不可以战,则倾覆灭亡可立而待也。"(《荀子》第九篇《王制》)唐太宗时,马周上疏谓"隋贮洛口仓,而李密因之;积布帛东都,而王世充据之;西京府库亦为国家之用。向使洛口东都无粟帛,王世充、李密未能必聚大众。但贮积者固有国之常,要当人有余力而后收之,岂人劳而强敛之以资寇邪"(《新唐书》卷九十八《马周传》)。隋代府库只以资敌,为国者可以为鉴。

当此之时有王通者号文中子,讲学于河阴之间,唐初名臣从之游者,有李靖、房玄龄、杜如晦、薛收等。但据宋李觏说"文中子教授河汾间,迹未甚显。没后,门人欲尊宠之,故扳太宗时公卿以欺后世耳,惧其语之泄,乃溢辞以求媚"(《李直讲文集》卷二十九《读文中子》)。所谓求媚,如《王道篇》云:"天其或者将启尧舜之运。"用此以媚唐帝。其然岂其然乎?对此,陈亮则谓"文中子没于隋大业十三年五月,是岁十一月唐公入关,其后攀龙附凤、以翼成三百载之基业者,大略尝往来河汾矣。虽受经未必尽如所传,而讲论不可谓无也。然智不足以尽知其道,而师友之义未成,故朝论有所不及。不然,诸公岂遂忘其师者哉"(《龙川文集》卷十四《类次文中子引》)。王通依《春秋》,著《元经》;依《论语》,著《中说》。其学说一扫魏晋以来的玄虚思想,一以儒家为宗。他说:"仁义其教之本乎?先王以是继道德而兴礼乐者也。"(《中说·礼乐论》)只因南北朝的君主无不虐用其民,而炀帝又大兴土木,所以又依老子"民之饥以其上食税之多,是以饥"(《老子》第七十五章),而赞成道家之无为而治,故说:"上无为,下自足。"(《中说·立命》)然他并不忘刑赏为治国的工具,他固主张"赏一以劝百,罚一以惩众"(同上),但"古之为政者,先德而后刑,故其人悦以恕。今之为政者,任刑而弃德,故其人怨以诈"(《中说·事君篇》)。即王通虽认刑德乃人主之二柄,不过人主须先施德于民,而后用刑,使民悦服。倘若只知用刑,不知施德,则人民由于怨恨,不免利用各种诈欺方法,以避免刑罚。此乃针对炀帝之滥刑而言。他见历来朝代易姓之际,公卿大臣视帝位之转移无异于"将一家物与一家"(《南史》卷廿八《褚照传》),说明其理由为"无定主,而责之以忠……虽曰能之,末由也已"(《中说·事君篇》)。而自五胡乱华,北方沦没于异族,到了南北分立,中原人士已经丧失民族意识;而南朝政府,自齐梁以后,均无恢复中原之意,虽有战争,事在保境。王通所著《元经》始于晋惠帝即位之年,而止于宋亡之时,齐梁以下均不著经。盖宋"有复中国之志"(《中说·述史篇》);武帝刘裕固曾北伐,师至关中;文帝元嘉年间亦曾"再略河南",而师旅倾覆。降至齐梁,攻伐寝议,自此以后,南朝君臣已绝望于本邦,宴安于所托,早已忘记故国,丧失斗志,而自居为岛夷。王通说:"晋宋之王,近于正体,于是乎未忘中国,穆公之志也。齐梁陈之德斥之于四夷也。"(《中说·问易》)宋亡之后,《元经》则书魏孝文帝太和四年以后之事,盖孝文迁都洛邑之后,改衣冠,断北语,改姓氏,通婚姻,已经汉化。王通对于孝文颇多赞美之辞,以为"中国之道不替,孝文之力也","太和之政近雅矣,一明中国有法也"(《元经》卷九后魏孝文帝太和四年)。盖吾国古代思想虽明夷夏之别,而其所注重者在于文化之异同。《元经》于宋亡之后,则以北魏为正统。他说:"乱离斯瘼,吾谁适归?天地有奉,生民有庇,即吾君也。且居先王之国,受先王之道,予先王之民矣,谓之何哉?"(《中说·述史》)固然如此,他尚眷眷于南朝,《元经》有"开皇九年,晋宋齐梁陈亡"之句,他说明理由如下:"江东中国之旧也,衣冠礼乐之所就也。永嘉之后,江东贵焉。而卒不贵,无人也。齐梁陈于是乎不与其为国也。及其亡也,君子犹怀之。故书曰,晋宋齐梁陈亡,具五以归其国,且言其国亡也。"晋宋亡国久矣,所以书之者,"(晋)衣冠文物之旧,君子不欲其先亡。宋尝有树晋之功,有复中国之志,亦不欲其先亡也。故具齐梁陈以归其国也"(《中说·述史》)。由此可知王通的政治思想可归纳为二,其一,排斥玄虚,而崇尚儒学;其二,宋亡之后,虽以北魏为正统,而民族意识尚甚浓厚,故虽厌弃齐梁与陈,而又不欲它们之亡。此两者对于唐初政治思想甚有影响。吾人读《贞观政要》一书,即可知之。

第四节
隋的政治制度

第一项　中央官制

吾国中央政制由魏晋而至南北朝，日益复杂，其结果就发生三种现象。

一是系统不明：西汉以丞相总百官，而九卿分治天下之事，大政方针由丞相决定，九卿须在大政方野之内，执行其主管事务，系统整然，成为从属关系。降至南北朝，这个系统完全破坏，尚书令"总领纪纲，无所不统"，而尚书令之上又有录尚书事，"职无不总"，"犹古冢宰总己之义"。尚书令之外，复有中书监令，常掌机要，而为宰相之职。又有侍中，后魏每以侍中辅政，则侍中亦为枢密之任。三省长官不相从属，成为同等关系。国无主宰，政出多门，所以王华才说：

　　宰相顿有数人，天下何由得治？(《宋书》卷六十三《王华传》)

宰相既有数人，则冢宰与百官之间，系统不免混乱。东汉废丞相而置三公，三公分部九卿。南北朝之世，尚书令的属官为各曹尚书，中书监的属官为中书侍郎，侍中的属官为给事黄门侍郎,至于九卿法制上乃直接隶属于天子,其地位与尚书令、中书监、侍中是平等的。不管政令出于何方,凡发布政令的机关对于执行政令的机关,苟无直接指挥与监督的权,则政令自难彻底施行。于是又发生了一种现象,帝权强大,天子的亲信虽以中书舍人之卑,也可以狐假虎威,势倾天下。帝权傍落,则谁有军权,谁又能操纵政权。后魏自孝昌以后,政归尔朱,到了东西分据,高欢、宇文泰又秉持朝政,他们所借以取得政权者,完全依靠于兵力。总之,这个时候法纪荡然,凡欲取得政权者不是由于恩幸,便是利用武力,宰相不过虚职。所以宋废帝时,太宰江夏王义恭,虽然"录尚书事,任同总己",而乃慑惮中书舍人戴法兴,事无大小,均由法兴专断,义恭仅守空名。政制没有系统,每每有此现象,这是政治上最坏的现象。

二是权责不专:西汉之世,上自丞相,下至长吏,各有各的职权,各有各的责任,每岁决狱多少,责在廷尉,每岁钱谷几何,责在大司农,丞相可以不知(《汉书》卷四十《王陵传》)。长安市内死伤横道,直接责任在长安令,间接责任在京兆尹,丞相可以不理(《汉书》卷七十四《丙吉传》)。黄绶以下有无犯法,郡守有监察之责,刺史可以不问(《汉书》卷八十三《朱博传》)。公卿百官各有专司,分层负责,不但同列之间不得侵犯,便是上下之间也不得随意干涉。反之,南北朝制度则不然了,往往同一职权分属于数个机关,吏部尚书主选事,而录尚书事又得共参同异,甚而至于中书舍人也可以管理铨衡。

> (蔡兴宗)转掌吏部……前废帝即位……(江夏王)义恭录尚书事,受遗辅政……而越骑校尉戴法兴、中书舍人巢尚之专制朝权,威行近远。兴宗职管九流,铨衡所寄,每至上朝,辄与令录以下,陈欲登贤进士之意……兴宗每陈选事,法兴、尚之等辄点定回换,仅有在者。兴宗于朝堂谓义恭及(颜)师伯曰,主上谅暗,不亲万机,而选举密事,多被删改,复非公笔,亦不知是何天子意。(《宋书》卷五十七《蔡兴宗传》)

此不过举其一例言之，其他机关亦莫不然。九卿与尚书各曹，职掌已多重复，汉世大鸿胪掌诸归义蛮夷，与明清的理藩院相似。降至南北朝，四夷不宾，北齐鸿胪寺掌藩客朝会吉凶吊祭，尚有外交之意。南梁鸿胪卿掌导护赞拜，有似于西汉光禄勋属官的谒者。但是南北朝谒者又独立为台，不属光禄勋，掌朝觐宾飨之事。这样，鸿胪寺与谒者台成为层床架屋，职权与责任如何划分，不甚明了了。

三是机关虚设：汉世一个机关必有数种职权，我们只见其职权复杂，不见其机关空虚。南北朝有许多机关，毫无职掌，等于虚设。例如汉时光禄勋一掌宿卫，二掌论议，三掌宾赞，四掌考选。到了南北朝，光禄勋无复三署郎，因之不掌宿卫。谒者出外，因之不掌宾赞。三署郎罢，因之不掌考选。虽然仍有大夫，然谏议大夫或省其官，或隶集书，其他大夫皆以"养老疾，无职事"（《宋书·百官志上》），因之又不掌论议。各种职掌均被剥夺，所以梁、陈、北齐乃使其掌膳食，性质变更，非复汉代宿卫之职。官高职轻，有同虚设。按魏晋以来，尚书各曹渐次蚕食九卿之权。晋桓温说：

古以九卿综事，不专尚书，今事归内台，则九卿为虚设，皆宜省并。
（《太平御览》卷二百三《职官三·总叙官》）

其所以不能省并者，乃是因为干戈未息，军功颇多，而府库空虚，赏赐悬乏，最初用勋爵以代钱绢，勋爵既滥，便不能引起人们注意，而须有实际授予，仪同三司必须开府，浸假职官遂成为懋庸赏勋之用。勋功既伙，职官自难并省。这种职官虽有其职，而无其事，他们"空受禄力"，不但"国储以之虚匮，民力为之凋散"（《南齐书》卷二十八《崔祖思传》），而整个官制亦必随之紊乱。

官司如斯纷乱，自非厘革不可。北周依周礼，建六官，置公卿大夫士，而内外众职亦兼用秦汉等官。宣帝嗣位，随意变更，号令日改，官名日易。隋文践极，百度伊始，复废周官，还依汉魏。炀帝即位，多所改革，大业三年始行新令，有五省、三台、九寺、五监、十二卫、十六府。兹将隋之中央官制，列表如次①。

隋中央官制表

文帝时代			炀帝时代			备考
种类	官名	官品	种类	官名	官品	
三师	太师	正一品				炀帝废三师。
	太傅	正一品				
	太保	正一品				
三公	太尉	正一品	三公	太尉	正一品	
	司徒	正一品		司徒	正一品	
	司空	正一品		司空	正一品	
五省	尚书省 尚书令	正二品	五省	尚书省 尚书令	正二品	尚书省置令左右仆射（从二品）各一人，总吏部、礼部、兵部、都官、度支、工部等六曹事。属官有左右丞（从四品）各一人。
	六部尚书 吏部	正三品		六部尚书 吏部	正三品	吏部尚书统吏部侍郎二人，主爵侍郎一人，司勋侍郎二人、考功侍郎一人。
	礼部	正三品		礼部	正三品	礼部尚书统礼部、祠部侍郎各一人，主客、膳部侍郎各二人。
	兵部	正三品		兵部	正三品	兵部尚书统兵部、职方侍郎各二人，驾部、库部侍郎各一人。
	刑部	正三品		刑部	正三品	都官尚书统都官侍郎二人，刑部、比部侍郎各一人，司门侍郎二人。
	户部	正三品		户部	正三品	度支尚书统度支、户部侍郎各二人，金部、仓部侍郎各一人。
	工部	正三品		工部	正三品	工部尚书统工部、屯田侍郎各二人，虞部、水部侍郎各一人。开皇三年四月，诏尚书左仆射掌判吏部、礼部、兵部三尚书

---

① 据《隋书》卷二十八《百官志下》。

续 表

文帝时代			炀帝时代			备考
种类	官名	官品	种类	官名	官品	
						事,尚书右仆射掌都官、度支、工部三尚书事。寻改度支尚书为户部尚书,都官尚书为刑部尚书。凡三十六侍郎,均正六品。 炀帝即位,多所改革,尚书省六曹各侍郎一人,以贰尚书之职。又增左右丞,阶与六部侍郎并正四品。诸曹侍郎并改为郎(从五品),又改吏部为选部郎,户部为人部郎,礼部为仪曹郎,兵部为兵曹郎,刑部为宪部郎,工部为起部郎,以异六侍郎之名。
门下省	纳言	正三品	门下省	纳言	正三品	门下省纳言二人、给事黄门侍郎四人(正四品),又有散骑常侍(从三品)、谏议大夫(从四品)、散骑侍郎(正五品)等官,统城门、尚食、尚药、符玺、御府、殿内等六局。 炀帝改制,以城门、殿内、尚食、尚药、御府等五局隶殿内省。大业十二年,又改纳言为侍内。
内史省	内史令	正三品	内史省	内史令	正三品	内史省置监令各一人,寻废监,置令二人。有侍郎(正四品)、舍人(正六品)及通事舍人(从六品)等官。 炀帝改通事舍人为谒者台职。大业十二年,改内史为内书。

续表

种类	文帝时代 官名	官品	种类	炀帝时代 官名	官品	备考
秘书省	秘书监	正三品	秘书省	秘书监	从三品	秘书省监丞(正五品)各一人,有郎(正七品)及校书郎(正九品)等官,领著作、大史二曹。炀帝改制,增置少监(从四品)一人,其后又改监、少监为令、少令。
内侍省	内侍	从四品	殿内省	殿内监	正四品	内侍省内侍、内常侍(正五品)各二人,并用宦者,领内尚食、掖庭、宫闱、奚官、内仆、内府等局。炀帝改内侍省为长秋监,分门下、大仆二司,取殿内监名,以为殿内省,并尚书、门下、内史、秘书以为五省。殿内省置监少监(从五品)及丞(从五品)各一人。统尚食、尚药、尚衣、尚舍、尚乘、尚辇等六局。尚衣即旧御府局,尚舍即旧殿中局。
二台	御史大夫	从三品	三台	御史大夫	正四品	御史台大夫一人,下有治书侍御史(从五品)二人、侍御史(从七品)八人,殿内侍御史(正八品)、监察御史(从八品)各十二人。炀帝改制,省殿内侍御史员,增监察御史员十六人。
	都水使者	从五品		谒者大夫	正四品	都水台使者及丞(正八品)各二人。又有参军、河堤谒者等官。炀帝改制,增置谒者、司隶二台,并御史为三台。谒者台大夫一人,掌受诏劳问,出使慰抚,持节察授,及受冤枉而申奏之。属官有丞(从六品),又有通事谒者(从六品),即内史通事舍人之职。

续 表

文帝时代			炀帝时代			备考
种类	官名	官品	种类	官名	官品	
			司隶台	司隶大夫	正四品	司隶台大夫一人掌诸巡察。别驾(从五品)二人,分察畿内,一人察东都,一人察京师。刺史(正六品)十四人,巡察畿外诸郡。每年二月乘轺巡郡县,十月入奏。后又罢司隶台,而留司隶使者之名,不为常员,临时选京官清明者权摄以行。
十一寺	太常寺 卿	正三品	九寺	太常寺 卿	正三品	各寺皆置卿少卿(正四品)各一人,丞(正七品)二人至六人不等。炀帝改制,少卿加置二人。太常寺统郊社、太庙、诸陵、太祝、衣冠、太乐、清商、鼓吹、太医、太卜、廪牺等署。炀帝罢太祝署,而留太祝员,罢衣冠、清商二署。光禄寺统大官、肴藏、良酝及掌醢等署。卫尉寺统公车、武库、守宫等署。宗正寺不统署。太仆寺统骅骝乘黄龙厩车府典牧牛羊等署。炀帝减骅骝署入殿内尚乘局,改龙厩曰典厩署,罢牛羊署。大理寺不统署,置司直(从五品)、正监评(均正六品)、律博士(正九品)等官。鸿胪寺统典客、司仪、崇玄三署。炀帝改典客署为典蕃署。司农寺统太仓、典农、平准、廪市、钩盾、华林、上林、导官等署。
	光禄寺 卿	正三品		光禄寺 卿	从三品	
	卫尉寺 卿	正三品		卫尉寺 卿	从三品	
	宗正寺 卿	正三品		宗正寺 卿	从三品	
	太仆寺 卿	正三品		太仆寺 卿	从三品	
	大理寺 卿	正三品		大理寺 卿	从三品	
	鸿胪寺 卿	正三品		鸿胪寺 卿	从三品	
	司农寺 卿	正三品		司农寺 卿	从三品	
	大府寺 卿	正三品		太府寺 卿	从三品	

续表

种类	文帝时代 官名	官品	种类	炀帝时代 官名	官品	备考
						炀帝改制,司农但统上林、太仓、钩盾、导官四署。罢典农、华林二署,而以平准、廪市隶太府。 太府寺统左藏、左尚方、内尚方、右尚方、司染、右藏、黄藏、掌冶、甄官等署。 炀帝分太府寺为少府监。太府寺但管京都市五署及平准、左右藏等凡八署。
国子寺	祭酒	从三品				国子寺祭酒一人,统国子、太学、四门、书算学,各置博士、助教、学生等员。开皇十三年,国子寺罢隶太常,又改寺为学。 炀帝改国子寺为国子监。
将作寺	大匠	从三品				将作寺大匠一人、丞(从九品)二人,统左右校署。开皇二十年,改将作寺为监。以大匠为大监,初加置副监。
			五监	国子监	祭酒	从三品	炀帝改制,分太府寺为少府监,改内侍省为长秋监,国子学为国子监,将作寺为将作监,并都水监总为五监。国子监仍旧置祭酒,加置司业一人(从四品)。
				将作监	大匠	正四品	将作监置大匠、少匠(正五品)各一人。统左右校及甄官署。
				少府监	监	从三品	少府监置监、少监(从四品)各一人,统左尚、右尚、内尚、司织、司染、铠甲、弓弩、掌冶等署。寻并司织、司染为织染署,废铠甲、弓弩二署。

续表

文帝时代			炀帝时代			备考
种类	官名	官品	种类	官名	官品	
			都水监	使者	正五品	都水监置使者，统舟楫、河渠二署。大业五年，又改使者为监，四品，加置少监为五品。
			长秋监	令	正四品	长秋监置令、少令(从五品)各一人，并用士人，改内常寺为内承奉，置二人，正五品。并用宦者，领掖庭、宫闱、奚官等三署。
十二府	左右卫 大将军	正三品	十二卫十六府	左右翊卫 大将军	正三品	左右卫、左右武卫、左右武候、左右领、左右府各大将军一人，将军(从三品)二人，左右监门府各将军(从三品)一人。左右领军府不置将军，唯有长史等。开皇十八年，置备身府。炀帝改左右卫为左右翊卫，备身府为左右骁卫，左右武卫依旧名。改领军为左右屯卫，加置左右御卫，改左右武候为左右候卫，是为十二卫。又改左右领、左右府为左右备身府，左右监门府依旧名，凡十六府。十二卫各置大将军一人、将军(从三品)二人，总府事，并统诸鹰扬府。其军士，左右翊卫所领名骁骑，左右骁卫所领名豹骑，左右屯卫所领名羽林，左右御卫所领名射声，左右候卫所领名伙飞，而总号卫士。左右备身府各置备身郎将一人。左右监门府改将军为郎将，各置一人。
	左右武卫 大将军	正三品		左右骁卫 大将军	正三品	
	左右武候 大将军	正三品		左右武卫 大将军	正三品	
	左右领左右府 大将军	正三品		左右屯卫 大将军	正三品	
	左右监门府 将军	从三品		左右御卫 大将军	正三品	
	左右领军府			左右候卫 大将军	正三品	
				左右备身 郎将	正四品	
				左右监门 郎将	正四品	

依上表所示，可知隋代中央政制甚为庞大。在各种机关之中，最重要的莫如内史（中书）、门下、尚书三省。三省职权如何划分，还是混淆不清。魏晋以来，尚书但听命受事，至于中书、门下谁掌机要，讫无定制。南朝之政多出中书，北朝之政多由门下。隋沿北朝之旧，门下还是政之枢机。《通典》（卷二十一《宰相》）云："隋有内史、纳言，是为宰相，亦有他官参与焉。"内史即中书令，纳言即侍中，而未提及尚书令仆。《历代职官表》（卷三《内阁中》）云："谨案，隋代虽置三公，以官高不除。其秉国钧者惟内史、纳言，而尚书令事无不统，即不预机事，亦称政本之地。故唐沿其制，以三省长官为宰相之职也①。"宰相乃政之枢机，即马端临所谓"参掌机密"，而为"机衡之任"或"枢密之任"（《文献通考》卷四十九《宰相》）。隋之尚书令既"不预机事"，何得称之为"政本之地"？何况隋代尚书令很少除人，晋王广（炀帝）固尝为尚书令矣，然此尚书令只是行台尚书令，初于开皇二年为河北道行台尚书令，时年十四，次于开皇八年为淮南道行台尚书令（《隋书》卷一及卷二《高祖纪》，据卷三《炀帝纪》，八年作六年。开皇二年时，尚有河南道行台尚书令秦王俊，复有西南道行台尚书令蜀王秀）。只唯杨素于大业元年为尚书令，翌年即拜司徒（《隋书》卷三《炀帝纪》，参阅卷四十八《杨素传》）。隋代罕除尚书令，原因何在，吾人实难了解②。所以隋时虽置尚书令，事实上尚书省的长官乃是左右仆射。而左右仆射必兼内史令尤其纳言之职，才为宰相。杜佑以内史、纳言为隋之宰相，而不提及尚书令仆，固有理由。开皇元年，高颎为尚书左仆射兼纳言，苏威为吏部尚书，亦兼纳言（《隋书》卷一《高祖纪》，但据卷四十一《苏威传》，则为民部尚书即度支尚书，亦即唐代以后之户部尚书）。据《苏威传》，"时高颎与威同心协赞，政刑大小，无不筹之，故革运数年，天下称治"。此时内史令为李德林，右仆射为赵煚。开皇三年四月，尚书右仆射赵煚兼内史令（此皆根据《隋书》卷一《高祖纪》。卷四十二《李德林传》及卷四十六《赵煚传》均未载明年月，尤其《赵煚传》未曾说到其兼内史令）。此两人权任并不甚重。由此可知杜佑虽谓"内史、纳言是为宰相"，而究其实，内史令之权不及纳言，而仆射

---

① 所谓"唐沿其制"云云，乃根据《新唐书》（卷四十六《百官志一》），"初唐因隋制，以三省之长中书令、侍中、尚书令共议国政，此宰相职也"。此言未必真确，当详论于唐代中央官制中。
② 唐代是因太宗尝为尚书令，臣下不敢居其职，由是仆射为尚书省长官。

不兼纳言，即非丞相。

隋代常以他官参与朝政，例如"柳述为兵部尚书参掌机事，又杨素为右仆射，与高颎(时为纳言)专掌朝政"(《通典》卷二十一《宰相》，据《高祖本纪》，杨素为右仆射在开皇十二年十二月，由内史令转拜。卷四十七《柳述传》，述拜兵部尚书，参掌机事，似在仁寿三四年间)，即其例也。炀帝时：

> (苏威)为纳言，与左翊卫大将军宇文述、黄门侍郎裴矩、御史大夫裴蕴、内史侍郎虞世基参掌朝政，时人称为五贵。(《隋书》卷四十一《苏威传》)

即不问何种职官，苟有天子之命，虽以黄门侍郎、内史侍郎四品之官，以及纠正官邪的御史大夫亦得参与朝政。何况尚书与门下往往兼职，例如高颎以纳言兼尚书左仆射(《隋书》卷四十一《高颎传》)，苏威以纳言兼民部尚书(《隋书》卷四十一《苏威传》)，而内史侍郎(虞世基)又与尚书、门下共参国政，则"中书出命，门下审驳，尚书受成"(《文献通考》卷五十《门下省》引胡致堂曰)之制当然不存在于隋代。所以马端临以为"门下审覆之说始于唐"(《文献通考》卷五十《门下省》)。

隋代中央政制既然混乱，于是权力谁属，也同南北朝一样，成为问题。此盖隋文"天性沉猜，好为小数，不达大体"(《隋书》卷二《文帝纪》仁寿四年)，"佐命功臣鲜有终其天年"，"高祖沉猜之心固已甚矣"(《隋书》卷四十《元胄传》史臣曰)。王世勣"见上性忌刻，功臣多获罪，由是纵酒，不与执政言及时事"，而亦不免于诛(《隋书》卷四十《王世勣传》)。房彦谦私谓所亲赵郡李少通曰："主上性多忌刻……天下难安，方忧危乱。"(《隋书》卷六十六《房彦谦传》)文帝天性如此，当然不欲政归臣下。昔者陈矫为尚书令，魏明帝"车驾尝卒至尚书门。矫跪问帝曰，陛下欲何之？帝曰，欲案行文书耳。矫曰，此自臣职分，非陛下所宜临也。若臣不称其职，则请就黜退，陛下宜还。帝惭，回车而反"(《魏志》卷二十二《陈矫传》)。魏明帝不过中庸之主，听到陈矫之言，尚知惭愧，回车而反。为政之道，最忌察察为明。老子曰："其政察察，其人缺缺。"管子说："伪主从狙而好小察。"(《管子》第五十二篇《七臣七主》)文帝"往往潜令人赂遗令史府史，有受者必死，无所宽贷"(《隋书》卷二《高祖纪下》仁寿四年)，这种作风无异于引人犯罪，哪有气量君临天下?

（高祖）每旦临朝，日侧不倦。（杨）尚希谏曰……愿陛下举大纲，责成宰辅，繁碎之务非人主所宜亲也。（《隋书》卷四十六《杨尚希传》）

皇帝过于察察，百僚惧罪，事无大小，均欲取判于旨，不敢自决。

（柳彧）见上勤于听受，百寮奏请，多有烦碎。因上疏谏曰……比见四海一家，万机务广，事无大小，咸关圣听。陛下留心治道，无惮疲劳，亦由群官惧罪，不能自决，取判天旨，闻奏过多，乃至营造细小之事，出给轻微之物，一日之内，酬答百司，至乃日旰忘食，夜分未寝，动以文簿忧劳圣躬。伏愿思臣至言，小减烦务……若其经国大事，非臣下裁断者，伏愿详决，自余细务，责成有司。（《隋书》卷六十二《柳彧传》）

以万乘之尊，而乃自决庶务，一日万机，何能无错？积错既多，威信扫地。管子有言："有道之君，不言智能聪明。智能聪明者下之职也，所以用智能聪明者上之道也。"（《管子》第三十篇《君臣上》）慎子亦说："君臣之道，臣事事而君无事，君逸乐而臣任劳，臣尽智力以善其事，而君无与焉，仰成而已，故事无不治。"（《慎子·民杂篇》）韩非也谓："明君之道，使智者尽其虑，而君因以断事，故君不穷于智。贤者效其材，君因而任之，故君不穷于能。"（《韩非子》第五篇《主道》）岂但法家之言如此，孔子说："大哉尧之为君也，唯天为大，唯尧则之。"（《论语》第八篇《泰伯》）"天何言哉，四时行焉，百物生焉，天何言哉？"（《论语》第十七篇《阳货》）"无为而治者，其舜也与？夫何为哉，恭己正南面而已矣。"（《论语》第十五篇《卫灵公》）荀子谓"君者论一相"，又说："人主者以官人为能者也，匹夫者以自能为能者也……大有天下，小有一国，必自为之然后可，则劳苦耗悴莫甚焉。如是，则虽臧获不肯与天子易执业。以是悬天下，一四海，何故必自为之？为之者，役夫之道也。"（《荀子》第十一篇《王霸》）董仲舒亦说："为人主者以无为为道，以不私为宝；立无为之位，而乘备具之官；足不自动，而相者导进；口不自言，而摈者赞辞；心不自虑，而群臣效当。故莫见其为之，而功成矣。"（《春秋繁露》第十八篇《离合根》）隋文不明此理，事无大小，均欲自决，察察为明，不亡何待？唐太宗对于隋文帝，有如次的批评。

> 此人（隋文帝）性至察，而心不明。夫心暗则照有不通，至察则多疑于物。自以欺孤寡得之，谓臣下不可信任，事皆自决，虽劳神苦形，未能尽合于理。朝臣既知上意，亦复不敢直言，宰相已下承受而已。（《旧唐书》卷三《太宗纪》贞观四年）

张玄素亦说①：

> 自古以来，未有如隋室丧乱之甚，岂非其君自专，其法日乱？向使君虚受于上，臣弼违于下，岂至于此？且万乘之重，又欲自专庶务，日断十事，而五条不中，中者信善，其如不中者何？何况一日万机，已多亏失，以日继日，乃至累年，乖谬既多，不亡何待？如其广任贤良，高居深视，百司奏职，谁敢犯之？（《旧唐书》卷七十五《张玄素传》）

固然隋文对于南北朝政制，亦曾略加整理；炀帝继之，复事厘革。尚书六曹均称部，每部领四司，各部置侍郎一人，以贰尚书之职。诸司侍郎但称曰郎，以与各部区别。其他官厅或称为省，或称为寺，或称为台，或称为监，或称为府，而总为五省、三台、五监、九寺、十六府。凡机关之空虚者则充实之，例如光禄勋，宋齐二代既不统署，大夫之职又以"处旧齿老年"（《南齐书》卷十六《百

---

① 《贞观政要》将张玄素之言并作太宗之语。范祖禹批评隋文之作风曰："君以知人为明，臣以任职为良。君知人，则贤者得行其所学。臣任职，则不贤者不得苟容于朝，此庶事所以康也。若夫君行臣职，则丛脞矣。君不任君之事则惰，此万事所以堕也……不明之君不能知人，故务察而多疑，欲以一人之身代百官之所为，则虽圣智，亦日力不足矣。故其臣下事无大小，皆归之君，政有得失，不任其患。贤者不得行其志，而持禄之士得以保其位，此天下所以不治也。"（《贞观政要》第二篇《政体》）余案历来君主多患此病，岂但隋文而已？此辈自以为明察秋毫，其实，近而不见泰山。其为宠臣（例如杨素）所误，岂但隋文一人而已？西汉时，虽丞相亦不察小事。

官志》),其机关有如虚设。至隋,光禄寺领大官、肴藏、良酝、掌醢四署,为司膳之官,虽取汉代旧名,而其职则异。凡复杂者则简单之,例如汉时侍中分掌乘舆、服物下至亵器、虎子之属,所以成立门下省之后,仍掌供奉之事,其职有似于少府。隋初,尚统城门、尚食、尚药、符玺、御府、殿内六局;炀帝改制,分门下、太仆二司,别置殿内省,以掌诸供奉,于是门下省遂纯粹成为议政机关。但是隋代官职尚有重设之病。杜佑说:

> 自昔三代以上,分置六卿,比周百事。至秦及汉,虽事不师古,犹制度未繁。后汉有三公九卿,而尚书之任又益重矣。魏晋以降,职制日增,后周依《周礼》,置六官,而年代短促,人情相习已久,不能革其视听。故隋氏复废六官,多依北齐之制,官职重设,庶务烦滞,加六尚书似周之六卿,又更别立寺监,则户部与太府分地官司徒职事,礼部与太常分春官宗伯职事,刑部与大理分秋官司寇职事,工部与将作分冬官司空职事,自余百司之任多类于斯,欲求理事,实在简省。(《通典》卷二十五《总论诸卿》)

所以前代机关林立、系统不明、权责不专之病,尚未完全革除。古人云,省官不如省事,此犹云,官烦由于事繁。要是职事不多,而官司徒增,则权责不专,大有害于行政效率。何况炀帝厘整官制,徒改其名,至于职权方面,仍同南北朝时一样,混淆不清。

> 时牛弘为吏部尚书,不得专行其职,别敕纳言苏威、左翊卫大将军宇文述、左骁卫大将军张瑾、内史侍郎虞世基、御史大夫裴蕴、黄门侍郎裴矩,参掌选事,时人谓之选曹七贵。虽七人同在坐,然与夺之笔,虞世基独专之,受纳贿赂,多者超越等伦,无者注色而已。(《资治通鉴》卷一百八十隋炀帝大业二年)

自三国分立之后,干戈云扰,军权高于一切,因之将军就成为国家重要官职,而一切犯上作乱的人无不出身于军府。汉世武官都是中朝近卫,大将军、骠骑将军位次丞相,车骑将军、卫将军位次上卿,又有左右前后将军,皆主征伐,事讫皆罢。至于伏波、楼船、横海、度辽之号皆系权时之制,亦不常设。魏世以后,将军分为内外,卫将军、镇军将军、抚军将军只施于内,四征、四镇、四安、四平只施于外,至于骠骑、车骑则可居外都督,例如太和元年,司马懿以骠骑将军,使持节都督荆豫二州诸军事,屯宛;正始二年,王凌以车骑将军,假节都督扬州诸军事,屯寿春。当时刺史、太守皆带将军之号,无者为耻。东晋而后,其制愈滥,梁有一百二十五号将军(《隋书》卷二十六《百官志上》),后魏将军之号亦多,末年又置柱国,位在重号将军之上。各种将军虽仅为褒赏勋庸之用,顾乃开军府,置佐史,凡重号将军"加大字,位从公,开府,仪同如公"。"其未及开府,则置府,亦有佐史",轻号将军"亦有置府者"(《南齐书》卷十六《百官志》)。晋傅咸说:"虚立军府,动有百数。"(《晋书》卷四十七《傅咸传》)庾悦亦说:"地在无军,而军府犹置","文武将佐,资费非一。"(《宋书》卷五十二《庾悦传》)足使国储空虚,而外重内轻,又可使"藩帅强盛,宰相权弱"(《晋书》卷八十四《王恭传》)。隋兴,废各种将军之号,其仅存者改为散官与勋官,不再开府置佐。比方骠骑、车骑将军自汉以来,甚为显贵,隋文降低其阶,骠骑将军为正四品,车骑将军为正五品(《隋书》卷二十八《百官志下》)。炀帝又改其名。

(大业三年)改骠骑为鹰扬郎将,正五品;车骑为鹰扬副郎将,从五品……五年,又改副郎将并为鹰击郎将。(《隋书》卷二十八《百官志下》)

此外如镇军抚军(正六品)、四征(正六品)、四平(从六品)以及其他杂号将军,无不降低其阶(《隋书》卷二十八《百官志下》),只唯十二卫大将军正三品,而与六部尚书同阶。这样,将军之号便不为世人所重视,因之魏晋以来军人干政之事便暂时告一段落。

现再说明御史制度。汉代的部刺史,经魏晋,变为地方行政官,因之监察州郡遂无专职。北朝御史虽曾乘传纠察,然此乃稀有之事,并未成为定制。隋文肇兴,置御史台,大夫二人,治书侍御史二人,侍御史八人,殿内侍御史十二人。炀帝改制,省殿内侍御史,增监察御史员数,并提高治书侍御史及监察御史的官品。兹列表如次。

隋御史台组织前后变迁表（《隋书》卷二十八《百官志下》）

隋初制度			炀帝改制	备考
官名	员数	官品		
御史大夫	二人	从三品		隋以国讳，改中丞为大夫。（《通典》）
治书侍御史	二人	从五品	增治书侍御史为正五品。	
侍御史	八人	从七品		
殿内侍御史	十二人	正八品	省殿内侍御史。	
监察御史	十二人	从八品	增监察御史为十六人，加阶为从七品。	

但乘传纠察尚无专职，所以炀帝改制，推广两汉司隶校尉之专察京辅所部，增设司隶台，巡察诸郡，其组织可列表如次：

隋司隶台组织表（《隋书》卷二十八《百官志下》）

官名	员数	官品	职掌	备考
大夫	一人	正四品	掌诸巡察。	
别驾	二人	从五品	分察畿内，一人案东都，一人案京师。	
刺史	十四人	正六品	巡察畿外诸郡。	开皇三年，罢郡，以州统县，州置刺史。大业三年，罢州，以郡统县，郡置太守。所以此处刺史不是魏晋以后的刺史，而是汉世的部刺史。

隋之刺史同汉之刺史一样，以六条巡察官人，每年二月出巡郡县，十月入奏，即其在外，每年不过八月。六条如次：

一、察品官以上理政能否。

二、察官人贪残害政。

三、察豪强奸猾、侵害下人及田宅逾制、官司不能禁止者。

四、察水旱虫灾不以实言、枉征赋役及无灾妄蠲免者。

五、察部内贼盗不能穷逐、隐而不申者。

六、察德行孝悌、茂才异行隐不贡者。

隋代刺史颇有似于汉代刺史之制。(1)隋代刺史属于司隶台,这与汉代刺史属于御史府而为中央官者相同。(2)隋代刺史每岁二月出巡郡县,十月入奏,这与汉代刺史八月出巡,岁尽诣京师奏事,传车周行,匪有定镇者相同。(3)隋代刺史只能以六条巡察,而六条所举又尽属于官司之枉法失职。这与汉代刺史以六条问事,不得干涉地方官之行政者相同。不过汉代六条,唯一条察强宗豪右,其五条皆察二千石,而隋代六条所察者则普及于一切品官,不以二千石长吏为限。所谓品官,即自一品至九品之官,谓之流内。不入于九品者谓之流外,即胥吏也。隋刺史除不察流外之胥吏外,得察一切品官。这是隋代以后共同的监察制度。然而因此,层层负责就破坏了。何以说呢?上司对其属僚有指挥监督之权,属僚枉法失职,非由于上司监督不严,就由于上司指挥不当。刺史既可直接监察一切品官,则上司既见有人监察了,自可诿罪于属僚,而不负责。这是吾国古代虽置御史,而政治尚难纳上轨道的一个原因。

第二项　地方官制

吾国地方政制,秦汉为郡县二级,魏晋以降为州郡县三级,南北分立,互增州郡,继以五方淆乱,建置滋多,结果就发生了三种现象。

一是设州置郡,类多浮伪。西汉制郡,大率以户口为标准,户多者地狭,户寡者地广,会稽郡几及今之江浙二省,河南、河内、陈留、颍川、汝南、南阳、魏郡则今之河南省。但河南郡一地有户二十七万六千四百四十四、口一百七十四万二百七十九。会稽郡境域虽大,亦仅有户二十二万三千三十八、口一百三万二千六百四(《汉书·地理志》)。东晋以后,建置州郡,往往名不符实,而如齐文宣所说:

百室之邑便立州名,三户之民空张郡目。(《北齐书》卷四《文宣帝纪》天保七年十一月壬子诏)

有州之名,无郡之实。有郡之名,无县之实。牧守令长虚增其数,民少官多,十羊九牧,苟不改弦更张,稍加并合,则政烦役重,公私骚扰,国储以之虚匮,民力为之凋散,治民之官反可以增加百姓的困苦。

二是州郡区别殆已消灭。州以统郡,州的户口应比郡多,州的境域应比郡大。宋孝武帝分荆湘江豫四州之地,立郢州,治江夏,领郡六、县三十九、户二万九千四百六十九、口十五万八千五百八十七(《宋书》卷三十七《州郡志三》),而吴郡领县十二,乃有户五万四百八十八、口四十二万四千八百一十二(《宋书》卷三十五《州郡志》)。郢州尚是实州,至于侨州"或只一郡,或只一县"(《晋略·方镇表》),不但户口不及郡多,而境域亦不及郡大。东晋时代,范宁已经提议厘革。

不满五千户,不得为郡;不满千户,不得为县。(《晋书》卷七十五《范宁传》)

其所以延至南北朝而尚不能实行者,实如齐文宣所说:

禄去公室,政出多门……豪家大族鸠率乡部,托迹勤王,规自署置。或外家公主,女谒内成,昧利纳财,启立州郡。离大合小,本逐时宜,剖竹分符,盖不获已。(《北齐书》卷四《文宣帝纪》天保七年十一月壬子诏)

州以统郡,州郡无别,若非废州存郡,便须废郡存州,州郡并置,徒徒增加行政经费而已。

三是州郡职权完全重复。汉制,州为监察区,郡为行政区,刺史只能以六条问事,不得干涉郡之行政。三国以后州郡均为行政区,州之职掌与郡略同,纵令州大郡小,刺史、太守也是重复,所以魏夏侯玄以为:"宜省郡守,但任刺史。"(《魏志》卷九《夏侯玄传》)魏世,州不过十三,而郡则有九十一,夏侯玄尚欲废郡存州，使刺史直接督导令长。东晋以后，南北相高，互增州数，州以百计，而州又为行政区，何必下悬以郡，刺史督导太守，太守督导令长，上下行文，多费一番传递呢？

隋文践祚，开皇初年尚用州郡县三级制度，州郡县各分上中下三等，每等又有上中下之别，自上上州至下下州，上上郡至下下郡，上上县至下下县，各为九等。当时尚未取梁（开皇七年）并陈（开皇九年），州郡之数已经不少。

> 隋开皇初，有州三百一十，郡五百八。（《通典》卷三十三《郡太守》）①

> 天下州郡过多，民少官多，十羊九牧，自宜存要去闲，并小为大。

> （杨）尚希见天下州郡过多，上表曰……当今郡县倍多于古，或地无百里，数县并置，或户不满千，二郡分领。具寮以众，资费日多，吏卒又倍，租调岁减，清干良才，百分无二，动须数万，如何可觅？所谓民少官多，十羊九牧。琴有更张之义，瑟无胶柱之理。今存要去闲，并小为大，国家则不亏粟帛，选举则易得贤才，敢陈管见，伏听裁处。帝览而嘉之，于是遂罢天下诸郡。（《隋书》卷四十六《杨尚希传》）

开皇三年，罢郡，以州统县（《隋书》卷二十八《百官志下》）。十四年，改九等州县为上中下凡三等（《通典》卷三十二《州牧刺史》）。炀帝大业二年，遣十使，并省州县（《隋书》卷三《炀帝纪》）。三年，罢州，以郡统县（《隋书》卷二十八《百官志下》），凡郡一百九十、县一千二百五十五（《隋书》卷二十九《地理志上》），于是地方政制又由三级改为二级。罢郡存州，州置刺史，罢州存郡，郡置太守，州与郡互名，刺史与太守互名，其实一也。县以下，有乡党里保之组织，兹将隋代地方制度列表如次（《隋书》卷二十八《百官志下》）。

---

① 《隋书》卷二十九《地理志上》，大象二年通计州二百一十一、郡五百八。翌年，隋王杨坚称尊号，改元开皇。《通典》所载州数，与《隋书》不符，未知孰误。《通典》卷一百七十一《州郡》，亦谓周平齐后，通计州二百十有一、郡五百八，所以州三百十一疑是二百一十一之误。

隋地方制度表(置州则无郡,置郡则无州)

地区	官名	官品	备考
州	雍州牧	从二品	文帝罢郡,以州统县。州置总管者,列为上中下三等,总管、刺史加使持节。炀帝即位,罢诸总管,废州,以郡统县。
	上州刺史	正三品	
	中州刺史	从三品	
	下州刺史	正四品	
郡	京兆尹、河南尹	正三品	炀帝罢州存郡。
	上郡太守	从三品	
	中郡太守	正四品	
	下郡太守	从四品	
县	大兴、长安两县令	从五品	炀帝时大兴、长安、河南、洛阳四县令均正五品,诸县皆以所管闲剧及冲要,以为等级。
	上县令	从六品	
	中县令	从七品	
	下县令	从八品	
乡	正		隋文受禅,颁新令,制人五家为保,保有长。保五为闾(二十五家),闾四为族(一百家)皆有正。畿外置里正比闾长,党长比族长,以相检察焉。(《隋书》卷二十四《食货志》) 开皇九年二月丙申制,五百家为乡,置乡正一人,使治民,简辞讼。(《资治通鉴》卷一百七十七《隋纪》)
党(族)	长(正)		
里(闾)	正(正)		
保	长		

　　隋代地方制度值得讨论者有四点,兹试分别述之。

　　1. 文帝废郡存州,炀帝废州存郡,不问何废何存,均为二级制度,存州则置刺史,存郡则置太守。隋文时代,缘边镇守及襟带之州不置刺史,而置总管。总管之号起自北周,乃以代魏晋以来的都督诸州军事。

　　后周改都督诸军事为总管,则总管为都督之任矣。(《通典》卷三十二

《都督》）

隋文肇兴，沿用周制，亦置总管以代都督。例如：

> 时天下唯置四大总管，并扬益三州并亲王临统，唯荆州委于世康，时论以为美。（《隋书》卷四十七《韦世康传》）

即并扬荆益四州才置大总管，其他各州只置总管，例如韩擒虎为卢州总管（《隋书》卷五十二《韩擒虎传》），贺若弼为吴州总管（《隋书》卷五十二《贺若弼传》），宇文述曾拜安州总管，又徙为寿州总管（《隋书》卷六十一《宇文述传》）。所以《唐六典》云：

> 魏黄初二年，始置都督诸州军事……自此之后，历代皆有，至隋改为总管府。（《唐六典》卷三十六《都督府》，参阅《隋书》卷二十八《百官志下》）

炀帝改制，罢州存郡，郡置太守以代刺史之职，同时并罢总管（《通典》卷三十二《都督》）。唯隋有郡一百九十、县一千二百五十五。西汉之世，郡一百有三，武帝尚以单位太多，特置刺史，分部巡察，则以一百九十郡之多，中央自难一一监察。炀帝于御史台之外，别置司隶台，巡按郡县，职此之故。关于司隶台的组织及其职权，本书已有说明，不再重复。

2. 隋采府兵之制，文帝时代各州刺史尚有领兵之权，炀帝罢州置郡，郡置太守，掌治民，又别置都尉，领兵，与郡不相知。

> 大业三年，罢州置郡，郡置太守……旧有兵处，则刺史带诸军事以统之，至是别置都尉、副都尉，都尉正四品，领兵，与郡不相知，副都尉正五品。（《隋书》卷二十八《百官志下》）

这是军民分治之意，汉世也置都尉领兵。但是都尉不过佐守典兵而已，所以每岁八月都试，由郡守主持；中央征调军队，亦发虎符于郡守。而郡但置都尉，不置太守，而使都尉掌治民之任者，又有其例，是则汉世尚未完全实行军民分治。隋呢？都尉领兵，"与郡不相知"，太守主民事，不得过问军事，都尉主军事，不得干预民事，军民分治彻底实行。这个制度乃以救方镇跋扈之弊，并以举中央集权之实，于是东汉以来，外重内轻之局，经炀帝改革之后，告一段落。

3. 隋承南北朝之弊，"刺史或任武将，类不称职"。柳彧曾举例说明。"上表曰，伏见诏书，以上柱国和平子为杞州刺史，其人年垂八十，钟鸣漏尽，前任赵州，暗于职务，政由群小，贿赂公行，百姓吁嗟，歌谣满道。乃云，老禾不早杀，余粮秽良田。古人有云，耕当问奴，织当问婢，此言各有所能也。平子弓马武用，是其所长；治民莅职，非其所解。如谓优老尚年，自可厚赐金帛，若令刺举，所损实大"（《隋书》卷六十二《柳彧传》），刺史如此，百里长吏更何能简选贤能？开皇末，柳彧"持节巡省河北五十二州，奏免长吏赃污不称职者二百余人，州县肃然，莫不震惧"。此虽可以说明柳彧之能尽职，同时亦可证明隋代地方政治之不清明。

4. 汉时公府对其掾属，州郡对其曹僚，皆有辟举之权。历代沿用，未曾革除，唯北齐武平中，有敕用州主簿、郡功曹之事，自是而后，州郡辟士之权渐移于朝廷。

> 汉初，王侯国百官皆如汉朝，唯丞相命于天子，其御史大夫以下皆自置。及景帝惩吴楚之乱，杀其制度，罢御史大夫以下官。至武帝又诏，凡王侯吏职秩二千石者不得擅补，其州郡佐吏自别驾、长史以下，皆刺史、太守自辟，历代因而不革。洎北齐武平中，后主失政，多有佞幸，乃赐其卖官，分占州郡，下及乡曲，多降中旨，故有敕用州主簿、郡功曹者。自是之后，州郡辟士之权浸移于朝廷，以故外吏不得精核，由此起也。（《通典》卷十四《选举二·历代制中》）

隋文践祚，欲举中央集权之实，复把一切用人的权尽收归于天子，五品以上官，中书门下访择奏闻，然后下诏授之；六品以下官，咸吏部所掌；自是海内一命以上之官，皆出于朝廷，州郡无复有辟署之事。

隋文帝时，牛弘为吏部尚书，高构为侍郎，选举先德才，次文才，最为称职。当时之制，尚书举其大者，侍郎铨其小者，则六品以下官吏，咸吏部所掌；自是海内一命以上之官，州郡无复辟署矣。(《通典》卷十四《选举二·历代制中》)

按辟除是使公府辟掾属，州郡辟曹僚，皆自荐举而自试用之。这个方法，就用人者说，不得其人，非特累衡鉴之明，抑且失侍毗之助，故终不敢徇其私心。就用于人者说，豪杰之士不能以科举自达者，得先为胥吏，渐次积功，而取卿相之位。隋制，海内一命之官并出于朝廷，州郡无复有辟署之事，士之才智可效一官者，苟非宿登仕版，则虽见知于方镇岳牧，亦不能稍振拔之，以收其用，而朝廷举士之法又复注重文词，尤以炀帝设置进士科之后为然。文擅清奇，便充甲第；藻思微减，旋即告归。这样，豪杰之士不能以科目自达者，亦必不能借径于吏以发身。何况胥吏之职，至隋渐为卑冗，不参官品。

自隋以来，令史之任，文案烦屑，渐为卑冗，不参官品。(《文献通考》卷三十五《吏道》)

于是儒与吏益判为二途，为吏者治文书，给厮养，戆愚无知，卑鄙无节。为儒者不识治道，不通时务，一旦从政，只有一切付之胥曹。而胥曹之所奉行者又不过已往之旧牍、历年之成规，不敢分毫逾越。吾国自西汉以后，政事不理，此不失为一个原因。

5. 周行比闾之制，秦用什伍之法。周制欲民出入相友，守望相助，疾病相扶持。秦法，一人有奸，邻里告之；一人犯罪，邻里坐之。即周法使民互相扶助，秦法使民互相检举。自秦而后，历代编制乡党的目的大率与秦相同。汉置里魁、什长、伍长，以相检察，"民有善事恶事，以告监官"(《后汉书》卷三十八

《百官志五》）。后魏立党长、里长、邻长，使"课有常准，赋有常分；包荫之户可出，侥幸之人可止"（《魏书》卷五十三《李冲传》）。由此可知古来乡党之制，除道德上互助之外，其于法律上只有一个目的，令民自相检举，俾逋税无所匿，犯人无所逃。

隋的乡党组织，目的也是使民互相检举。唯隋以五百家为乡，置乡正一人，使治民，简辞讼。

> 苏威奏请五百家置乡正，使治民，简辞讼……（二月）丙申制，五百家为乡，置乡正一人。（《资治通鉴》卷一百七十七《隋纪》文帝开皇九年）

乡正制度渊源于汉世乡亭之制，汉时，亭置亭长，以禁盗贼，乡置三老、有秩、啬夫、游徼，三老掌教化，啬夫职听讼，收赋税（有秩置于五千户以上乡，所掌与啬夫同），游徼徼循禁盗贼，其乡官职掌固有似于隋的乡正。但是汉代的乡约大隋代的乡十倍以上，计其户口几及隋的一县，则其划县为乡，乡为行政区域，自有理由。何况汉时乡官地位颇高，壶关三老得上书武帝，言戾太子无邪（《汉书》卷六十三《戾太子传》），爰可证明延为外黄啬夫，仁化大行，人但闻啬夫，不知郡县（《后汉书》卷七十八《爰延传》）。同时乡官又有拔擢的机会，鲍宣起于啬夫，张敞奋于有秩，朱博选于亭长，其余名臣循吏由此而进者不可胜数，所以当时贤士大夫不但不以屈身于乡官为辱，且多借径于胥吏以发身。隋则不然，乡官与品官不同，品官由吏部除授，乡官由州郡调用（《隋书》卷二十八《百官志下》）。胥吏之任渐为卑冗，不参官品，乡官更不必说。士之贤能者不屑屈身于乡官，则为乡官者必皆凶恶贪饕、舞文悖理之胥吏，又何能知闾里之奸邪，识黔首之休戚，而与郡守县令共负治民之任？所以自汉以后，乡党制度罔不失败，其成功者亦限于互相检举。要是委乡官以行政责任，则偾事误国十有八九。当苏威奏置乡正之时，李德林便不以为然。

> （苏威）奏置五百家乡正，即令理民间辞讼。李德林以为……今时吏部总选人物，天下不过数百县，于六七百万户内，诠简数百县令，犹不能

称其才，乃欲于一乡之内，选一人能治五百家者，必恐难得……敕令内外群官就东宫会议，自皇太子以下，多从德林议……然高颎同威之议，称德林狠戾，多所固执，由是高祖尽依威议。(《隋书》卷四十二《李德林传》)①

此盖如王夫之所说："苏威……令五百家而置乡正，百家而置里长，以治其辞讼，是散千万虎狼于天下，以攫贫弱之民也。"(《读通鉴论》卷十九《隋文帝》)果然，开皇九年置乡正，翌年就发生乡正党与爱憎、公行货贿之事，于是文帝又令废之。

开皇十年，虞庆则等于关东诸道巡省，使还，并奏云，五百家乡正专理辞讼，不便于民，党与爱憎，公行货贿。上仍令废之。(《隋书》卷四十二《李德林传》)

法令屡改，何以示信于民？所以此前反对乡正制度的李德林又以为不可废。

德林复奏云，此事臣本以为不可。然置来始尔，复即停废，政令不一，朝成暮毁，深非帝王设法之义。臣望陛下若于律令辄欲改张，即以军法从事。不然者，纷纭未已。高祖遂发怒大诟云，尔欲将我作王莽耶？(《隋书》卷四十二《李德林传》)

但大业五年尚有乡正。

时……禁网疏阔，户口多漏……(裴)蕴……条奏皆令貌阅，若一人不实，则官司解职，乡正、里长皆远流配……是岁大业五年也。(《隋书》卷六十七《裴蕴传》)

---

① 据《隋书·文帝纪》及《资治通鉴》，置乡正为开皇九年之事。

是则开皇十年所废者不是乡正之官，而是乡正治民之职。自是而后，乡正便和里正一样，只司检察，使户口无所隐，赋税无所逃。由此可知不注意乡官人选，而欲施行乡党制度，又使乡官负行政责任者，结果必至失败。

附录　隋建元表

文帝杨坚　　开皇二十　　仁寿四

炀帝广　　　大业十四

恭帝侑　　　义宁二

炀帝孙，封代王，留守西京，以大业十三年为唐公李渊所立，遥尊炀帝为上皇，禅于唐。

恭帝侗　　　皇泰二

炀帝孙，封越王，留守东京。炀帝崩，为留守官所立，明年王世充篡位，遇弑。在恭帝侗即位之时，代王已禅唐。隋三帝三十八年，恭帝侗二年。

第二章 唐

第一节
国家的统一

隋末大乱,群雄割据,不及数年,就为唐统一起来,其为时之短,比之汉末丧乱,分为三国,干戈云扰,垂数十年,自不能同日而语。固然有人以为:东汉末年诸起事者均有称帝之心,袁绍、袁术固不必说,刘焉、刘表以宗室之亲,而焉牧益土,造作乘舆(《后汉书》卷一百五《刘焉传》);表临荆州,亦有"卧收天运,拟踪三分"之意(《后汉书》卷一百四下《刘表传》论)。至于曹操、刘备、孙权亦莫不皆然。地丑德齐,所以扰攘数十年之久,天下才归统一。隋呢?张玄素说:

> 隋末盗起,争天下者不十数,余皆保城邑,以须有道听命。(《新唐书》卷一百三《张玄素传》)

当时起事的人有雄才大略者,首推李密,其次则为窦建德。他们两人虽有汤武革命之意,同时又有伊吕佐命之心,李密曾受越王侗的官爵,窦建德亦尝上表越王侗,受其封号。其他各人大率才非人雄,而又互相兼并,所以李世民一旦出师征讨,就势如破竹,一鼓而平。唯由我们看来,个人的性格未必能够决定乱事的久暂,决定乱事的久暂者乃是社会的环境。东汉自和帝以后,权去公室,政归私家,强宗大族每乘政局变动之际,兼并了许多土地,挟存了许多户口,而如仲长统所说:"膏田满野,徒附万计。"(《后汉书》卷七十九《仲长统传》理乱篇)他们在其领地之内,既有其土地,又有其人民,又有其财富,又有其甲兵,于是中国社会又回归到秦汉以前的社会,封建势力压倒中央政府,苟非推翻豪族的势力,国家不能统一。而在内乱进行之际,死者平民,豪族筑坞堡以自卫,他们的生命和财产很少危险,同时坞堡又足以引诱平民,令其卖身投靠,变成豪族的领户。所以累经丧乱,国家的编户不断地减少,豪族的领户不断地增加。即由国家看来,户口固然锐减,而由社会看来,户口不是减少,而是隐藏。"编户之命,竭于豪门;王府之蓄,变为私藏"(《宋书》卷四十二《王弘传》赞),这个现象是有害于国家的统一的。何以说呢?编户锐减,中央政府的财力和兵力必将随之减少,而丧乱相继,社会生产力又必因之破坏。但是社会户口未曾减少,则社会消费力又不能随之降低。生产不能供给消费之用,于是贫穷就变成普遍现象,而使军阀更有养蓄私兵的可能。反之,隋代情形与此不同,隋行均田之制,固然土地也集中于权贵,但是国家编户逃隐为豪族的领户者,为数不多。两汉承平日久,计其人口,前汉不过五千九百万,后汉不过四千九百万;隋承长期丧乱之后,而人口乃有四千六百万,这是可以证明隋代户口是很少逃隐的。户口未曾逃隐,则豪族的领户,所谓宾客部曲当然不多。豪族有土地,而无人民,所以隋代豪族又和魏晋南北朝的豪族不同,他们不是领主,只是地主。他们的所有权需要国家保护,内乱不已,他们也感觉危险。隋末大乱,诸起事者多出身于平民,其曾沦为群盗者,为数尤多。

隋末群雄出身表[①]

姓名	出身
李密	曾祖弼魏司空,入周为太师魏国公,祖曜邢国公,父宽隋上柱国、蒲山郡公。
王世充	西域胡,仕隋为江都郡丞。炀帝数南幸,世充善伺帝颜色,阿意顺旨,帝爱昵之,拜江都通守。

---

① 据新旧《唐书》各本传。

续表

姓名	出　身
窦建德	世为农,为里长,犯法亡。大业七年,招亡兵及民无产者数百,入高鸡为盗。
薛举	殖产巨万,隋大业末,任金城府校尉。
李轨	家以财雄边。隋大业中,补鹰扬府司兵。
刘武周	大业中,为马邑鹰扬府校尉。
高开道	世煎盐为生,大业末,依河间贼格谦。谦灭,与其党百余人亡匿海曲。
刘黑闼	嗜酒,喜蒲博,不治产,亡赖。隋末,亡命从郝孝德为盗。
徐圆朗	隋末为盗。
萧铣	后梁宣帝曾孙。
辅公祏	隋季与乡人杜伏威共为盗。
沈法兴	父恪,陈广州刺史。法兴隋大业末,为吴兴郡守。
李子通	少贫,以渔猎为生。隋大业末,长白山贼左才相自号博山公,子通依之。
朱粲	初为县吏。大业中,从军讨贼长白山,亡命去为盗。
林士弘	隋末,与乡人操师乞,起为盗。
梁师都	为郡豪姓,仕隋为鹰扬府郎将。
杜伏威	少豪荡,不治生赀,与里人辅公祏相与亡命为盗。
李子和	本郭氏。大业末,为左翊卫,以罪徙榆林。
罗艺	父荣,隋监门将军。隋大业中,以战力补虎贲郎将。

只唯李渊家世与众不同,七世祖暠,凉武昭王。祖虎,周八柱国之一,封唐国公。父昞,周安州总管、柱国大将军。

　　高祖讳渊,姓李氏,陇西成纪人也,其七世祖暠,当晋末,据秦凉以自王,为是凉武昭王……(祖)虎,西魏时……官至太尉,与李弼等八人佐周代魏有功,皆为柱国,号八柱国家。周闵帝受魏禅,虎已卒,乃追录其功,

封唐国公……（父）昞袭封唐公、隋（北周）安州总管、柱国大将军。（《新唐书》卷一《高祖纪》）

家世显贵，所以起事之际，其谋臣策士大都是贵胄子弟。

> 创业君臣俱是贵族，三代以后，无如我唐。高祖八柱国唐公之后，周明懿、隋元真二皇后外戚，娶周太师窦毅女，毅则周太祖之婿也。宰相萧瑀、陈叔达，梁陈帝王之子。裴矩、宇文士及，齐隋驸马都尉。窦威、杨恭仁、封德彝、窦抗并前朝师保之裔，其将相裴寂、唐俭、屈突通、长孙顺德、刘政会、窦轨、窦琮、柴绍、殷开山、李靖等，并是贵胄子弟。（《唐会要》卷三十六《氏族》苏氏议曰）

他们与晋代功臣不同，晋代功臣非依汗马之劳或运筹之功，而是阿意苟合，襄助弑逆。他们又与南北朝华族不同，南北朝华族由其门庆，可以"平流进取，坐至公卿"，而又"陵阙虽殊，顾眄如一"。唐的功臣虽以贵胄子弟为多，但是他们取得高位，或因克敌有功，或由善建嘉谋，他们皆抱廊庙之器，为社稷之臣，固不能与魏晋南北朝的公卿比。尤重要者，魏晋南北朝的华族是由社会的地位，得到了政治的权力，其势可以迫主。隋唐以后，所谓贵胄则由政治的地位，得到了社会的钦仰，而须依附君权。固然这样，他们常为民众尊敬的中心，一举一动可以转移社会的视听。孟子说："为政不难，不得罪于巨室。"巨室拥戴李渊，李渊能够迅速地平定天下，乃是势有必然。

李渊之能剪灭群雄，平定天下，尚有一个原因。吾国经济固然渐次东移，由关中移于江淮一带，唯由军事的眼光看来，关中之地尚甚重要，"右陇、蜀，左崤、函，襟冯终南、太华之险，背负清渭、浊河之固"（《新唐书》卷一百三十七《郭子仪传》）。杨玄感举兵之际，李密固曾劝其入据秦地。

> 大业九年，杨玄感举兵黎阳，遣人入关迎李密。密至，谋曰，今天子远在辽左，去幽州尚千里，南限巨海，北阻强胡，号令所通，惟榆林一道

尔。若鼓而入蓟，直扼其喉，高丽抗其前，我乘其后，不旬月赍粮竭，举麾召之，众可尽取，然后传檄而南，天下定矣，上计也。关中四塞之地，彼留守卫文昇，易人耳，若径行勿留，直保长安，据函、崤，东制诸夏，是隋亡襟带，我势万全，中计也。若因近趣便，先取东都，顿兵坚城下，不可以胜负决，下计也。玄感曰，公之下计乃吾上策，今百官家属皆在洛，当先取之，以摇其心。且经城不拔，何以示武？密计不行。(《新唐书》卷八十四《李密传》)

李密起事之后，柴孝和亦劝其疾趋关中。

（大业十三年，李）密令幕府移檄州县，列炀帝十罪，天下震动。护军柴孝和说密曰，秦地阻山带河，项背之亡，汉得之王。今公……束铠倍道趋长安，百姓谁不郊迎，是征而不战也。众附兵强，然后东向，指扚豪杰，天下廓清无事矣。今迟之，恐为人先。密曰，仆怀此久，顾我部皆山东人，今未下洛，安肯与我偕西？且诸将皆群盗，不相统一，败则扫地矣。遂止。(《新唐书》卷八十四《李密传》)

但是他们两人均欲先取洛阳，古来欲取天下者，洛阳在所必争，唯四面受敌，纵得之，亦必不能以守。隋赵煚说：

河南洛阳四面受敌，纵得之，不可以守。(《隋书》卷四十六《赵煚传》)

这个时候，能够乘机入据关中者，则为起自太原的李渊。

大业十二年，诏以右骁卫将军唐公李渊为太原留守……义宁元年，渊命子世民与刘文静等各募兵，远近赴集，旬日间近万人。渊开仓以赈贫人，应募者日益多……遂定入关之计……汾阳薛大鼎说渊，请勿攻河东，自龙门直济河，据永丰仓，传檄远近，关中可坐取也。渊将从之，诸将请先攻河东……河东任瑰说渊曰，关中豪杰皆企踵以待义兵……义师自梁山济河……鼓行而进,直据永丰,虽未得长安,关中固已定矣。渊悦……渊率诸军围河东,隋将屈突通婴城自守……河东未下……渊欲引兵西趋长安,犹豫未决。裴寂曰,屈突通拥大众,凭坚城,吾舍之而去,若进攻长安不克,退为河东所踵,腹背受敌,此危道也。不若先克河东,然后西上,长安恃通为援,通败,长安必破矣。李世民曰,不然,兵贵神速,吾席累胜之威,抚归顺之众,鼓行而西,长安之人望风震骇,智不及谋,勇不及断,取之若振槁叶耳。若淹留自弊于坚城之下,彼得成谋修备以待,我坐费日月,众心离沮,则大事去矣。且关中蜂起之将未有所属,不可不早招怀也。屈突通自守虏耳,不足为虑。渊两从之,留诸将围河东,自引军而西……李渊帅诸军济河……关中之民归之者如市……渊遣世子建成帅诸军数万人屯永丰仓,守潼关,以备东方兵……渊引军西行……渊至长安……命诸将攻城……遂克长安……与民约法十二条,悉除隋苛禁。(《资治通鉴》卷一百八十三及一百八十四《隋纪》)

李渊平定关中,收用巴蜀,用远交近攻之计,先平薛举,次灭李轨,关陇底定,基础巩固,遂以上流之势,由关中以制中原,由巴蜀以制荆扬。顾祖禹说:

夫江南所恃以为固者长江也,而四川据长江上游,下临吴楚,其势足以夺长江之险。河北所恃以为固者黄河也,而陕西据黄河上游,下临赵代,其势足以夺黄河之险。是川陕二地常制南北之命也。(《读史方舆纪要》卷五十二《陕西》)

历观吾国古代,凡取得关中而不能收用巴蜀,或割据巴蜀而不能进取关中者,往往不能大有为于天下。曹操得关中,而巴蜀为刘备所据,故不能成就帝业。公孙述据巴蜀,而关中为光武所得,故无法逐鹿中原。秦汉以来,巴蜀称为天府之国,而关中则自赤眉焚掠之后,已经荒残。以巴蜀的殷富,补关中的残荒,则以两地上游之势,自能控制南北。李渊既定关中,复取巴蜀,故能经营天下,出潼关,取洛阳(王世充);下巴蜀,取江陵(萧铣)。洛阳既下,虎牢以西便势如破竹;江陵既陷,则长江下流无险可守,所以不出数年,就能扑灭群雄,而使天下复归于统一。

秦汉建设第一次大一统的帝国,隋唐建设第二次大一统的帝国。汉之统一以秦的统一政策为基础,唐之统一以隋的统一政策为基础。在隋各种统一政策之中,唐受惠最大者则为运河与府兵。

就运河说,隋唐时代经济中心移至江淮。权德舆说:

> 江淮田一善熟,则旁资数道,故天下大计仰于东南。(《新唐书》卷一百六十五《权德舆传》)

而扬州又是江淮的枢纽,"扬州雄富冠天下"(《新唐书》卷二百二十四下《高骈传》),当时有扬一益二之谚。

> 唐世扬州商贾如织,故谚称扬一益二,谓天下之盛,扬为一蜀次之也。杜牧之有"春风十里珠帘"之句。张祜诗云,十里长街市井连,月明桥上看神仙。人生只合扬州死,禅智山光好墓田。王建诗云,夜市千灯照碧云,高楼红袖客纷纷。如今不似时平日,犹自笙歌彻晓闻。徐凝诗云,天下三分明月夜,二分无赖是扬州。其盛可知矣。(《容斋随笔》卷九《唐扬州之盛》)

至于关中之地,自西汉以来,常受长期的战祸,造成土地荒芜的现象,不但土地生产力日益降低,而耕地的面积也日益减少。例如秦的郑国渠、汉的白渠,本来溉田四万四千五百顷,唐永徽中,两渠只能灌溉一万顷,到了大历初年,又减少至六千亩。

> 秦汉郑渠溉田四万顷,白渠溉田四千五百顷;永徽中,两渠灌浸不过万顷;大历初,减至六千亩,亩朘一斛,岁少四五百万斛。(《新唐书》卷二百十五上《突厥传序》)

土地的生产不能供给京师之用，必须转漕东南之粟，以济其乏。

> 关中号称沃野，然其土地狭，所出不足以给京师，备水旱，故常转漕东南之粟。(《新唐书》卷五十三《食货志三》)

唐定都长安，怎样转输江淮的粟，就成为问题。玄宗时裴耀卿曾说：

> 秦中地狭，收粟不多，傥遇水旱，便即匮乏。往者贞观、永徽之际，禄廪数少，每年转运不过一二十万石，所用便足，以此车驾久得安居。今国用渐广，漕运数倍于前，支犹不给。(《旧唐书》卷九十八《裴耀卿传》)

隋开运河，漕运固然便利，然尚有许多困难，按江淮之粟运到长安，照陆贽说，分为三节：第一节由江淮至河阴入洛阳，第二节由洛阳至陕州的太原仓，第三节由陕州至东渭桥入长安。

> 旧例，从江淮诸道运米……至河阴……从河阴运米……至太原仓……从太原仓运米……至东渭桥。(《陆宣公全集》卷八《请减京东水运收脚价于缘边州镇储蓄军粮事宜状》，与本册第7页所述五节有些不同)

第一节由江淮至河阴，浮河入洛，可以利用隋代所开的山阳渎及通济渠，通济渠乃连接淮汴各水而成，水流深浅不常，费时甚多。

> 江南送租庸调物，以岁二月至扬州，入斗门。四月已后，始渡淮入汴，常苦水浅，六七月乃至河口，而河水方涨，须八九月水落，始得上河入洛。而漕路多梗，船樯阻隘，江南之人不习河事，转雇河师水手，重为劳费。(《新唐书》卷五十三《食货志三》)

第二节由洛阳至陕州的太原仓，为程虽短，唯航行黄河，须经过三门(底柱山），水流迅急，往往破坏舟船，所以改走陆路。陆路运费非常昂贵，大率三百里之路，两斛米须用庸钱一千。

江淮漕租米至东都，输含嘉仓，以车或驮陆运至陕。而水行来远，多风波覆溺之患，其失常十七八，故其率一斛得八斗为成劳。而陆运至陕才三百里，率两斛计庸钱千。民送租者皆有水陆之直，而河有三门底柱之险。（《新唐书》卷五十三《食货志三》）

第三节由陕州至东渭桥，全赖水运，交通甚为方便。东渭桥至长安，航程虽短，但渭水多沙，漕者苦之，隋代虽开广通渠三百余里，至唐已经不能航运，所以东渭桥的米须用牛车运往长安。

综观三节运输，除洛阳至陕州，交通困难之外，其余两节多依航运，运输尚称方便。唐代诸帝为了解决第二节运输的困难，遂以洛阳为东都，岁若不登，就移跸洛阳办公。

按唐都关中，而关辅土地所入不足以供军国之用，故常恃转漕东南之粟。而东南之粟必先至东都，然后浮河渭，溯流以入关，是以其至也甚难，故开元以前，岁若不登，天子尝移跸就食于东都。（《文献通考》卷二十一《常平义仓租税》）

唐诸帝移跸洛阳表[①]

帝号	次数	期　　间
太宗	第一次	贞观十一年二月甲子幸洛阳宫，十二年二月乙卯车驾还京，前后共一年。
	第二次	贞观十五年正月辛巳幸洛阳宫，十一月壬申还京师，前后共十个月。
	第三次	贞观十八年十月甲寅幸洛阳宫，十九年二月庚戌上亲率六军发洛阳远征高丽，前后共四个月。

① 本表据《资治通鉴》。

续表

帝号	次数	期间
高宗	第一次	显庆二年正月壬寅幸洛阳宫,三年二月丁巳车驾还京,前后共一年又一月。
	第二次	显庆四年闰十月戊戌幸东都,龙朔二年三月甲申自东都还京,前后共二年又五月。
	第三次	麟德二年正月壬午幸东都,十月丁卯发自东都,前后共十个月。
	第四次	咸亨二年正月乙巳幸东都,三年十月壬戌车驾还京师,前后共一年十月。
	第五次	上元元年十一月丙子幸东都,仪凤元年三月庚寅车驾还京,前后共一年又四月。
	第六次	调露元年正月己酉幸东都,永隆元年十月己酉自东都还京,前后共一年又九月。
	第七次	永淳元年四月丙寅幸东都,弘道元年十二月己酉崩于东都贞观殿,前后共一年又八月。
武后		大足元年十月幸京师,长安三年十月丙寅驾还东都,除此两年居长安外,其余均在洛阳。
中宗		在长安。
睿宗		在长安。
玄宗	第一次	开元五年正月辛亥幸东都,六年十月丙申车驾还京师,前后共一年又九月。
	第二次	开元十年正月丁巳幸东都,十一年三月庚午车驾还京师,前后共一年又二月。
	第三次	开元十二年十一月庚申幸东都,十五年闰九月庚申车驾还京师,前后共二年又十一月。
	第四次	开元十九年十月丙申幸东都,二十年十月辛卯至潞州,十二月壬申至京师,前后共一年。
	第五次	开元二十二年正月己巳幸东都,二十四年十月戊申车驾发东都还西京,前后共二年又十月。

移跸就食不甚方便,所以中宗才说:"岂有逐粮天子耶?"(《资治通鉴》卷二百九唐中宗景龙三年)玄宗时代,关于漕运颇有改革。按三节运输以第二节(由洛至陕)最为艰险。开元二十二年,裴耀卿以关中用度不足,乃于河阴置河阴仓,南船到此,即输粟于仓而去,官自雇船,驶至洛阳。又于三门东西各置一仓,东曰集津仓,西曰盐仓,两仓之间开山路十八里,漕舟输粟于东仓,次用陆运,输入西仓,以避三门之水险。然后溯河入渭,运至东渭桥。三年之中,运米七百万石,省脚钱三十万缗。

> 开元十八年,宣州刺史裴耀卿朝集京师,玄宗访以漕事……二十一年,耀卿为京兆尹,京师雨水,谷踊贵。玄宗将幸东都,复问耀卿漕事。耀卿因请罢陕陆运,而置仓河口,使江南漕舟至河口者,输粟于仓而去,县官雇舟以分入河洛。置仓三门东西,漕舟输其东仓,而陆运以输西仓,复以舟漕,以避三门之水险。玄宗以为然,乃于河阴置河阴仓,河西置柏崖仓,三门东置集津仓,西置盐仓,凿山十八里,以陆运。自江淮漕者,皆输河阴仓,自河阴西至太原仓,谓之北运。自太原仓浮渭以实关中……凡三岁,漕七百万石,省陆运佣钱三十万缗。(《新唐书》卷五十三《食货志三》)

由东渭桥至长安,本来也用陆运。天宝三年,陕州刺史韦坚复于渭水之南,开凿一条漕渠,西起长安,东至华阴,名曰广运潭,于是江淮之米输至永丰仓之后,又可用船运往长安。交通利便,天宝中,每岁江淮之米输入长安者二百五十万石。

> 天宝三年,陕州刺史韦坚,开漕河,自苑西引渭水,因古渠至华阴入渭,引永丰仓及三门仓米,以给京师,名曰广运潭。天宝中,每岁水陆运米二百五十万石入关。(《通典》卷十《食货十·漕运》)

这样,政治中心的关中就和经济中心的江淮联系起来,政府可以长期驻居长安,纵令水旱之年,也不必移跸洛阳办公。

自是关中蓄积羡溢,车驾不复幸东都矣。(《资治通鉴》卷二百十四《唐纪》玄宗开元二十五年七月)

兼以前代开筑的驰道,到了唐代,对于驿传,裨益殊多。唐制三十里置一驿,天下水陆驿共一千五百八十七。

三十里置一驿,驿各有将,以州里富强之家主之,以待行李。自至德之后,民贫不堪命,遂以官司掌马。凡天下水陆驿一千五百八十七。(《通典》卷三十三《乡官》)

一日之中可行十驿,多者且至五百里,这由军事眼光看来,中央控制地方,当然方便。

唐开元十年八月己卯夜,权楚璧等作乱,时明皇幸洛阳,相去八百余里。壬午,遣河南尹王怡如京师,按问宣慰。首尾才三日,置邮传命,如此其速。(《容斋续笔》卷二《汉唐置邮》)

《续汉·舆服志》曰,驿马三十里一置……唐制亦然。白居易诗"从陕至东京,山低路渐平。风光四百里,车马十三程"是也。其行或一日而驰十驿,岑参诗"一驿过一驿,驿骑如星流。平明发咸阳,暮及陇山头",韩愈诗"衔命山东抚乱师,日驰三百自嫌迟"是也。又如天宝十四载十一月丙寅,安禄山反于范阳,壬申,闻于行在所,时上在华清宫,六日而达。至德二载九月癸卯,广平王收西京,甲辰,捷书至行在,时上在凤翔府,一日而达。而唐制,敕书日行五百里,则又不止于十驿也。(《日知录》卷十《驿传》)

就府兵说,府兵之制创于后周,至隋始备,唐又加以改革。其制,中央有十六卫,各置大将军一人;地方有六百三十四府,各置折冲都尉一人①。卫以宿将,府以处兵,而各府又遥隶于诸卫。民年二十为兵,六十乃免,无事散居田亩,由折冲都尉以农隙教习战阵,国家有事,才被征发;其番上宿卫者亦依路途远近,轮流更代。

  古者兵法起于井田,自周衰,王制坏而不复,至于府兵始一寓之于农……府兵之制起自西魏后周,而备于隋,唐兴因之……武德初,始置军府,以骠骑、车骑两将军府领之,析关中为十二道……三年,十二道各置一军……军置将副各一人,以督耕战,以车骑府统之。六年,以天下既定,遂废十二军,改骠骑曰统军,车骑曰别将。居岁余,十二军复,而军置将军一人,军有坊,置主一人,以检察户口,劝课农桑。太宗贞观十年,更号统军为折冲都尉,别将为果毅都尉,诸府总曰折冲府。凡天下十道置府六百三十四,皆有名号,而关内二百六十有一,皆以隶诸卫。凡府三等,兵千二百人为上,千人为中,八百人为下。府置折冲都尉一人、左右果毅都尉各一人、长史兵曹别将各一人、校尉六人。士以三百人为团,团有校尉;五十人为队,队有正;十人为火,火有长……介胄戎具藏于库,有所征行,则视其人而出给之。其番上宿卫者惟给弓矢横刀而已。凡民年二十为兵,六十而免……每岁季冬,折冲都尉教习战阵……其隶于卫也,左右卫皆领六十府,诸卫领五十至四十,其余以隶东宫六率。凡发府兵,皆下符契,州刺史与折冲勘契乃发。若全府发,则折冲都尉以下皆行,不尽则果毅行,少则副将行……凡当宿卫者番上,兵部以远近给番,五百里为五番,千里七番,一千五百里八番,二千里十番,外为十二番,皆一月上。若简留直卫者,五百里为七番,千里八番,二千里十番,外为十二番,

---

① 《新唐书》卷四十九上《百官志》云,每府折冲都尉一人,上府正四品上,中府从四品下,下府正五品下;左右果毅都尉各一人,上府从五品下,中府正六品上,下府正六品下(旧志云,下府从六品下)。别将各一人,上府正七品下,中府从七品上,下府从七品下……校尉五人从五品下《《兵志》云,校尉六人),旅帅十人从八品上(旧志云,每校尉旅帅二人,五校尉故为十人)。队正二十人正九品下,副队正二十人从九品下(旧志云,每旅帅队正副队正各二人,十旅帅,故为各二十人)。

亦月上……初府兵之置,居无事时耕于野,其番上者宿卫京师而已。若四方有事,则命将以出,事解辄罢,兵散于府,将归于卫,故士不失业,而将帅无握兵之重,所以防微杜渐,绝祸乱之萌也。(《新唐书》卷五十《兵志》)

府兵制度有四种特质,第一,寓兵于农,军队不是职业之兵,所以教练不宜妨害农事,而征发亦须更代番休,使天下无长征久戍之人。

> 府兵日皆安居田亩,每府有折冲领之,折冲以农隙教习战阵,国家有事征发……行者近不逾时,远不经岁。(《文献通考》卷一百五十一《兵制三》)

这个农兵制度固然因为唐承大乱之后,户口锐减,社会没有剩余劳动力,国家要组织军队,只有利用强制征调的方法。同时佣兵往往变为将帅的私兵,他们常预备卖给出价最高的人,谁出价最高,谁便能收买他们。农兵合一,士不失业,而将帅无握兵之重,不但可以防止军阀割据,而兵士顾恋田园,亦必不敢外叛内侮,以累家族。

> 山东戍卒多赍缯帛自随,边将诱之,寄于府库,昼则苦役,夜絷地牢,利其死,而没入其财。故自天宝以后,山东戍卒还者十无二,其残虐如此。然未尝有外叛内侮、杀帅自擅者,诚以顾恋田园,恐累家族故也。(《文献通考》卷一百五十一《兵制三》)

第二,折冲都尉只负练兵之责,而练兵之权又不专属于折冲,我们只看教练不精,重者罪及刺史,可知折冲和刺史对于练兵是要共同负责的。至于发兵的权则属于中央政府。领兵的权又属于临时派遣的将帅。

> 府兵平日皆安居田亩……国家有事征发,则以符契下其州及府,参验发之,至所期处,将帅按阅。有教习不精者,罪其折冲,甚者罪及刺史。(《文献通考》卷一百五十一《兵制三》)

唐代刺史与折冲的关系固然有似于汉世的太守与都尉，但是汉的太守与都尉都是地方官，不但都尉"掌佐守，典武职甲卒"（《汉书》卷十九上《公卿百官表》），而太守与都尉又往往互兼其职，所以末年太守或都尉每于都试之日，乘机起事。唐则不然，刺史是地方官，折冲是中央官，两者对于练兵共同负责，而国家征发兵士之时，两者又共同参验契符。这是中外相制、文武相维之意。

> 汉都试之日，郡县之官尽会，唐之府兵虽散在诸道，然折冲都尉并遥隶于诸卫，乃是内任官，故《官志》系之于诸卫之后，不与外官同。汉都尉不隶于卫尉，乃是外任官，故《表》系之于郡守之后，与唐异。然而领兵则太守与都尉、刺史与折冲同矣。（《文献通考》卷一百五十一《兵制三》引章氏曰）

第三，将帅皆临时派遣，平日兵居于野，将宿于朝，四方有事则命将以出，事解辄罢，兵散于府，将归于卫。兵无常帅，帅无常师，很难利用兵力，欺凌朝廷。

> 高祖、太宗之制，兵列府以居外，将列卫以居内，有事则将以征伐，事已，各解而去。兵者将之事也，使得以用，而不得以有之。（《新唐书》卷六十四《方镇表序》）

沿边各地固须派遣戍卒，苏轼有言："兵无事而食，则不可使聚，聚则不可使无事而食。"（《文献通考》卷一百五十二《兵制四》）君子饮食终日，尚有言不及义，何况一般细民。聚万千之兵，无事而食，积时过久，小者可以减少其作战精神，大者可令其发生骄悍之气。汉时戍卒一年一更，晁错说："远方之卒守塞一岁而更。"（《汉书》卷四十九《晁错传》）便是因为既聚了，又既无事而食了，就不可使之过久。唐制，戍卒三年一代，当其戍边之时，行屯田之法，使他们不至无事而食；及其将满，凡愿留者，即以所开田为永业，使他们成为土著之民。

> 旧制，戍卒三年而代，及其将满，下令有愿留者，即以所开田为永业；

家人愿来者,本贯给长牒续食而遣之。(《文献通考》卷一百五十一《兵制三》)

边将也三年一易,兵与将不发生人的关系,将与土不发生地的关系,防微杜渐,用意甚佳。

贞观故事,边将连帅三年一易,收其兵权。(《困学纪闻》卷十四《贞观三年易边将》)

第四,全国置府六百三十四,而关内却有二百六十一。固然这个数目各书所载不同,而关中置府独多,则无疑问。

唐府兵之数,《兵志》云,十道置府六百三十四,而关内二百六十一。《百官志》,凡六百三十三。陆贽云,府兵八百所,而关中五百。杜牧云,折冲果毅府五百七十四。旧志、《六典》云,天下之府五百九十四。《会要》云,关内置府二百六十一,又置折冲府二百八十,通计旧府六百三十二。《通典》云,五百七十四。《理道要诀》云,五百九十三。《邺侯家传》云,诸道共六百三十府。今以《地志》考之,十道共有府五百六十六,关内二百七十三,余九道二百九十三。参以志传,差互不齐。(《困学纪闻》卷十四《言府兵诸书不同》)

秦汉以来,吾国能够造成统一的局面者,大都因为一个地区形势险固,而该地的经济力与军事力又甚雄厚,可以控制各地。这个时候中央政府若再利用文化的方法,如太学之吸收全国英秀,政治的方法,如贡举之笼络全国人才,则中央与地方亦可以发生密切的关系。关中为形势之地,唯自东汉以后,经济已经衰颓,中央政府所恃以控制全国者只有兵力。兵力一旦薄弱,则地方便与中央脱离关系,唐置府兵于全国,关中独多,就是要加强关中的兵力,以收居重驭轻之效,陆贽说:

太宗文皇帝既定大业,万方底乂,犹务戒备,不忘虑危,列置府兵,分隶禁卫,大凡诸府八百余所,而在关中者殆五百焉,举天下不敌关中,则居重驭轻之意明矣。(《陆宣公全集》卷一《论关中事宜状》)

关于府兵之制,历来学者均加赞许,唯丘濬及王船山有所批评。丘氏注意其制度,王氏注意其甲装兵械。兹举两氏之言,以供读者参考。丘氏云:

府兵之制虽曰寓兵于农,暇则耕稼,然军府杂郡县之中,士卒混编民之内,其他徭役科征未能尽蠲。况又承平日久,兵政废弛,番易更代,多不以时,非法征求,分外驱役。此其立制非不善,而行之既久,终不能以无弊也。(《大学衍义补》卷一百十七《单伍之制》)

王船山说:

府军之制,散处天下,不论其风气之柔刚,任为兵与否也。多者千二百人,少者百人,星列棋布于陇亩,乃至白首而不知有行陈。季冬习战,呼号周折,一优人之戏而已。三百人之团正、五十人之队正、十人之火长,编定而代袭之,无问其堪为统率否也。尤可嗤者,兵械甲装,无事则输之库,征行而后给之。刃锈不淬,矢屈不檠,晴燥不润,雨溽不暴,甲龄胄穿,刀刓弓解,典守之吏,取具而已。仓卒授之而不程以其力,莫能诘也。甲与身不相称,攻与守不相宜,使操不适用之顽金,衣不蔽身之腐革,甚至刿挠竹以为戈矛,漆败纸以为盾橹,其不覆军陷邑者几何也?狎为故事,而应以虚文,徒疲敝其民于道路,一月而更而无适,守者无固志,名为有兵六百三十四府,而实无一卒之可凭……详考府兵之制,知其为戏也,太宗之以弱天下者也。欲弱天下以自弱,则师唐法焉可尔?(《读通鉴论》卷二十《唐太宗》)

交通是国家统一的基础,军队是中央控制地方的工具,交通发达,军队集权,封建势力完全消灭,所以隋唐以后,在地方政制之中,便不见王国的组织。吾国封建制度,自汉武帝以后,诸侯唯得衣食租税,不与政事,势与富家无异。但是当时尚有国土之封,诸王有封土而不治民,这与周代封建比较一下,已经进步了。魏世封建侯王,皆使寄名空地,而无其实,权均匹夫,势齐凡庶,诸王既不临民,又无封土,这比之汉代封建,又是更进一步的改革了。晋代初年,广封同姓,诸王出拥旄节,入践台阶;南渡以后,封建侯王有其名号,而无其国邑。南北朝时,诸王虽然常带刺史或将军之号,宰州临郡,但是他们治民,非以国王资格,而以刺史资格,所以封地与治地常不一致。例如宋世南平王铄初为湘州刺史,后为豫州刺史,而南平不属于湘州,也不属于豫州,而为荆州的属郡。又如建平王宏为江州刺史,而建平不属于江州,而为荆州的属郡。齐世临川王映为荆州刺史,而临川不属于荆州,而属于江州。长沙王晃为南徐州刺史,而长沙不属于南徐,而属于湘州。其他各代亦莫不然。杜佑说:宋孝武帝性多猜忌,不许国吏对其封君称臣,改称曰下官,自兹以降,建侯日削。(《通典》卷三十一《王侯总叙》)到了隋唐,仍循其制。唐代初年,高祖以天下未定,固曾广封宗室,以作屏藩。太宗践祚,又取消封土之制,但崇以爵等,食其租税,而如刘秩所说:

> 设爵无土,署官不职……有其名号,而无其国邑,空树官僚,而无莅事,聚居京辇,食租衣税。(《唐会要》卷四十七《封建杂录下》引刘秩《政典》)

诸王既无封土,所以事实上多不出阁,而尤以安史乱后为然。

> 唐室自艰难已后,两河兵革屡兴,诸王虽封,竟不出阁。(《旧唐书》卷一百五十《德宗顺宗诸子传》论)

其出阁者亦不过为普通地方官,如都督、刺史之类,执行普通地方官的职务。他们以王爵资格所食的租税最初尚系自征,其后改由内府支给,于是王号变成勋爵,王国之制已不存在。

秦汉时，列侯无封国者，曰关内侯；其有封地，则即食某地之户，而自遣人督其租，至唐犹然。《史记》，吴楚七国反时，列侯当从征者，其封邑皆在关东，欲贷子钱，而子钱家以胜败未可知，不肯贷。此汉时封邑食租之大概也。《唐书》，霍王元轨常遣国令督封租，令请贸易取赢。王曰，汝当正吾失，反诱吾以利耶？《王嗣立传》，中宗时，恩降食邑者众，封户凡五十四州县，皆据天下上腴，随土所宜，牟取利入，为封户者，急于军兴。嗣立极言其弊，请以丁课尽送大府，封家诣左藏支给，禁止自征，以息重困。宋务光亦言，滑州七县，而分封者五，国赋少于侯租，入家倍于输国。乞以封户均余州，并附租庸使岁送，停封使，息驿传之劳，是征租者并乘驿矣。《宋璟传》，武三思封户在河东，遭大水，璟奏灾地皆蠲租。有谄三思者，谓谷虽坏，而蚕桑故在，请以代租。为璟所折。《张廷珪传》，宗楚客、纪处讷、武延秀、韦温等封户在河南北，讽朝廷诏两道蚕产所宜，虽水旱得以蚕折。廷珪固争得免。可见唐时封户之受困，虽国赋不至此也。宪宗时始定实封，节度使兼宰相者，每食实封百户，岁给绢八百匹、绵六百两；不兼宰相者，每百户给绢百匹；诸卫大将军每百户给三十五匹。盖至是始改制，封家不得自征，而一概尽给于官矣。（《陔余丛考》卷十六《汉唐食封之制》）

隋唐以前，学者均以封建为公天下，郡县为私天下。其实，封建所公者，何曾公诸天下，不过公诸亲戚；郡县所私者，不是郡县制度，而是由于君主政体。以公私论封建与郡县，根本错误。唐代学者关于封建制度的见解甚为进步。有谓封建侯王，人民除对天子外，又须对其国王，负担课役，劳百姓以养皇家子弟，是以天下为私。

太宗即位，问侍臣曰，封宗子，于天下便乎？尚书右仆射封德彝对曰，不便……先朝敦睦九族，一切封王，爵命既崇，多给力役，是以天下为私，殊非至公驭物之道也。太宗曰，然，朕理天下，本为百姓，非欲劳百姓

以养己之亲也。(《唐会要》卷四十六《封建》)

有谓封建采世官之制,数传之后,纵令骄愚,天子不能变其君;郡县取选任之法,有罪得以黜,有能得以赏。故由地方政治方面观之,郡县乃比封建为优。

> 礼部侍郎李百药论曰,天下五服之内尽封诸侯,王畿千里之间俱为采邑……数世之后,王室浸微,始自屏藩,化为仇敌,家殊俗,国异政,强陵弱,众暴寡,疆场彼此,干戈侵伐……封君列国,藉其门资,忘先业之艰难,轻自然之崇贵,莫不世增淫虐,代益骄侈……乃云为己思治,岂若是乎?内外群官选自朝廷,擢士庶以任之,澄水镜以鉴之,年劳优其阶品,考绩明其黜陟……爵非世及,用贤之路斯广;人无定主,附下之情不固。此乃愚智所辨,安可惑哉?(《贞观政要》第八篇《封建》)

有谓分封宗室勋贤,使其世官,非所以爱之重之,后嗣骄奢淫逸,而不能黜免,殃民祸国,莫甚于此。即其理由与上述李百药之言相去无几。

> 中书舍人马周上疏曰,臣窃惟陛下封植之者,诚爱之重之,欲其绪裔……世官。以尧舜之父,犹有朱均之子,况下此以还,而欲以父取儿,恐失之远矣。傥有孩童嗣职,万一骄逸,则兆庶被其殃,国家受其败……与其毒害于见存之百姓,则宁使割恩于已亡之一臣,明矣。然则向之所谓爱之者,乃适所以伤之也。(同上)

有谓封建之敝,鼎峙力争,陵迟而后已,其为患长;列郡之敝,土崩瓦解,然而戡定者易为功,其为患短。此系由整个社会观察,非由一姓传祚长短立言。

> 杜佑曰,夫为人置君,欲其蕃息,则在郡县,然而主祚常促。为君置

人,不病其寡,则在建国,然而主祚常永。故曰建国利一宗,列郡利百姓。且立法未有不弊者,圣人在度其患之长短而为之。建国之制,初若磐石,然敝则鼎峙力争,陵迟而后已,故为患也长。列郡之制,始天下一轨,敝则世崩俱溃,然而戡定者易为功,故其为患也短。《新唐书》卷七十八《宗室传》赞曰)

有谓尧舜三王不能废除封建,不是不欲废除,而是不能废除,不能废除而不废除,不可谓公。自秦以后,置列国,则有叛国,制郡县,乃无叛郡,封建与郡县的利弊,观此就可知道。此种主张是由社会的进化观察,实为古人所未有的创见。

(柳)宗元曰,封建非圣人意,然而历尧舜三王莫能去之,非不欲去之,势不可也。秦破六国,列都会,置守宰,据天下之图,摄制四海,此其得也,二世而亡,有由矣。暴威刑,竭人力,天下相合,劫令杀守,圜视而并起,时则有叛民无叛吏。汉矫秦枉,剖海内,立宗子功臣,数十年间,奔命扶伤不给,时则有叛国无叛郡。唐兴,制州县,而桀黠时起,失不在州,而在于兵,时则有叛将无叛州……汤之兴,诸侯归者三千,资以胜夏,武王之兴,会者八百,资以灭商,徇之为安,故仍以为俗,是汤武之不得已也,不得已非公之大也,私其力于己也。秦革之者,其为制,公之大者也,其情私也,然而公天下之端自秦始云。(引自《新唐书》卷七十八《宗室传》赞,欲知其全文者,可阅《柳河东全集》卷三《封建论》)

其实,唐代反对封建之论所以得到胜利,乃另有一个原因。吾国古代,经济中心在于三辅、三河之地,周定都镐京,而以洛阳为东都,汉定都关中,而以三河为畿辅,两地的收入可以维持中央的开支。东汉以后,关中荒残,唐既定都长安,而经济中心却在江淮,倘令施行封建,则江淮之地不能不以封人,如是,王畿所入何能维持中央的开支?魏徵说:

> 王畿千里，地税不多，至于贡赋所资，在于侯甸之外。今并分为国邑，京师府藏必虚，诸侯朝宗，无所取给。(《唐会要》卷四十六《封建杂录上》)

理论随事实而发生，不是先有理论而后有事实，而是先有事实而后方有理论。秦汉以前，封建实如柳宗元所说："非圣人之意也，势也。"有了封建的事实，而后便产生许多拥护封建的理论。秦汉以后，"天下定于一"的事实颇为明显。降至隋唐，一方交通发达，中央命令容易达到地方；他方人民不忘七国之变与八王之乱，深知封建弊多利少，弊及万家，利只一宗。有了这个事实，所以唐代人士大率赞成罢侯置守。自是而后，吾国不但事实上成为统一的国家，而理论上也拥护国家的统一。封建制度已不存在于地方政制之中。

统一的局面又开始了。然要维持国家的统一，必须建立巩固的君权，而谋帝位的安定。所以唐太宗乃同隋文帝一样，提倡忠君道德，一方严惩隋代的贰臣。前已引过：

> 上(太宗)谓侍臣曰，君虽不君，臣不可以不臣。裴虔通，炀帝旧左右也，而亲为乱首。朕方崇奖敬义，岂可犹使宰民训俗？诏曰，天地定位，君臣之义以彰；卑高既陈，人伦之道斯著。是用笃厚风俗，化成天下。虽复时经治乱，主或昏明，疾风劲草，芬芳无绝，剖心焚体，赴蹈如归。夫岂不爱七尺之躯，重百年之命？谅由君臣义重，名教所先，故能明大节于当时，立清风于身后。至如赵高之殒二世，董卓之鸩弘农，人神所疾，异代同愤。况凡庸小竖有怀凶悖，迴观典策，莫不诛夷。辰州刺史、长蛇县男裴虔通，昔在隋代，委质晋藩。炀帝以旧邸之情，特相爱幸，遂乃志蔑君亲，潜图弑逆，密伺间隙，招结群丑，长戟流矢，一朝窃发。天下之恶，孰云可忍？宜其夷宗焚首，以彰大戮。但年代异时，累逢赦令，可特免极刑，除名削爵，迁配驩州。(《旧唐书》卷二《太宗纪》贞观二年)

同时复褒奖隋代的忠臣①。

> 贞观十二年,太宗幸蒲州,因诏曰,隋故鹰击郎将尧君素,往在大业受任河东,固守忠义,克终臣节。虽桀犬吠尧,有乖倒戈之志;疾风劲草,实表岁寒之心。爰践兹境,追怀往事,宜锡宠命,以申劝奖,可追赠蒲州刺史,仍访其子孙以闻。(《贞观政要》第十四篇《论忠义》,同篇贞观十二年又劝奖裴寂父子)

即儒家的"君君,臣臣"(《论语》第十二章《颜渊》),乃变为"君虽不君,臣不可以不臣"了。换言之,他们放弃汤武革命之说,而只采用"比干谏而死"的忠君观念。甚至奴告主谋逆,告者亦令斩决。

> 贞观二年,太宗谓侍臣曰,比有奴告主谋逆,此极弊,法特须禁断……自今奴告主者,不须受,尽令斩决。(《贞观政要》第三十一篇《论刑法》)

到了安史乱后,方镇割据于外,阉宦跋扈于内,帝位岌岌可危,国家有分崩瓦解之势。有大儒韩愈者,以道统自居,而乃反对孔子所谓"君君,臣臣"之义,又反对孟子赞成汤武革命之说,提倡君权不遗余力。他以为天子对于百姓乃"为之君,为之师"(《韩昌黎文集》第一卷《原道》),既有统治的权力,又有教化的责任。所谓"教化"是教民以为人之道,非教民以为政之道。关于为政之道,他似主张愚民政策。故说:"古之君天下者,化之不示其所以化之之道,及其弊也,易之不示其所以易之之道。政以是得,民以是淳。"(同上第一卷《本政》)其结论遂谓,人民在政治上毫无权利,而只有纳税的义务。"是故君者出令者也,臣者行君之令而致之民者也。民者出粟米麻丝,作器皿,通货财,以事其上者也。君不出令,则失其所以为君。臣不行君之令而致之民,民不出粟米

---

① 贞观十九年,太宗攻辽东安市城,高丽人众皆死战,不肯降。"太宗将旋师,嘉安市城主坚守臣节,赐绢三百匹,以劝励事君者。"(《贞观政要》第十四篇《论忠义》)是则敌人尽忠,太宗亦不吝予以奖赏了。

麻丝,作器皿,通货财,以事其上,则诛。"(同上《原道》)韩愈为谋政局的安定,遂为传子之禹辩护,而谓"尧舜之传贤也,欲天下之得其所也;禹之传子也,忧后世争之之乱也。尧舜之利民也大,禹之虑民也深……传之人则争,未前定也;传之子则不争,前定也。前定虽不当贤,犹可以守法;不前定而不遇贤,则争且乱。天之生大圣也不数,其生大恶也亦不数。传诸人,得大圣,然后人莫敢争;传诸子,得大恶,然后人受其乱。禹之后四百年,然后得桀;亦四百年,然后得汤与伊尹。汤与伊尹不可待而传也,与其传不得圣人而争且乱,孰若传诸子,虽不得贤,犹可守法"(同上《对禹问》)。同时有柳宗元者,谓禅让与篡夺相去无几。"夫其始系于人(功系于人)也厚,则其忘之也(人忘其德)迟。不然反是。汉之失德久矣,其不系而忘也甚矣。宦董袁陶之贼生人盈矣(犹如唐代之阉宦与方镇)。曹丕之父攘祸以立强,积三十余年,天下之主,曹氏而已,无汉之思也(人心已不思汉)。丕嗣而禅,天下得之以为晚,何以异乎舜禹之事耶?"(《柳河东集》卷二十《舜禹之事》)。汤武之伐桀纣,动师十万,血流漂杵,而后人美称之为革命,顺乎天而应乎人。魏之代汉,却无用兵动武之事。天下者固非一姓之天下也。即柳宗元的见解与韩愈不同,认为人主不能安天下,有臣焉如曹操者取而代之,未必不可。

第二节
世族势力的逐渐消灭

秦汉的官僚政治,魏晋以后,演变为世族政治。世族政治以土地集中为基础,以门阀观念为根据,以九品中正为工具。在其发展过程之中,又渐次暴露矛盾而至于没落。何以说呢?由于土地集中,一方有领主,他方有客户,领主不劳动而生活优裕,客户勤劳而收获乃不能维持一家生计。收获与劳动不能相称,这是与经济原则矛盾的。有了门阀观念,一方有世族,他方有寒门,世族虽庸碌无能,也可以坐至公卿,寒门虽有管乐之才,亦必为门资所限,沉于下僚。地位与才智不能相称,这是与政治原则矛盾的。北朝行均田之制,便是要打破土地集中,使"细民获资生之利,豪右靡余地之盈"(《魏书》卷五十三《李安世传》)。然而名为均田,其实田之分配仍有利于世族。而选举又"不考人才行业,空辨氏姓高下"(《魏书》卷六十六《崔亮传》),更引起了人们反感。一切改革均须利用政治之力,因之一切斗争最后必转变为政治斗争,而能从事政治斗争者必为强有力的人。南北朝社会有两种强有力的人,一是世族,二是武人。武人欲以军功,参加铨选,而世族则"排抑武人,不使预在清品"(《魏书》卷六十四《张彝传》),于是就引起了羽林、虎贲之乱,不久又发生了六镇叛变。周齐分据,均施行均田制度,"周代公卿类多武将"(《隋书》卷四十六《张煚传》),所以又罢门资之制,选举

"不限资荫,唯在得人"(《周书》卷三十三《苏绰传》)。世族的势力渐次动摇,隋文受禅,复于开皇年间,罢九品官人之法,代以科举制度,于是魏晋以来世族阶级所恃以为猎官的工具根本消灭。唐兴,仍循隋制,同时又因地广人稀,仍行均田之制,其目的虽在于增加田赋,而土地集中最初亦因之缓和。然而"以贵役贱"的贵族政治尚未完全变为"以智役愚"的官僚政治。到了唐末五代乱,衣冠旧族多离去乡里,籍谱罕存,而世系无所考(《宋史》卷二百六十二《刘烨传》、卷四百三十九《梁周翰传》);宋兴,科举取士成为定制,世族政治才见消灭。

唐高祖起自太原,其先代出于陇西,而为西凉王李暠之后,祖虎为周八柱国之一,赐姓大野氏,封唐国公。父昞袭封唐公,安州总管柱国大将军。高祖生于长安,大业十三年,拜太原留守。所以今人常谓隋唐二代天子属于关中世家。高祖常以家世自夸,观其对窦威及裴寂之言,即可知之。

武德元年,高祖尝谓内史令窦威曰,昔周朝有八柱国之贵,吾与公家咸登此职。今我为天子,公为内史令,本同末异,无乃不可乎?威曰,臣家昔在汉朝,再为外戚,至于后魏,三处外家。今陛下龙登,复出皇后,臣又阶缘戚里,位忝凤池,自唯叨滥,晓夕竞惧。高祖笑曰,比见关东人崔卢为婚,犹自矜伐,公世为帝戚,不亦贵乎?(《唐会要》卷三十六《氏族》)

武德三年,高祖尝从容谓尚书右仆射裴寂曰,我李氏昔在陇西,富有龟玉,降及祖祢,姻娅帝王,及举义兵,四海云集,才涉数月,升为天子。至如前代皇王多起微贱,劬劳行阵,下不聊生。公复世胄名家,历职清要,岂若萧何、曹参起自刀笔吏也?惟我与公,千载之后,无愧前修矣。(同上)

太宗亦有乡土观念,重关中而轻视山东。

太宗尝言及山东、关中人,意有异同。张行成正侍宴,跪而奏曰,臣闻天子以四海为家,不当以东西为限,若如是,则示人以隘狭。(《旧唐书》

卷七十八《张行成传》)

虽然即位之后,曾欲压迫山东世族。

> 初太宗尝以山东士人尚阀阅,后虽衰,子孙犹负世望,嫁娶必多取赀,故人谓之卖昏。由是诏(高)士廉与韦挺、岑文本、令狐德棻,责天下谱谍,参考史传,检正真伪,进忠贤,退悖恶,先宗室,后外戚,退新门,进旧望,右膏粱,左寒畯,合二百九十三姓、千六百五十一家,为九等,号曰《氏族志》,而崔干仍居第一。帝曰:"我于崔卢李郑无嫌,顾其世衰,不复冠冕,犹恃旧地以取赀,不肖子偃然自高,贩鬻松槚,不解人间何为贵之?齐据河北,梁陈在江南,虽有人物,偏方下国无可贵者,故以崔卢王谢为重。今谋士劳臣以忠孝学艺从我定天下者,何容纳货旧门,向声背实,买昏为荣耶?太上有立德,其次有立功,其次有立言,其次有爵,为公卿大夫,世世不绝,此谓之门户,今皆反是,岂不惑邪?朕以今日冠冕为等级高下。"遂以崔干为第三姓,班其书天下。(《新唐书》卷九十五《高俭传》)

但是数百年来,他们都是膏粱世家,社会上的名望固非政治力一蹴就可以打倒的,所以朝廷虽然压迫,而当时大臣犹愿意与他们通婚。

> 初太宗疾山东士人自矜门地,婚姻多责资财,命修《氏族志》,例降一等。王妃主婿皆取勋臣家,不议山东之族,而魏徵、房玄龄、李勣家皆盛与为婚,常左右之,由是旧望不减。(《资治通鉴》卷二百《唐纪》高宗永徽四年,参阅《新唐书》卷九十五《高俭传》)

若进一步研究其实际情形,高祖、太宗之用人并不以关中世族为限。高祖时宰相或为外戚,或为前朝皇族,或因勷晋有功。太宗时宰相并不限于关中人,尤不限于关中世族。兹依《新唐书》(卷六十一)《宰相表》所载,将高祖、太宗两朝宰相列表如次:

时代	姓名	所属地域	略史	备考
高祖时代	李世民		武德元年,为尚书令,自是而后,臣下遂不敢居其职,而以仆射为尚书省长官。	
	刘文静	系出彭城,世居京兆。	因裴寂以宫女侍唐公,胁其劝唐公起兵。武德元年,拜纳言①。后因位不及裴寂,有怨言,高祖杀之。	《新唐书》卷八十八。
	萧瑀	南兰陵。	后梁明帝子,女为隋炀帝后。高祖入京,拜民部尚书。太宗时累迁尚书左仆射,又迁御史大夫,参与朝政。	《新唐书》卷一百一。是其为相乃在太宗时,宰相误。
	窦威	岐州平陆人,岐州属关内道,房姓。	父炽,高祖后窦氏,炽兄子毅之女。高祖入关,以威多识朝廷故事,令其裁定制度。武德元年,授内史令。	《新唐书》卷九十五。
	窦抗	同上。	窦威从兄子。母隋文帝姊安成公主,从姊高祖后。杨玄感反,抗劝高祖起兵,及闻高祖已定京师,因归长安,授将作大匠,兼纳言。	同上。
	陈叔达	吴兴长城县人。	陈宣帝子,仕隋,为绛郡通守。高祖西师,以郡听命。武德初,授黄门侍郎,制纳言。	《新唐书》卷一百。
	杨恭仁	弘农人。	隋观王雄子,雄隋文帝族子。炀帝时,为河南道大使。宇文及弑逆,署吏部尚书,化及败,执送京师。高祖授以黄门侍郎,寻为凉州总管,遥领纳言。	《新唐书》卷一百。遥领无异于后来之使相。
	封德彝	渤海蓨人。	祖隆之北齐太子太保。德彝仕隋,隋亡,又仕宇文化及,署为内史令。化及败,遂来降,常以秘策干高祖,帝悦,累迁内史侍郎,兼中书令。	《新唐书》卷一百《封伦传》,伦字德彝。

① 唐初官制依隋,门下省之纳言即侍中,中书省为内史省,内史令即中书令,其后才恢复魏晋以后旧名。

续表

时代	姓名	所属地域	略史	备考
高祖时代	裴寂	蒲州桑泉人，蒲州属河东道。	隋时为侍御史，与(唐公)友善，尝以宫人侍唐公，恐事发诛，乘间说唐公起兵。唐公受禅。武德四年，拜尚书左仆射。	《新唐书》卷八十八。当为河东裴之后，故高祖谓寂华胄。此时仆射是否宰相有问题。
	裴矩	河东闻喜人。	隋时累迁至吏部侍郎，加右光禄大夫。隋亡，宇文化及署为尚书右仆射，化及败，又降于窦建德，建德败，举山东之地来降。武德七年，检校侍中。	《新唐书》卷一百。
	宇文士及	本代郡武川人，后徙长安。	父宇文述，隋右卫大将军。兄宇文化及弑炀帝自立，化及败，士及归唐。武德八年，检校侍中。	《新唐书》卷一百。
	高士廉	渤海蓨人。	北齐清河王岳之孙，即系北齐皇族。其妹嫁长孙晟，生无忌及太宗后长孙氏，故士廉与太宗有姻戚关系。武德九年七月，为侍中。	《新唐书》卷九十五高传、卷九十六房传。此两人为相，在武德九年七月。六月，太宗杀建成及元吉，而为皇太子。八月，高祖禅位于太宗，故两人为相当在太宗即位之时。
	房玄龄	齐州临淄人，齐州属河南道。	秦王(太宗)徇渭北，玄龄杖策上谒，授行军记室，引杜如晦协判大计。建成忌二人，谮于高祖，皆斥逐还第。建成将有变，秦王夜召二人计事，事平，太宗即位，擢为中书令。	
太宗时代	萧瑀			见前。
	长孙无忌	河南洛阳人，虏姓。	父晟，隋右骁卫将军，太宗后长孙氏，即其妹也。少与太宗友善，常从太宗征讨。建成与太宗有隙，无忌劝太宗先发制人。及太宗即位，眷侍日厚，常出入卧内。贞观元年，进位尚书右仆射，寻拜司空，知门下、尚书省事。	《新唐书》卷一百五。

续表

时代	姓名	所属地域	略史	备考
太宗时代	杜淹	京兆杜陵人。	隋时，累迁御史中丞。唐初，事太宗，太宗践祚，检校吏部尚书，参与朝政。	《新唐书》卷九十六。
	房玄龄			见前。
	杜如晦	京兆杜陵人。	由房玄龄荐，受知于太宗。建成欲害太宗，因谮之于高祖，房杜二人同时斥逐。后又潜入画策，而有玄武门之事变。太宗即位，擢为尚书右仆射，与玄龄共管朝政。	《新唐书》卷九十六。
	李靖	京兆三原人。	韩擒虎之甥，唐高祖太宗时，累建军功。贞观二年，拜刑部尚书，兼检校中书令。八年，诏靖三两日一至中书门下平章事。	《新唐书》卷九十三。
	王珪	太原祁人。	祖僧辩梁太尉尚书令，珪本事建成，建成与秦王（世民）有隙，高祖责珪不能辅导，流巂州。建成败，太子召为谏议大夫。贞观二年，迁黄门侍郎，守侍中辅政。	《新唐书》卷九十八。
	魏徵	魏州曲城人，魏州属河北道。	本事建成，阴劝建成早为计。太宗即位，累迁秘书监，参与朝政。	《新唐书》卷九十七。
	温彦博	太原祁人。	唐高祖时没于突厥，突厥苦问以国家虚实及兵马多少，彦博固不肯言，迁之阴山苦寒之地。太宗即位，始还朝，累迁中书令。	《新唐书》卷九十一。
	戴胄	相州安阳人，相州属河北道。	本仕隋，后归唐，太宗初，以敢言，拜谏议大夫，迁吏部尚书，参与朝政。	《新唐书》卷九十九。
	侯君集	幽州三水人，幽州即范阳郡。	事秦王（太宗），从征讨有功。贞观四年，迁兵部尚书参与朝政，后劝太子承乾反，遂被诛。	《新唐书》卷九十四。
	杨恭仁			见前。

续表

时代	姓名	所属地域	略史	备考
太宗时代	杨师道	弘农人。	杨恭仁弟,尚高祖女桂阳公主,累迁太常卿。贞观十年,拜侍中,参与朝政。	《新唐书》卷一百。
	高士廉			见前。
	刘洎	荆州江陵人。	贞观时累迁尚书右丞。十三年,拜黄门侍郎,参知政事。十九年,为马周所谮,赐死。	《新唐书》卷九十九。
	岑文本	邓州棘阳人,邓州属山南道。	祖善方后梁吏部尚书,徙居江陵。隋末大乱,萧铣僭号,唐河间王李孝恭讨平之。文本归唐,以长于文词,太宗时拜中书侍郎专典机要,寻拜中书令。	《新唐书》卷一百二。
	李勣	曹州离狐人,曹州属河南道。	隋末,先从翟让为盗,次从王世充,又次从李密。后密以谋反诛,勣从秦王(太宗)征讨有功,累迁兵部尚书同中书门下三品。	《新唐书》卷九十三。
	张亮	郑州荥阳人。	隋末大乱,亮初从李密,密败,房玄龄荐之于秦王(太宗)。建成将作乱,秦王令亮之洛阳,以备变。太宗时,累迁刑部尚书,参与朝政。	《新唐书》卷九十四。
	马周	博州茌平人,博州属河北道。	武德中,官不过州助教。太宗时,以忠直敢言事,累迁中书侍郎。贞观十八年,迁中书令。	《新唐书》卷九十八。
	褚遂良	杭州钱塘人。	太宗时,累迁黄门侍郎,参与朝政。贞观二十二年,拜中书令。	《新唐书》卷一百五。
	崔仁师	定州安喜人,定州即博陵郡。	太宗时,累迁民部侍郎。贞观二十二年,拜中书侍郎,参知机务。	《新唐书》卷九十九。

　　观上表所载,可知唐在高祖、太宗时代,宰相并不限于关中世族。裴寂以奸邪进,裴矩乃反复无常之徒。韦姓并无一人为相。反而山东世族之崔仁师却以仁恕知名,于贞观二十二年为中书侍郎,参知机务。今人常谓山东世族

不欲与李唐为婚，因为李唐沾染胡俗，尤其缺乏伦理观念。史家均举唐太宗纳元吉之妃杨氏，高宗纳太宗之才人武氏，玄宗纳其子寿王瑁之妃杨氏以为证。然而吾人须知山东世族也未必均能笃守礼教。例如荥阳郑氏为山东世族之一，文宗尝对宰臣曰："朕欲为太子婚娶，本求汝郑门衣冠子女为新婚，闻在外朝臣皆不愿共朕作情亲，何也？"（《太平广记》卷一百八十四《氏族类》，引自陈寅恪著《唐代政治述论》，乐天出版社版，第57页。据陈氏研究，"汝郑门"是对宰臣郑覃言之）其实，唐在文宗时，宦官跋扈专擅，凡是膏粱世家，谁肯以女嫁给无权天子之子为妃？何况"自魏灵太后预政，淫风稍行，自此素族名家遂多乱杂"。此语乃载在《郑羲传》内。"郑羲五兄并恃豪门，多行无礼，乡党之内疾之若仇。"（《魏书》卷五十六《郑羲传》、《北史》卷三十五《郑羲传》）可知荥阳郑氏之门风如何。再观新（卷七十六及卷七十七）、旧（卷五十一及卷五十二）《唐书》之《后妃传》，在肃宗以前，唐代天子固然多娶关中人（包括关内道及河东道，因为裴柳薛三家均被视为关中郡姓）为后，然未必属于关中郡姓之六族。只唯中宗韦皇后为京兆杜陵人，而卒引起宫闱之乱。肃宗以后，皇后多系关东人，而世系不明者不少。今人又谓李唐前期皇室与山东世族对立，既已对立，必不假之以相权。山东世族以崔卢为大，关中世族以韦裴为大，而最初此四族受命为相者，则如上表所示，有贞观二十二年之崔仁师，其他三族在高宗以前均无一人为相。由高宗经武后至天宝末载，宰相之人太多，兹只将崔卢韦裴四家之宰相列表如次①。

崔卢韦裴四家宰相表

族氏	姓名	最初为相年代	以何种职官为相	备考
博陵或清河崔	崔敦礼	高宗永徽四年	侍中	
	崔知温	高宗永隆元年	黄门侍郎同中书门下三品	
	崔　察	则天光宅元年	正议大夫同凤阁鸾台平章事	光宅元年，改中书省为凤阁，门下省为鸾台。

① 根据《新唐书》卷六十一至卷六十二《宰相表》，并参考各本纪，有传的再参考列传。

续表

族氏	姓名	最初为相年代	以何种职官为相	备考
	崔神基	则天长寿元年	司宾卿同凤阁鸾台平章事	光宅元年,改鸿胪为司宾。
	崔元综	则天长寿元年	秋官侍郎同凤阁鸾台平章事	光宅元年,改刑部为秋官。
	崔玄晖	则天长安四年	鸾台侍郎同凤阁鸾台平章事	
	崔湜	中宗景龙三年	兵部侍郎同中书门下三品	以下均简言为同三品。
	崔日用	睿宗景云元年	黄门侍郎参与机务	滑州人,滑州属河南道,领白马等县,清河崔玄伯曾封为白马公。但崔日用似非清河或博陵崔氏。①
范阳卢	卢承庆	高宗显庆四年	度支尚书同三品	显庆元年,改户部尚书为度支尚书。
	卢怀慎	玄宗开元元年	黄门侍郎同紫微黄门平章事	紫微黄门即中书门下,以下均简言为平章事。
京兆韦	韦弘敏	则天光宅元年	太府乡同三品	
	韦方质	则天光宅元年	鸾台侍郎守凤阁侍郎平章事	鸾台即门下省,凤阁即中书省,见前。
	韦思谦	则天垂拱元年	御史大夫同三品	
	韦待价	则天垂拱元年	天官尚书同三品	光宅元年,改吏部为天官。
	韦巨源	则天长寿二年	文昌右丞平章事	光宅元年,改尚书省为文昌台。
	韦安石	则天久视元年	鸾台侍郎平章事	
	韦嗣立	则天长安四年	凤阁侍郎同三品	
	韦承庆	则天长安四年	凤阁侍郎平章事	
	韦温	中宗景龙三年	太子少保同三品	

① 此说法有误。崔日用的先祖从博陵迁居至滑州。——编者

续表

族氏	姓名	最初为相年代	以何种职官为相	备考
	韦见素	玄宗天宝十三载	武部尚书平章事	天宝十一载,改兵部为武部。
河东裴	裴炎	高宗永隆元年	黄门侍郎同三品	
	裴居道	则天垂拱元年	秋官尚书同三品	光宅元年,改刑部为秋官。
	裴行本	则天天授二年	冬官侍郎平章事	光宅元年,改工部为冬官。
	裴谈	睿宗景云元年	刑部尚书同三品	
	裴光庭	玄宗开元十七年	中书侍郎平章事	
	裴耀卿	玄宗开元二十一年	黄门侍郎平章事	

依上表所示,可知崔家为相,除贞观二十二年之崔仁师外,高宗时代尚有崔敦礼及崔知温,则天以后亦不排斥崔氏。卢家为相,由高宗至玄宗天宝末年有卢承庆及卢怀慎二人。韦家为相开始于则天时代,裴家为相开始于高宗时代。截至玄宗为止,山东之崔与关中之韦,两家宰相人数约略相等。今人所说,李唐皇室与山东世族对立,事实上未必可信。

固然高宗永徽六年七月李义府为中书侍郎、参知政事。十月,废王皇后为庶人,立宸妃武氏(即武则天)为皇后。越九年即龙朔三年,义府流于巂州。又三年即乾封元年,死于贬所。(《新唐书》卷六十一《宰相表》,参阅卷二百二十三上《李义府传》)在其为相之时,又改写《氏族志》为《姓氏录》,以压迫过去世族。

高宗时,许敬宗以《氏族志》不叙武后世,又李义府耻其家无名,更以孔志约等十二人刊定之,裁广类例,合二百三十五姓、二千二百八十七家。帝自叙所以然,以四后姓、酅公(隋后)、介公(后周后)及三公、太子三师、开府仪同三司、尚书仆射为第一姓，文武二品及知政事三品为第二姓，各以品位高下叙之，凡九等，取身及昆弟子孙，余属不入，改为《姓氏录》。当时军功入五品者皆升谱限（《李义府传》，仕唐官至五品，皆升士流，于是兵卒以军功进者悉入书限），搢绅耻焉，目为勋格。义府奉悉索《氏族志》烧之。又诏后魏陇西李宝、太原王琼、荥阳郑温、范阳卢子迁、卢泽、卢辅、清河崔宗伯、崔元孙、前燕博陵崔懿、晋赵郡李楷凡七姓十家，不得自为婚。(《新唐书》卷九十五《高俭传》，参看卷二百二十三上《李义府传》)

李义府，瀛州饶阳人，其祖为梓州射洪县丞，因家于永泰（《旧唐书》卷八十二《李义府传》），其先世并无显宦。许敬宗，杭州新城人，父善心，虽然仕隋至礼部侍郎，其祖先也无名声（《旧唐书》卷八十二《许敬宗传》，参阅《隋书》卷五十八《许善心传》），所以《氏族志》没有他们两氏的家名。则天父武士彠，并州文水人，隋末为鹰扬府队正，贞观中，累迁工部尚书，即其家世亦属于寒素（《旧唐书》卷六《则天皇后纪》），所以《氏族志》也不叙武后之先世。由此可知太宗所撰之《氏族志》还是不能脱掉魏晋以来的膏粱寒素的观念，即亦不是完全反对旧门第观念。所谓"退新门，进旧望"，即其一证。"关中之人雄，故尚冠冕"（《新唐书》卷一百九十九《柳冲传》），太宗就是要用唐代的冠冕以作门阀高低的标准。李义府所纂的《姓氏录》一方也许出于武后的意旨，同时也可以说是太宗理想的实现。而且太宗所定"进忠贤，退悖恶"，实不能用作门第高低的标准，尧之子为丹朱，舜之父为瞽叟，则将如何决定？至于"右膏粱，左寒畯"，乃是魏晋以来的九品官人之法。《姓氏录》是以其人官位高低为标准，此亦不过暂时现象。所以用冠冕以定门第，门第必时时变更；倘不变更，则门第非以血统为基础不可。然而汉代的"金张世族，袁杨鼎贵"（《南齐书》卷二十三《褚渊王俭传》论），到了三国，已近尾音。而南朝的王谢，在晋代初年，哪有什么地位？北朝的崔卢韦裴，不但在晋代，即在南北朝，除清河的崔玄伯及其子浩之外，其他诸族，如博陵崔氏、范阳卢氏、河东裴氏、京兆韦氏，文武功烈殆无足纪，不过世为显宦，博得社会羡慕而已。所以专尚冠冕，门第不能确定；确定门第，则血统关系又将蹈"上品无寒门，下品无势族"（《晋书》卷四十五《刘毅传》）之现象。因此，朝廷虽极力压迫，而旧门第观念仍在人心。吾人观太宗之《氏族志》,崔氏还是第三姓,而当时人士对于旧门第如何崇拜,吾人观下列之例,即可知之。

马周为监察御史,挺以周寒士,殊不礼之。(《旧唐书》卷七十七《韦挺传》)

李揆,陇西成纪人……代为冠族……初揆秉政,侍中苗晋卿累荐元载为重官。揆自恃门望,以载地寒,意甚轻易不纳,而谓晋卿曰,龙章凤姿之士不见用,獐头鼠目之子乃求官。(《旧唐书》卷一百二十六《李揆传》)

由高祖而至玄宗,为时约有六十余年,玄宗时,人士还愿意与山东著姓为婚,以提高自己的门第。例如:

李彭年慕山东著姓为婚姻,引就清列,以大其门。(《旧唐书》卷九十《李怀远传》)

次就均田制度言之,唐的均田亦和北朝及隋一样,目的一欲增加田赋,二欲矫正土地集中之弊,三欲借以打击世族的经济基础。制度如次:

凡男女始生为黄,四岁为小,十六为中,二十有一为丁,六十为老……凡天下之田,五尺为步,二百四十步为亩,百亩为顷(《旧唐书》卷四十八《食货志》所载与《六典》同。《新唐书》卷五十一《食货志》则云,度田以步,其阔一步,其长二百四十步为亩,百亩为顷)……凡给田之制有差,丁男、中男以一顷(原注云,中男年十八已上者亦依男丁给。即年十八以下不受田。新志同。旧志只云,丁男、中男给一顷)。老男笃疾废疾以四十亩(旧志无老男二字)。寡妻妾以三十亩,若为户者则减丁之半(旧志、新志均明言,若为户者加二十亩)。凡田分为二等,一曰永业,一曰口分,丁之田二为永业,八为口分(旧志补充云,世业之田,身死则承户者便受之,口分则收入官,更以给人。新志补充云,永业之田树以枣榆桑及所宜之木)……凡官户受田减百姓口分之半(因官户另有永业田,多者一百顷,少者亦有二顷。旧志及新志无此十二字)。凡天下百姓给园宅地者,良口三人已上给一亩,三口加一亩,贱口五人给一亩,五口加一亩,其口分、永业不与焉(旧志及新志无此六句)……凡应收授之田皆起十月,毕十二月。凡授田先课后不课,先贫后富,先无后少。凡州县内所部,受田悉足者为宽乡,不足者为狭乡(新志补充云,狭乡受田减宽乡之半。其地有薄厚,岁一易者倍授之,宽乡三易者不倍授。工商者宽乡减半,狭乡不给。凡庶人徙乡及贫无以葬者得卖世业田。自狭乡而徙宽乡者,得并卖口分田,已卖者不复授)……凡赋役之制有四,一曰租,二曰调,三曰役,四曰杂徭(原注,开元二十二年,敕以为天下无事,百姓徭役,务从减省,遂减诸司色役一十二万二百九十四。旧志及新志均未说到杂徭,即人民所负担者只有租调庸三种)。课户每丁租粟二石(旧志同,新志云,粟二斛、稻三斛)。其调随乡土所产,绫绢绝各二丈(旧志同,这当然不是同时输绢绫绝,而是或输绢,或输绫,或输绝。新志作绢二匹、绫绝二丈),布加五分之一。输绫绢绝者绵三两,输布者麻二斤(旧志及新志均作麻三斤,但新志又云,"非蚕之乡,则输银十四两"。马端临在《文献通考》卷三《田赋》中,认为"新志"所载疑太重,今不取)。凡丁岁役二旬(原注,有闰之年加二日。新志亦有"闰加二日"之语,旧志无),无事则收其庸,每日三尺(原注,布加五分之一。旧志及新志无"布加五分之一"之语,这里所谓三尺是指绢绫绝三尺);有事而加役者旬有五日免其调,三旬则租调俱免(原注,通正役并不得过五十日。旧志及新志均有此句)……凡水旱虫霜为灾害则有分数,十分损四已上免租,损六已上免租调,损七已上课役俱免。若桑麻损尽者各免调。若已役已输者听免其来年。凡丁新附于籍帐者,春附则课役并征,夏附则免课从役,秋附则课役俱免(自"若已役已输者"以下文字旧志与新志均无)。

《唐六典》卷三《户部郎中》)

兹为读者容易理解起见,试用表说明如次:

唐丁法及授田赋役表

丁法		授田	赋役	
黄	始生至满三岁			
小	四岁至满十五岁			
中	十六岁至满二十岁	男年十八以上，亦照丁男受田。	受田者是否与丁男负担同一义务，各书均无明文。但各书均用"丁"字，则未成丁之人不应照丁男输租调庸。	
丁	二十一岁至满五十九岁	(1) 普通人口分田八十亩，永业田二十亩。(2) 笃疾废疾者四十亩，寡妻妾三十亩，当户者增永业田二十亩。(3) 工商者宽乡减半，狭乡不给。	租	课户每丁岁输粟二石。
			调	岁输绢或绫或绝二丈，加绵三两，或输布二丈四尺，加麻三斤。
			庸	每岁二十日，无事则收其庸，每日三尺，布加五分之一。
老	六十岁以上	老者四十亩，当户者增永业田二十亩。		

但是唐代的均田也和北朝一样，不是任何官民都可以得到同一面积的土地，而是于贵贱之间，承认土地分配之不均。凡是品官勋官，都有较多的永业田，多者一百顷，少者亦二三顷。

凡官人受永业田，亲王一百顷，职事官正一品六十顷，郡王及职事官从一品五十顷，国公若职事官二品四十顷（《新唐书》卷五十五《食货志》无此一句），郡公（新志作国公）若职事官从二品三十五顷，县公若职事官正三品二十五顷，职事官从三品二十顷，侯若职事官正四品十四顷（新志作十二顷），伯若职事官从四品一十顷（新志无此一句），子若职事官正五品八顷，男若职事官从五品五顷（六品、七品二顷五十亩，八品、九品二顷）（此二句《唐六典》无，从新志补）。上柱国三十顷，柱国二十五顷，上护军二十顷，护军十五顷，上轻车都尉一十顷，轻车都尉七顷，上骑都尉六顷,骑都尉四顷,①骁骑尉、飞骑尉各八十亩(八十亩似有误,新志同),云骑尉、武骑尉各六十亩(六十亩似有误,新志同)。其散官五品以上同职事官给。(《唐六典》卷三《户部郎中员外郎》。新志又补充云,五品以上受田宽乡,六品以下受于本乡。解免者追田,除名者受口分之田,袭爵者不别给,流内九品以上口分田终其身,六十以上停私乃收。凡给田而无地者,亩给粟二斗)

而他们及其部曲奴婢尚有免除课役的权利。

> 太皇太后、皇太后、皇后缌麻以上亲,内命妇一品以上亲,郡王及五品以上祖父兄弟,职事勋官三品以上有封者若县男父子,国子、太学、四门学生俊士,孝子顺孙,义夫节妇,同籍者皆免课役。凡主户内有课口者为课户,若老及男废疾笃疾、寡妻妾、部曲客女奴婢及视九品以上官,不课。(《新唐书》卷五十一《食货志一》)

所以唐代的均田制度也和其压迫世族一样,不是根本推翻世族,而是欲用新官僚以代替旧世族的地位,而承认他们有许多特权。

王公大臣有较多的永业田,他们是有闲阶级,可把整个光阴致力于研究学问,所以唐代举士之法虽用考试,其实应考的人必以王公大臣的子孙为多。这样,新官僚便成为新世族,而代替了旧世族的地位。他们累世显贵,务以门第自高。

> 唐为国久,传世多,而诸臣亦各修其家法,务以门族相高。其材贤子孙不殒其世德,或父子相继居相位,或累数世而屡显,或终唐之世不绝。
>
> (《新唐书》卷七十一上《宰相世系》序)

---

① 上柱国至武骑尉为勋级,《唐六典》卷二《司勋郎中》:"司勋郎中一人、员外郎二人,掌邦国官人之勋级,凡勋十有二等,十二转为上柱国,比正二品;十一转为柱国,比从二品;十转为上护军,比正三品;九转为护军,比从三品;八转为上轻车都尉,比正四品;七转为轻车都尉,比从四品;六转为上骑都尉,比正五品;五转为骑都尉,比从五品;四转为骁骑尉,比正六品;三转为飞骑尉,比从六品;二转为云骑尉,比正七品;一转为武骑尉,比从七品。"

其实，新贵之外，北朝世族自始在政治上并未丧失其固有的地位。吾人再观《新唐书·宰相世系表》，河东裴氏有宰相十七人，南兰陵萧氏有宰相十人，弘农杨氏有宰相十一人，京兆杜氏有宰相十一人，赵郡李氏有宰相十七人（陇西李氏亦有宰相十人），太原王氏有宰相七人，清河及博陵崔氏共有宰相三十二人，范阳卢氏有宰相八人，河东薛氏有宰相三人，京兆韦氏有宰相十四人，荥阳郑氏有宰相九人。即不但关中，即山东世族亦多跻身于宰相之位。唐代传族二百九十年，宰相三百六十九人（《新唐书》卷七十五下《宰相世系表》），而上述十二族（李氏分赵郡与陇西二族）共有宰相一百四十九人，可谓盛矣（但《新唐书》之《宰相世系表》似有问题），此盖唐以文学取士，他们累代书香，容易及第。不过唐代举士之法既用科举，则不但寒素之士可由科举出身，即膏粱子弟除以荫补之外，亦多由科举以得官位。在这个意义之下，唐代政治比之魏晋南北朝一般世族只依门资而起家者，当然不同。所以唐代政治虽然尚有贵族政治的色彩，而仍不失为官僚政治。

第三节
民族的发展

自有历史以来,北荒民族常常压迫中原民族,而压迫之后,又为中原民族所同化。北荒民族所以能够压迫中原民族,乃是因为北荒民族以游牧为生,中原民族以农耕为业,游牧喜欢侵略,农耕爱好和平,这是历史上的定律。中原民族所以能够同化北荒民族,乃是因为中原民族文化进步,北荒民族文化幼稚,文化进步的国家能够同化文化幼稚的民族,也是历史上的定律。中国自东汉以后,历受外族侵略。盖一个民族立国既久,往往由于文弱而至于萎靡,此际若不输入新血液,民族很难由文弱变为刚强。吾国在五胡乱华以后,北方遗黎已经是"虏汉相杂"(刘知几《史通》卷五《书志》)。经南北朝而至隋唐,中国复见统一,且能扬国威于国外。此盖隋唐皇室均是汉胡杂种。隋文帝杨坚,父忠在周赐姓普六茹氏,位至柱国大将军,迁大司空(《周书》卷十九《杨忠传》)。子坚即隋文帝,娶独孤信之女为后,独孤乃鲜卑种族(《周书》卷十六《独孤信传》、《隋书》卷三十六《独孤皇后传》)。长子勇字睍地伐,完全是胡人之名。唐高祖李渊,祖虎在周赐姓大野氏,官至柱国大将军,迁太尉。高祖后窦氏(窦炽兄子毅之女),名义上是汉人,而窦氏于东汉灵帝时,避窦武之难,亡奔匈奴,遂为部落大人。后魏时赐姓纥豆陵氏(《周书》卷三十《窦炽传》),即其血统已是汉胡杂种。太宗娶长孙晟之女为后,长孙乃魏之宗室,姓拓拔,孝文迁洛,改为长孙(《旧唐书》卷五十一《长孙皇后传》,参阅《周书》卷二十六《长孙俭传》),即亦属于汉胡杂种。隋唐皇室虽然是汉胡杂种,而皆自居为华人,盖隋之先世杨震、唐之先世李暠,均是纯粹的汉人,隋唐二代并不忘本。这与高欢一家,明是汉人,因"累世北边,故习其俗,遂同鲜卑"(《北齐书》卷一《神武帝纪》),而自忘为汉人者,绝不相同。在南北朝末期,北荒民族莫强于突厥。隋初,突厥分为东西,西突厥居乌孙故地,去中原远,不能为中原之患。其能为患中原者乃是东突厥。开皇中,隋文帝曾用离间之策,使东突厥发生内乱,自相攻战,于是势力稍杀,上表称臣。隋末大乱,东突厥又复强大,中原豪杰虽建名号,莫不请好息民,甚者且北面称臣,受其可汗之号。

> 隋末乱离,中国人归突厥者无数,遂大强盛,势陵中夏……薛举、窦建德、王世充、刘武周、梁师都、李轨、高开道之徒虽僭尊号,皆北面称臣,受其可汗之号,使者往来,相望于道也。(《隋书》卷八十四《突厥传》)

唐高祖起兵晋阳,欲得突厥之援,也曾向其称臣。

> 隋季世,虚内以攻外,生者罢道路,死者暴原野,天下盗贼共攻而亡之。当此时,四夷侵,中国微,而突厥最强,控弦者,号百万,华人之失职不逞皆往从之,毖之谋,导之入边,故颉利自以为强大,古无有也。高祖初即位,与和,因数出军助讨贼,故诡臣之,赠予不可计。(《新唐书》卷二百十五下《突厥传》赞)

高祖受禅,东突厥颇多横恣,高祖以中原未定,每优容之。到了扫荡群盗,而户口凋残,财政穷匮,又不遑外略。贞观初,戴胄犹说:

> 今丧乱之后,户口凋残,每岁纳租,未实仓廪,随即出给。(《旧唐书》卷七十《戴胄传》)

于是东突厥愈益骄踞,有凭陵中原之意,无岁不来寇边,致令高祖欲迁都以避其锋。

> 突厥既岁盗边,或说帝曰,虏数内寇者,以府库子女所在,我能去长安,则戎心止矣。帝使中书侍郎宇文士及逾南山,按行樊邓,将徙都焉,群臣赞迁。秦王(太宗)独曰,夷狄自古为中国患,未闻周汉为迁也,愿假数年,请取可汗以报。帝乃止。(《新唐书》卷二百十五上《突厥传》)

蛮夷猾夏,中原称臣,这种侮辱谁能忍受?汉武帝说:"齐襄公复九世之仇,《春秋》大之。"(《汉书》卷九十四《匈奴传上》)唐太宗雄才大略不减汉武,对这国耻何能不想报复?

> 帝谓群臣曰,往国家初定,太上皇以百姓故,奉突厥,诡而臣之,朕尝痛心疾首,思一刷耻于天下。(《新唐书》卷二百十五上《突厥传》)

陆贽关于华夷异势,曾论中国应采之政策如次。

> 夫以中国强盛,夷狄衰微,而能屈膝称臣,归心受制,拒之则阻其向化,威之则类于杀降,安得不存而抚之,即而序之也?又如中国强盛,夷狄衰微,而尚弃信忤盟,蔑恩肆毒,谕之不变,责之不惩,安得不取乱推亡,息人固境也?其有遇中国丧乱之弊,当夷狄强盛之时,图之则彼衅未萌,御之则我力不足,安得不卑词降礼,约好通和?啗之以利,以引其欢心;结之以亲,以纾其交祸。纵不必信,且无大侵,虽非御戎之善经,盖时事亦有不得已而然也。傥或夷夏之势强弱适同,抚之不宁,威之不靖,力足以自保,势不足以出攻,安得不设险以固军,训师以待寇?来则薄伐以遏其深入,去则攘斥而戒于远追,虽非安边之令图,盖势力亦有不得已而然也……向若遇孔炽之势,行即序之方,则见侮而不从矣。乘可取之资,怀畏避之志,则失机而养寇矣。有攘却之力,用和亲之谋,则示弱而劳费矣。当降屈

之时，务剪伐之略，则召祸而危殆矣。(《陆宣公全集》卷九《论缘边备事宜状》)

按突厥与匈奴不同，匈奴盘踞北荒，垂千余年，蕃息孳蔓，控弦之士百万，其领内民众大率属于同一种族，故能保持统一，与中原抗衡。突厥为平凉杂胡，魏太武帝时迁于金山，其众不过五百家，休养生聚，族众渐庶，隋文帝时，突厥控弦之士四十万。到了炀帝失政，中原大乱，汉人往依之者甚众，控弦之士竟达百万，而能臣属北狄。

隋大业中，天下大乱，中国人奔突厥者众，其族强盛，东自契丹、室韦，西尽吐谷浑、高昌诸国，皆臣属焉。控弦百余万，北狄之盛未之有也。高视阴山，有轻中夏之志。(《旧唐书》卷一百九十四上《突厥传》)

但突厥领内种族复杂，隋文帝说：

突厥世行暴虐，家法残忍，东夷诸国尽挟私仇，西戎群长皆有宿怨……与其为邻，皆愿诛剿，部落之下尽异纯民，千种万类，仇敌怨偶，泣血拊心，衔悲积恨。(《隋书》卷八十四《突厥传》)

其能臣属北狄，实因许多北狄不立君长，或分为十数部落，各有酋帅，一盘散沙，当然要听突厥指挥。

突厥臣属各种族表

种族	政治	经济	与突厥关系	备考
回纥	无君长。(《旧唐书·回纥传》)	居无恒所，随水草流移。(《旧唐书·回纥传》)	自突厥有国，东西征讨皆资其用以制北荒。(《旧唐书·回纥传》)臣于突厥，突厥资其财力，雄北荒。(《新唐书·回鹘传上》)	回纥与薛延陀都是铁勒部落，初皆臣属于西突厥，后又降附于东突厥。

续 表

种族	政治	经济	与突厥关系	备考
薛延陀	无君首。(《隋书·铁勒传》)	居无恒所,随水草流移。(《隋书·铁勒传》)	自突厥有国,东西征讨皆资其用以制北荒。(《隋书·铁勒传》)	
契丹	分为八部,若有征发,诸部皆须议合,才得独举,猎则别部,战则同行。(《旧唐书·契丹传》)	逐猎往来,居无常处。(《旧唐书·契丹传》)	臣于突厥。(《旧唐书·契丹传》)	
奚	分为五部,每部置俟斤一人。(《旧唐书·奚传》)	每随逐水草,以畜牧为业,迁徙无常居。(《旧唐书·奚传》)	奚亦臣属突厥。(《唐会要·奚》)	
室韦	其国无君长,有大首领十七人,并号莫贺弗。(《旧唐书·室韦传》)	其人土著,相聚而居,多至数十百家,剡木为犁,不加金刃,人牵以种,不解用牛。(《旧唐书·室韦传》)小或千户,大数千户,滨散川谷,逐水草而处,每弋猎则相啸聚,事毕去,不相臣制,故虽猛悍善战,而卒不能为强国。剡木为犁,人挽以耕,田获甚褊。(《新唐书·室韦传》)	附于突厥。(《旧唐书·室韦传》)	
靺鞨	其国凡为数十部,各有酋帅。(《旧唐书·靺鞨传》)	掘地为穴,相聚而居,夏则出,随水草,冬则入处穴中。(《旧唐书·靺鞨传》)	或附于高丽,或臣于突厥。(《旧唐书·靺鞨传》)	

突厥领土虽大,而种族复杂,其强不及匈奴,只因唐承大乱之后,户口减耗,比之隋时,相差甚巨。

今百姓承丧乱之后,比之隋时,才十分一。(《新唐书》卷九十八《马周传》)

大乱之后,必须予民休息,这个时候兴师讨伐,纵令幸而获胜,而财富殚空,又足以引起社会问题。古代汉政权关于外交方面,最能应用黄老主义。在国力疲敝之际,阳虽岁赠金缯,以求和亲;阴则厉兵秣马,而谋报复。其初很像"无为",其实不是"无为",而是一方忍耐,一方准备,而求大有为于后日。只忍耐而不准备,国必亡;有准备而不忍耐,国必危。勾践卧薪尝胆,何曾让夫差知道?小不忍则乱大谋,高祖、太宗是深知这个道理的。太宗说:

我观突厥之兵虽众而不整,君臣之计惟财利是视……我因而袭击其众,势同拉朽……覆之如反掌耳。我所以不战者,即位日浅,为国之道,安静为务,一与虏战,必有死伤。又匈奴一败,或当惧而修德,结怨于我,为患不细。我今卷甲韬戈,啗以玉帛,顽虏骄恣,必自此始,破亡之渐,其在兹乎?将欲取之,必姑与之,此之谓也。(《旧唐书》卷一百九十四上《突厥传》)

高祖实行"必姑与之"的政策,不惜岁遗金缯,以求和亲,太宗则准备"将欲取之"的工作。"唐之始时,授人以口分、世业田,而取之以租庸调之法,其用之也有节。"(《新唐书》卷五十一《食货志一》)高祖复"劝农务本,蠲其力役"(《全唐文》卷二《劝农诏》),即"非有别敕,不得辄差科徭役"(《全唐文》卷二《罢差科徭役诏》),而对于"新附之民,特蠲徭赋,欲其休息,更无烦扰,使获安静,自修产业"(《全唐文》卷二《申禁差科诏》)。这种政策就是西汉初年的黄老主义。按唐在永徽三年,全国户数不过三百八十万(《唐会要》卷八十四《户口数》),则贞观时代户口之少,可以推知。所以太宗就同汉惠帝一样,讲求户口的增殖。他曾下诏州县,令守宰劝导人民结婚。

男年二十、女年十五以上,及妻丧达制之后,孀居服纪已除,并须申以媒媾,令其好合……刺史、县令以下,官人若能使婚姻及时,鳏寡数少,

量准户口增多,以进考第。如其劝导乖方,失于配偶,准户减少,以附殿失。(《全唐文》卷四《令有司劝勉民间嫁娶诏》)

社会安定,经济复兴,于是太宗又训练军队,而求雪辱。

上尝引诸卫将卒,习射于显德殿,谕曰,戎狄侵盗,自古有之,患在边境,小安则人主逸游忘战。今朕不使汝曹穿池筑苑,专习弓矢。居闲无事,则为汝帅;突厥入寇,则为汝将,庶中国之民可以小安。于是日引数百人教射于殿庭,上亲临试,中多者赏以弓刀布帛,其将帅亦加上考。由是人思自励,数年之间,悉为精锐。(《文献通考》卷一百五十一《兵制》,参阅《旧唐书》卷二《太宗纪》武德九年)

这个时候,突厥国内又发生了一个变动。按突厥能够雄强北荒,有恃于回纥与薛延陀的资助者甚大,而回纥与薛延陀所以愿为突厥之用又因为国无君长。

回纥无君长,自突厥有国,东西征讨,皆资其用,以制北荒。(《旧唐书》卷一百九十五《回纥传》)

薛延陀……无君长……自突厥有国,东西征讨,皆资其用,以制北荒。(《隋书》卷八十四《铁勒传》)

战争需要军事领袖,回纥与薛延陀最初乃臣属于西突厥,既受西突厥剥削,当然想设法反抗,而要从事反抗,就须选举一位智勇的人,指挥部落作战。战争愈长久,指挥愈重要,于是指挥者就变成部落的酋长。由于这种必要,回纥与薛延陀就在隋末唐初,选举君长,成立了类似国家的组织,而改隶于东突厥。

回纥……其先匈奴也……元魏时亦号高车部,或曰敕勒,讹为铁勒，其部落曰袁纥、薛延陀、契苾羽……凡十有五种，皆散处碛北。袁纥者……其人骁强，初无酋长，逐水草转徙，善骑射，喜盗钞，臣于突厥，突厥资其财力，雄北荒。大业中，处罗可汗（西突厥，即泥撅处罗可汗，从隋炀帝征高丽，赐号为曷萨那可汗）攻胁铁勒部，裒责其财，既又恐其怨，则集渠豪数百悉坑之。韦纥乃……叛去，自为俟斤（突厥官名），称回纥……有时健（《旧唐书》及《唐会要》作特健）俟斤者，众始推为君长，子曰菩萨，材勇有谋，嗜猎射，战必身先，所向辄摧破，故下皆畏附……时健死，部人贤菩萨，立之……回纥由是浸盛。（《新唐书》卷二百十七上《回鹘传》）

敕勒（即铁勒）……有薛延陀、回纥……契苾……等十五部，皆居碛北……薛延陀于诸部为最强。西突厥曷萨那可汗（即泥撅处罗可汗，亦作处罗可汗）方强，敕勒诸部皆臣之。曷萨那征税无度，诸部皆怨。曷萨那诛其渠帅百余人，敕勒相帅叛之，共推契苾哥楞为易勿真莫贺可汗，居贪于山北；又以薛延陀乙失钵为也咥小可汗，居燕末山北。及射匮可汗（西突厥）兵复振，薛延陀、契苾二部并去可汗之号以臣之。回纥等六部在郁督军山者，东属始毕可汗（东突厥）。统叶护可汗（西突厥）势衰，乙失钵之孙夷男，帅部落七万余家，附于颉利可汗。（《资治通鉴》卷一百九十二《唐纪》太宗贞观元年）①

贞观元年，回纥与薛延陀相率背叛，在它们背叛之际，东突厥又发生了一个内忧。

贞观元年，阴山已北，薛延陀、回纥等部相率背叛……颉利遣突利讨之，师又败绩，轻骑奔还。颉利怒，拘之十余日，突利由是怨望，内欲背之……三年，突利遣使奏言与颉利有隙，奏请击之。（《旧唐书》卷一百九十四

---

① 此乃追述往事，并不是贞观元年的事，《旧唐书·铁勒传》《新唐书·薛延陀传》均谓贞观二年，统叶护可汗死，其国大乱，夷男始附于东突厥颉利可汗。按二书《突厥传》，贞观元年薛延陀已叛颉利，安得二年始附颉利乎？故此处引《资治通鉴》不引新旧《唐书》。

上《突厥传》)

匈奴能够侵陵中原,一恃西域的财力,二恃诸羌的兵力。汉武帝讨伐匈奴,开河西,置四郡,以隔绝胡羌;又西伐大宛,并三十六国,结乌孙,以裂匈奴之右臂。费时既久,用力尤大。现在回纥、薛延陀背叛颉利,这是一个良好消息。在这时期,东突厥又天灾流行,经济发生了恐慌。

频年大雪,六畜多死,国中大馁,颉利用度不给,复重敛诸部,由是下不堪命,内外多叛之。(《旧唐书》卷一百九十四上《突厥传》)

所以贞观三年,郑元璹出使突厥,还时,即报告太宗,谓突厥之必覆灭。

贞观三年,郑元璹又使入突厥,还奏曰,突厥兴亡,唯以羊马为准。今六畜疾羸,人皆菜色……不出三年,必当覆灭。(《旧唐书》卷六十二《郑善果传》)

而且唐经太宗治理之后,户口虽未繁庶,而经济已经繁荣。

贞观四年,米斗四五钱,外户不闭者数月,马牛被野,人行数千里不赍粮,民物蕃息。(《新唐书》卷五十一《食货志一》)

兵力尤见雄强,太宗说:

今中国强,戎狄弱,以我徒兵一千,可击胡骑数万。(《资治通鉴》卷一百九十七《唐纪》太宗贞观十七年)

太宗之言虽在贞观十七年,而兵力之强乃开始于贞观初年。一方突厥渐衰,他方中原浸盛,两相对比,东突厥已非中原之敌。于是太宗就命将出师,一举即歼灭之。

> 贞观三年诏,并州都督李世勣出通漠道,兵部尚书李靖出定襄道,左武卫大将军柴绍出金河道,灵州大都督任城王道宗出大同道,幽州都督卫孝节出恒安道,营州都督薛万彻出畅武道,凡六总管,师十余万,皆受靖节度,以讨之……四年正月,靖进屯恶阳岭,夜袭颉利……颉利窘,走保铁山,兵犹数万……靖袭击之,尽获其众,颉利得千里马独奔……行军副总管张宝相擒之……其国遂亡。(《新唐书》卷二百十五上《突厥传》)

东突厥既亡,太宗便以高丽为第二征服目标。高丽离中国较远,虽不能为中国之患,唯炀帝三驾辽东而皆失败,这由太宗看来,也是中国的耻辱。太宗说:

> 辽东本中国之地,隋氏四出师而不能得(胡三省注,隋文帝开皇十八年伐高丽,炀帝大业八年、九年、十年三伐高丽),朕今东征,欲为中国报子弟之仇。(《资治通鉴》卷一百九十七《唐纪》太宗贞观十九年)

但是高丽与突厥不同,地在辽东,唐由关中出师讨伐,必须长途跋涉,又须经过辽泽,一到雨季,"泥淖二百余里,人马不可通"(《资治通鉴》卷一百九十七唐太宗贞观十九年),运粮更觉困难,兼以"辽左早寒,草枯泉冻,士马难久留"(《资治通鉴》卷一百九十八唐太宗贞观十九年)。《六韬》(第五十九篇《战骑》)云:"敌人绝我粮道,往而无以还,此骑之困地也。河下沮泽,进退渐洳,此骑之患地也。"隋炀帝三驾辽东而均失败,即因不知天时地利。在这种形势之下,唐需要速战速决,而高丽善守城,凡地不能守者引军而退,能守者坚壁固守。唐围安市时,"城中人坚守不动,三月不能克"(《旧唐书》卷一百九十九上《高丽传》),旷日持久,终以"仓储无几,士卒寒冻,乃诏班师"(《旧唐书》卷一百九十九上《高丽传》)。

出师辽东,既有许多困难,若由海道以袭高丽,势宜先取百济以为根据,欲取百济,又须联合新罗以便进军。太宗时代新罗已经降附于唐,唯太宗不欲渡海。高宗即位,变更战略,先与新罗联军讨平百济。

> 百济恃高丽之援,数侵新罗,新罗王上表求救……以左武卫大将军苏定方为神丘道行军大总管,帅……水陆十万,以伐百济……苏定方引兵自成山济海,百济据熊津江口以拒之。定方进击破之……定方水陆齐进,直趣其都城,未至二十余里,百济倾国来战,大破之……百济王义慈及太子隆逃于北境,定方进围其城,义慈次子泰自立为王,帅众固守……定方命军士登城立帜,泰窘迫,开门请命,于是义慈、隆及诸城主皆降。百济故有五部,分统三十七郡、二百城、七十六万户,诏以其地置熊津五都督府,以其酋长为都督刺史。(《资治通鉴》卷二百《唐纪》高宗显庆五年)

这个时候,高丽既有内乱,

> 有盖苏文者……杀高丽王高建武……更立建武弟之子藏为王,自为莫离支,专国,犹唐兵部尚书、中书令职云(以上为贞观十六年之事)……乾封元年,盖苏文死,子男生代为莫离支,与弟男建、男产相怨。男生……遣子献城入朝求救,盖苏文弟净土亦请割地降。(《新唐书》卷二百二十《高丽传》)

又有天灾。

> (高丽)荐饥,人相掠卖,地震裂,狼狐入城,蚡穴于门,人心危骇。
> 《新唐书》卷二百二十《高丽传》

于是讨伐高丽,炀帝失败于前,太宗挫折于后,现在竟由高宗一举而告成功。

> 乾封元年六月,以右骁卫大将军契苾何力为辽东道安抚大使……又以右金吾卫将军庞同善……为行军总管,同讨高丽……九月,庞同善大

破高丽兵,男生帅众与同善合……冬十二月,以李勣为辽东道行军大总管……以击高丽,庞同善、契苾何力并为辽东道行军副大总管……其水陆诸军总管……郭待封等并受勣处分……二年九月,李勣拔高丽之新城……引兵进击一十六城,皆下之,郭待封以水军自别道趣平壤……总章元年二月,李勣等拔高丽扶余城……扶余川中四十余城皆望风请服……男建遣兵五万人救扶余城,与李勣等遇于薛贺水,合战,大破之……进攻大行城,拔之……勣既克大行城,诸军出他道者,皆与勣会,进至鸭绿栅……拔辱夷城……契苾何力先引兵至平壤城下,勣军继之,围平壤月余。九月,高丽王藏……降……高丽悉平……分高丽五部、百七十六城、六十九万余户为九都督府、四十二州、百县,置安东都护府于平壤以统之,擢其酋帅有功者为都督、刺史、县令,与华人参理。(《资治通鉴》卷二百一《唐纪》高宗乾封元年至总章元年)

北方之狄以突厥为最雄张,东方之夷以高丽为最顽强,西戎常受北狄的控制,南蛮寡弱,不足为患,突厥与高丽既已臣属,亚洲之地遂没有一个国家能够抗拒中国。迄至天宝,唐的版图,东至安东,西至安西,南至日南,北至单于府,"三王以来,未有以过之"(《新唐书》卷二百十九《北狄传》赞)。

当此之时,唐于贞观二十二年,又由王玄策檄召邻国兵,征服天竺,降城邑五百八十所。壮哉王玄策,其令名可与班超同垂不朽矣!

隋炀帝时,遣裴矩通西域诸国,独天竺、拂菻不至为恨。武德中,国大乱,王尸罗逸多……因讨四天竺(分东西南北中五天竺),皆北面臣之。会唐浮屠玄奘至其国,尸罗逸多召见……玄奘言太宗神武,平祸乱,四夷宾服状。王喜曰,我当东面朝之……贞观二十二年,遣右卫率府长史王玄策使其国。未至,尸罗逸多死,国人乱,其臣阿罗那顺自立,发兵拒玄策……玄策檄召邻国兵,吐蕃以兵千人来,泥婆罗以七千骑来。玄策部分进战茶镈和罗城,三日破之,斩首三千级,溺水死万人。阿罗那顺委国走……擒之,俘斩千计……虏男女万二千人、杂畜三万,降城邑五百八十

所……玄策执阿罗那顺献阙下。(《新唐书》卷二百二十一上《天竺传》)

现在试来研究唐承大乱之后,何以不及数年,就能够威服四夷?府兵之制寓兵于农,兵农合一,闲岁则櫜弓力穑,有事则释耒荷戈,其纪律比佣兵良,其战斗力比佣兵强,而唐对于农民又能利用各种方法,鼓励他们从军,又鼓励他们作战。按政治必须合于人情,晁错说:"情之所恶,不以强人;情之所欲,不以禁民。"(《汉书》卷四十九《晁错传》)释耒荷戈,奔命于疆场之上,试问谁人愿意?但是人类必有所欲,又有所恶,政治家若能抓住人类这个弱点,诱之以其所大欲,吓之以其所大恶,则战争虽然危险,而人民权轻重、较短长之后,亦未必不肯弃家庭,捐妻子,效命于疆场之上。人类所欲者是什么?是名利。人类所恶者是什么?是贫贱。爱名利而恶贫贱,这是事实。教育家固然可以反对这个事实,教人不要为名而奋斗,不要为利而努力。政治家则须承认这个事实,利用名利,鼓励人民向正当的方面奋斗,向正当的方面努力。陆贽说:

> 夫立国之道惟义与权,诱人之方惟名与利。名近虚而于教为重,利近实而于德为轻。凡所以裁是非、立法制者,则存乎其义。至于参虚实,揣轻重,并行而不伤,迭用而不悖,因众之欲,达时之宜,消息盈虚,使人不倦者,则存乎其权。专实利而不济之以虚,则耗匮而物力不给。专虚名而不副之以实,则诞谩而人情不趋。故国家之制赏典,锡货财,赋秩廪,所以彰实也;差品列,异服章,所以饰虚也。居上者必明其义,达其变,相须以为表里,使人日用而不知,则为国之权得矣。(《陆宣公全集》卷四《又论进瓜果人拟官状》)

唐之政府很会利用名利,以鼓励人民作战。关于名的方面,天子常以至尊之身,存慰伤兵。

> 上见病卒,召至御榻前存慰,付州县疗之,士卒莫不感悦。(《资治通

鉴》卷一百九十七《唐纪》太宗贞观十九年)

吊祭战亡士卒。

> 上至营州,诏辽东战亡士卒骸骨并集柳城东南,命有司设太牢,自作文以祭之,临哭尽哀。其父母闻之曰,吾儿死,而天子哭之,死何所恨?(《资治通鉴》卷一百九十八《唐纪》太宗贞观十九年)

或追赠官爵,许其推授子弟。

> 贞观、永徽年中,东西征役,身死王事者并蒙敕使吊祭,追赠官职,亦有回亡者,官爵与其子弟……渡辽海者即得一转勋官。(《旧唐书》卷八十四《刘仁轨传》)

而得到官爵者尚有免课的权利。

> 视九品以上官不课。(《新唐书》卷五十一《食货志一》)

是则身死王事,不但得名,且又得利了。关于利的方面,唐代均田之制,每夫受田百亩。周制,步百为亩;唐制二百四十步为亩,计其面积三倍于古,自非一人之力所能耕种。唐初户口稀少,民年十八以上均可受田。在这种经济之下,试问谁肯做人佣工?人们要雇用佣工,只有掳掠奴隶。战争是掳掠奴隶的方法,打了一次胜仗,不但俘虏,连城中男女都是将士的奴隶。

> 师次白崖城,命攻之……城主孙伐音……降。初辽东之陷也,伐音乞降,既而中悔。帝怒其反复,许以城中人物分赐战士。及是,李勣言于帝曰,战士奋厉争先,不顾矢石者,贪虏获耳。今城垂拔,奈何更许其降,无乃辜将士之心乎?帝曰,将军言是也,然纵兵杀戮,虏其妻孥,朕所不

忍也,将军麾下有功者,朕以库物赏之,庶因将军赎此一城。遂受降。(《旧唐书》卷一百九十九上《高丽传》)

诸军所虏高丽民万四千口,先集幽州,将以赏军士。上愍其父子夫妇离散,命有司平其直,悉以钱布赎为民。(《资治通鉴》卷一百九十八《唐纪》太宗贞观十九年)

太宗欲赦俘虏,须用钱布赎之,这可以证明俘虏乃属于将士。唐代外国人奴隶之多,可看下列的例。

新罗张保皋归新罗,谒其王曰,遍中国,以新罗人为奴隶,愿得镇清海,使贼不得掠人西去,清海海路之要也。王与保皋万人守之,自太和后,海上无鬻新罗人者。(《新唐书》卷二百二十《新罗传》)

其次,唐代每夫受田百亩,其中八十亩为口分,二十亩为永业。民年六十以上,口分田减为四十亩,而死者纵有家属,寡妻妾只能得三十亩。(《新唐书》卷五十一《食货志一》)但是因战而死者,子孙虽未成丁,也可以全部继承口分田;因战而伤者,纵令年已六十,终身亦不减田。

身死王事者,子孙虽未成丁,勿追口分田;战伤废疾,不追减终身。
(《文献通考》卷二《历代田赋之制》)

人类都是利己的,单用道德观念勉励人民,令其为国捐躯,未必就有效果。唐代知道利用名利,所以每次征募,无不超过定额,至有以私装从军而愿效死辽东者。

征高丽,皆取愿行者,募十得百,募百得千,其不得从军者,皆愤叹郁邑。(《资治通鉴》卷一百九十七《唐纪》太宗贞观十八年)

其或不预征名，亦愿自办衣粮，谓之义征。

> 以往（贞观、永徽年中）……百姓人人应募，争欲从军，或请自办衣粮，谓之义征。（《资治通鉴》卷二百一《唐纪》高宗麟德元年）

民气奋发，每战必胜，唐的国家便成为世界帝国，其天子在内称皇帝，在外称天可汗，荒区君主非得唐的册封，不能君临其国。

> 唐之德甚矣，际天所覆，悉臣而属之，薄海内外无不州县，遂尊天子为天可汗，三王以来，未有以过之。至荒区君长，待唐玺纛乃能国，一为不宾，随辄夷缚。（《新唐书》卷二百十九《北狄传》赞）

太宗在位之时，荒区君主咸云，"愿得天至尊为奴等天可汗，子子孙孙常为天至尊奴，死无所恨"（《资治通鉴》卷一百九十八唐太宗贞观二十年）。太宗崩殂之时，"四夷之人入仕于朝及来朝贡者数百人，闻丧皆恸哭翦发，劙面割耳，流血洒地"（《资治通鉴》卷一百九十九唐太宗贞观二十三年）。太宗葬于昭陵之时，高宗欲阐扬先帝伟功，凡"蛮夷君长为先帝所擒服者颉利等十四人，皆琢石为其像刻名，列于北司马门内"（《资治通鉴》卷一百九十九唐太宗贞观二十三年）。隋炀帝有"何如汉天子，空上单于台"之句，唐的国威，确实超过两汉。

唐如何统治这许多征服的区域？唐承大乱之后，户口减耗，贞观初，户不及三百万，高宗永徽三年，户仅三百八十万，一切御戎政策遂受户口的限制。质言之，该地固然改为州县，其实不过羁縻而已，既不能殖民蛮疆，改土归流，又不能移民实边，防其入寇，反而徙戎狄于内地，启其觊觎之心。安史作乱，天下分崩，降至五代，君临中夏者多是胡狄之裔。

唐每征服一地，就于其地列置州县，以其酋长为都督、刺史、县令。这不是要使蛮荒变成中国的版图，而是要分化其众，使国小权分，不能抗衡中国。李百药说：

> 突厥虽云一国，然其种类区分，各有酋帅。今宜因其离散，各即本部，署为君长，不相臣属。国分则弱而易制，势敌则难相吞灭，各自保安，必不能抗衡中国。(《资治通鉴》卷一百九十三《唐纪》太宗贞观四年)

这种州县不过羁縻之而已。羁縻州共八百五十六。

> 自太宗平突厥，西北诸蕃及蛮夷稍稍内属，即其部落，列置州县。其大者为都督府，以其首领为都督、刺史，皆得世袭。虽贡赋版籍多不上户部，然声教所暨，皆边州都督、都护所领，著于令式……突厥、回纥、党项、吐谷浑隶关内道者，为府二十九、州九十。突厥之别部及奚、契丹、靺鞨、降胡、高丽隶河北者，为府十四、州四十六。突厥、回纥、党项、吐谷浑之别部及龟兹、于阗、焉耆、疏勒、河西内属诸胡、西域十六国隶陇右者，为府五十一、州百九十八。羌、蛮隶剑南者为州二百六十一。蛮隶江南者为州五十一，隶岭南者为州九十三。又有党项州二十四，不如其隶属。大凡府州八百五十六，号为羁縻云。(《新唐书》卷四十三下《地理志七》)

而分统于六都护府，亦有隶于沿边都督府者。

> 唐贞观至开元，蛮夷多内属，即其部落为羁縻府州，多至八百五十有六。又于沿边诸道设六都护分统之，曰安北都护府(属关内道)，曰单于都护府(属关内道)，曰安西都护府(属陇右道)，曰北庭都护府(属陇右道)，曰安东都护府(属河北道)，曰安南都护府(属岭南道)。其余则统于营州(属河北道)、松州(初属陇右道，永徽后属剑南道)、戎州(属剑南道)、黔州(属江南道)等都督府。(《读史方舆纪要》卷五《历代州域形势》)

都护府分大都护府与上都护府，置大都护与都护，掌抚慰诸蕃，征讨携贰,其职权有似于都督府的都督①。

> 大都护府大都护一人从二品,副大都护二人从三品,副都护二人正四品上,长史一人正五品上,司马一人正五品下,录事参军事一人正七品上,功曹、仓曹、户曹、兵曹、法曹参军事各一人正七品下。上都护府上都护一人正三品,副都护二人正四品上,长史一人正五品上,司马一人正五品下,录事参军事一人正七品下。功曹、仓曹、户曹、兵曹参军事各一人从七品上。都护掌统诸蕃,抚慰征讨,叙功罚过,总判府事。(《新唐书》卷四十九下《百官志四》)

但是羁縻不是彻底的办法,该地都督、刺史都是戎狄君长,不过分为数部,使其不相臣属,而直接隶于都护府而已。国力强盛,固然可以羁縻他们。国力衰弱,他们不难团结起来,反戈相抗。所以玄宗时代,又于缘边御戎之地,置节度使,以之式遏四夷。

> 是时……置十节度经略使,以备边。安西节度抚宁西域,统龟兹、焉耆、于阗、疏勒四镇,治龟兹城,兵二万四千。北庭节度防制突骑施、坚昆,统瀚海、天山、伊吾三军,屯伊西二州之境,治北庭都护府,兵二万人。河西节度断隔吐蕃、突厥,统赤水、大斗、建康、宁寇、玉门、墨离、豆卢、新泉八军,张掖、交城、白亭三守捉,屯凉肃瓜沙会五州之境,治凉州,兵七万三千人。朔方节度捍御突厥,统经略、丰安、定远三军,三受降城,安北单于二都护府,屯灵夏丰三州之境,治灵州,兵六万四千七百人。河东节度与朔方掎角,以御突厥,统天兵、大同、横野、岢岚四军,云中守捉,屯太原府忻代岚三州之境,治太原府,兵五万五千人。范阳节度临制奚、契

---

① 关于都护府之组织,《唐六典》(卷三十《都护府》)云:"大都护府大都护一人从二品,副大都护一人从三品,副都护二人正四品上……上都护府都护一人正三品,副都护二人从四品上。"旧志(《旧唐书》卷四十四《职官志三·都护府》)云:"大都护府大都护一员从三品,副都护四人正四品上……上都护府都护一员正三品,副都护二人从四品上",长史以下大体相同。

丹,统经略、威武、清夷、静塞、恒阳、北平、高阳、唐兴、横海九军,屯幽蓟妫檀易恒定漠沧九州之境,治幽州,兵九万一千四百人。平卢节度镇抚室韦、靺鞨,统平卢、卢龙二军,榆关守捉,安东都护府,屯营平二州之境,治营州,兵三万七千五百人。陇右节度备御吐蕃,统临洮、河源、白水、安人、振威、威戎、漠门、宁塞、积石、镇西十军,绥和、合川、平夷三守捉,屯鄯、廓、洮、河之境,治鄯州,兵七万五千人。剑南节度西抗吐蕃,南抚蛮獠,统天宝、平戎、昆明、宁远、澄川、南江六军,屯益翼茂当巂柘松维恭雅黎姚悉十三州之境,治益州,兵三万九百人。岭南五府经略绥静夷、獠,统经略、清海二军,桂、容、邕、交四管,治广州,兵万五千四百人。此外又有长乐经略,福州领之,兵千五百人。东莱守捉,莱州领之,东牟守捉,登州领之,兵各千人。凡镇兵四十九万人,马八万余匹。开元之前,每岁供边兵衣粮,费不过二百万。天宝之后,边将奏益兵浸多,每岁用衣千二百万匹,粮百九十万斛,公私劳费,民始困苦矣。(《资治通鉴》卷二百十五唐玄宗天宝元年)

天宝末年,节度使尽用胡人。国家为了防胡而置节度使,而节度使又用胡人,用胡人以防胡人,这是制度上的矛盾。其酿成安史之乱,可以说是势之必然。

唐对这许多羁縻州府,若能于国力雄厚之时,施行殖民政策,也许可以化蛮荒为版图。顾唐代初年户口减耗,汉民在蛮荒者已经用金帛赎回,何能再把内地人民徙于蛮疆?

> 隋末,中国人多没于突厥,及突厥降,上遣使以金帛赎之……有司奏凡得男女八万口。(《资治通鉴》卷一百九十三《唐纪》太宗贞观五年)

因此,移民蛮疆之事也受人口的限制,无法推行。当时朝臣均欲化胡虏为百姓,使中国有加户之利。

其后下诏议边之术,多言突厥恃强扰乱中国,今日天实丧之,穷来归于我,本无慕义之心,因其归命,迁其种落,俘之江南①,散属州县,各使耕耘,变其风俗,百万强胡可得化而为百姓,则中国有加户之利,塞北可空虚矣。(《唐会要》卷七十三《安北都护府》)

果能徙置江南,散属州县,他们离开本土既远,而又散居汉人之间,汉众胡寡,当然容易同化。所可惜者,太宗乃处其部众于河南。所谓河南即汉朔方之地,汉武帝经数次苦战,才得其地,改置朔方郡。朔方地肥饶,乃中国灭胡之本(参阅《汉书》卷六十四上《主父偃传》),而太宗竟以给突厥,这是太宗的失策。

太宗擒颉利,处其部众于河南。窦静以为不便,上封曰,如臣计者,莫如因其破亡之后……分其土地,析其部落,使其权弱势分,易为羁制,自可永保边塞,俾为藩臣,此实长辔远驭之道。于时务在怀辑,虽未从之,太宗深嘉其志。(《旧唐书》卷六十一《窦威传》)

当时朝中大臣曾有一番论辩,温彦博主张处之塞下,魏徵主张遣还河北,太宗务在怀辑,朝臣亦同彦博议,遂处降胡于五原塞下,即河南一带之地。

中书令温彦博议曰,请准汉武时置降匈奴于五原塞下,全其部落,得为捍蔽,又不离其本俗,因而抚之,一则实空虚之地,二则示无猜忌之心,若遣向江南,则乖物性,故非含育之道也。秘书监魏徵议曰,匈奴……世寇中国,百姓冤仇……宜遣还河北,居其故地。匈奴人面兽心,强必寇盗,弱则卑服……且降者几至十万,数年之间滋息百倍,居我肘腋,逼迩王畿,心腹之疾将为后患,尤不可河南处也。彦博又奏曰,不然,天子之于物也,天覆地载,归我者则必抚之……遣居河南,初无后患,所谓死而生之,亡而存之,怀我德惠,终无叛逆。魏徵又曰,不然,晋世有魏时胡落

---

① 据《资治通鉴》,为贞观四年之事。据《旧唐书》卷六十一《温大雅传》,"俘之江南"为"俘之河南"。

分居近邑。平吴之后，郭钦、江统劝帝逐出塞外。不用钦等言，数年之后，遂倾关洛。前代覆车，殷鉴不远。陛下用彦博之言，遣居河南，所谓养畜自贻患也……朝士多同彦博议，上遂用之。(《唐会要》卷七十三《安北都护府》)

此际唐之政策除派遣戍卒之外，大率谪徙罪人于边疆，例如：

> 贞观十六年正月辛未，徙死罪者实西州，其犯流徒则充戍，各以罪轻重为年限。(《资治通鉴》卷一百九十六《唐纪》太宗贞观十六年)

关此，褚遂良说：

> 陛下岁遣千余人远事屯戍……兼遣罪人，增其防遏，彼罪人者生于贩肆，终朝堕业，犯禁违公，谓之浮薄，徒能扰于边城，必无益于行阵。(《唐会要》卷九十五《高昌》)

到了玄宗时代，户口已经增加，王晙又请内徙胡虏，令其同化。他说：

> 突厥……款塞降附……望至秋冬之际……分配淮南、河南(当为江南之误)安置，仍给程粮，送至配所。虽复一时劳弊，必得久长安稳，二十年外，渐染淳风，将以充兵，皆为劲卒……臣料其中颇有三策，若盛陈兵马，散令分配，内获精兵之实，外袪黠虏之谋，暂劳永安，此上策也。若多屯士卒，广为备拟，亭障之地，蕃汉相参，费甚人劳，此下策也。若置之朔塞，任之来往，通传信息，结成祸胎，此无策也。(《旧唐书》卷九十三《王晙传》)

玄宗亦不之从，而只募民实边。

> 开元十六年十月敕，诸州客户有情愿属缘边州府者，至彼给良沃田

安置，仍给永年优复，宜令所司即与所管客户州计会，召取情愿者，随其所乐，具数奏闻。(《唐会要》卷八十四《移户》)

但是我们若看德宗时代陆贽论缘边守备事宜，就可知道募民实边根本无法推行，政府所能举办者还是谪徙罪人。陆贽说：

> 复有抵犯刑禁，谪徙军城，意欲增户实边，兼令展效自赎，既是无良之类，且加怀土之情，思乱幸灾，又甚戍卒，适足烦于防卫，谅无望于功庸。(《旧唐书》卷一百三十九《陆贽传》)

按唐讨伐四夷，多将降虏处于边疆。太宗贞观四年，破突厥，处其部落于河南朔方之地，入居长安者近万家。十九年，征高丽，拔十城，徙辽盖岩三州户口入中原者七万人。高宗显庆五年，平百济，徙其户口于徐兖等州。总章元年，平高丽，徙其户口三万八千二百于江淮之南及山南、京西诸州空旷之地(以上均见于《资治通鉴》)，此不过举其数例而已。汉世蛮族内徙，他们熟悉山川形势，一旦叛变，逃归本国，怂恿戎狄寇边，汉政权实难抵御。何况边州既有丑虏，则民族斗争必将转变为国内战争。晋代五胡之乱引起南北朝的分裂，经过数百余年，国家才告统一。殷鉴不远，而唐又蹈覆辙，这由汉族看来，是很危险的。安史乱后，各地藩镇出身于胡人者不少，他们以爱战的种族，入居中原，而唐代又宗文鄙武，战事发生，他们容易立功，而既已立功之后，他们禀其枭悍之气，犯上作乱，自是意中的事。《新唐书》(卷二百一十至二百十四)列举藩镇二十三人，属于胡人者七，其余诸人历史虽未明言其先系，但是我们若看他们的籍贯和履历，又不难忖度他们多系胡化的汉人。唐时，北方有两个地方为汉胡杂居之所，一是河朔。史孝章说：

> 天下指河朔若夷狄焉。(《新唐书》卷一百四十八《史孝章传》)

二是宁(汉北地郡)、庆(汉北地郡)二州。唐休璟说：

> 丰州（汉五原郡地）控河遏寇，号为襟带，自秦汉以来，常郡县之……隋季丧乱，不能坚守，乃迁就宁、庆，戎羯得以乘利而交侵，始以灵（汉北地郡地）、夏（汉朔方郡地）为边。唐初募人以实之，西北一隅得以完固。今而废之，则河傍地复为贼有，而灵、夏亦不足自安。《新唐书》卷一百十一《唐休璟传》）

而河朔之地胡化尤深，唐都关中，幽燕去关中为远，而奚、契丹、室韦、靺鞨又环伺其侧，朝廷为了镇抚东北，天下精锐悉集范阳，遂同汉末凉州一样，成为产将的地方。而范阳之地经安禄山统治之后，更染胡风。

> 彼幽州者……其民刚强……近则染禄山、思明之风，二百余年，自相崇树，虽朝廷有时命帅，而土人多务逐君，习苦忘非，尾大不掉，非一朝一夕之故也。（《旧唐书》卷一百八十《朱克融等传》史臣曰）

数十年后，幽州尚称禄山、思明为二圣，张弘靖欲变其俗，而卒引范阳叛变。

> 张弘靖充卢龙节度使，始入幽州……俗谓禄山、思明为二圣，弘靖惩始乱，欲变其俗，乃发墓毁棺，众滋不悦……故范阳复乱。（《新唐书》卷一百二十七《张弘靖传》）

河朔胡化最深，诸藩镇除出身于胡虏者外，其余不是安史余孽，便是范阳的人，由此可知徙戎之事对于中原的内乱有很大的关系。兹将《新唐书》所载藩镇二十三人的履历列表如次①：

---

① 据《新唐书》各本传。

唐藩镇与胡虏之关系表

姓名	履历	备考
田承嗣	平州卢龙人,世事卢龙军,隶安禄山麾下。	平州汉右北平郡及辽西郡之地。
史宪诚	其先奚也,内徙灵武为建康人,三世署魏博将。	灵武郡即灵州,汉北地郡之地。
何进滔	灵武人,世为本军校,少客魏,委质军中,事田弘正。	魏州汉魏郡及辽东郡之地。
罗弘信	魏州贵乡人。	曾祖、祖、父皆为本州军校。(《旧唐书》)
李宝臣	本范阳内属奚也,为禄山假子,事安庆绪为恒州刺史。	范阳郡即幽州。
王武俊	本出契丹怒皆部,父路俱开元中入居蓟,隶李宝臣帐下为裨将。	蓟属范阳郡。
王廷凑	本回纥阿布思之族,隶安东都护府,曾祖为李宝臣帐下,王武俊养为子。	
李怀仙	柳城胡也,世事契丹,禄山之反以为裨将。	柳城属营州。
朱 滔	幽州昌平人,父怀珪事安史二贼。	
刘 怦	幽州昌平人,少为范阳裨将。	怦即朱滔姑之子。(《旧唐书》)
朱克融	朱滔孙。	
李载义	自称恒山愍王之后。	
张仲武	范阳人。	
张允伸	范阳人,世为军校。	
李茂勋	本回纥阿布思之裔。	
李全忠	范阳人。	
刘仁恭	深州人,父晟客范阳。	深州汉涿郡地。
李正己	高丽人。	
程日华	定州安喜人,父元皓为安禄山帐下,伪署定州刺史。	定州汉中山郡地。

续　表

姓名	履历	备考
李全略	事王武俊为偏裨。	
刘玄佐	滑州匡城人。	滑州汉东郡地。
吴少诚	幽州潞人。	
刘　悟	祖正臣平卢军节度使。	

　　唐代御戎政策完全失败,唐之乱始于安史,安禄山是营州柳城胡,史思明是宁夷州突厥种。乱事既平,而羁縻的突厥六诏以及累世和亲的吐蕃叛变于外,汉化胡人及胡化汉人的节度使倡乱于内,四海鼎沸,唐祚以亡。其继起的五代如唐、如晋、如汉均是夷狄之族。宋虽收拾残局,而幽云之地没于契丹,外患不绝于史。蒙古勃兴,宋又灭亡。虽其间有许多因素,而唐代御戎政策之失败不失为一个重要原因。

第四节
制度废弛与藩镇之乱

国家的治乱固然悬于人心的振靡，而人心的振靡又悬于制度的良窳。制度良，可使"靡"的人心变而为"振"；制度窳，可使"振"的人心变而为"靡"。战国时代人心最靡者莫如秦，"贪狠强力，寡义而向利"，商鞅变法，知秦民"可威以刑，而不可化以善"，遂设严刑以戒人心之靡；又知秦民"可劝以赏，而不可励以名"，遂置重赏以劝人心之振。秦是"禽兽之国"，卒能统一六合，成就帝业。由此可知国家的治乱悬于人心的振靡者小，悬于制度的良窳者大，所以讨论朝代兴亡，与其研究人心，不如研究制度。

贞观之世号称太平。

贞观初，户不及三百万，绢一匹易米一斗。至四年，米斗四五钱，外户不闭者数月，马牛被野，人行数千里不赍粮，民物蕃息，四夷降附者百二十万人。是岁天下断狱，死罪者二十九人，号称太平。（《新唐书》卷五十一《食货志一》）

开元之治达到全盛。

是时海内富实，米斗之价钱十三，青齐间斗才三钱，绢一匹钱二百，道路列肆，具酒食以待行人，店有

驿驴,行千里不持尺兵。《新唐书》卷五十一《食货志一》)

原唐所恃以治理天下者,一是府兵之制,二是文官制度,而这两种制度又各有其缺点。大乱之后,人心思治,制度虽窳,亦不会发生问题。太平既久,人不厌乱,制度稍窳,亦必暴露其弱点,而成为祸乱之阶。

就府兵说,府兵之制寓兵于农,全国置府六百三十四,而关中独有二百六十一,这是居重驭远之意。但是府兵制度既于各地置府,而又使各府训练农民以为兵,则关中置府独多,便是关中农民负担兵役的义务独多。"人情莫不欲安,人情莫不欲逸"(《汉书》卷四十九《晁错传》),逃避兵役可以说是人之常情。关中人民只要逃出关外,就可以逃避兵役。高季辅提议关内住民宜蒙优贷,令得休息,就是不欲他们科役太多。他说:

> 畿内数州京师之本,土狭人庶,储蓄少而科役多,宜蒙优贷,令得休息,强本弱支之义也。(《新唐书》卷一百四《高季辅传》)

户口逃隐为吾国古代常有的现象,魏立三长以防隐冒,隋设里间以相检察,而丁漏户隐仍不能免。何况一国之内各地义务不同,人民当然想逃出义务较重之地,奔到义务较轻之处。贞观时,朝廷议户殷之处听徙宽乡,陕西刺史崔善为曾说:

> 畿内之地是谓户殷,丁壮之人悉入军府,若听移转,便出关外。此则虚近实远,非经通之议。(《旧唐书》卷一百九十一《崔善为传》)

有了崔善为之言,固然"其事乃止",然而关内之人所负担的兵役义务既比别处为多,则其逐渐逃散乃是势之必然。

> 关内置府三百六十一,积兵士十六万……通计旧府六百三十三,河东道府额亚于关中,河北之地人逐渐逃散,年月渐久,逃死者不补,三辅

渐寡弱,宿卫之数不给。(《唐会要》卷七十二《府兵》)

户口逃散之后,不但关中的府兵减少,就是关中的租税也必随之减少。租庸调之法以人丁为本,有田则有租,有家则有调,有身则有庸。户口逃散,家减少了,身减少了,田也没有人耕种了,当然可以影响于租税,而减少中央的收入。唐代,关中所出本来不足以给京师,必须转漕东南之粟以救其穷。贞观、永徽之际,每岁漕运不过一二十万斛,开元年间增加数倍,尚觉不足。裴耀卿说:

往者贞观、永徽之际,禄廪数少,每年转运不过一二十万石,所用便足……今国用渐广,漕运数倍于前,支犹不给。(《旧唐书》卷九十八《裴耀卿传》)

这固然因为国用渐广,而三辅寡弱也不失为原因之一。何况府兵之制寓兵于农,这个制度须以均田为前提。而唐代均田之制乃同隋朝一样,并不否认土地的私有,平民有永业田,贵族官僚也有永业田,一经给予,就由官田变为私田。年代愈久,平民的永业田愈益增加,官爵愈多,王公的永业田也日见增大,所以积时既久,官田愈少,私田愈多,弄到结果,国家必将没有官田可以分配人民,而使均田制度自归破坏。武后时,彭泽之地,每户受田不过十亩五亩。

窃见彭泽地狭山峻无田,百姓所营之田,一户不过十亩五亩。准例常年纵得全熟,纳官之外,半载无粮。(《全唐文》卷一百六十九狄仁杰《乞免民租疏》)

而自高宗以来,豪强又常有兼并的事。

洛多豪右,占田类逾制。(《新唐书》卷一百九十七《贾敦颐传》)

高宗以后,兼并愈甚,

> 豪富兼并,贫者失业。(《新唐书》卷五十一《食货志一》)

到了开元年间,纵是京畿,也不能计口授田,

> 开元十九年,以京畿地狭,计丁给田,犹不足。(《新唐书》卷五十五《食货志五》)

均田制度完全破坏,富者田连阡陌,而贫者竟至"依富为奴客"。

> 富者万亩,贫者无容足之居,依托强家,为其私属,终岁服劳,常患不足。(《新唐书》卷五十二《食货志二》)

这种情况对于府兵制度乃有很大的影响。府兵之制寓兵于农,农民减少,贫者失业,竟至依富为奴客,那么,从军的人当然锐减。社会有许多游民,这个时候政府若把他们编为军队,尚可以维持社会的治安。这样,征兵便不能不改为募兵。

更进一步言之,均田之制,每夫受田百亩,人各有田,农民从军,其田是由奴隶耕种的,唐代奴隶之多,只看越王贞破,"诸家僮胜衣甲者千余人"(《唐会要》卷八十六奴婢永昌元年),就可知道。不但王公大臣,就是天下诸寺亦有奴婢(同上会昌五年)。唐代商业颇见发达,奴隶所生产者不是单单供给主人一家之用,而是贩卖于市场之上,以增加主人的财富。但是农业又与工业不同,其工作不能全年一样的,春夏二季需要大批工人,秋冬二季只需少数工人。这个问题在工资制度之下,容易解决。因为地主可于秋冬二季解雇工人,再于春夏二季雇用工人,工人解雇之后,生活怎样,地主可以不管。而在奴隶制度之下,地主不能于秋冬卖出奴隶,再于春夏买入奴隶。因为奴隶在秋冬是不值钱的,而在春夏却是昂贵的物品。地主一方要贩卖剩余生产物,同时又不能

不养活奴隶,这是一个矛盾。地主为了补偿损失,只有强迫他们做过劳的工作,而给予菲薄的食物。奴隶食少事多,生命便缩短了。奴隶一个一个地夭亡,这个夭亡的数目是用战争的俘虏来补充的。换句话说,只有不断地打胜仗,不断地扩张领土,不断地征服异民族,而后大批的奴隶才可以源源供给。唐在高宗、武后时代,东至海,西逾葱岭,南尽林邑,北被大漠,都是中国版图。天下久不用兵,奴隶的来源断绝,因之奴隶的价格增高。王公大臣虽有奴隶,而王公大臣却有免除兵役的权利;一般农民虽有当兵的义务,而一般农民却没有奴隶代其耕种。这个时候,如果再用府兵之制,则田园荒芜,直接对于国民经济,间接对于国家财政,都有很大的害处。这样,府兵制度便自然地归于破坏,代之而发生者则为佣兵。开元十一年,改征为募,称之为彍骑。

  自高宗、武后时,天下久不用兵,府兵之法浸坏,番役更代,多不以时,卫士稍稍亡匿,至是益耗散,宿卫不能给。宰相张说乃请一切募士宿卫,开元十一年,取……兵共十二万,号长从宿卫,岁二番……明年,更号曰彍骑……十三年,始以彍骑分隶十二卫,总十二万,为六番,每卫万人……其制皆择下户白丁、宗丁、品子强壮五尺七寸以上,不足则兼以户八等五尺以上,皆免征镇、赋役,为四籍,兵部及州、县、卫分掌之。十人为火,五火为团,皆有首长。又择材勇者为番头,颇习弩射。(《新唐书》卷五十《兵志》,参阅《旧唐书》卷九十七《张说传》)

彍骑最初"颇习弩射",一时称为劲旅,不久之后,又复废弛,六军皆市井人,而为社会所不齿。

  自天宝以后,彍骑之法又稍变废,士皆失拊循。八载,折冲诸府至无兵可交……其后徒有兵额官吏,而戎器、驮马、锅幕、糗粮并废矣,故时府人目番上宿卫者曰侍官,言侍卫天子。至是卫佐悉以假人为僮奴,京师人耻之,至相骂辱,必曰侍官。而六军宿卫皆市人,富者贩缯彩,食粱肉,壮者为角抵、拔河、翘木、扛铁之戏,及禄山反,皆不能受甲矣。(《新唐书》

卷五十《兵志》

中原兵备废弛，而沿边御戎之地则置重兵，外强中干，与府兵居重驭远之意完全相反。

天宝末，天子以中原太平，修文教，废武备，销锋镝，以弱天下豪杰。于是挟军器者有辟，蓄图谶者有诛，习弓矢者有罪，不肖子弟为武官者，父兄摈之不齿。惟边州置重兵，中原乃包其戈甲，示不复用，人至老不闻战声。六军诸卫之士皆市人白徒，富者贩缯彩，食粱肉，壮者角抵、拔河、翘木、扛铁，日以寝斗，有事乃股栗不能受甲。（《唐会要》卷七十二《军杂录》）

旧制，边将三年一易，玄宗时代使其连任十数年。李林甫为相，嫌儒臣以战功进，尊宠间己，乃请颛用蕃将，于是沿边各地不但驻屯重兵，而握兵的权又属之戎狄①。

自唐兴以来，边帅皆用忠厚名臣，不久任，不遥领，不兼统，功名著者往往入为宰相。其四夷之将虽才略如阿史那社尔、契苾何力犹不专大将之任，皆以大臣为使以制之。及开元中，天子有吞四夷之志，为边将者十余年不易，始久任矣。皇子则庆忠诸王，宰相则萧嵩、牛仙客，始遥领矣。盖嘉运王忠嗣专制数道，始兼统矣。李林甫欲杜边帅入相之路，以胡人不知书，乃奏言文臣为将，怯当矢石，不若用寒畯胡人。胡人则勇决习战，寒族则孤立无党，陛下诚以恩洽其心，彼必能为朝廷尽死。上悦其言，始用安禄山，至是诸道节度尽用胡人，精兵咸戍北边，天下之势偏重，卒使禄山倾覆天下。（《资治通鉴》卷二百十六《唐纪》玄宗天宝六载）

---

① 《新唐书·李林甫传》："李林甫疾儒臣以方略积边劳，且大任，欲杜其本，以久己权，即说帝……用蕃将……帝然之，因……擢安禄山、高仙芝、哥舒翰等专为大将。林甫利其庸也，无入相之资，故禄山得专三道劲兵处，十四年不徙……卒称兵荡覆天下，王室遂微。"

就文官制度说,汉时郡守入为三公,郎官出宰百里,内外之职更递往来。这不但重亲民之官,急为政之本,且因轩墀近臣乃备顾问,若不周知民间疾苦,何能应天子的访求?而唐却把人才集中于中央,不甚注意外官人选。太宗固然知道治人之本莫如刺史最重,县令甚是亲民要职。

> 贞观三年,上谓侍臣曰,朕每夜恒思百姓,阅事或至夜半不寐。唯思都督、刺史堪养百姓,所以前代帝王称共治者惟良二千石耳。虽文武百僚各有所司,然治人之本莫如刺史最重也。朕故屏风上录其姓名,坐卧常看,在官如有善恶事迹,具列于名下,拟凭黜陟。县令甚是亲民要职,昔孔宣父以大圣之德尚为中都宰,至于升堂弟子七十二人,惟有言偃、子路、宓子贱始得相继为此官。(《唐会要》卷六十八《刺史上》)

每拜刺史,仪式颇见隆重。

> 始都督、刺史皆天子临轩册授,后不复册,然犹受命日,对便殿赐衣服乃遣。玄宗开元时,已辞,仍诣侧门候进止,所以光宠守臣,以责其功。(《新唐书》卷一百九十七《循吏传序》)

唯对其人选却不甚注意。贞观十一年,马周说:

> 自古郡守、县令皆妙选贤德……今朝廷独重内官,县令、刺史颇轻其选。刺史多是武夫勋人,或京官不称职,方始外出……边远之处用人更轻。其材堪宰莅,以德行见称,擢者十不能一。(《全唐文》卷一百五十五马周《请简择县令疏》,参阅《唐会要》卷六十八《刺史上》)

贞观时代,大乱方平,百度待举,人才集中于中央,犹可以说是不得已的事。贞观以后,政治渐已纳上轨道,而学校隆盛,人才辈出,乃朝廷尚重内官而轻外职。同时士君子也不乐外任。唐代定俸之初,京官虽有岁禄,外官则否。贞观八年之后，固然外官也可以受禄，然而乃降京官一等。唐人云："俸薄者无人愿去，禄厚者终日争先。"(《唐会要》卷六十九《刺史下》大中六年十二月)太宗时高季辅云：

> 仕以应务代耕，外官卑品，犹未得禄，既离乡家，理必贫匮。但妻子之恋，贤达犹累其怀；饥寒之切，夷惠罕全其行。为政之道，期于易从，若不恤其匮乏，唯欲责其清勤。凡在末品，中庸者多，止恐巡察岁去，辎轩继轨，不能肃其侵渔，何以求其政术？(《旧唐书》卷七十八《高季辅传》)

据《唐会要》(卷九十《内外官禄》)，高季辅之言是在贞观八年，当时大率外官尚无岁禄。到了外官有禄之时，仍降京官一等。这是唐代士大夫不愿外任的一个原因。

其次汉世郡守高第者入为九卿，迁为亚相相国，即由郡守而至台辅，其间所历不过三转。唐代初年，内官如中书侍郎、黄门侍郎，亦得参知政事，成为宰相之职。而外官如都督、刺史者，其品虽高，却不易入参朝政。玄宗时代曾选京官有才望者以补刺史，而当时士大夫犹轻外任。

> 倪若水开元初为中书舍人、尚书右丞，出为汴州刺史……时天下久平，朝廷尊荣，人皆重内任，虽自冗官擢方面，皆自谓下迁。班景倩自扬州采访使入为大理少卿，过州，若水饯于郊，顾左右曰，班公是行若登仙，吾恨不得为驺仆。(《新唐书》卷一百二十八《倪若水传》)

外官地位低于内职，这是唐代士大夫不愿外任的第二原因。朝廷重内官而轻外职，所以每除牧守，皆不肯行，只能派遣贬累的人，滥竽充数。则天时，李峤等均谓：

> 窃见朝廷物议莫不重内官，轻外职，每除授牧伯，皆再三披诉，比来所遣外任多是贬累之人，风俗不澄，实由于此。(《旧唐书》卷八十八《韦思

谦传》)

中宗时,赵冬曦说:

> 京职之不称者乃左为外任,大邑之负累者乃降为小邑,近官之无能者乃迁为远官。(《唐会要》卷六十八《刺史上》神龙元年)

韦嗣立亦说:

> 刺史、县令理人之首,近年以来,不存简择。京官有犯罪、声望下者方遣牧州。吏部选人,暮年无手笔者方拟县令。此风久扇,上下周知。将此理人,何以率化?(《全唐文》卷二百三十六韦嗣立《谏滥官疏》,参阅《旧唐书》卷八十八《韦嗣立传》)

玄宗时,张九龄说:

> 今刺史……由京官出者或身有累,或政无状,用牧守之任为斥逐之地,或因附会以忝高位,及势衰,谓之不称京职,出以为州。武夫流外积资而得,不计于才。刺史乃尔,县令尚可言哉?(《新唐书》卷一百二十六《张九龄传》)

其实,刺史之职比之公卿尤为重要。汉武帝天资高明,政自己出,辅相之任不甚选择,但使之奉行文书。而于除用郡守,则极留意,观其赐书与会稽太守严助,又赐书与东郡都尉吾丘寿王,就可知道堂陛之间不甚阔绝,二千石的行能皆获简于帝心。陈子昂说:

> 刺史、县令政教之首,陛下布德泽,下诏书,必待刺史、县令谨宣而奉行之。不得其人,则委弃有司挂墙屋耳,百姓安得知之?一州得才刺史,

十万户赖其福;得不才刺史,十万户受其困。国家兴衰,在此职也。(《新唐书》卷一百七《陈子昂传》)

而唐乃用牧守之任为斥逐之地,至于荒远地区,人选更为猥滥。卢怀慎说:

> 臣窃见内外官人有不率宪章,公犯赃污,侵牟万姓,剚割蒸人,鞠按非虚,刑宪已及者,或俄复旧资,虽负残削之名,还膺牧宰之任,或江淮岭碛,微示惩贬,而徇财赎货,罕能悛革……犯罪之吏作牧远方,使是屈法惠奸,恤近遗远矣。(《旧唐书》卷九十八《卢怀慎传》)

一方中央军备废弛,他方地方行政不修,而沿边各地乃驻屯重兵,以番将为节度使。中央若有威权,尚可以苟安无事,中央失去统制之力,则大祸必始于边徼,延到内地,终及畿辅。天宝季年,嬖幸当国,玄宗初用李林甫,养成安禄山之乱;次用杨国忠,激成安禄山之变。天宝十四载,安禄山反于范阳,这个时候军备废弛,州县不能抵抗。

> 时兵暴起,州县发官铠仗,皆穿朽钝折不可用,持梃斗,弗能抗,吏皆弃城匿,或自杀,不则就擒,日不绝。禁卫皆市井徒,既授甲,不能脱弓韣剑縈。(《新唐书》卷二百二十五上《安禄山传》)

临时所募之兵又尽是市井之人,不堪一击。

> 封常清赴东京召募,旬日得兵六万,皆佣保市井之流。(《旧唐书》卷一百四《封常清传》)

而平时既不注意地方官的人选,所以禄山所过之地,守令多开门出迎。

> 禄山所过,州县望风瓦解,守令或开门出迎,或弃城窜匿,或为所擒

戮,无敢拒之者。(《资治通鉴》卷二百十七《唐纪》玄宗天宝十四载)

唐虽定都关中,而财赋所出则在江淮。禄山起事之后,引兵而南,河北州郡望风瓦解,先取洛阳,以断绝江淮与关中的漕运。次又一方取陕州(汉弘农郡地),以迫政治中心的关中;一方攻睢阳,以胁经济中心的江淮。洛阳既陷,关中沦亡,倘再取得江淮,则大唐帝国实难中兴。在千钧一发之际,张巡、许远竟能以疲卒数万,死守睢阳,使贼众不能搏食东南①。李华说:

> 张巡率乌合……守孤城……贼不敢越睢阳,取江淮,江淮以完,巡之力也……若无巡,则无睢阳,无睢阳,则无江淮。有如贼因江淮之资,兵广而财积,根结盘据,西向以拒,虽终歼灭,其旷日持久必矣。(《新唐书》卷二百三《李华传》)

于是江淮租调便由长江,运至襄阳,再由襄阳,取上津路,而抵扶风,输于灵武,以供兵资之用。财用不匮,而贼党内部又发生内讧,子弑父,臣弑君,所以文臣如李泌,武将如郭子仪、李光弼能够辅佐肃宗,完成中兴之业。

大乱既平,武夫战卒有军功者,皆除节度使,于是方镇相望于内地。最初河朔三镇(卢龙、成德、魏博)最悍,不久,国门以外都成了方镇的领地。

> 夫所谓方镇者节度使之兵也,原其始,起于边将之屯防者……及范阳节度使安禄山反,犯京师,天子之兵弱,不能抗,遂陷两京。肃宗起灵武,而诸镇之兵共起诛贼……大盗既灭,而武夫战卒以功起行阵,列为侯王者,皆除节度使,由是方镇相望于内地,大者连州十余,小者犹兼三四……始时为朝廷患者,号河朔三镇,及其末……自国门以外,皆分裂于方镇矣。(《新唐书》卷五十《兵志》)

---

① 宋祁说:"张巡、许远……以疲卒数万,婴孤墉,抗方张不制之虏,鲠其喉牙,使不得搏食东南,牵掣首尾,豗溃梁宋间,大小数百战,虽力尽乃死,而唐全得江淮财用,以济中兴。"(《新唐书》卷一百九十二《张巡许远传》赞)

他们在其领地,治兵缮垒。

> 诸镇扩地,结为表里,日治兵缮垒,天子不能绳以法。(《新唐书》卷五十一《食货志一》)

而渐次夺取署吏的权;

> 田承嗣为魏博节度使……虽外受朝旨,而阴图自固,重加税率,修缮兵甲。计户口之众寡,而老弱事耕稼,丁壮从征役,故数年之间,其众十万……郡邑官吏皆自署置,户版不籍于天户,税赋不入于朝廷,虽曰藩臣,实无臣节。代宗以黎元久罹寇虐,姑务优容。(《旧唐书》卷一百四十一《田承嗣传》)

征税的权;

> 韩弘镇大梁二十余载,四州征赋皆为已有,未尝上供。(《旧唐书》卷一百五十六《韩弘传》)

世袭其领地的权。

> 自安史之乱,两河藩帅多阻命自固,父死子代。(《旧唐书》卷一百四十一《张孝忠传》)
>
> 贞元中,朝廷优容藩帅方甚,两河擅自继袭者尤骄蹇不奉法。(《旧唐书》卷一百四十三《刘怦传》)

关此,宋祁曾说:

> 安史乱天下,至肃宗,大难略平,君臣皆幸安,故瓜分河北地,付授叛

将,护养孽萌,以成祸根。乱人乘之,遂擅署吏,以赋税自私,不朝献于廷,效战国,肱髀相依,以土地传子孙,胁百姓,加锯其颈,利怵逆污,遂使其人自视犹羌狄然。(《新唐书》卷二百十《藩镇传序》)

中央集权变为地方割据,府兵之制,士不失业,而将帅无握兵之重;方镇各有私兵,而兵又为职业的军士。在古代,政权常受军权的控制,方镇既有私兵,他们就脱离中央,俨然成为独立的国家。

初府兵之置,居无事时,耕于野,其番上者宿卫京师而已。若四方有事,则命将以出,事解辄罢,兵散于府,将归于朝,故士不失业,而将帅无握兵之重,所以防微渐绝祸乱之萌也。及府兵法坏,而方镇盛,武夫悍将虽无事时,据要险,专方面,既有其土地,又有其人民,又有其甲兵,又有其财赋,以布列天下,然则方镇不得不强,京师不得不弱。(《新唐书》卷五十《兵志》)

此时也中央几乎束手无策,推原其故,政治中心与经济中心不能合一,实为最大原因。何以言之,自方镇以"赋税自私"之后,中央财政更须仰给江淮。第五琦说:

方今之急在兵,兵之强弱在赋,赋之所出,江淮居多。(《旧唐书》卷一百二十三《第五琦传》)

江淮若有凶荒,中央用度便无法开支。

太和中,江淮旱,用度不足。(《新唐书》卷一百三十七《郭承嘏传》)

江淮运米不至,中央有发生兵变之虞。

关中仓廪竭，禁军或自脱巾呼于道曰：拘吾于军而不给粮，吾罪人也。上忧之甚，会韩滉运米三万斛至陕，李泌即奏之，上喜，遽至东宫谓太子曰：米已至陕，吾父子得生矣。时禁中不酿，命于坊市取酒为乐。又遣中使谕神策六军，军士皆呼万岁。（《资治通鉴》卷二百三十二《唐纪》德宗贞元二年）

因之，中唐以后，漕运更成为国家政治的中心工作。安史乱后，漕运有许多困难，而如刘晏所说：

所可疑者，函陕凋残，东周尤甚，过宜阳、熊耳，至武牢、成皋，五百里中，编户千余而已。居无尺椽，人无烟爨，萧条凄惨，兽游鬼哭，牛必羸角，舆必脱辐，栈车挽漕，亦不易求。今于无人之境，兴此劳人之运，固难就矣，其病一也。河汴有初不修则毁淀，故每年正月发近县丁男，塞长茭，决沮淤，清明桃花已后，远水自然安流，阳侯、宓妃不复太息。顷因寇难，总不掏拓，泽灭水，岸石崩，役夫需于沙，津吏旋于泞，十里洄上，罔水舟行，其病二也。东垣、底柱、渑池、二陵，北河运处五六百里，戍卒久绝，县吏空拳，夺攘奸宄，窟穴囊橐，夹河为薮，豺狼猖猖，舟行所经，寇亦能往，其病三也。东自淮阴，西临蒲坂，亘三千里，屯戍相望，中军皆鼎司元侯，贱卒仪同青紫，每云食半菽，又云衣无纩，挽漕所至，船到便留，即非单车使折简书所能制矣，其病四也。（《旧唐书》卷一百二十三《刘晏传》）

刘晏改革之后，漕运又畅，每岁运米百万余石，以济关中。

刘晏即盐利雇佣，分吏督之，随江汴河渭所宜。故时，转运船由润州陆运至扬子，斗米费钱十九，晏命囊米而载以舟，减钱十五。由扬州距河阴，斗米费钱百二十，晏为歇艎支江船二千艘，每船受千斛，十船为纲，每纲三百人，篙工五十人，自扬子遣将部送至河阴，上三门，号上门填阙船，米斗减钱九十。调巴蜀、襄汉麻枲、竹筿为绹挽舟，以朽索腐材代薪，物无弃者。未十年,人人习河险,江船不入汴,汴船不入河,河船不入渭,江南之运积扬州,汴河之运积河阴,河船之运积渭口,渭船之运,入太仓,岁转粟百一十万石,无升斗溺者。《新唐书》卷五十三《食货志三》)

但是"东自淮阴,西临蒲坂,亘三千里",在方镇跋扈之际,平时已经托词于"食半菽,衣无纩","挽漕所至,船到便留",一旦发生叛乱,截断航路,劫取江淮租调,自是意中之事。按当时形势,最能断绝漕运者有两个地方,一是徐州,"徐州咽喉,据江淮运路"(《旧唐书》卷一百四十《张建封传》)。二是汴州,"大梁襟带河汴,控引淮泗,足以禁止山东"(汴州刺史宣武军节度使韩宏之言,引自《读史方舆纪要》卷四十七《开封府》)。试看下列两例。

> 李正己叛,益师徐州,以扼江淮,天子于是改运道。(《新唐书》卷二百十三《李正己传》)
>
> 李纳叛,李希烈约纳为唇齿,阴计取汴州……纳遣游兵导希烈绝汴饷路。(《新唐书》卷二百二十五中《李希烈传》)

朝廷为要保全漕运,虽派劲兵防守徐汴,而鞭长莫及,反予守将以作乱的工具。

> 宣武军治汴州,自刘玄佐薨,凡五作乱。胡三省注云,贞元八年,玄佐毙,汴卒拒吴凑而立其子士宁。李万荣既逐士宁,十年,韩惟清等乱。十二年,万荣死,其子乃以兵乱。董晋既入汴,邓惟恭复谋乱。十四年,晋薨,兵又乱,杀留后,凡五乱。(《资治通鉴》卷二百三十五《唐纪》德宗贞元十六年)

元和年间,天下州府共二百九十三,户二百四十四万二百五十四(据《唐会要》卷八十四户口数为二百四十七万三千九百六十三),而每岁贡赋于中央者,不过四十州、一百四十万户。

元和二年，总计天下方镇，凡四十八道，管州府二百九十三、县一千四百五十三，见定户二百四十四万二百五十四（原注，其凤翔、魏博、范阳、淮西等十五道，并不申户口数）。每岁县赋入倚办，止于浙东、浙西、宣歙、淮南、江西、鄂岳、福建、湖南等道，合四十州、一百四十四万户。比量天宝供税之户四分有一。天下兵戎仰给县官八十三万余人，比量士马三分加一，率以两户资一兵。(《唐会要》卷八十四《户口数杂录》)

到了光启（僖宗）年间，中央所能控制的领土更小，中央所能征收的赋税更少。

至光启中，所在征镇自擅兵赋，皆不上供，岁时但贡奉而已。由是江淮转运路绝，国命所能制者，唯河西、山南、剑南、岭南四道。(《唐会要》卷八十七《转运盐铁总叙》中和元年)

在这种环境之下，中央因为财政困难，又发生了两种现象：其一，初唐时代，全国置府六百三十四，而关内二百六十有一。中唐以后，强臣悍将兵布天下，天子要抵抗他们，只有组织天子的私兵，置于京师，叫作禁军。

唐有天下二百余年，而兵之大势三变，其始盛时有府兵，府兵后废，而为矿骑，矿骑又废，而方镇之兵盛矣。及其末也，强臣悍将兵布天下，而天子亦自置兵于京师，曰禁军……夫所谓天子禁军者南北衙兵也，南衙诸卫兵是也，北衙者禁军也……自肃宗以后，北军……名类颇多，而废置不一，惟羽林、龙武、神武、神策、神威最盛，总曰左右十军矣。(《新唐书》卷五十《兵志》)

唯在朝廷仰食江淮之际，京师置兵太多，万一江淮运米不至，则用以控制地方的军队适足成为肘腋之患，所以天子的禁军颇见寡弱，方镇联合起来，天子就莫能抵抗。试看段秀实之言。

段秀实见禁兵寡弱，不足备非常，上疏曰，天子万乘，诸侯千，大夫百，盖以大制小，十制一也，尊君卑臣、强干弱枝之道。今外有不廷之虏，内有梗命之臣，而禁兵不精，其数削少，后有猝故，何以待之？愿少留意。（《新唐书》卷五十《兵志》）

其二初唐时代，重内官而轻外职，外官岁禄降内官一等，到了财政发生困难，最先节流者则为减少京官俸钱。

　　乾元以来，属天下用兵，京师百寮俸钱减耗。（《旧唐书》卷四十八《食货志上》）

代宗时宰相元载厘定官禄，又厚外官而薄内职。自是而后，一般士君子乃一反过去的行为，喜外任而厌内职。例如：

　　上元初，京师旱，米斛直数千，死者甚多。皋（时为秘书省少监）度俸不足养，亟请外官，不允，乃故抵微法，贬温州长史。（《旧唐书》卷一百三十一《李皋传》）

此犹可以说京师饥馑之故。到了德宗时代，虽在平时，人士亦不乐内官而愿外放。

　　是时州刺史月俸至千缗，方镇所取无艺，而京官禄寡薄，自方镇入八座，至谓罢权。薛邕由左丞贬歙州刺史，家人恨降之晚。崔佑甫任吏部员外，求为洪州别驾。使府宾佐有所忤者，荐为郎官。其当迁台阁者，皆以不赴，取罪去。（《新唐书》卷一百三十九《李泌传》）

各地方镇便趁这个机会，拉拢人才，以为己用。

> 两河诸侯竞引豪英,士之喜利者多趋之,用为谋主,故藩镇日横,天子为旰食。(《新唐书》卷一百三十一《李石传》)

中央兵力不及方镇,而全国人才又归方镇使用,天子孤立,无与为谋,于是就忍辱含垢,采取姑息的政策。

> 方镇相望于内地……天子顾力不能制,则忍耻含垢,因而抚之,谓之姑息之政。(《新唐书》卷五十《兵志》)

姑息之政是求苟安无事,而其结果乃适得其反。专制政府的权威是用"力"维持的,不能依靠恩情。天子姑息臣下,也许出于恩情,而由方镇看来,必以朝廷为柔弱无力。朝廷愈姑息,方镇愈跋扈,这是必然之势。他们要保全自己的地盘,不能不监视朝廷的行动,朝廷欲修一城,欲增一兵,均足以引起方镇猜忌。方镇稍有怨言,朝廷必为之罢役。

> 藩镇相与根据蟠结,虽奉事朝廷,而不用其法令,官爵、甲兵、租赋、刑杀皆自专之。上宽仁,一听其所为,朝廷或完一城,增一兵,辄有怨言,以为猜贰,常为之罢役。而自于境内筑垒缮兵无虚日,以是虽在中国,名藩臣,而实如蛮貊异域焉。(《资治通鉴》卷二百二十五唐代宗大历十二年)

这个时候朝廷固然不能振作自强,而方镇亦不许朝廷振作自强。朝廷稍思振作,方镇则连衡叛上。固然朝廷也曾出师伐叛,而方镇因有城池之固,竟令中央师出无功。例如:

> 淮右自少诚阻兵以来三十余年,王师加讨,未尝及其城下……故骄悍无所顾忌,且恃城池重固,有陂浸阻回,故以天下兵环攻,三年所克者一城而已。(《旧唐书》卷一百四十五《吴少诚传》)

各道方镇有时亦出师协助中央伐叛。其所以愿意出师,目的在于取得粮饷,粮饷既得,或密与贼商量,取一县一栅,以为胜捷。李德裕说:

贞元、太和之间,朝廷伐叛,诏诸道会兵,才出界,便费度支供饷,迟留逗挠,以困国力。或密与贼商量,取一县一栅,以为胜捷,所以师出无功。(《旧唐书》卷一百七十四《李德裕传》)

按唐在安史之乱尚未平定之时,肃宗已恐诸将功高,无以为赏,而问计于李泌。李泌之策又非尽美尽善,而只启方镇专地之端。

肃宗至德元载,帝谓李泌曰,今郭子仪、李光弼已为宰相(使相),若克两京,平四海,则无官以赏之,奈何?对曰,古者官以任能……夫官以赏功,有二害,非才则废事,权重则难制……为今之计,莫若锡爵禄以赏功臣,则虽大国不过一二百里,可比今之小郡,岂难制哉?(引自《大学衍义补》卷一百四十《赏功之格下》)

李泌盖依人类均有利己之心,而主张众建诸侯而小其力。苏轼说:"封建者争之端而乱之始也。"(《苏东坡全集》续集卷八《论封建》)果然,唐代方镇均以土地自私。虽然土地不止一二百里,但诸侯互相兼并,势必不免,征之周代,可为殷鉴。吾人以为赏功之法,以德宗时陆贽之言为佳。陆贽说:

臣愚以为信赏必罚,霸王之资,轻爵亵刑,衰乱之渐。信赏在功无不报,必罚在罪无不惩。非功而获爵,则爵轻;非罪而肆刑,则刑亵。爵赏刑罚,国之大纲,一纲或棼,万目皆弛。虽有善理,未如之何……夫立国之道,惟义与权。诱人之方,惟名与利。名近虚,而于教为重。利近实,而于德为轻。专实利而不济之以虚,则耗匮而物力不给。专虚名而不副之以实,则诞谩而人情不趋。锡货财,赋秩廪,所以彰实也。差品列,异服章,所以饰虚也。居上者,必明其义,达其变,相须以为表里,则为国之

权得矣。(《陆宣公全集》卷十四《又论进瓜果人拟官状》)

大凡人类无不爱好荣华,法国革命时代,市民高倡平等。其实,平等一语只是当时人士对于优越者的嫉妒,然而他们又何尝不希望自己的优越。拿破仑看透了人性如此,遂发明一种最巧妙的控制工具,制定许多高贵的称号及勋章,借以驾御那高喊平等的人,这就是陆贽所谓"饰虚"之道。

且也,唐自安史乱后,御将之道往往不得其法,忠厚者循良而欺凌之,跋扈者强悍而尊荣之。忠厚者既受欺凌,试问谁人愿意忠厚?跋扈者既得尊荣,则忠厚者亦将化为跋扈。范志诚说仆固怀恩云:

公不见来瑱、李光弼之事乎?功成而不见容,二臣以走诛。(《旧唐书》卷一百二十一《仆固怀恩传》。据卷一百十四《来瑱传》,安史乱时,来瑱有坚守颍川、南阳之功。肃宗末,为中官程元振所谮,赐死。卷一百十《李光弼传》,李光弼之功与郭子仪相埒,代宗时,惧中官鱼朝恩之害,成疾薨)

田悦说朱滔云:

朝臣立功立事如刘晏辈皆被屠杀。(《旧唐书》卷一百四十一《田承嗣传》。据卷一百二十三《刘晏传》,晏有改革财政之功,德宗时,为杨炎所谮,受诛)

代宗时,安史余党继乱郡邑,朔方节度使仆固怀恩"虑贼平,宠衰,欲留贼将为援"(《旧唐书》卷一百四十一《田承嗣传》)。德宗时,陆贽曾言:"朱泚灭而怀光戮,怀光戮而希烈征。希烈傥平,祸将次及,则彼之蓄素疑而怀宿负者,能不为之动心哉?心既动,则盈其丧身覆族之忧。忧既盈,则虑以唇亡齿寒之病。夫病同者,虽吴越而相愍;忧同者,不邀结而自亲。"(《陆宣公全集》卷七《收河中后请罢兵状》)僖宗时,黄巢作乱,刘巨容说:"国家多负人,有危难,不爱惜官赏,事平即忘之,不如留贼为富贵作地。"(《新唐书》卷一百八十六《刘巨容传》)许多武将均有不信任朝廷之心,不为戎首,则已可嘉,而望其协力同心,以佐王室,自属难能。

天子力不能制，只有姑息，姑息愈甚，僭越愈昌，唐代皇帝早已沦为东周天子了。

　　大历、贞元之间，有城数十，千百卒夫，则朝廷贷以法。故于是阔视大言，自树一家，破制削法，角为尊奢。天子不问，有司不呵。王侯通爵，越禄受之。觐聘不来，几杖扶之。逆息房胤，皇子嫔之。地益广，兵益强，僭拟益甚，侈心益昌。土田名器分划大尽，而贼夫贪心未及畔岸，淫名越号，走兵四略，以饱其志。赵魏燕齐同日而起，梁蔡吴蜀踵而和之，其余混顽轩嚣欲相效者往往而是。(《新唐书》卷二百十《藩镇传序》)

藩臣叛上，浸假将校也横行起来。孟子说："万乘之国，弑其君者必千乘之家；千乘之国，弑其君者必百乘之家。"唐代军纪崩溃，完全由于朝廷的姑息，其事开始于肃宗乾元元年以侯希逸为平卢节度使。

　　平卢节度使王玄志薨，上遣中使往抚将士，且就察军中所欲立者，授以旌节。高丽人李怀玉为裨将，杀玄志之子，推侯希逸为平卢军使，希逸之母怀玉姑也，故怀玉立之。朝廷因以希逸为节度使，节度使由军士废立，自此始。(《资治通鉴》卷二百二十《唐纪》肃宗乾元元年)

德宗贞元以后，姑息愈甚，藩臣缺，必择该军所喜戴者授之。

　　德宗中岁每命节制，必令采访本军为其所归者。长荣（泽潞节度使李长荣）卒，从史因军情，且善迎奉中使，得授昭义军节度使。(《旧唐书》卷一百三十二《卢从史传》，按昭义军节度使即泽潞节度使)

此犹可以说一方利用将校，同时利用中使，以取得节度使之职。到了宪宗时代，就无须利用中使，而由将校上表请降节钺了。

永贞元年八月,韦皋卒,辟自为西川节度留后,率成都将校上表请降节钺……时宪宗初即位,以无事息人为务,遂授辟剑南西川节度使。(《旧唐书》卷一百四十《刘辟传》)

朝廷既存姑息之意,择将校所喜戴者授以节度使之职,则野心的人不能不怡颜悦色,讨好将校,于是前此帅臣主政,而将校感其噢咻之恩,乐为之死,现在则将校擅权,而主帅之生死去留一系其手。

王思礼为河东节度使……思礼薨……上……以邓景山代之……诸将……作乱……杀景山,上……不复推究乱者,遣使慰谕以安之。诸将请以都知兵马使、代州刺史辛云京为节度使。(《资治通鉴》卷二百二十二《唐纪》肃宗宝应元年)

田弘正帅成德军,国家赏钱一百万贯,度支辇运不时至,军情不悦。王廷凑每抉其细故,激怒众心……结衙兵噪于府署……诛弘正……廷凑自称留后知兵马使,将吏逼监军宋惟澄上章请授廷凑节钺,诏赦廷凑,仍授……成德军节度。(《新唐书》卷一百四十二《王廷凑传》)

将校横行,浸假兵士也骄恣起来,因为将校欲夺取主帅的位任,不能不结兵士,以为爪牙之用,而又虑兵士之以助己者助人,患生于肘腋之间,遂不敢制以威令,只能厚其恩施。最初尚是将校收买士卒,以便实行其逐师自立之计。

魏博节度使田承嗣将死,顾诸子弱,乃命从子悦知节度事,令诸子佐之……悦待诸弟无所间,使绪(承嗣第六子)主牙军,而凶险多过,常笞勖之……绪颇怨望,故作难(率左右数十人,手刺悦,并杀其母妻),悦既死,惧众不附……乃下令军中曰,我先王子,能立我者赏,众乃共推绪为留后……诏即拜绪节度使。(《新唐书》卷二百十《田悦田绪传》)

其次，士卒便于旧帅死时，自择新帅，号为留后，以邀命于朝廷。

> 魏博节度使田绪暴卒，子三人……季安最幼，年才十五，军人推为留后，朝廷因授魏博节度使。(《旧唐书》卷一百四十一《田季安传》)

最后，士卒便撼逐主帅，选择一位傀儡，立之为节度使。例如：

> 田弘正为王廷凑所杀……朝廷以弘正子布为魏博节度使，领兵讨伐，俾复父冤。时幽州朱克融援助廷凑，布不能制，因自引决，军情嚣然。史宪诚为中军都兵马使，乘乱以河朔旧事动其人心。诸军即拥而归魏，共立为帅，国家因而命之……大和三年六月二十六日，夜为军众所害……军众害史宪诚，连声而呼曰，得衙内都知兵马使何端公（何进滔）知留后，即三军安矣。推而立之。朝廷因授进滔魏博等州节度观察处置等使。(《旧唐书》卷一百八十一《史宪诚何进滔传》)

军队纪律完全破坏，或劫取贡赋：

> 义武军节度使张孝忠遣牙将程华往沧州交检府藏。固烈（沧州刺史李固烈）辎车数十乘上路，沧州军士呼曰，士皆菜色，刺史不垂赈恤，乃捆载而归，官物不可得也。杀固烈而剽之。程华闻乱，由窦而遁，将士追之谓曰……押牙且知州务。孝忠即令摄刺史事。(《旧唐书》卷一百四十一《张孝忠传》)

或奉诏勤王，目的乃在于取得厚赏，厚赏不得，他们又变成叛兵。

> 姚令言为泾原节度使……建中四年，李希烈叛，诏哥舒曜率师攻之……诏令言率本镇兵五万赴援。泾师离镇，多携子弟而来，望至京师以获厚赏。及师上路，一无所赐。时诏京兆尹王翃犒军士，唯粝食菜啖

而已。军士覆而不顾,皆愤怒扬言曰,吾辈弃父母妻子,将死于难,而食不得饱,安能以草命捍白刃耶？国家琼林、大盈宝货堆积,不取此以自活,何往耶？行次浐水,乃返戈大呼,鼓噪而还……上恐,令内库出缯彩二十车驰赐之。军声浩浩,令言不能戢,街市居人狼狈走窜。乱兵呼曰,勿走,不税汝间架矣。(《旧唐书》卷一百二十七《姚令言传》)

各地士卒以魏博牙军最为骄悍,士卒也同主帅一样,世袭其职,父子姻党盘踞军中,成为一种封建势力。主帅稍不留意,举族有被害之祸,时人以魏府牙军比之长安天子。

魏牙军起田承嗣募军中子弟为之,父子世袭,姻党盘牙,悍骄不顾法令,史宪诚等皆所立,有不慊,辄害之,无噍类,厚给廪,姑息不能制。时语曰,长安天子,魏府牙军。言其势强也。(《新唐书》卷二百十《罗绍威传》)

汴州士卒亦甚骄恣,逐帅杀帅有同儿戏。

汴之卒,始于李忠臣,讫于刘玄佐,而日益骄恣,多逐杀主帅,以利剽劫。(《旧唐书》卷一百四十五《刘玄佐传》)

主帅力不能制,或置腹心以自卫。

汴州士卒骄不能御,刘玄佐乃置腹心之士,募于公庭庑下,挟弓执剑以备之。(《资治通鉴》卷二百三十五《唐纪》德宗贞元十二年)

或屈身取媚,以求士卒的欢心。

徐州……兵浸骄,小不如意,一夫大呼,其众皆和之,节度使辄自后门逃去。前节度使田牟至与之杂坐饮酒,把臂拊背,或为之执板唱歌,犒

赐之费日以万计,风雨寒暑,复加劳来,犹时喧哗邀求不已。(《资治通鉴》卷二百五十《唐纪》懿宗咸通三年)

其欲峻法以绳骄兵者,往往不旋踵便为骄兵所残杀。

> 陆长源为宣武军司马,初欲峻法绳骄兵,为节度使董晋所持,不克行……晋卒,长源总留后事,大言曰,将士久慢,吾且以法治之……举军大怒……军乱,杀长源,食其肉,放火大掠。(《新唐书》卷一百五十一《陆长源传》)

秦汉以来,有叛将无叛兵;至唐中叶以后,方镇兵变比比皆是。推原其故,姑息政策实为最大原因。朝廷畏藩臣之生事,用姑息以羁縻之;藩臣惧将校之反戈,用姑息以安抚之;将校恐士卒之叛变,用姑息以取媚之。而其结果刚刚相反,兵愈骄,将愈悍,藩臣亦愈跋扈。欧阳修说:

> 姑息起于兵骄,兵骄由于方镇,姑息愈甚,而兵将俱愈骄。由是号令自出,以相侵击,虏其将帅,并其土地。天子熟视,不知所为,反为和解之,莫肯听命……妄一喜怒,兵已至于国门,天子为杀大臣,罪己悔过,然后去。(《新唐书》卷五十《兵志》)

专制政府能够存在,完全依靠于军队,而军队能够发挥效力,又有恃于严肃的纪律。纪律荡然,唐的政府早已灭亡,其所以尚能保存残喘,垂一百余年之久者,实因方镇布列于天下,势均力敌,任谁都不能吞并别方,因之任谁都不敢毁灭王室。历年既久,大并小,强并弱,残存几个强藩,于是唐祚便随之覆亡。

第五节

宫廷纷乱与宦官之祸

天子传子，而宰相传贤，传子是求政局的安定，传贤是求政治的进步。天子之子不止一人，既用传子以求政局的安定，则在诸子之中，谁应继承帝位，亦宜有确定的法制，不然，祸起萧墙，政局必难安定。这便是历代册立太子的原因。凡为太子者必系嫡长子，身份既定，自可塞嫌疑之渐，除祸乱之源。

太子国之储君，"宗祧是悬，善恶之习，兴亡在焉"（《新唐书》卷九十九《刘洎传》），而均生于深宫之中，长于妇人之手，其能识民瘼、通治术者为数甚寡。天下统一，政局安定固为上策，群雄割据，单单消极地求政局的安定，必觉不够，而须积极地发展国力，方能保持国祚的安全。于是天子传子又常参以传贤之意。皇位未必传于嫡长子，谁最贤，谁便可继承皇位。其尤甚者，且有兄终弟及之制，以求达到"国有强敌，宜立长君"的目的。南北分立，干戈云扰，这个时候，当然是"国有长君，社稷之福"。最初不过舍子立弟，最后便由爱憎情绪，舍嫡立庶。皇位的继承漫无法制，至隋，便发生了炀帝夺宗之事。唐自武德九年发生玄武门政变之后，宫廷之内，关于皇位的继承，常有明争暗斗，兹试列表如次①。

---

① 据新旧《唐书》各本纪及有关各列传。

唐代太子地位不安定表

时代	事　略
高祖	高祖受禅，立长子建成为皇太子。时秦王世民功业日高，高祖又私许立为皇太子。建成密知之，乃与齐王元吉潜谋作乱。武德九年，秦王密奏建成、元吉淫乱后宫，高祖欲穷覆其事。秦王先至玄武门，以勇士九人自卫。建成、元吉行至临湖殿，觉变，遽反走。秦王射建成即死，元吉中矢走，尉迟敬德追杀之。高祖乃以秦王为皇太子。
太宗	太宗即位，立长子中山王承乾为皇太子，时年八岁。及长好声色，漫游无度，而魏王泰有美誉，潜怀夺嫡之计，于是各树朋党，遂成衅隙。贞观十七年，承乾与兵部尚书侯君集谋反，将纵兵入西宫，事觉，废为庶人（十九年卒）。立晋王治为皇太子（高宗），既又欲立吴王恪，长孙无忌固争乃止。
高宗	永徽三年，立长子陈王忠为皇太子，武昭仪渐承恩宠，遂于显庆元年降为梁王（麟德元年，赐死。神龙初，追封燕王），而立代王弘（武后子）为皇太子。上元二年，薨，立雍王贤（武后子）为皇太子。调露二年，废为庶人（文明元年，逼令自杀），立英王显（武后子）为皇太子（中宗）。
中宗	高宗永淳元年，立中宗长子重润为皇太孙。大足中，张易之兄弟得幸武后，或谮重润窃议，后怒，杖杀之。中宗复位，神龙二年，立卫王重俊为皇太子，时武三思得幸韦后，深忌重俊。安乐公主（韦后女）以重俊非韦后所生，常呼之为奴。重俊不胜忿，三年，矫诏发羽林兵，杀三思及其党羽十余人，兵败，为左右所杀。
睿宗	睿宗践祚，将建皇储，以宋王成器嫡长，而楚王隆基（玄宗）有讨平韦氏之功，意久不定。成器辞，睿宗许之。隆基为皇太子，时太平公主（武后女）以讨韦后有功，权倾天下，忌太子英明，谋废之。先天二年，欲以羽林军作乱，太子知其谋，讨平之。
玄宗	开元三年，立长子郢王瑛为皇太子。及武惠妃宠幸，日求太子之短，谮于玄宗。开元二十五年，废为庶人（俄赐死）。太子瑛既废，李林甫等皆属寿王瑁（武惠妃子）。帝以忠王亨（肃宗）长，意未决。中官高力士曰，推长而立，孰敢争？帝曰，尔言是也。储位遂定。林甫惧不利己，乃起韦坚、柳勣之狱，储位几危者数四。后又杨国忠忌太子英武，潜谋不利，为患久之。及禄山反，玄宗幸蜀，中官李辅国劝太子分玄宗兵，北趋朔方，以图兴复。辅国从至灵武，劝太子即帝位，以系人心。
肃宗	乾元元年，立长子成王豫为皇太子（代宗）。宝应元年，所幸张皇后无子，阴引越王系于宫中，将图废立，矫诏召太子。中官李辅国、程元振知其谋，勒兵卫从太子，收捕越王系，禁锢之，幽后于别殿。肃宗崩，元振等迎立太子即皇帝位，皇后、越王系俱为辅国所害。

续 表

时代	事　略
代宗	广德二年,立长子雍王适为皇太子(德宗)。时京兆尹黎干挟左道以希主恩,代宗甚惑之。德宗在东宫,干与宦者刘忠翼阴谋,几危宗嗣。德宗即位,皆伏诛。
德宗	建中元年,立长子宣王诵为皇太子(顺宗)。太子妃萧氏母郜国公主,交通外人,上疑其有他,连坐贬黜者数人,皇储亦危,赖李泌保护,乃免。太子自贞元二十年病风不能言,德宗升遐时,太子疾患亦甚,仓卒召学士郑絪等至金銮殿。中人或云,内中商量所立未定。卫次公言曰,皇太子虽有疾,地居冢嫡,内外系心,必不得已,当立广陵王纯(顺宗长子,宪宗)。絪等随而和之,众议方定。
顺宗	顺宗立,淹瘤弗能朝,中官刘贞亮劝帝立长子广陵王纯为皇太子(宪宗)监国,帝纳其奏。
宪宗	元和四年,立长子邓王宪为皇太子。六年,薨。议立储副,中官吐突承璀独排群议,意属沣王浑(宪宗子),数以威权自树。赖宪宗明断不惑,册立遂王恒(宪宗子)为皇太子。元和十五年,中官王守澄、陈弘志弑宪宗,杀承璀及沣王,定册立太子为帝(穆宗)。
穆宗	长庆二年,立长子景王湛为皇太子(敬宗)。穆宗崩,太子即皇帝位。中官王守澄每从容谓敬宗曰,先朝初定储贰,唯臣备知,时翰林学士杜元颖、李绅劝立深王悰(宪宗子),而李逢吉固请立陛下。会禁中检寻旧事,得穆宗时封书一箧,发之,得裴度、杜元颖与李绅三人所就疏,请立敬宗为太子。帝感悟兴叹。
敬宗	敬宗即位数年,未定皇储。宝历二年,中官刘克明弑帝,矫诏立绛王悟(宪宗子),勾当军国事。枢密使王守澄率禁军讨贼,诛克明,杀绛王,迎立江王昂(穆宗第二子)为帝(文宗)。
文宗	太和六年,立长子鲁王承为皇太子。母爱弛,杨贤妃方幸,数谮之。帝震怒,太子不能自白其谮。开成三年,暴薨。大臣数请建东宫,乃以敬宗子陈王成美为皇太子。五年正月,文宗暴卒,中官仇士良矫诏迎立穆宗子颍王炎(武宗),杀陈王成美于其邸。
武宗	武宗在位数年,未立皇储。会昌六年,帝疾大渐,左神策军护军中尉马元贽立宪宗子光王忱为皇太叔,权勾当军国大事。翌日,柩前即帝位(宣宗)。
宣宗	宣宗爱夔王滋,欲立为皇太子,而郓王漼长,故久不决。大中十三年,宣宗疾大渐,以夔王属内枢密使王归长等,而左神策军护军中尉宗实等矫诏立郓王为皇太子。宣宗崩,太子即位于柩前(懿宗)。
懿宗	懿宗疾大渐,左右神策军护军中尉刘行深、韩文约立懿宗第五子普王俨(僖宗)为皇太子。懿宗崩,太子即位。

续表

时代	事 略
僖宗	僖宗即位数年,未建皇储。文德元年,僖宗暴不豫,及大渐之夕,未知所立。群臣以吉王保(懿宗子)最贤,将立之。唯观军容使杨复恭请以寿王晔(懿宗子)监国,又宣遗诏,立为皇太弟,而于枢前即帝位(昭宗)。
昭宗	乾宁四年,立长子德王裕为皇太子。光化末,枢密使刘季述等幽昭宗于东内,册裕为帝。及天复初,诛季述,以太子冲幼,依旧令归少阳院,复为王。朱全忠自凤翔迎驾,以德王眉目疏秀,春秋渐盛,常恶之,屡启昭宗,德王曾窃居宝位,大义灭亲,何得久留?昭宗不纳。天祐元年,全忠弑昭宗,并害德王,立昭宗第九子辉王柷为帝(哀帝),时年十三。

太子国之储君,魏徵说:

自周以降,立嫡必长,所以绝庶孽之窥觎,塞祸乱之源也。(《旧唐书》卷七十一《魏徵传》)

高祖既立建成为太子,而又私许世民以太子之位,自有玄武门事变之后,亘李唐一代,皇储的地位极不安定,其甚者且不欲立储贰。

先是(宣宗以前)累朝人君不欲人言立储贰,若非人主己欲,臣下不敢献言。(《旧唐书》卷一百七十六《魏谟传》)

东汉之时,皇统屡绝,外藩入继。这个时候,谁能入承大统,后宫有决定的权。皇后定策帷幕,迎立孩童,临朝称制,既委事父兄,以寄腹心,又引用刑人,寄之国命,于是外戚与宦官便操弄了国权。由此可知国无储君,实可予嬖幸以可乘的机会。唐与东汉不同,天子均壮年即位,又均有皇子,其所以发生阉宦弄权之祸者,实因皇嗣不安定与宿将不易控制有以致之。

阉宦弄权开始于肃宗之世。太宗定制,宦官不得登三品①,这种制度在玄宗以前未曾改变。

> 贞观中,太宗定制,内侍省不置三品官,内侍是长官,阶四品。至永淳末,向七十年,权未假于内官,但在合门守御、黄衣廪食而已。则天称制,二十年间,差增员位。中宗性慈,务崇恩贷。神龙中,宦官三千余人,超授七品以上员外官者千余人,然衣朱紫者尚寡。(《旧唐书》卷一百八十四《宦官传序》)

玄宗即位,始隳其制,杨思勖、高力士为左右监门卫将军(从三品),思勖以军功(《旧唐书》卷一百八十四《杨思勖传》),力士以恩宠(《旧唐书》卷一百八十四《高力士传》),均累进骠骑大将军(从一品)②,然犹是勋官而已。天宝十三载,置内侍监二员,正三品,则为职事官矣。

> 置内侍二员,正三品。胡三省注,唐制宦官不得过三品,置内侍四人,从四品上,中官之贵极于此矣。至帝始隳其制,杨思勖以军功,高力士以恩宠,皆拜大将军,阶至从一品,犹曰勋官也。今置内侍监,正三品,则职事官矣。(《资治通鉴》卷二百十七《唐纪》玄宗天宝十三载)

杨思勖屡将兵出外征讨,固不能在内窃弄威福;高力士常居中侍卫,片言单语虽偶能移动主意,而尚不敢公然干预朝政。

> 玄宗在藩,(高)力士倾心附结,已平韦氏,乃……为右监门卫将军,

---

① 《新唐书·宦者传序》:"太宗诏,内侍省不立三品官,以内侍为之长,阶第四,不任以事,惟门合守御、廷内扫除、廪食而已。武后时稍增其人,至中宗,黄衣乃二千员,七品以上员外置千员,然衣朱紫者尚少。"据《旧唐书·职官志》,"内侍省内侍二员,从四品上,中官之贵极于此矣"。天宝十三载,才置"监二人从三品,少监二人、内侍四人皆从四品上",见《新唐书·百官志》。
② 据两《唐书》《高力士传》,内侍监二员,以高力士、袁思艺为之。

知内侍省事,于是四方奏请,皆先省后进,小事即专决,虽洗沐未尝出,眠息殿帷中,徼幸者愿一见如天人然……肃宗在东宫,兄事力士,它王公主呼为翁,戚里诸家尊曰爷,帝或不名而呼将军……力士……建佛祠……立道士祠……钟成,力士宴,公卿一扣钟,纳礼钱十万,有佞悦者至二十扣,其少亦不减十……力士善揣时事势,侯相上下虽亲昵,至当覆败,不肯为救力,故生平无显显大过。(《新唐书》卷二百七《高力士传》)

肃宗以后,情形就不同了,肃宗虽立为太子,而"储位几危者数四"(《旧唐书·肃宗纪》),故乘玄宗幸蜀之际,分兵北走,自取帝位。这个时候宦官李辅国为劝进的元勋。

陈玄礼等诛杨国忠,辅国豫谋,又劝太子分中军,趋朔方,收河陇兵,图兴复。太子至灵武,愈亲近,遂劝即位,系天下心……肃宗稍稍任以肱膂事……凡四方章奏、军符禁宝一委之……宰相群臣欲不时见天子,皆因辅国以请,乃得可……诏书下,辅国署已乃施行,群臣无敢议。(《新唐书》卷二百八《李辅国传》)

兼以安禄山恩豢甚隆,而乃举兵作乱,这个事实又使肃宗有不信任武将之心,每有征讨,辄以宦官监军,最初负这个责任者则为鱼朝恩。

至德中,常令鱼朝恩监军事,九节度讨安庆绪于相州,不立统帅,以朝恩为观军容宣慰处置使,观军容使名自朝恩始也。(《旧唐书》卷一百八十四《鱼朝恩传》)

宦官一方裁决政事,他方监察军事,于是遂由宫廷的侍奉跃上政治舞台。自是而后,皇储有一番动摇,宦官便以定策之功,窃取了许多权力。弄到结果,宦官之权反在人主之上,立君、废君、弑君有同儿戏,其为祸之烈比之东汉,似有过之而无不及。

唐诸帝即位年龄、皇子人数及宦官弄权表①

帝号	即位年龄	皇子人数	宦官弄权				
			姓名	重要官职	得权原因	弄权情形	备考
高祖	52	22					
太宗	29	14					
高宗	22	8					
中宗	50	4					
睿宗	49	6					
玄宗	28	30					
肃宗	46	14	李辅国	判元帅府行军司马事，专管禁兵，加兵部尚书。	安禄山反，劝太子（肃宗）即皇帝位。	诏书下，辅国署已乃施行，群臣弗敢议。	《资治通鉴》卷二百二十一云，制敕必经辅国押署，然后施行。宰相百司非时奏事，皆因辅国关白承旨。常于银台门决天下事，事无大小，辅国口为制敕，写付外施行，事毕闻奏。
			鱼朝恩	观军容宣慰处置使，加左监门卫大将军。	肃宗忌宿将难制。		观军容使名自朝恩始也。
代宗	37	20	李辅国	加司空中书令。	与程元振有定策之功。	愈跋扈，至谓帝曰，大家但坐宫中，外事听老奴处决。帝欲剪除，而惮其握兵，因尊为尚父，事无大小，率关	帝遣侠者夜刺杀之。

① 据新旧《唐书》《宦官传》及宋申锡、李训、郑注、崔胤等传。

续表

帝号	即位年龄	皇子人数	宦官弄权			
			姓名	重要官职	得权原因	弄权情形	备考
						白。群臣出入,皆先诣辅国。	
			鱼朝恩	天下观军容宣慰处置使,专领神策军。	吐蕃入犯京畿,代宗幸陕,卫兵离散,朝恩悉军奉迎,六师乃振,帝德之。	朝恩恃恩自伐,靡所忌惮,朝廷裁决,朝恩或不预者,怒辄曰,天下事,有不由我乎?	帝遣左右擒缢之。
			程元振	右监门卫大将军,知内侍省事,代李辅国判元帅府行军司马事,专制禁兵,加骠骑大将军。	张皇后与太子(代宗)有怨,恐不附己,肃宗崩,引越王系入宫,欲令监国。元振知其谋,密告李辅国,乃挟太子诛越王并其党与。	权震天下,在李辅国右,凶恶又过之。元振谮来瑱赐死,李光弼遂不敢入朝。又谮裴冕罢相,贬施州。来瑱名将,裴冕元勋,二人既被诬陷,天下方镇解体。吐蕃入寇,代宗仓皇出奔,征诸道兵,无一至者。	帝知人情归咎,乃罢元振官,放归田里。
德宗	38	10	窦文场、霍仙鸣	文场为左神策护军中尉,仙鸣为右神策护军中尉。	泾师乱,帝召禁军御贼,并无至者,唯文场、仙鸣率诸宦者从行,左右禁旅悉委文场主之。还京	窦、霍权震朝廷,诸方节度大将多出其军,台省要官走门下乞接引者,足相蹑。	仙鸣暴死,文场年老致仕卒。

续　表

帝号	即位年龄	皇子人数	宦官弄权				备考
			姓名	重要官职	得权原因	弄权情形	
					后,忌宿将虽制,凡握兵多者悉罢之,禁旅文场、仙鸣分统焉。		
顺宗	45	23					顺宗即位,风疾不能视朝政,而宦官李忠言与牛美人侍病,美人受旨于帝,复宣之于忠言,忠言授之王叔文,叔文与朝士柳宗元、刘禹锡等图议,然后下中书,俾韦执谊施行。忠言素懦谨,每见叔文与论事,无敢异同。唯刘贞亮乃与之争,贞亮恶朋党炽结,乃与中人刘光琦等同劝帝立广陵王纯为太子监国,尽逐叔文党。
宪宗	28	10	刘贞亮	右卫大将军,知内侍省事。			刘贞亮性忠正,顺宗风疾不能视朝政,贞亮请立广陵王纯为皇太子,勾当军国大事。顺宗可之,太子受禅,是为宪宗。嘉贞亮之忠荩,累迁至右卫大将军,知

续表

帝号	即位年龄	皇子人数	宦官弄权				
			姓名	重要官职	得权原因	弄权情形	备考
							内侍省事。元和八年,卒。
			吐突承璀	左神策护军中尉、左卫上将军,知内侍省事。	自藩邸承恩宠。		惠昭太子薨,承璀请立澧王恽为太子,宪宗不纳,立遂王恒(穆宗)。穆宗即位,衔承璀不佑己,杀之。
穆宗	26	5	王守澄	知枢密。	宪宗惑长生之说,方士以丹药进,服之躁甚,数暴怒,恚责左右。元和十五年,王守澄与陈弘志弑帝,以药发暴崩告天下,乃与右神策护军中尉梁守谦等定册立穆宗。	王守澄自长庆以来,知枢密,典禁军,作威作福。	
敬宗	16	5	王守澄	知枢密事。			
文宗	18	2	王守澄	骠骑大将军,充右神策护军中尉。	敬宗夜猎还宫,与中官刘克明等二十八人饮酒,克明等同谋弑帝,矫诏		文宗疾元和逆罪久不讨,故以宋申锡为宰相,谋因事除之。守澄知其谋,诬告申锡与漳王凑(穆宗子)谋反。申锡坐贬,漳

续 表

帝号	即位年龄	皇子人数	宦官弄权				
			姓名	重要官职	得权原因	弄权情形	备考
					召绛王悟(宪宗子)勾当军国事,寻下遗诏绛王即位。枢密使王守澄率禁军,讨贼,诛绛王,立文宗(穆宗子)。克明投井死。		王降封巢县公。后帝又用李训、郑注计,杖杀陈弘志,以守澄为观军容使,罢其禁旅之权,寻赐鸩死。
			仇士良	左神策护军中尉。	文宗与李训欲杀王守澄,以士良素为守澄所抑,位未通显,故擢为左神策护军中尉,分守澄之权。	王守澄死,李训欲尽诛宦官。大和九年十一月二十一日,发生甘露政变,士良率禁军捕训党千余人,尽杀之,自是权归士良。文宗尝召翰林学士周墀,谓之曰,周赧、汉献受制强臣,今朕受制家奴,自以不及远矣。因泣下。士良忿文宗与李训谋,屡欲废帝。崔慎由为翰林学士,直夜未央,有中使召入,至秘殿,见士良等坐堂	

续表

帝号	即位年龄	皇子人数	宦官弄权				备考
			姓名	重要官职	得权原因	弄权情形	
						上,帷帐周密。谓慎由曰,上自即位,政令多荒阙,皇太后有制,更立嗣君,学士当作诏。慎由惊曰,上高明之德在天下,安可轻议?慎由虽死,不承命。士良等默然,久乃启后户,引至小殿,帝在焉。士良等历阶数帝过失,帝俛首。既而士良指帝曰,不为学士,不得更坐此。乃送慎由出,戒之曰,勿泄,祸及尔宗。	
武宗	27	5	仇士良	加骠骑大将军,罢为内侍监,知省事。	文宗立敬宗子陈王成美为皇太子。文宗崩,中尉仇士良矫诏废成美,迎立穆宗子颖王炎,是为武宗。		武宗明断,虽士良有援立功,内实嫌之。士良固请致仕,诏可寻卒。
宣宗	37	11	马元贽	左神策护军中尉。	武宗崩,左神策护军		

续　表

帝号	即位年龄	皇子人数	宦官弄权				备考
			姓名	重要官职	得权原因	弄权情形	
					中尉马元贽立宪宗子光王忱为皇太叔，权勾当军国大事，既而即帝位，是为宣宗。		
懿宗	27	8	王宗实	左神策护军中尉。	宣宗疾大渐，以夔王滋（宣宗子）属枢密使王归长，而左神策护军中尉王宗实乃矫诏立郓王漼（宣宗子）为皇太子。即位，是为懿宗。		
僖宗	12	2	刘行深、韩文约	刘为左神策护军中尉，韩为右神策护军中尉。	懿宗疾大渐，左右神策护军中尉刘行深、韩文约立普王儇（懿宗子）为皇太子。即位，是为僖宗。		
			田令孜	左神策护军中尉、左监门卫大	僖宗为王时，与令孜同卧起，即	帝性狂荒，令孜知帝不足惮，则贩鬻官	黄巢乱后，帝自蜀还京，用杨复恭为枢密使，寻代令孜

续表

帝号	即位年龄	皇子人数	宦官弄权			
			姓名	重要官职	得权原因	弄权情形	备考

帝号	即位年龄	皇子人数	姓名	重要官职	得权原因	弄权情形	备考
				将军、六军十二卫观军容使。	位后，以其知书能处事，故政事一委之。	爵，除拜不待旨假，赐绯紫不以闻，百度崩弛，内外垢玩。既所在盗起，上下相掩匿，帝不及知。是时贤人无在者，唯佞鄙沓贪相与备员偷安嘿嘿默而已。令孜益自肆，禁制天子不得有所主断。帝以其专，语左右，辄流涕。	为左神策护军中尉，又授六军十二卫观军容使。昭宗即位，令孜往依西川节度使陈敬瑄。敬瑄反，承平军节度使王建攻陷成都，杀敬瑄及令孜。
昭宗	22	10	杨复恭	枢密使、左神策护军中尉、观军容使。	僖宗晏驾，群臣以吉王俊（懿宗子）长且贤，欲立之，枢密使杨复恭率兵迎寿王晔（懿宗子）为皇太弟。即位，是为昭宗。	复恭既军权在手，颇擅朝政，以诸子为州刺史，号外宅郎君，又养子六百人监诸道军，天下威势举归其门。复恭与侄守亮（兴元节度使）书曰，承天门者隋家旧业也，儿但积粟训兵，何进奉为？吾披荆榛，立天子，既得位，乃废定策国老，奈负心门生何？门生	帝厌复恭专恣，罢复恭兵，出为凤翔监军。不肯行，因乞致仕，诏可。或告复恭父子且谋乱，帝命禁军攻之，尽捕其党，枭首于市。

续 表

帝号	即位年龄	皇子人数	宦官弄权			
			姓名	重要官职	得权原因	弄权情形	备考
						谓天子也,其不臣类此。	
			刘季述	左神策护军中尉。		时崔胤秉政,排斥宦官。季述乃外结藩镇,以为党援。昭宗嗜酒,怒责左右不常。季述愈自危,乃矫皇后令,以皇太子监国,囚帝于少阳宫。季述以所持扣杖画地,责帝曰,某日某事尔不从我,罪一也。至数十未止,遂废昭宗,以皇太子为皇帝。	崔胤用计,使左神策军将孙德昭以兵讨贼。昭宗复位,季述伏诛。
			韩全诲	左神策护军中尉。		全诲知崔胤必尽诛宦官,乃外结李茂贞,令留选士四千宿卫。崔胤亦讽朱全忠,纳兵三千居南司。全诲等惧帝诛己,谋乱。胤为急诏,令全忠入朝。全忠得诏,悉师讨全诲。全诲劫天子迁凤翔,	

续表

帝号	即位年龄	皇子人数	宦官弄权				备考
			姓名	重要官职	得权原因	弄权情形	
						茂贞力穷势迫,乃杀全诲等以求和。城门既开,又杀中官七十余人。既还京师,复杀中官八百余人。诸道监军所在赐死。君侧虽清,而唐室亦亡。	

现在试来研究唐代宦官何以能够揽权树威,固然宦官蛊惑天子,有其秘诀。

  仇士良之老,中人举送还第,谢曰,诸君善事天子,能听老夫语乎?众唯唯。士良曰,天子不可令闲暇,暇必观书,见儒臣则又纳谏,智深虑远,减玩好,省游幸,吾属恩且薄而权轻矣。为诸君计,莫如殖货财,盛鹰马,日以球猎声色蛊其心,极侈靡,使悦不知息,则必斥经术,暗外事,万机在我,恩泽权力欲焉往哉?众再拜。(《新唐书》卷二百七《仇士良传》)

但是蛊惑天子不过社鼠城狐窃弄威福而已。其能揽权树威,挟制中外,自有其特别原因,一是领财库,二是管枢密,三是掌禁兵。现在试分别述之。

先就领财库言之,吾国古代财用大率分为两种:一为军国经费,二为皇室经费。例如西汉之世,凡财货"在大司农者,国家之公用也;在少府、水衡者,人主之私蓄也。公用所储乃田赋之常数,非军国之需则不用。私蓄所具乃山泽之余利,虽燕好之私亦可用焉……出入之际有所分别,不至混用而泛费……汉此制,以财用之司分为内外二府……外府有不足,可取之于内。内府则常为撙节,使不至于不足。虽有不足,亦不可取之于外。何则?军国之需决不可无,奉养之具可以有可以无故也"(《大学衍义补》卷二十四《经制之义下》)。唐初,亦有左藏与大盈两库,左藏库供国家的开支,朝臣主之;大盈库供人主宴私赏赐之用,宦官主之。其实,天子所私有的,除大盈库外,尚有琼林库。据陆贽言:

> 琼林、大盈自古悉无其制。传诸耆旧之说,皆云创自开元。贵臣贪权,饰巧求媚,乃言郡邑贡赋所用,盍各区分?赋税当委于有司,以给经用。贡献宜归于天子,以奉私求。(《旧唐书》卷一百三十九《陆贽传》)

至德中,第五琦以京师豪将求取无节,悉以租赋纳入大盈内库,而内库又由宦官主之。自是而后,宦官就取得了财政权。

> 旧制天下财赋皆纳于左藏库,而太府四时以数闻,尚书比部覆其出入,上下相辖无失遗。及第五琦为度支盐铁使,京师多豪将,求取无节,琦不能禁,乃悉以租赋进入大盈内库,以中人主之。天子以取给为便,故不复出。是以天下公赋为人君私藏,有司不得窥其多少,国用不能计其赢缩,殆二十年矣。中官以冗名持簿书领其事者三百人,皆奉给其间,连结根固,不可动。(《旧唐书》卷一百十八《杨炎传》)

财富乃邦国之本,谁能管理财政,谁便得操弄国权。王叔文说:"钱谷者国大本,操其柄,可因以市士。"(《新唐书》卷一百六十八《王叔文传》)大历年间,杨炎作相,奏请德宗再以财赋归于左藏,然而宦官已经握兵,虽然不管财赋,而管财赋者又不能不仰承其鼻息了。

> 杨炎作相,顿首于上前,论之曰,夫财赋邦国之大本、生人之喉命,天下理乱轻重皆由焉……先朝权制中人领其职,以五尺宦竖,操邦之本,丰

俭盈虚,虽大臣不得知,则无以计天下利害。臣愚待罪宰辅,陛下至德,惟人是恤,参校蠹弊,无斯之甚,请出之以归有司。度官中经费一岁几何,量数奉入,不敢亏用。如此然后可以议政,惟陛下察焉。诏曰,凡赋皆归左藏库,一用旧式,每岁于数中进三五十万入大盈,而度支先以其全数闻。炎以片言移人主意,议者以为难,中外称之。(《旧唐书》卷一百十八《杨炎传》)

次就管枢密说,枢密使承受表奏,宣布诏令,置于代宗时代,而以宦官主之,最初不置司局,但有屋三楹,贮文书而已[①]。僖、昭时,杨复恭欲夺宰相之权,遂至于视事行文书。

  唐代宗永泰中,置内枢密使,始以宦者为之,初不置司局,但有屋三楹,贮文书而已。其职掌惟承受表奏,于内中进呈,若人主有所处分,则宣付中书、门下施行而已。永泰中,宦官董廷秀参掌枢密内。元和(宪宗)中,刘光琦、梁守谦为枢密使。长庆(穆宗)中,王守澄知枢密事,旧左右军容多入为枢密,亦无视事之厅。后僖、昭时,杨复恭、西门季元欲夺宰相权,乃于堂状后帖黄,指挥公事。(《文献通考》卷五十八《职官考十二·枢密院》)

但是枢密使既有承受表奏的权,自能审查表奏,干涉大臣的行政;又既有宣布诏令的权,自能矫称帝旨,擅发诏令,而变为枢机之任,其职颇有似于汉的中书谒者令。西汉之世,宦官无权,而石显为中书谒者令之后,竟然"贵幸倾朝,百僚皆敬事显"(《汉书》卷九十三《石显传》)。何况枢密使尚掌密命,而得与闻机要之事。

[①] 《新唐书》卷二百七《严遵美传》:"枢密使无厅事,唯三楹舍藏书而已。今堂状帖黄决事,此杨复恭夺宰相权之失也。"《旧五代史》卷一百四十九《职官志》注引《项安世家说》:"唐于政事堂后,列五房,有枢密房,以主曹务,则枢密之任宰相主之,未始他付。其后宠任宦人,始以枢密归之内侍。"

泽潞卢从史阴苞逆节……裴垍从容启言，从史暴戾，有无君之心，若不因其机而致之，后虽兴师，未可以岁月破也。宪宗初愕然，熟思其计，方许之。垍因请密其谋，宪宗曰，此李绛、梁守谦知之。时绛承旨翰林，守谦掌密命。(《旧唐书》卷一百四十八《裴垍传》)

所以虽然不视事，不行文书，凡与其昵善者亦得因探知秘密之故，窃取朝权。

　　宪宗初即位，中书小吏滑涣与知枢密中使刘光琦昵善，颇窃朝权。
(《旧唐书》卷一百四十八《李吉甫传》)

何况宰相奏事之际，枢密使又立侍人主左右，与闻政事。那么，朝臣有所规画，宦官认为不利者，更得矫诏变更，挠其施行了。

　　初延英宰相奏事，帝平可否，枢密使立侍，得与闻，及出，或矫上旨，谓未然，数改易挠权。(《新唐书》卷二百八《刘季述传》)

三就掌禁兵说，肃、代之世宦官李辅国、程元振虽曾判元帅府行军司马事(参阅《旧唐书》卷一百八十四《李辅国程元振传》)，而鱼朝恩且为观军容使，监九节度之讨安庆绪；

　　至德中，常令鱼朝恩监军事，九节度讨安庆绪于相州，不立统帅，以朝恩为观军容宣慰处置使，观军容使名自朝恩始也。(《旧唐书》卷一百八十四《鱼朝恩传》)

但是他们三人并未曾全握兵权①。

---

① 《新唐书·宦者传序》："辅国以尚父显，元振以援立奋，朝恩以军容重，然犹未得常主兵也。"

李辅国从幸灵武,程元振翼卫代宗,怙宠邀君,乃至守三公,封王爵(李辅国加司空,封博陵郡王。程元振封邠国公,父元贞赠司空),干预国政,亦未全握兵权。代宗时……特立观军容宣慰使,命鱼朝恩为之,然自有统帅,亦监领而已。(《旧唐书》卷一百八十四《宦官传序》)

自府兵制度崩坏之后,天子自置禁军于京师。禁军草创于高祖之时,高祖以义兵起太原,已定天下,悉罢遣归,其愿留宿卫者三万人,给以渭北腴田,号元从禁军;后老不任事,以其子弟代,谓之禁军。贞观初,太宗择善射者百人曰百骑,以从田猎。武后改百骑曰千骑,睿宗又改千骑曰万骑。及至玄宗以万骑平韦氏,改为左右龙虎军(《新唐书》卷五十《兵志》)。是时"长安良家子避征戍者,亦皆纳赀隶军"(《旧唐书》卷一百六《王毛仲传》),人数渐多,遂发展为羽林、龙武、神武、神策、神威,各分左右,总称左右十军,其中以神策为最盛。德宗惩艾朱泚之乱,猜忌诸将,以宦官典宿卫,置护军中尉、中护军各二员,以窦文场、霍仙鸣等为之。自是而后,神策军遂以宦官为帅①。

德宗避泾师之难,幸山南,内官窦文场、霍仙鸣拥从,贼平之后,不欲武臣典重兵,其左右神策、天威等军欲委宦者主之,乃置护军中尉两员、中护军两员,分掌禁兵,以文场、仙鸣为两中尉,自是神策亲军之权全归于宦者矣。(《旧唐书》卷一百八十四《宦官传序》)

神策在禁军中,号称劲旅,而以宦官主之,则中央发生政变之时,神策中

---

① 《新唐书》卷二百七《窦文场传》:"自鱼朝恩死,宦人不复典兵,帝以禁卫尽委白志贞。志贞多纳富人金,补军止收其庸,而身不在军。及泾师乱,帝召近卫,无一至者,惟文场等率宦官及亲王左右从至奉天。帝逐志贞,并左右军付文场主之……帝自山南还,两军复完,而帝忌宿将难制,故诏文场、仙鸣分总之,废天威军,入左右神策……久之,置护军中尉、中护军各二员,诏文场为左神策护军中尉,仙鸣为右,焦希望为左神策中护军,张尚进为右,中尉护军自文场等始。"

尉的宦官自有举足轻重之势,浸假人主废立,宦官便握了决定的权①。

> 贞元已后,中尉之权倾于天下,人主废立皆出其可否。(《旧唐书》卷四十四《职官志三·左右神策军》注)

在三种职权之中,最重要的还是典禁军。所以枢密使若与神策中尉斗争,枢密使大率失败。萧复曾对德宗说:

> 宦者自艰难以来,初为监军,自尔恩幸过重。此辈只合委掖之寄,不可参兵机政事之权。(《旧唐书》卷一百二十五《萧复传》)

然其结果竟然引起了德宗之"不悦",在专制时代,政权本来需要军权支持,谁有军权,谁便得操弄政权。史称:

> 宦官领兵,附顺者益众。(《新唐书》卷二百七《刘贞亮传》)

例如:

> 田令孜专总禁军,公卿僚庶无不候其颜色。(《旧唐书》卷一百七十九《萧复传》)

但是宦官所领禁兵不过数万,其力虽足以制任一方镇,亦必不能抵抗全部方镇。在方镇跋扈之际,何以宦官尚能揽权树威、胁制中外呢?考其原因,约有三种。

---

① 《新唐书》卷九《僖宗纪赞》:"唐自穆宗以来,八世而为宦者所立者七君。"内侍陈弘志、王守澄及中尉梁守谦立穆宗,枢密使王守澄立文宗,中尉仇士良立武宗,中尉马元贽立宣宗,中尉王宗实立懿宗,中尉刘行深立僖宗,枢密使杨复恭立昭宗。由此可知神策中尉比之枢密使,更有左右皇位之权力。

第一是天宝以后常有宦官监军之事。监军之制由来已久，吾人观则天时凤阁侍郎（即中书侍郎）韦方质奏言，即可知之。

> 旧制有御史监军……夫古将军出师，君授之铁钺，阃外之事皆使裁之。如闻被御史监军，乃有控制，军中小大之事皆须承禀，非所以委专征也。（《唐会要》卷六十二《杂录》垂拱三年）

最初不过战时御史出监讨伐戎狄之军，安史乱后，虽寻常无事之时也令中使监方镇之军。宦官监军有害无利，载在史册，昭然可见。

自开元、天宝间，讨吐蕃诸国，已有宦者监大将之军，至鱼朝恩为观军容使。邙山之战，李光弼欲据险而阵，朝恩令阵于平地，遂致大败。（《李光弼传》）据裴度、韦皋、李德裕等所奏，大概监军者先取锐兵自卫，懦者出战，战胜则先报捷，偶衄则凌挫百端，侵挠军政，将帅不得专主。每督战，辄建旗自表，小不胜则卷旗去，大军往往随之奔北。故刘辟之叛，杜黄裳请不用监军，专委高崇文讨之。（《杜黄裳传》）然白居易疏，谓韩全义讨淮西，贾国良监之；高崇文讨蜀，刘贞亮监之。是黄裳虽奏，而监军仍未撤也。（《白居易传》）裴度讨吴元济，始奏去监军，主帅得专兵柄，法令既一，战皆有功，遂平淮蔡。（《裴度传》）其后会昌中讨刘稹，李德裕亦奏监军不得干军事，每兵百人，听以一人为卫。由是号令精整，遂平泽潞。（《李德裕传》）观此，则中使监军有害无利，昭然可见。此犹是临战时用以监察，尚有说也。其寻常无事时，各藩镇亦必有中使监军，如陆长源死，监军俱文珍密召宋州刺史刘全谅入汴，以靖其乱。（《刘全谅传》）王承宗死，诸将请王承元主留务。承元曰，天子使中贵人监军，当与议。监军以众意赞之，承元乃受（《王承元传》），是亦未尝无靖难解纷之益。然其中贤者百不一，而恃势生事之徒，踵相接也。在河朔诸镇者，既不能制其叛乱，徒为之请封请袭，而在中州各镇者，则肆暴作威，或侵挠事权，或诬构罪戾。姚南仲帅郑滑，为监军薛盈珍诬奏，有裨将曹文洽不平，杀其奏事者，而自刭以明南仲之枉。南仲入朝，德宗曰，盈珍扰军政耶？南仲曰，如盈珍者在在有之，虽羊杜复生，不能治军理人也。《姚南仲传》洪州监军诬奏刺史李位谋逆，追赴京，付仗内讯。赖薛存诚力请付外，始得白。《薛存诚传》杨于陵帅岭南，为监军许遂振诬奏，宪宗即令贬于陵官，赖裴垍谏，始改吏部侍郎。《裴垍传》此牵制藩臣之弊也。监军王定远有德于节度使李说，军政皆专决，将吏悉自补授，以田宏代彭令茵。令茵不服，定远即斩之，埋尸马粪中，家人请尸不得。说奏之，定远抽刀刺说，说走而免。《李说传》刘承偕监泽潞军，侮节度使刘悟，三军愤噪，欲杀承偕，悟救而免。穆宗问裴度何以处之，度奏惟有斩承偕耳。《裴度传》此激变军士之弊也。严绶在太原，军政一出监军李辅光，绶但拱手而已。后入朝，适赐食廊下，有中使马江朝来赐樱桃，绶在镇时，曾识江朝，至是不觉屈膝。《严绶传》可见监军之积威肆横，非一朝一夕之故，其所由来者渐矣。《廿二史札记》卷二十《中官出使及监军之弊》）

宪宗时，杜黄裳尝"奏请不以中官为监军"（《旧唐书》卷一百四十七《杜黄裳传》）。但是"宪宗宠任内官，有至专兵柄"（《旧唐书》卷一百七十一《裴潾传》），何肯撤销阉宦监军之制？其所以不肯撤销，实因方镇叛变，天子有不信任武将之心。宦官既然监军，自得胁制武将，而使武将不能不仰承宦官的鼻息。这就是宦官横行于内，而方镇沉默于外的原因。

第二，德宗姑息方镇，藩臣缺，每派宦官伺察，观众所欲立者，授以节度使之职，由是武将欲得节度使之位者，便不能不和宦官勾结。

> 德宗自艰难之后，事多姑息。贞元中，每帅守物故，必先命中使侦伺动息，其副贰大将中有物望者必厚赂近臣，以求见用，帝必随其称美而命之。（《旧唐书》卷一百四十七《杜黄裳传》）

当时方镇虽然跋扈，而名器尚在朝廷，武将欲得名器，必须勾结宦官，即如《旧唐书》（卷一百六十二）《高瑀传》所说："自大历以来，节制之除拜，多出禁军

中尉。"宦官既有武将为其外援,当然其势愈张,其力愈固。于是各地节度使军事上须受宦官的掣肘,例如德宗时:

> 时诸道兵皆有中使监阵,进退不由主将,战胜则先使献捷,偶衄则凌挫百端。(《旧唐书》卷一百七十《裴度传》)

政治上须受宦官的控制,例如宪宗时:

> 严绶在太原,其政事一出监军李辅光,绶但拱手而已。(《旧唐书》卷一百四十八《裴垍传》)

第三是神策军的粮饷特别丰厚。德宗时,李怀光上表谓"诸军衣粮薄,神策衣粮厚,厚薄不均,难以驱战"(《旧唐书》卷一百三十九《陆贽传》)。神策粮饷比之一般军队约多三倍,塞上诸将均请遥隶神策军,以领取丰厚的粮饷。

> 时边兵衣饷多不赡,而戍卒屯防,药茗蔬酱之给最厚,诸将务为诡辞,请遥隶神策军,禀赐遂赢旧三倍,由是塞上往往称神策行营,皆内统于中人矣,其军乃至十五万。(《新唐书》卷五十《兵志》)

这个遥隶军队虽然不是宦官直接指挥的兵,然亦足以增加宦官的声势,宦官的势力本来只以神策军为基础,现在有了遥隶军队,则人们必误信其势力遍布地方,所以朝臣欲诛宦官,不但要夺取神策军,且须派遣党与分总地方军权。

> 王叔文谋夺内官兵柄,乃以故将范希朝统京西北诸镇行营兵马使,韩泰副之。初中人尚未悟,会边上诸将各以状辞中尉,且言方属希朝,中人始悟兵柄为叔文所夺,中尉乃止诸镇无以兵马入希朝。(《旧唐书》卷一百三十五《王叔文传》)

李训欲诛宦竖,乃擢所厚善分总兵柄,于是王璠为太原节度使,郭行余为邠宁节度使,罗立言权京兆尹,韩约金吾将军,李孝本权御史中丞,阴许璠行余多募士及金吾台府卒,劫以为用。(《新唐书》卷一百七十九《李训传》)

宦官掌握禁兵,而又外有神策行营,其不置神策行营者,也令中使监军。文宗时,"中官颇横,天子不能制"(《旧唐书》卷一百六十一《刘悟传》)。于是前此皇帝以宦官为腹心者,现在则视宦官为心腹之疾,而欲芟落本根,以绝祸源了。然而九重深处,难与将相明言,于是文宗遂与侍讲宋申锡密谋,而谋之不臧,申锡见杀;后又与李训、郑注谋诛内竖。此时宦官内部并不统一,常常勾结朝臣以为外援,宦官有隙可乘,于是李训便利用仇士良以分王守澄的权,杖杀陈弘志,鸩死王守澄,尽杀元和逆党。经甘露事变,李训、郑注又复失败(参阅《旧唐书》卷一百六十七《宋申锡传》、卷一百六十八《李训郑注传》),而至于宣宗时代,宦官均已知道外臣虽假宦官之力以得政权,而既得政权之后,又无不欲尽诛宦官,于是宦官益与朝士相恶,南北司如水火矣。

上召翰林学士韦澳,托以论诗,屏左右与之语曰,近日外间谓内侍权势何如?对曰,陛下威断,非前朝之比。上闭目摇首曰,全未全未,尚畏之在,卿谓策将安出?对曰,若与外廷议之,恐有大和之变,不若就其中择有才识者与之谋。上曰,此乃末策。自衣绿至衣绯,皆感恩。才衣紫(三品以上服紫),则相与为一矣。上又尝与令狐绚谋尽诛宦官,绚恐滥及无辜,密奏曰,但有罪勿舍,有阙勿补,自然渐耗,至于尽矣。宦者窃见其奏,由是益与朝士相恶,南北司如水火矣。(《资治通鉴》卷二百四十九《唐纪》宣宗大中八年)

清流之士也深疾宦官,凡人与宦官稍有关系,则众共弃之,而至沉废终身。

是时士大夫深疾宦官,事有小相涉,则众共弃之。建州进士叶京尝预宣武军宴,识监军之面,既而及第,在长安与同年出游,遇之于涂,马上相揖。因之谤议喧然,遂沉废终身,其不相悦如此。(《资治通鉴》卷二百五十《唐纪》懿宗咸通二年)

宦官与朝士交恶,其衣紫者(唐自上元以后,三品以上服紫)相与为一,这样,朝臣当然不能再用"以阉制阉"的政策。这个时候,朝臣欲诛宦官,只有乞援外力。昭宗时,"宰相崔胤欲借梁兵诛诸宦者,阴与梁太祖(朱温,时为汴州刺史、宣武军节度使)谋之。中尉韩全诲等亦倚李茂贞(时为凤翔陇右节度使)之强,以为外援"(《新五代史》卷四十《李茂贞传》),于是南衙(朝臣)、北司(宦官)的斗争又转变为方镇与方镇的吞并。茂贞失败之后,崔胤、朱全忠尽诛宦官,"哀号之声闻于路,留单弱数十人,备宫中洒扫……追诸道监军所在赐死……内诸司皆归省若寺,两军内外八镇兵悉属六军……自是宣传诏命皆以宫人"(《新唐书》卷二百八《韩全诲传》)。君侧虽清,而唐祚又和东汉何进之召董卓一样随之而亡。

第六节
文官制度的败坏与朋党之争

唐代取士,科目甚多,而士林趋向唯明经、进士二科,明经试经义,进士试文词。经义为东汉以来朝廷取士之法,隋炀而后,取士多尚文词;武后以女主君临天下,而又帷薄不修,欲用进士之科,拔擢新进人才,以抵抗朝廷元老,于是就发生了两种现象。

第一,吾国士大夫本来以仕进为其最高目的,汉武帝罢黜百家,表章六经,光武践阼,数引公卿郎将,讲论经义,其佐命功臣大率多习儒术,自是而后,经学高于一切,成为士大夫猎官的工具,又成为华夏文化的中心。五胡乱华,清谈之风随中原士大夫南渡,因之江左世家多尚浮虚。而北方世族则仍保存中国故有文化,而研究经学。五胡没有文化,一旦建国于中原,不能不接受华夏的文化,而在大乱之际,保存华夏文化者则为豪宗大族的坞堡。中原愈纷乱,坞堡愈繁荣。但是坞主既是豪宗大族,则五胡欲学习华夏文化,不能不和豪宗大族妥协,而承认魏晋以来豪宗大族既得的权利。所以南北朝时豪宗大族成为统治阶级,不但因为物质上垄断了土地,且又因为精神上继承了文化。隋唐政府对于豪宗大族虽然力加压迫,然其所压迫者多是江南右姓,至于北方豪宗大族的势力,到了晚唐,尚根深蒂固,不易动摇。

开成初,文宗欲以真源、临真二公主降士族,谓宰相曰,民间修婚姻,不计官品,而上阀阅,我家二百年天子顾不及崔卢耶?《《新唐书》卷一百七十二《杜中立传》》

豪宗大族保存华夏文化,自汉武表章六经,罢黜百家之后,华夏文化乃以儒学为宗。豪宗大族对于经学,数世传习,纵在五胡乱华之际,他们亦不抛弃,朝廷若以经学取士,他们容易及第。今试举例言之,太原王慧龙撰《帝王制度》十八篇,其曾孙王遵业涉历经史(《魏书》卷三十八《王慧龙王遵业传》)。清河崔氏,即崔林之后,崔浩博鉴经史,曾教明元帝经书(《魏书》卷三十五《崔浩传》)。而崔琰之后的崔光曾为孝明帝讲孝经,其子崔鸿亦博综经史(《魏书》卷六十七《崔光传》)。博陵崔绰,太武帝时,以儒俊见征(《魏书》卷四十九《崔鉴传》,绰为鉴之父,参阅《魏书》卷四十八《高允传》),而崔辩亦学涉经史(《魏书》卷五十六《崔辩传》)。范阳卢玄,太武帝辟召天下儒,以玄为首(《魏书》卷四十七《卢玄传》),而卢辩亦博通经籍,曾注《大戴礼》(《北史》卷三十《卢辩传》)。赵郡李顺博涉经史(《魏书》卷三十六《李顺传》),李曾少治郑氏礼、《左氏春秋》,以教授为业,其子李孝伯少传父业,博综群言(《魏书》卷五十三《李孝伯传》),而李诜、李灵、李遐,太武帝时均以儒俊见征(《魏书》卷四十八《高允传》)。隋时,赵郡李谔,因曹魏三祖专尚文词,江左齐梁,其弊弥甚,乃上书禁止,以为五教六行为训民之本,诗书礼易为道义之门(《隋书》卷六十六《李谔传》)。荥阳郑懿涉历经史(《魏书》卷五十六《郑羲传》)。京兆韦阆,太武帝时,亦以儒俊见征(《魏书》卷四十八《高允传》)。河东裴骏通涉经史(《魏书》卷四十五《裴骏传》),裴延俊曾对宣武帝说:"经史义深,补益处多。"(《魏书》卷六十九《裴延俊传》)河东柳崇举秀才,对策高第(《魏书》卷四十五《柳崇传》)。河东薛谨颇览史传,其为河东太守时,命立庠序,教以诗书(《魏书》卷四十二《薛辩传》)。京兆杜铨为晋杜预之五世孙,预注《左传》,铨学涉经史,太武帝时,与高允等,以儒俊见征(《魏书》卷四十五《杜铨传》,参阅卷四十八《高允传》)。观此诸氏,可知北方世族虽在纷乱之世,亦不忘研究经学,而保全中国的固有文化。唐太宗时,高士廉撰《氏族志》,崔干仍居第一,而武后之世不叙,这由武后看来,当然认为侮辱。武后要进新门,退旧望,对于豪宗大族猎官的工具——经学,不能不给予一个

打击,于是一方便用文词抵抗经学。沈既济说:

> 初国家自显庆以来,高宗圣躬多不康,而武太后任事,参决大政,与天子并。太后颇涉文史,好雕虫之艺。永隆中,始以文章选士。及永淳之后,太后君临天下二十余年,当时公卿百辟无不以文章达,因循日久,浸以成风……父教其子,兄教其弟,无所易业,大者登台阁,小者任郡县,资身奉家,各得其足,五尺童子耻不言文章焉。(《通典》卷十五《选举三·历代制下》)

同时又变更考试的科目。

> 上元二年,天后表请王公以下内外百官皆习老子《道德经》,其明经咸令习读,一准《孝经》《论语》,所司临时策试,从之。(《文献通考》卷二十九《选举考二·举士》)

> 长寿二年,太后自制《臣范》两卷,令贡举人习业,停《老子》。(《文献通考》卷二十九《选举考二·举士》)

唐考试加试《老子》前后变更表①

年代		加试《老子》变更表
高宗	上元二年	加试贡士《老子》策,明经二条,进士十三条。
	仪凤三年	《道德经》《孝经》并为上经,贡举皆须兼通,其余经及《论语》任依恒式。
武后	长寿二年	则天自制《臣范》两卷,令贡举人习业,停《老子》。
中宗	神龙元年	天下贡举人停习《臣范》,依前习《老子》。
玄宗	开元七年	注老子《道德经》成,贡举人减《尚书》《论语》策,而加试《老子》。
	开元十九年	始置崇玄学,习《老子》《庄子》《文子》《列子》,亦曰道举。

---

① 据《唐会要》卷七十五《明经》,及《新唐书》卷四十四《选举志一》。

续表

年代		加试《老子》变更表
	天宝元年	天下应举,除崇玄学生外,自余所试《道德经》,宜并停,加《尔雅》,以代《道德经》。
德宗	贞元元年	停《尔雅》,仍习老子《道德经》。
	贞元十二年	停《老子》(依天宝元年敕处分),加习《尔雅》。

唐代所以加试《老子》,"盖唐以老氏为始祖,则崇其教者亦以为尊祖宗之事也"(《文献通考》卷五十五《宗正卿》)。唐沿前代之制,置宗正寺:"掌天子族亲属籍,以别昭穆,领陵台、崇玄二署。"(《新唐书》卷四十八百《官志三·宗正寺》)崇玄署犹如北齐之昭元寺,昭元寺掌佛教;崇玄署则掌道教,其属于宗正寺者,即因道教为唐祖宗李耳所创。高宗上元二年,加试老子《道德经》,此经与五经不同,说得玄之又玄,此对于士人之崇尚经学的,不失为一种打击。这个改制是由武后提议(见《唐会要》卷七十五《明经》,上元元年十二月条),而武后又好文词,因循日久,浸以成风,公卿百辟无不以文章达。于是豪宗大族由于己身的利害,遂嫉恶进士一科。

> 文宗好学嗜古,郑覃以经术位宰相,深嫉进士浮薄,屡请罢之。文宗曰,敦厚浮薄色色有之,进士科取士二百年矣,不可遽废。因得不罢。武宗即位,宰相李德裕尤恶进士……德裕尝论公卿子弟艰于科举……德裕曰,臣无名第,不当非进士,然臣祖天宝末以仕进无他歧,勉强随计,一举登第,自后家不置文选,盖恶其不根艺实。然朝廷选官,须公卿子弟为之。何者?少习其业,目熟朝廷事,台阁之仪不教而自成,寒士纵有出人之才,固不能闲习也,则子弟未易可轻。(《新唐书》卷四十四《选举志上》)

郑覃,荥阳人,"长于经学",父珣瑜贞元末做过宰相(《旧唐书》卷一百七十三《郑覃传》)。李德裕,赵郡人,"精……《左氏春秋》",祖栖筠大历中御史大夫,父吉甫元和初宰相(《旧唐书》卷一百七十四《李德裕传》)。荥阳郑氏、赵郡李氏是北朝的豪宗大族,而他们两人又为公卿子弟,其推崇经学,可以说是家世使然。既然推崇经学,则一旦置身于政治舞台而作政治斗争,当然鄙视文词,而排挤进士了。德裕祖栖筠"以仕进无他岐,勉强随计",举进士,擢高第,而一旦从政之后,就反对文词。杨绾,华阴人,华阴杨氏为杨震之后,"世以儒闻"(《新唐书》卷一百四十二《杨绾传》)。绾虽由进士出身,而既仕之后,又复反对进士,此时赞成绾议者则为李栖筠。

  杨绾以进士不乡举,但试辞赋浮文,非取士之实,请置五经秀才科。诏群臣议,栖筠与贾至、李廙以绾所言为是。(《新唐书》卷一百四十六《李栖筠传》)

  第二,武后时朝廷取士最重进士之科,士大夫均趋向进士,其得人亦最为盛。进士以辞章取人,其得人所以最盛者,不是因为辞章可为择才的标准,而是因为人才均借径于进士以发身。自是而后,人君遂误认择才之法,舍进士莫由。

  大抵众科之目,进士尤为重,其得人亦最为盛焉。方其取以辞章,类若浮文而少实,及其临事设施,奋其事业,隐然为国名臣者,不可胜数,遂使时君笃意,以谓莫此之尚。及其后,世俗益偷薄,上下交疑,因以谓按其声病可以为有司之责,舍是则汗漫而无所守,遂不复能易。(《新唐书》卷四十四《选举志上》)

  而自玄宗以后,翰林学士又代替了中书舍人之职,掌制诏书敕,每简文士为之,往往积功而至宰相之位。元和中学士六人,后升为宰相者五人,六人均由进士出身。

  自乐天分司东都,有诗上李留守相公,其序言,公见过池上,泛舟举酒,话及翰林旧事,因成四韵。后两联云,白首故情在,青云往事空。同时六学士,五相一渔翁。此诗盖与李绛者,其词正纪元和二年至六年事。予以其时考之,所谓五相者,裴垍、王涯、杜元颖、崔群及绛也。(《容斋续笔》卷二《元和六学士》)

宰相多由进士出身,于是一般士大夫遂以进士为士林华选,搢绅虽位极人臣,不由进士者,终不为美。

唐众科之目,进士为尤贵……搢绅虽位极人臣,而不由进士者终不为美。(《文献通考》卷二十九《举士》)

而秉钧当轴之士亦喜任用辞赋登科之人。

常衮当国,非以辞赋登科者,莫得进用。(《旧唐书》卷一百十九《崔佑甫传》)

于是干进之人遂莫不注意文词。

天宝中,海内事干进者,注意文词。(《旧唐书》卷一百十一《高适传》)

进士价值的提高,无形之中又压低了明经的价值。东汉以来,朝廷以经学取士,至唐,明经碌碌,竟然不为高才发迹之路。

李珏甫冠,举明经,李绛为华州刺史,见之曰,日角珠廷,非庸人相,明经碌碌,非子所宜。乃更举进士,高第。(《新唐书》卷一百八十二《李珏传》)

明经价值不及进士,不但进士登科的人,便是闾阎下俚也有鄙视明经之意。

> 元和中，李贺善为歌篇，为韩愈所深知。时元稹年少，以明经擢第，亦攻篇什，常交结于贺。日执贽造门，贺览刺，不答，遽入。仆者谓曰，明经及第，何事看李贺？稹惭恨而退。(《唐语林补遗》)

这种鄙视又引起了经学之士的反感。郑覃便是攻击进士最激烈的人。

> 郑覃虽精经义，不能为文，嫉进士浮华。开成初，奏礼部贡院宜罢进士科。初紫宸对上语及选士，覃曰，南北朝多用文华，所以不治，士以才堪即用，何必文辞……上尝于延英论古今诗句工拙，覃曰，陈后主、隋炀帝皆能章句，不知王道大端，终有季年之失，章句小道，愿陛下不取也。(《旧唐书》卷一百七十三《郑覃传》)

进士受了经学者的攻击，当然想法报复。唐时科举，有同年之谊，有座主之恩，有慈恩寺塔的题名，有曲江亭子的宴会。

> 进士为时所尚久矣……俱捷谓之同年……有司谓之座主……既捷，列名于慈恩寺塔，谓之题名会；大燕于曲江亭子，谓之曲江会。(《文献通考》卷二十九《选举考二·举士》)

同年座主使进士有团结的情感，题名燕会使进士有团结的机会。汉时辟除，属吏对其举主，有服丧三年之制；唐时科举，门生对其座主，亦常感其提携之恩。发榜之日且有一种谢恩仪式，以确定门生与座主的身份。

> 初举人既及第，缀行通名诣主司第谢，其制序立西阶下，北上东向，主人席东阶下西向，诸生拜，主司答拜，乃叙齿谢恩，遂升阶，与公卿观者皆坐。酒数行，乃赴期集，又有曲江会题名席。(《新唐书》卷四十四《选举志上》)

至于同年,虽然李绛曾说:

> 同年乃九州四海之人,偶同科第,或登科然后相识,情于何有?(《资治通鉴》卷二百三十八《唐纪》宪宗元和七年)

其实,这是李绛强辩之辞,唐时,同年固有密切关系,举两例言之。

> 萧俛与皇甫镈及令狐楚同年登进士第,镈援楚作相,二人双荐俛于上。(《旧唐书》卷一百七十二《萧俛传》)
>
> 赵隐、高璩知政事,与彦昭同年进士,荐彦昭长于治财赋……召为吏部侍郎,充诸道监铁转运使。(《旧唐书》卷一百七十八《崔彦昭传》)

所谓牛党,其中心人物便是以同年为基础的。

> 杨嗣复与牛僧孺、李宗闵皆权德舆贡举门生,情义相得,进退取舍,多与之同。(《旧唐书》卷一百七十六《杨嗣复传》)

这个时候,倘令仕进之路不塞,任何人士均能利用自己的才识,以取得才识相当的地位,则朋党之争也许不会发生。但是唐代文化颇见发达,贞观时代,单单京师一地,学生已有八千余人。

> 太宗既即位……尽召天下惇师老德,以为学官……广学舍千二百区,三学(国学、太学、四门学)益生员,并置书算二学,皆有博士,大抵诸生员至三千二百……文治熠然勃兴,于是新罗、高昌、百济、吐蕃、高丽等群酋长并遣子弟入学,鼓箧踵堂者凡八千余人,纡侈袂,曳方履,闾闾秩秩,虽三代之盛所未闻也。(《新唐书》卷一百九十八《儒学传序》)

文化发达,生员增加,当然不免仕进路塞。李珏说:

贞元中，仕进路塞，所以有才之人或托迹他所。(《旧唐书》卷一百七十三《李珏传》)

托迹他所，尚可以相安无事。然而吾国士大夫乃以干禄为目标，所以士人过剩，若不能升之于朝，任之以职，往往引起政治问题。唐时，举士与举官分为二途，礼部举士，吏部举官，凡试于礼部及第者，尚须再试于吏部，中者才授之以官。士人学子试于礼部而被淘汰者，不知凡几焉。韩愈说：

天下之以明二经举于礼部者，岁至三千人，始自县考试，定其可举者，然后升于州若府，其不能中科者，不与是数焉。州若府总其属之所升，又考试之如县，加察详焉，举其可举者，然后贡于天子，而升之有司，其不能中科者，不与是数焉，谓之乡贡。有司(礼部)总州府之所升而考试之，加察详焉，第其可进者，以名上于天子而藏之，属之吏部，岁不及二百人，谓之出身。(《文献通考》卷三十七《举官》)

明经碌碌，每年经县之初试、州府之覆考，而得试于礼部者共三千人，其及第不过二百人。二百人与三千人相比，固然是百分之十五，而与初试人数相比，相差必远。德宗贞元十八年五月敕，"明经、进士自今已后，每年考试所拔人，明经不得过一百人，进士不得过二十人，如无其人，不必要补此数"(《唐会要》卷七十六《缘举杂录》)。文宗太和八年，"诏礼部岁取进士登第者三十人，苟无其人，不必充其数"(《新唐书》卷四十四《选举志上》)。武宗会昌三年正月敕，"礼部所放进士及第人数，自今后，但据才堪即与，不要限人数每年止于二十五人"(《唐会要》卷七十六《进士》)。进士每年所取者不过二三十人，所以《通典》(卷十五《选举三》)云："其进士大抵千人得第者百一二，明经倍之，得第者十一二……其应诏而举者(即制举)，多则二千人，少犹不减千人，所收百才有一。"由此可知唐之考试，制举最难，进士次之，明经又次之。故及第进士有年过六七十者。例如：

昭宗天复元年,及第进士陈光问年六十九,曹松年五十四,王希禹年七十三,刘象先年七十,柯崇年六十四,郑希颜年五十九。(《文献通考》卷二十九《举士》)

而制举亦有年过古稀者。

　　张柬之中进士第,始调清源丞。永昌元年,以贤良召,时年七十余矣。对策者千余,柬之为第一,授监察御史。(《新唐书》卷一百二十《张柬之传》)

唯据《文献通考》(卷二十九《举士》)所载"唐登科记总目",每年及第之人,似以进士为多,玄宗开元元年进士七十一人,而平均则为二三十人。至于诸科,只唯中宗神龙二年三十九人,文宗太和二年三十六人,其余不过数人或十数人而已。所以马端临说:

　　记(唐登科记总目)所载逐年所取人数如此,则原未尝过百人……又明经及第者姓名尤为寥寥……岂登科记所载未备而难凭耶?(《文献通考》卷二十九《举士》)

总之,唐代以文词取人,而登科又甚艰难。文起八代之衰的韩愈,"四举于礼部乃一得,三举于吏部卒无成"(引自《十七史商榷》卷八十一《登第未即释褐条》)。黄巢屡举进士不第,终而为盗。

　　黄巢粗涉书传,屡举进士不第,遂为盗。(《资治通鉴》卷二百五十二唐僖宗乾符二年)

敬翔有经济之略,举进士不第,发愤投朱温。温恨得翔之晚,军谋政术一以咨之，卒能成就霸业。

  敬翔应三传（本传云：乾符中，举进士不第），数举不第，发愤投太祖（朱温），愿备行阵。(《旧五代史》卷十八《敬翔传》注引《五代史补》)

此两人之事都值得吾人注意。幸而及第于礼部，再试于吏部而被淘汰者，又不知凡几焉。

  时选人集者以万计，入等者六十四人。(《资治通鉴》卷二百十五《唐纪》玄宗天宝二年)

何况试于吏部而及第者，又未必就可以得官。高宗时刘祥道曾计算每年应补官吏人数，即每年吏部可以录取的入流人数。他说：

  今内外文武官一品以下九品以上一万三千四百六十五员，举大数，当一万四千人。壮室而任，耳顺而退，取其中数，不过支三十年，此则一万四千人支三十年而略尽。若年别入流者五百人，三十年便得一万五千人定数，顷者一万三千四百六十五人足充所须之数。况三十年之外，在官者犹多，此便有余，不虑其少。今年当入流者遂逾一千四百，计应须数外，常余两倍。又常选者仍停六七千人，更复年别新加，实非处置之法。(《唐会要》卷七十四《论选事》显庆二年)

但是唐时入流之法颇多，资荫就是一个方法（例如郑覃、李德裕都以荫补校书郎），"官员有数，而入流无限，以有数供无限"，当然"人随岁积"(《唐会要》卷七十四《论选事》显庆二年)。肃宗时，"选人数千，补授无所，喧诉于朝"(《旧唐书》卷一百八《韦见素传》)。"选人一蹉跎，或十年不得官。"(《唐会要》卷七十五《选限》贞元八年)倘令选举公平，失意之人必不怨愤。顾大公无私，人情所难，有司铨选难免上下其手。高宗时，吏部选人已如魏玄同所说：

> 为人择官，为官择利，顾亲疏而下笔，看势要而措情。(《旧唐书》卷八十七《魏玄同传》)

中宗时，膏粱子弟虽罕才艺，亦居美职。萧至忠说：

> 才者莫用，用者不才……窃见宰相及近侍要官子弟多居美爵，此并势要亲戚，罕有才艺，递相嘱托，虚践官荣。(《旧唐书》卷九十二《萧至忠传》)

开元初年为盛唐郅治之世，而吏部选人尚有舞弊之事①。

> 开元初，有人密告玄宗，今岁吏部选叙太滥，县令非材，全不简择。及县令谢官日，引入殿庭问安，人策一道，试者二百余人，独济(韦济)策第一，或有不书纸者。擢济为醴泉令，二十余人还旧官，四五十人放归习读。(《旧唐书》卷八十八《韦思谦传》)

中唐以后，吏部铨选更见腐化。敬宗时，寒素之士有待选十余年，快要得官了，又遇敕授别人。

> 宝历二年，吏部奏，近者入仕岁增，申阙日少……贫弱者冻馁滋甚，留滞者喧诉益繁，至有待选十余年，裹粮千余里，累驳之后，方敢望官，注拟之时，别遇敕授。(《唐会要》卷七十四《论选事》)

人均有生存欲望，因冻馁而喧诉，喧诉无效，自必结为朋党，攻讦当道，设

---

① 天宝一载春，御史中丞张倚男奭参选。晋卿(吏部侍郎苗晋卿)与遥(宋遥，亦为吏部侍郎)以倚初承恩，欲悦附之。考选人判等凡六十四人，分甲乙丙科，奭在其首。众知奭不读书，论议纷然……玄宗大集登科人御花萼楼亲试，登第者十无一二，而奭手持试纸，竟日不下一字，时谓之曳白。见《旧唐书》卷一百十三《苗晋卿传》。

法引起政变,以打开一个新局面,幸而成功,在野者固然弹冠相庆,在朝者不免离职高蹈。但是下台的人岂肯甘心,势又锐意报复,俄而此庸矣,俄而又黜矣,俄而此退矣,俄而又进矣。一起一仆,仇怨愈深。这种政治环境加上进士与明经门户之见,遂使唐代发生朋党之祸。

专制时代的朋党与民主时代的政党不同,政党必有政见,政党为了实行其政见,必须取得政权,政权能否得到,则取决于民众的向背。凡事取决于民众者,不能不服从民意,所以政党的政见是以民意为基础的。朋党没有确定的政见,而只有夺取政权的意欲,而政权能否得到,则取决于天子的爱憎。凡事取决于天子者,不能不献媚于天子。天子身居九重之内,朝夕所见者不过宫嫔宦官。宫嫔宦官可用单言片语,移转人主之意,所以献媚于天子者,又不能不谄事宫嫔,勾结宦官。代宗时,李辅国"权倾海内",元载之得为相,乃依辅国之荐。"辅国死,载复结内侍董秀,多与之金帛。以是上有所属,载必先知之,承意探微,言必玄合,上益信任之。"(《旧唐书》卷一百十八《元载传》)顺宗时王叔文一派也是内与宫嫔牛昭容、宦官李忠言勾结,而后才得操弄国权。

> 王叔文以棋待诏……德宗诏直东宫,太子(顺宗)……重之,宫中事咸与参订……而士之欲速进者率谐附之,若韦执谊、陆质、吕温、李景俭、韩晔、韩泰、陈谏、柳宗元、刘禹锡为死友,而凌准、程异又因其党进……顺宗立,不能听政,深居施幄坐,以牛昭容、宫人李忠言侍侧,群臣奏事,从帷中可其奏。王伾(左散骑常侍、翰林待诏)密语诸黄门,陛下素厚叔文,即……拜起居郎翰林学士。大抵叔文因伾,伾因忠言,忠言因昭容,更相依仗。伾主传受,叔文主裁可,乃授之中书执谊(尚书左丞同中书门下平章事)作诏文施行焉。(《新唐书》卷一百六十八《王叔文传》)

宪宗时,李吉甫为相,也曾与宦官吐突承璀交通,而求其奥助①。

---

① 《新唐书》卷二百一《元义方传》,元义方历虢商二州刺史、福建观察使,中官吐突承璀闽人也,义方用其亲属为右职。李吉甫再当国,阴欲承璀奥助,即召义方为京兆尹。

> 中官吐突承璀自藩邸承恩宠，为神策护军中尉……恩宠莫二……时议者以李吉甫通于承璀。(《旧唐书》卷一百六十四《李绛传》)

穆宗时，李逢吉一派之能肆志无所惮，也是因为宦官王守澄为其后援。

> 穆宗即位……李逢吉于帝有侍读之恩，遣人密结幸臣，求还京师(时为襄州刺史、山南东道节度使)。长庆二年，召为兵部尚书……代裴度为门下侍郎平章事……翼城人郑注以医药得幸于中尉王守澄，逢吉令其从子仲言(即李训)赂注，求结于守澄。仲言辩谲多端，守澄见之甚悦，自是逢吉有助，事无违者。敬宗初即位，年方童卯，守澄从容奏曰，陛下得为太子，逢吉之力也……朝士代逢吉鸣吠者，张又新、李续之、张权舆、刘栖楚、李虞、程昔范、姜洽、李仲言，时号八关十六子。又新等八人居要剧，而胥附者又八人，有求于逢吉者，必先经此八人，纳赂无不如意者。(《旧唐书》卷一百六十七《李逢吉传》)

所谓朋党必须两派对立而互相攻讦。长庆(穆宗)、宝历(敬宗)年间，李逢吉一派结为八关十六子，而以排斥裴度为事，裴度并未曾结党反抗，故尚不能称为朋党之争。唐时真正的朋党乃是牛李党①。牛党以牛僧孺、李宗闵为领袖，李党以李德裕、郑覃为领袖。牛僧孺、李宗闵由进士出身，李德裕、郑覃均以荫补，又均精于经义，所以今人有谓牛李之争为进士派与经学派之争。但是李党之中出身于进士者为数不少，如陈夷行、李绅、李回、李让夷等是。

---

① 赵翼谓"唐时牛李之党，论者皆谓牛僧孺、李德裕互相仇怨，各植私党也。然《唐书》传赞云：僧孺、宗闵既当国，排击所憎，权震天下，人指曰牛李，则当时所云牛李乃谓牛僧孺及李宗闵，而非德裕也……《杨汝士传》，汝士为虞卿弟，牛李待之甚厚，益可见牛李之李乃宗闵，而非德裕矣。若以李为德裕，则僧孺、德裕方相仇，乃又俱善待汝士乎？《通鉴》，德裕出为浙西观察使，八年不迁，以为李逢吉排己，而引牛僧孺为相，由是牛李之怨益深。此李又指逢吉，然谓德裕之怨逢吉、僧孺也"(《陔余丛考》卷二十《牛李非李德裕》)。此亦一说，依《唐书》，也许牛李党之李非指李德裕；依《通鉴》，"牛李之怨愈深"之李，则指李德裕甚明。哪有李逢吉引牛僧孺为相，而又结怨愈深？

两派发生斗争乃开始于李吉甫为相之时。

> 初吉甫（德裕父）在相位，时牛僧孺、李宗闵应制举直言极谏科。二人对诏，深诋时政之失。吉甫泣诉于上前，由是考策官皆贬……元和初，用兵伐叛……吉甫经画，欲定两河，方欲出师而卒。继之武元衡、裴度，而韦贯之、李逢吉沮议，深以用兵为非，而韦李相次罢相，故逢吉常怨吉甫、裴度（《新唐书》卷一百八十《李德裕传》云，故追衔吉甫而怨度）。而德裕于元和时久之不调，而逢吉、僧孺、宗闵以私怨恒排摈之……逢吉代裴度为门下侍郎平章事，既得权位，锐意报怨。时德裕与牛僧孺俱有相望，逢吉欲引僧孺，惧……德裕（时在翰林院）禁中沮之……出德裕为浙西观察使，寻引僧孺（时为御史中丞）同平章事，由是交怨益深。（《旧唐书》卷一百七十四《李德裕传》，参阅卷一百七十二《牛僧孺传》、卷一百七十《李宗闵传》）

即牛僧孺为相（穆宗宝庆三年）乃在李德裕之前，自是两派"纷纭排陷，垂四十年"（《旧唐书》卷一百七十六《李宗闵传》）。两派之能秉持朝政，似与阉宦有关。牛僧孺虽然端正，

> 牛僧孺贞方有素，人望式赡。（《旧唐书》卷一百七十二《牛僧孺传》）

而其两次为相（第一次在穆宗长庆三年，第二次在文宗太和四年），均间接与阉宦有关。第一次为相由于李逢吉之汲引，而李逢吉则以王守澄为后援。第二次入相由于李宗闵之推荐（文宗太和三年，"李宗闵辅政，屡荐僧孺有才，不宜居外"，见《旧唐书》卷一百七十二《牛僧孺传》），而李宗闵为相，亦得力于阉宦之助。

> 太和三年，裴度荐（德裕）才堪宰相，而李宗闵以中人助，先秉政，且得君，出德裕为郑滑节度使，引僧孺协力，罢度政事。（《新唐书》卷一百八十《李德裕传》）

李德裕人格高尚，

> 李德裕以器业自负，特达不群……奖善嫉恶。(《旧唐书》卷一百七十四《李德裕传》)

而其人秉朝政，则与阉宦有直接关系。

> 李德裕在淮南，敕召监军杨钦义，人皆言必知枢密，德裕……一旦独延钦义，置酒中堂，情礼极厚，陈珍玩数床，罢酒，皆以赠之，钦义大喜过望……其后钦义竟知枢密，德裕柄用，钦义颇有力焉。胡三省注云，史言李德裕亦不免由宦官以入相。(《资治通鉴》卷二百四十六《唐纪》文宗开成五年)

一切党人均与宦官交结，朝臣欲得宦官之助，宦官也欲得朝臣之助，于是宦官的争权便影响于外朝，外朝党派每随宦官党派的胜负，俄而此庸矣，俄而又黜矣，俄而此进矣，俄而又退矣。党争激烈，用人则不别贤顽，凡是己党的人，皆曲为袒护。请看文宗对李石的话。

> 从前宰相用人，有过，曲为蔽之，不欲人弹劾，此大谬也。(《旧唐书》卷一百七十二《李石传》)

别党所称褒者必排挤之，别党所反对者必拔擢之。

> 太和九年，李让夷拜谏议大夫，开成元年……起居舍人李褒有痼疾，请罢官，宰臣李石（孤立派）奏阙官。上曰，褚遂良为谏议大夫，尝兼此官，卿可尽言今谏议大夫姓名。石遂奏李让夷、冯定、孙简、萧倣。帝曰，让夷可也。李固言欲用崔球、张次宗。郑覃曰……不可用朋党，如李让夷臣不敢有纤芥异论……以郑覃此言，深为李珏、杨嗣复所恶，终文宗世，官不达。及李德裕秉政，骤加拔擢……拜中书侍郎同平章事。(《旧唐

书》卷一百七十六《李让夷传》)

凡用一人，必求恩自己出，使其愿为自己党与，否则虽素所亲善，亦不惜因事贬黜之。

  右散骑常侍柳公权素与李德裕善，崔珙奏为集贤学士判院事。德裕以恩非己出，因事左迁公权为太子詹事。(《资治通鉴》卷二百四十六《唐纪》武宗会昌二年)

议政则不辨是非，凡是别党主张，必极力诋毁。

  李固言与杨嗣复、李珏善，故引居大政，以排郑覃、陈夷行。每议政之际，是非锋起，上不能决也。(《资治通鉴》卷二百四十六《唐纪》文宗开成三年)

国家政事无一不求其可供为己党之用。李德裕、郑覃长于经学，牛僧孺、李宗闵由进士出身。李德裕秉政，曾奏罢进士试诗赋。

  七年二月，以兵部尚书李德裕同平章事……秋七月……李德裕请……进士试论议，不试诗赋……八月……进士停试诗赋。(《资治通鉴》卷二百四十四《唐纪》文宗太和七年)

李宗闵当国，又奏复进士试诗赋。

  八年冬十月，以李宗闵为中书侍郎同平章事……贡院奏进士复试赋，从之。(《资治通鉴》卷二百四十五《唐纪》文宗太和八年)

党人成于下，主听乱于上，所以文宗才说：

文宗以二李朋党，绳之不能去，尝谓侍臣曰，去河北贼易，去此朋党实难。(《旧唐书》卷一百七十六《李宗闵传》)

唐在穆宗以前，宦官犹不过社鼠城狐窃弄威福而已。元和弑逆之后，宦官之势可以逼主，他们不是假宠窃灵，挟主势以制下，而是权反在人主之上，居肘腋之地，为腹心之患，即人主废立亦在掌握中。宦官是皇室的敌人、朝廷的敌人、国家的敌人，这个时候，朝中大臣乃无一人愿为窦武、陈蕃，任何朋党均欲交结宦官，以求平章政事。元和弑逆，李逢吉因王守澄而为相。敬宗被弑，牛党因"有宦官之助"而秉政，仇士良废太子而立武宗，李党却乘机取得政权。宦官每次构乱，在朝者沉默无声，在野者乃弹冠相庆，在这种情况之下，皇帝虽然痛恨宦官，亦必不能假朝臣以成事，皇帝欲剪除宦官，只有擢用新进孤立之人。

文宗自德裕、宗闵朋党相倾，太和七年已后，宿素大臣疑而不用，意在擢用新进孤立，庶几无党，以革前弊。(《旧唐书》卷一百七十二《李石传》)

其实，太和五年，文宗以宋申锡为宰相，令其剪除宦官，已经着目于申锡"不趋党与"(《旧唐书》卷一百六十七《宋申锡传》)。五年，申锡失败，"自宰相大臣，无敢显言其冤"。牛僧孺虽有"申锡殆不至此"之言(《资治通鉴》卷二百四十四唐文宗太和五年)，然亦不敢评及宦官。八年，文宗又用李训，李训不是牛党，也不是李党，他是李逢吉的从子，逢吉与王守澄交结，训友郑注又是王守澄的幕宾，其身可以说是阉党，当然熟悉阉宦的隐秘。所以期年之间，就能够杖杀陈弘志，鸩死王守澄，尽诛元和逆党，文宗称之为"天下奇才"(《新唐书》卷一百七十九《李训传》赞)，询非虚誉。当时朝臣大半与阉宦有连，训既诛杀王守澄，遂欲扫清外朝，驱逐朋党。凡朝臣与二李有关系者，皆贬黜之。

李训、郑注疾德裕，共訾短之，乃罢德裕……训、注劾宗闵异时阴结……宦者韦元素、王践言等求宰相，且言……践言监军剑南，受德裕赇,复与宗闵家私,乃贬宗闵潮州司户参军事……时训、注欲以权市天下,凡不附己者皆指以二人党,逐去之,人人骇栗……帝乃诏宗闵、德裕姻家门生故吏,自今一切不问,所以慰安中外。(《新唐书》卷一百七十四《李宗闵传》)

外朝既清,又转向内廷,欲尽诛宦官,于是遂有太和九年甘露事变。甘露事变不是李训失败,而是文宗失败。然而牛李二党因恨李训,又畏宦官,不但不敢制止宦官之横,甚者且以李训之失败引为快事。果然,李训失败之后,开成年间牛李二党参差并进。这个时候,"仇士良愤文宗与李训谋,屡欲废帝"(《新唐书》卷二百七《仇士良传》),文宗地位能够保全,却恃藩镇的刘从谏。

  昭义节度使刘从谏上表言……训等实欲讨除内臣两中尉,自为救死之谋,遂致相杀,诬以反逆,诚恐非辜。设若宰臣实有异图,当委之有司,正其刑典。岂有内臣擅领甲兵,恣行剽劫,延及士庶,横被杀伤,流血千门,僵尸万计,搜罗枝蔓,中外恫疑?臣欲身诣阙庭,面陈臧否,恐并陷孥戮,事亦无成。谨当修饰封疆,训练士卒,内为陛下心腹,外为陛下藩垣,如奸臣难制,誓以死清君侧……刘从谏……暴扬仇士良等罪恶……时士良等恣横,朝臣日忧破家。及从谏表至,士良等惮之。由是郑覃、李石粗能秉政,天子倚之,亦差以自强。(《资治通鉴》卷二百四十五《唐纪》文宗开成元年)

按牛李之争酝酿于元和年间,而结束于宣宗即位任用白敏中为相之时。其党争最激烈者莫如文宗一世。穆、敬时代,牛党为盛;太和年间,牛党尚强;开成以后,两党并进;武宗即位,李党独霸。两党势力之盛衰似与宦官王守澄、仇士良颇有关系。在宦官之中,自元和弑逆而至太和九年(王守澄赐鸩死),王守澄势力最大;自甘露事变而至会昌三年(仇士良致仕),仇士良势力最大。我们固然不敢说,牛党依王守澄而秉政,李党依仇士良而执权。但是王守澄利用牛党抵制李党(宪宗时,李吉甫因与吐突承璀交结,而得平章政事,王守澄则与承璀争权而卒杀之),仇士良利用李党以抵制牛党(文宗崩,仇士良废太子成美,而立武宗,这是李珏所反对的),则为事实。到了武宗崩殂,情形又不同了。自甘露事变发生之后,宦官渐能知道外朝之不足恃。文宗由王守澄迎立,李训依王守澄入相;武宗由仇士良迎立,李党依仇士良入相,而他们做了皇帝,做了宰相之后,竟然驱逐甚而至于鸩死"定策国老",这由宦官看来,当然认为"负心门生"。所以武宗晏驾,宦官不分党派,一致在左军中尉马元贽指挥之下,密于宫中定策,废皇子,迎立皇叔,这对于宰相李德裕当然是一种示威运动。所以宣宗即位之后,李德裕寻即罢相,代之入相者则为白敏中。

白敏中为白居易的从弟,登进士第,文词不减其兄。武宗雅闻居易名,欲召用之。宰相李德裕"素恶居易",乃言居易衰病,不任朝谒,敏中文词类其兄,而有器识。即日召入翰林为学士,进承旨。(《资治通鉴》卷二百四十六唐武宗会昌二年,参看《新唐书》卷一百十九《白敏中传》)及武宗崩,德裕失势,敏中乘上下之怒,竭力排之,凡德裕所薄者皆不次用之(《资治通鉴》唐宣宗大中元年,参看《旧唐书》卷一百七十六《马植传》)。敏中不是牛党,也不是李党。两党要人死亡殆尽,牛李之争随之结束。当牛李争权之际,"阉寺专权,胁君于内,弗能远也。藩镇阻兵,陵慢于外,弗能制也。士卒杀逐主帅,拒命自立,弗能诘也"(《资治通鉴》卷二百四十四唐文宗太和六年臣光曰)。阉寺愈横,藩镇愈强,而宦官益与朝士交恶,"南北司如水火"(《资治通鉴》卷二百四十九唐宣宗大中八年),各挟藩镇以自重,宦官与朝士之争变为藩镇与藩镇的火拼,于是统一之局又渐次演变为割据。

第七节
军备废弛与外敌之患

府兵之制寓兵于农。唐承丧乱之后，户口锐减，贞观初年，户不及三百万（《新唐书》卷五十一《食货志一》），地广人寡，乃用均田制度，处理荒地。民年十八以上受田一顷，二十为兵，六十老而免，无事安居田亩，国家有事征发。全国的人都是有田可受，便是全国的人都是农民；全国的人都是农民，就是全国的人都是兵士。但是全国的人既然都是有田可受，则社会上没有无田的人，因之劳动力便发生了问题。农民从军，土地不免荒芜，为了解决这个困难，于是又有奴隶制度。由此可知府兵之制能够实行，须有两个条件：一是国家有过剩的公田可以分配农民，二是社会有许多奴隶能够代替农民耕垦。这两个条件缺少其一，府兵之制，在当时生产技术之下，必定破坏。

唐代奴隶以战争的俘虏为最大来源，所以战争乃是生产奴隶的一个重要方法。但是战争须用兵士，而最良的兵士又莫如农民。农民在露天的地方，寒暑交迫，日晒雨淋，不断地劳苦工作，最能忍受战争的苦痛。至于都市的游民，惯于嬉戏，狎于欢乐，聆敌则慑骇夺气，闻战则辛酸动容。临阵不至脱逃，已经可嘉，而欲令其陷阵杀敌，以攘寇患，自属难能。所以农民的减少便是军队的减少，而军队的减少又是奴隶生产的减少。不幸，唐自高宗以后，豪富兼并，农民失去土地者已经不少。

> 永徽……后，豪富兼并，贫者失业。（《新唐书》卷五十一《食货志一》）

而升平既久，户口又不断地增加起来，开元、天宝之间，全国户口比之高宗时代，约多一倍以上。

> 大唐贞观户不满三百万……永徽元年……户三百八十万……开元二十年，户七百八十六万一千二百三十六、口四千五百四十三万一千二百六十五。天宝元年，户八百三十四万八千三百九十五、口四千五百三十一万一千二百七十二……十四载，管户总八百九十一万四千七百九，管口总五千二百九十一万九千三百九，此国家之极盛也。（《通典》卷七《历代盛衰户口》）

前此地广人寡，现在地狭人众，均田制度已难维持，许多农民均被排斥于农村之外，变为游民，单单京师一隅之地，游民已经不少。

> 京师游手数千万家。（《新唐书》卷五十二《食货志二》）

游民增加，就是农民减少；农民既然减少，军队不免寡弱，而天下承平日久，军备颇见废弛。

> 天宝末，天子以中原太平，修文教，废武备，销锋镝，以弱天下豪杰。于是挟军器者有辟，蓄图谶者有诛，习弓矢者有罪，不肖子弟为武官者，父兄摈之不齿。惟边州置重兵，中原乃包其戈甲，示不复用，人至老不闻战声。六军诸卫之士皆市人白徒。富者贩缯彩，食梁肉，壮者角抵拔河，翘木扛铁，日以寝斗，有事乃股栗不能受甲。（《唐会要》卷七十二《军杂录》）

由是战争由攻势变为守势，奴隶的生产随之停止，从而唐代兵制便于开

元十一年改征为募,募集都市游民,以为军队。这种军队的战斗力如何?郭子仪说:

> 六军之兵素非精练,皆市肆屠沽之人,务挂虚名,苟避征赋,及驱以就战,百无一堪,亦有潜输货财,因以求免。(《旧唐书》卷一百二十《郭子仪传》)

至其军纪之坏,只看天子的禁军,就可以知道。

> 禁军恃恩骄横,侵暴百姓,陵忽府县,至诟辱官吏,毁裂案牍。府县官有不胜忿而刑之者,朝笞一人,夕贬万里。由是府县虽有公严之官,莫得举其职。市井富民往往行赂,寄名军籍,则府县不能制。(《资治通鉴》卷二百三十三唐德宗贞元七年)

军队如斯腐化,其比较精锐,尚堪一战者,最初犹有边兵。安史构乱,塞上精兵皆调入讨贼。

> 塞上精兵皆选入讨贼,惟余老弱守边。(《资治通鉴》卷二百十八《唐纪》肃宗至德元年)

他们既入中原之后,受到熏染,也渐次腐化起来。国家无可用之兵,不能不借胡骑,以靖内难。肃宗用回纥灭安史,德宗用吐蕃讨朱泚,僖宗用沙陀平黄巢。而其结果,无不引起外寇冯陵。唐代武功虽然超过秦汉,而蛮夷猾夏却前后继续不绝,最初有突厥,其次有吐蕃,其次有回纥,最后有南诏。宋祁曾说:

> 唐兴,蛮夷更盛衰,尝与中国抗衡者有四,突厥、吐蕃、回鹘、云南(南诏)是也……凡突厥、吐蕃、回鹘以盛衰先后为次……终之以南蛮,记唐所由亡焉。(《新唐书》卷二百十五上《突厥传》序)

漠北民族都以游牧为生，而其人种又不统一，一个民族受了痛击，而至于不能立国，往往发生分化，一部远遁，其余降附。在最初降附之时，尚肯朝贡，而尽外臣之礼。到了休养生聚，势力稍大，又乘中国多事之秋，频频入寇。纵令国家歼灭其种，而其地碛卤，又非农耕民族所能移住。所以一个种族歼灭了之后，又来一个种族，盘踞其地，渐次发展，终而成为国家之祸。这便是中国自有历史以来，累受漠北民族冯陵的原因。

当太宗讨平突厥之际，吐蕃已经崛起于西方，它是勇敢善战的民族。

> 吐蕃者本汉西羌之种也，不知有国之所由……其俗……重兵死，恶病终，以累世战没者以为甲门。临阵奔逃者，悬狐尾于其首，表其似狐之怯。（《唐会要》卷九十七《吐蕃》）

其经济似在半农耕半游牧之间。

> 其地气候大寒，不生粳稻，有青稞麦、豌豆、小麦、乔麦，畜多牦牛猪犬羊马……其人或随畜牧，而不常厥居，然颇有城郭。（《旧唐书》卷一百九十六上《吐蕃传》）

唐定都长安，西北一带为国防要地。自突厥灭亡之后，中国最大敌人乃是吐蕃，其次为回纥。太宗不想蹶吐蕃之牙，而欲犁高丽之庭。吐蕃坐大，入寇松州，太宗只能用和亲政策，以救安边境。

> 贞观十三年八月，吐蕃寇松州。（《新唐书》卷二《太宗纪》）
> （贞观）十五年，妻（吐蕃赞普弄赞）以宗女文成公主。（《新唐书》卷二百十六《吐蕃传》）

但是太宗对付吐蕃，并不是毫无政策。吐蕃必须收属西域，然后才成其大。而欲侵略中国，又须越过吐谷浑，方至河西之地。太宗为了隔断吐蕃与西域的交通,就置安西四镇。

安西四镇表①

国名	设镇史略
龟兹	贞观二十二年,阿史那社尔破之,掳其王而还,乃于其地置都督府。
于阗	贞观二十二年,内附。上元二年,置都督府。
焉耆	贞观十八年,左卫大将军郭孝恪灭之。上元中,置都督府。
疏勒	贞观九年,内附。上元中,置都督府。

又为了断绝吐蕃入寇之路,就平定吐谷浑,使其臣属于唐。

贞观八年,吐谷浑伏允可汗老耄,其臣天柱王用事,数入塞侵盗……上以李靖为西海道行军大总管,节度诸军讨之。九年,李靖袭破伏允牙帐,伏允子顺杀天柱王来降,伏允为左右所杀。国人立顺为可汗,诏以为西平王。后顺为国人所杀,上遣侯君集将兵立其子诺曷钵为可汗。(《唐会要》卷九十四《吐谷浑》)

高宗即位,"无远略"(《新唐书》卷二百十六上《吐蕃传上》),不知当时国际形势,动师十数万众,往讨高丽,高丽降服,而吐蕃之祸接踵而来,既失四镇,又失吐谷浑。

高宗嗣位……吐蕃大入,焉耆以西四镇城堡并为贼所陷。(《旧唐书》卷一百九十八《龟兹传》)

高宗嗣位……吐谷浑与吐蕃互相攻伐,各遣使请兵救援,高宗皆不许之。吐蕃大怒,率兵以击吐谷浑……高宗遣右威卫大将军薛仁贵等救吐谷浑,为吐蕃所败,于是吐谷浑遂为吐蕃所并。(《旧唐书》卷一百九十八《吐

---

① 据《旧唐书》卷四十《地理志三》。

谷浑传》）

武后时，克复四镇，其地如何重要，可看崔融之言。

> 武后时……诏右鹰扬卫将军王孝杰为武威道行军总管……击吐蕃，大破其众，复取四镇，更置安西都护府于龟兹，以兵镇守。议者请废四镇勿有也。右史崔融献议曰……太宗文皇帝践汉旧迹，并南山，抵葱岭，剖裂府镇，烟火相望，吐蕃不敢内侮。高宗时，有司无状，弃四镇不能有，而吐蕃遂张，入焉耆之西，长鼓右驱，逾高昌，历车师，钞常乐，绝莫贺延碛，以临燉煌。今孝杰一举而取四镇，还先帝旧封，若又弃之，是自毁成功，而破完策也。夫四镇无守，胡兵必临西域，西域震，则威憺南羌，南羌连衡，河西必危。且莫贺延碛袤二千里，无水草，若北接虏，唐兵不可度而北，则伊西、北庭、安西诸蕃尽亡。议乃格。（《新唐书》卷二百十六上《吐蕃传上》）

由此可知唐时西域实和汉时西域一样，国家能够控制西域，一可以断绝吐蕃的财政来源，二可以威胁南羌，使其不敢与吐蕃连衡。唯唐与四镇，又以小勃律国为门户。

> （开元）十年，（吐蕃）攻小勃律国，其王没谨忙诒书北庭节度使张孝嵩曰，勃律，唐西门，失之，则西方诸国皆堕吐蕃，都护图之。孝嵩听许，遣疏勒副使张思礼以步骑四千，昼夜驰，与谨忙兵夹击吐蕃……复九城故地……吐蕃每曰，我非利若国，我假道攻四镇尔。（《新唐书》卷二百十六上《吐蕃传上》）

开元末，小勃律与吐蕃和亲，于是"西北二十余国皆为吐蕃所制，贡献不通"，但是不久之后，玄宗就命高仙芝讨平之（《旧唐书》卷一百四《高仙芝传》）。终唐之世，能够保全勃律，屏蔽四镇，四镇未曾沦陷，所以吐蕃虽强，尚不能收用西域，以成其大。只因吐谷浑不能克复，所以连岁寇边，而唐则每战辄败。

> 咸亨元年，吐谷浑全国尽没……自是吐蕃连岁寇边。(《旧唐书》卷一百九十六《吐蕃传》)

考其致败之故，府兵之法浸坏，而从军者又不能得到恩赏，实为重要原因。

> 贞观、永徽中，士战殁者皆诏使吊祭，或以赠官推授子弟。显庆后，讨伐恩赏殆绝，及破百济平壤，有功者皆不甄叙。州县购募，不愿行，身壮家富者，以财参逐，率得避免，所募皆伫劣寒惫无斗志。(《新唐书》卷一百八《刘仁轨传》)

安史构乱，边防空虚，吐蕃乘隙暴掠。代宗时，尽取陇右之地，且入长安。

> 安禄山乱，哥舒翰悉河陇兵，东守潼关，而诸将各以所镇兵讨难……边候空虚，故吐蕃得乘隙暴掠……陇右地悉亡，进围泾州，入之……又破邠州，入奉天……代宗幸陕……虏入长安，立广武王承宏为帝，改元，擅作赦令，署官吏，衣冠皆南奔荆襄，或逋栖山谷，乱兵因相攘钞，道路梗闭。(《新唐书》卷二百十六上《吐蕃传上》)

德宗时，朱泚作乱，吐蕃复劫平凉，破西陲。

> 朱泚之乱，吐蕃请助讨贼……初与虏约，得长安，以泾灵四州畀之。会大疫，虏辄引去。及泚平，责先约求地，天子薄其劳，第赐诏书，偿……帛万匹，于是虏以为怨。贞元二年，虏犯泾、陇、邠、宁，掠人畜，败田稼，内州皆闭壁。(《新唐书》卷二百十六下《吐蕃传下》)

吐蕃之祸迫在京畿,遂由李泌建议,定下环攻之计,使吐蕃所备者多,不攻自困。

> 李泌曰,臣能不用中国之兵,使吐蕃自困。上曰,计安出?对曰,臣未敢言之。上固问,不对,意欲结回纥、大食、云南,与共图吐蕃,令吐蕃所备者多,知上素恨回纥,故不肯言。(《资治通鉴》卷二百三十二《唐纪》德宗贞元三年七月)

> 李泌曰,愿陛下北和回纥,南通云南,西结大食、天竺,如此,则吐蕃自困。上曰,三国当如卿言,至于回纥,则不可。泌曰,臣固知此,所以不敢早言,为今之计,当以回纥为先,三国差缓耳。上曰,所以招云南、大食、天竺奈何?对曰,回纥和,则吐蕃已不敢轻犯塞矣。次招云南,则是断匈奴之右臂也。大食在西域为最强,自葱岭尽西海,地几半天下,与天竺皆慕中国,代与吐蕃为仇,臣故知其可招也。(《资治通鉴》卷二百三十三《唐纪》德宗贞元三年九月)

其实,在李泌建议之时,吐蕃已经受了三国包围,兵众浸弱。何以见呢?李泌之计建议于贞元三年九月。贞元二年十一月,韩滉入朝。三年二月,薨。当其入朝之时,曾说:

> 吐蕃盗河湟久,近岁浸弱,而西迫大食,北抗回鹘,东抗南诏,分军外战,兵在河陇者不过五六万。若朝廷命将,以十万众城凉鄯洮渭,各置兵二万为守御。臣请以本道财富馈军,给三年费,然后营田积粟,且耕且战,则河陇之地可翘足而复。帝善其言。(《新唐书》卷一百二十六《韩滉传》)

考之历史,吐蕃确曾受了大食的牵制,

> 贞元中,大食与吐蕃为勍敌,蕃军大半西御大食,故鲜为边患,其力不足也。(《旧唐书》卷一百九十八《大食传》)

而南诏脱离吐蕃,则为韦皋招徕之功。

> 剑南节度使韦皋以云南蛮众数十万,与吐蕃和好,蕃人入寇,必以蛮为前锋。贞元四年,皋遣判官崔佐时入南诏蛮,说令向化,以离吐蕃之助……其王忻然接遇,请绝吐蕃,遣使朝贡……南蛮自巂州陷没,臣属吐蕃,绝朝贡者二十余年,至是复通。(《旧唐书》卷一百四十《韦皋传》)

吐蕃既受包围,势力已经锐减。会昌年间,国内发生天灾,加之以内乱,于是奉表归唐,吐蕃之祸结束。

> 赞普死,以弟达磨嗣,达磨嗜酒好畋猎,喜内,且凶愎少恩,政益乱……自是国中地震裂,水泉涌,岷山崩,洮水逆流三日,鼠食稼,人饥疫,死者相枕藉……会昌二年,赞普死……无子,以妃綝兄之子乞离胡为赞普,始三岁,妃共治其国,大相结都那见乞离胡,不肯拜,曰赞普支属尚多,何至立綝氏子耶?哭而出,用事者共杀之,别将尚恐热……与宰相尚与思罗战……并其众至十余万,擒思罗,缢杀之……三年,国人以赞普立非是,皆叛去,恐热自号宰相……求册为赞普,奉表归唐,宣宗诏太仆卿陆耽持节慰劳……不勤一卒,血一刃,而河湟自归。(《新唐书》卷二百十六下《吐蕃传下》)

当吐蕃飞扬于西陲之际,回纥也雄张于漠北。回纥为游牧民族,其初臣属于突厥,突厥亡,降附于唐,唐以其地为六府七州,置燕然都护府(龙朔三年,更名瀚海。总章三年,更名安北。至德以后,谓之镇北)以统之。其后渐次强盛,斥地甚广,东极室韦,西金山,南控大漠,尽得古匈奴地。安史构乱,车驾屡迁,肃宗诱回纥以复京畿,代宗诱回纥以平河朔,回纥恃功,遂有轻唐之心,凭陵不已,朝廷只能忍耻和亲。计其为祸之烈,比之吐蕃,似有过而无不及。

> 肃宗于灵武即位……回纥遣其太子叶护领……兵马四千余众,助国讨逆……初收西京,回纥欲入城劫掠,广平王(代宗)固止之。及收东京,回纥遂入府库,收财帛于市井村坊,剽掠三日而止,财物不可胜计……宝应元年,代宗初即位,以史朝义尚在河洛,遣中使征兵于回纥,回纥……见荒城无戍卒,州县尽为空垒,有轻唐色……上以雍王适(德宗)为兵马元帅……回纥登里可汗营于陕州黄河北,元帅雍王领殿中监药子昂等从而见之,可汗责雍王不于帐前舞蹈,礼倨。子昂报云,元帅即唐太子也,太子即储君也,岂有中国储君向外国可汗前舞蹈? 相拒久之,回纥车鼻将军遂引药子昂、李进、韦少华、魏琚各榜捶一百,少华、琚因榜捶一宿而死,以王少年未谙事,放归本营……河北悉平……可汗……遣使……上表,贺收东京……代宗引见于内殿,赐彩二百段。初回纥至东京,以贼平,恣行残忍,士女惧之,皆登圣善寺及白马寺二阁以避之。回纥纵火焚二阁,伤死者万计,累旬火焰不止。及是朝贺,又纵横大辱官吏……东郡再经贼乱……比屋荡尽,人悉以纸为衣,或有衣经者。(《旧唐书》卷一百九十五《回纥传》)

回纥与吐蕃不同,吐蕃有领土野心。

> 贞元二年,吐蕃陷我盐州,初贼之来寇也,刺史杜彦光使以牛酒犒之。吐蕃谓曰,我欲州城居之,听尔率其人而去。彦光乃率众奔鄜州……吐蕃陷夏州,亦令刺史拓拔乾曜率众而去,复据其城。自是又寇银州,银州素无城壁,居民奔散,吐蕃亦弃之。(《唐会要》卷九十七《吐蕃》)

回纥所欲者不是土地,而是货财。战时劫掠,平时则用互市之法,以其所产的马,易唐所产的缯。

> 回纥有助收西京功,代宗厚遇之,与中国婚姻,岁送马十万匹,酬以

缣帛百万匹。(《新唐书》卷五十一《食货志一》)

互市本来是等价交换，即依同等的价格，以其所有，易其所无。但是回纥是强者，中国是弱者，回纥常用劣马易唐美缯。

> 乾元后，回纥恃功，岁入马取缯，马皆病弱不可用。(《新唐书》卷五十《兵志》)

而又擅定马价，强迫唐购买，所以互市于唐有害，于回纥有利。

> 回纥恃功，自乾元之后，屡遣使以马和市缯帛，仍岁来市，以马一匹易绢四十匹，动至数万马，其使候遣，继留于鸿胪寺者非一。蕃得帛无厌，我得马无用，朝廷甚苦之。(《旧唐书》卷一百九十五《回纥传》)

其唯一有利于唐者，则为回纥贪中原缯锦，不与吐蕃结约解仇，吐蕃受了牵制，不敢侵略边境而已。李绛说：

> 北狄、西戎素相攻讨，故边无虞。今回鹘不市马，若与吐蕃结约解仇，则将臣闭壁惮战，边人拱手受祸。(《新唐书》卷二百十七上《回鹘传》)

然而这种经济剥削又可使唐财力枯竭，由互市变为负债。

> 回纥岁送马十万匹，酬以缣帛百余万匹，而中国财力屈竭，岁负马价。(《新唐书》卷五十一《食货志一》)

德宗初年，唐所欠马值，达绢一百八十万匹。

> 源休奉使回纥，可汗使谓休曰，所欠吾马直绢一百八十万匹，当速归

之。(《旧唐书》卷一百二十七《源休传》)

同时尚有九姓胡者,随回纥到中原经商。商业的性质本来接近于劫掠,在国际市场,谁势力大,谁便可获利。九姓胡依靠回纥之势,其在中原经商,难免明劫暗掠,所以殖产甚厚。

> 始回纥至中国,常参以九姓胡,往往留京师,至千人,居贵殖产甚厚。(《新唐书》卷二百十七上《回鹘传》)

回纥以马易缯,破坏唐的财政;又使九姓胡经商,扰乱唐的市场。唐王朝受了回纥压迫,而国力薄弱,不能抗拒,于是遂同西汉初年一样,利用和亲政策以救边境的危急。然而无补于事,唐王朝不断地和亲,回纥不断地寇边。

回纥得了缯帛,娶了公主之后,风俗渐次败坏。

> 初回纥风俗朴厚,君臣之等不甚异,故众志专一,劲健无敌。及有功于唐,唐赐遗甚厚,登里可汗始自尊大,筑宫殿以居,妇人有粉黛文绣之饰,中国为之虚耗,而虏俗亦坏。(《资治通鉴》卷二百二十六《唐纪》德宗建中元年)

贾谊五饵之策果然奏效。这个时候回纥国势又发生变化,一方九姓胡叛变于内,劝唐屠杀回纥侨民。九姓胡脱离回纥,这是可以减少回纥的财力的。

> 德宗立……九姓胡劝可汗入寇……宰相顿莫贺达干曰,唐大国,无负于我……今举国远斗,有如不捷,将安归?可汗不听,顿莫贺怒,因击杀之,并屠九姓胡几二千人,即自立为可汗……九姓胡人惧,不敢归……献计于张光晟(代州都督),请悉斩回纥……光晟因勒兵尽杀回纥。(《新唐书》卷二百十七上《回鹘传》)

他方黠戛斯兴起于外,与回纥拿斗,二十年不解。黠戛斯与回纥拿斗,这是可以减少回纥的兵力的。

> 黠戛斯,古坚昆国也……贞观二十二年,遣使者献方物……帝以其地为坚昆府……乾元中,为回纥所破,自是不能通中国……而回纥授其君长阿热官……回纥稍衰,阿热即自称可汗……回纥遣宰相伐之,不胜,拿斗二十年不解。阿热恃胜,乃肆詈曰,尔运尽矣,我将收尔金帐,于尔帐前驰我马,植我旗。尔能抗,亟来,即不能,当疾去。回纥不能讨,其将导阿热破杀回纥可汗,诸特勒皆溃。(《新唐书》卷二百十七下《黠戛斯传》)

开成年间,回纥天灾流行。

> 开成四年,回纥岁饥,遂疫;又大雪,羊马多死。(《新唐书》卷二百十七下《回鹘传》)

而又内乱频生,于是回纥一蹶不振,南来附唐。

> 太和七年,萨特勒立……开成初,其相有安允合者……欲篡萨特勒可汗,萨特勒可汗觉,杀安允合。又有回鹘相掘罗勿者,拥兵在外,怨诛安允合,又杀萨特勒可汗,以馺馺特勒为可汗。有将军句录末贺恨掘罗勿,走引黠戛斯,领十万骑,破回鹘城,杀馺馺,斩掘罗勿,烧荡殆尽,回鹘散奔诸蕃……有近可汗牙十三部,以特勒乌介为可汗,南来附汉。(《旧唐书》卷一百九十五《回纥传》)

吐蕃、回纥虽然衰亡,而南诏之祸又复发生。南诏即古南蛮,蛮谓王为诏,其先渠帅有六,自号六诏,兵力相埒,不能相君长。其中蒙舍诏在诸部之南,故称南诏。开元末,南诏最强,其王归义厚赂剑南节度使王昱,求合六诏为一,制可。御戎之法,必须小其国而少其力,贾谊说:"力少则易使以义,国小则亡邪心。"(《汉书》卷四十八《贾谊传》)西汉时,羌人所以易制,以其种各有豪,不相统一。东汉时,羌人所以屡叛,以其解仇诅盟,内部团结。唐许南诏合并群蛮,这是唐的失策。

> 南诏本乌蛮别种也,夷语王为诏,其先渠帅有六,曰蒙嶲诏、越析诏、浪穹诏、澄睒诏、施浪诏、蒙舍诏,兵埒,不能相君……蒙舍诏在诸部南,故称南诏……开元末……天子诏赐南诏王名归义。当是时,五诏微,归义独强,乃厚以利啖剑南节度使王昱,求合六诏为一,制可。归义已并群蛮,遂破吐蕃,浸骄大,入朝,天子亦为加礼……遣中人册为云南王。(《新唐书》卷二百二十二上《南诏传》)

而边境大臣失于绥御,天宝中,南诏叛变,降于吐蕃。

> (天宝)七载,归义死,阁罗凤立,袭王……鲜于仲通领剑南节度使,卞忿少方略。故事,南诏尝与妻子谒都督,过云南,太守张虔陀私之,多所求丐。阁罗凤不应,虔陀数诟靳之,阴表其罪。由是怨怼,反,发兵攻虔陀,杀之,取姚州及小夷州凡三十二。明年,仲通自将出戎、嶲州,分二道,进次曲州、靖州。阁罗凤遣使者谢罪,愿还所房,得自新,且城姚州。如不听,则归命吐蕃,恐云南非唐有。仲通怒,囚使者,进薄白崖城,大败引还。阁罗凤敛战胔,筑京观,遂北臣吐蕃。(《新唐书》卷二百二十二上《南诏传》)

南诏投降吐蕃之后,吐蕃入寇,必以南诏为前锋。

> 云南蛮与吐蕃和好,蕃人入寇,必以蛮为前锋。(《旧唐书》卷一百四十《韦皋传》)

平时又向南诏,收税征兵。

> 吐蕃责赋重数,悉夺其险,立营候,岁索兵助防。(《新唐书》卷二百二十二上《南诏传》)

所以南诏投降吐蕃,既可以增加吐蕃的兵力,又可以增加吐蕃的财力,其间接有害于中国者甚大。但是吐蕃收税征兵,又令南诏厌苦。贞元中,剑南节度使韦皋遣使游说南诏,南诏复降于唐。

> 剑南节度使韦皋遣判官崔佐时入南诏蛮,说令向化……其王忻然接遇,请绝吐蕃,遣使朝贡。(《旧唐书》卷一百四十《韦皋传》)

吐蕃势分力散,不能为祸,而南诏却渐次强盛起来。南诏之能强盛,固然因为中国既衰,吐蕃亦弱,近邻国家均不足畏,而其肯改革内政,尤为致强之因。南诏改革内政可分两种,一是文化,这有恃于韦皋之助者甚大。

> 韦皋在西川……选群蛮子弟聚之成都,教以书数……业成则去,复以它子弟继之,如是五十年,群蛮子弟学于成都者殆以千数。(《资治通鉴》卷二百四十九《唐纪》宣宗大中十三年)

二是经济,太和中,南诏攻入成都,掠工技数万而归,自是南诏工文织,与唐埒。

> 太和三年,南诏悉众掩卭戎嶲三州陷之,入成都……掠子女工技数万,引而南……南诏自是工文织,与中国埒。(《新唐书》卷二百二十二中《南诏传》)

文化上、经济上均有进步,而武具又复精利。

> 初韦皋招南诏以破吐蕃,既而蛮诉以无甲弩,皋使匠教之。数岁,蛮

中甲弩皆精利。(《资治通鉴》卷二百五十二《唐纪》懿宗咸通十一年)

南诏强盛，寇边不已，南诏与中原相隔颇远，其兵力固然不能达到中原，唯蛮夷叛变，军队久戍，其间接影响于国家的财政和治安者却甚大。僖宗时，卢携豆、卢璪上言：

> 大中之末，府库充实。自咸通以来，蛮（南诏）两陷安南、邕管，一入黔中，四犯西川。征兵运粮，天下疲弊，逾十五年。租赋大半不入京师，三使内库由兹空竭（胡三省注云，度支、户部、盐铁谓之三使）。战士死于瘴疠，百姓困为盗贼，致中原榛杞，皆蛮故也。(《资治通鉴》卷二百五十三唐僖宗广明元年，参阅《新唐书》卷二百二十二中《南诏传》)

但是南诏以区区之地，而乃每岁出兵，自耗国力，所以唐虽疲，而南诏本身也衰弱下去。

> 南诏兵出无宁岁……屡覆众，国耗虚，蜀之役，男子十五以上悉发，妇耕以饷军……蛮益衰。(《新唐书》卷二百二十二中《南诏传》)

我们研究唐代历史，知道外患虽殷，而异族终亦灭亡。考其致亡之故，虽有三种，一是天灾，二是内乱，三是别一个民族兴起于其近邻，而户口太寡，不能与唐作长期战争，实为最大原因。西川节度使牛丛以书责南诏，中云：

> 今吾有十万众，舍其半未用，以千人为军，十军为部，骁将主之……我日出以一部与尔战，部别二番，日中而代，日昃一部至，以夜屯，月明则战，黑则休，夜半而代，凡我兵五日一杀敌，尔乃昼夜战，不十日，憊且死矣。(《新唐书》卷二百二十二中《南诏传》)

我众彼寡，而唐自至德以后，竟然对于外寇，一筹莫展，虽以南诏之小，亦尝备受其祸。这固然因为内乱不已,予外寇以可乘的机会,而府兵之制败坏,戍卒无战斗精神,亦不失为一个重要原因。开元年间,边将已有虚报边情、以邀功效之事。王晙说:

> 近者在边将士爰及安蕃使人,多作诔辞,不为实对,或言北虏破灭,或言降户安静,志欲自言功效,非有以徇邦家。(《旧唐书》卷九十三《王晙传》)

尤其甚者,守边将帅或刻取粮饷。

> 为将者刻薄自入,给帛则以疏为良,赋粟则以沙参粒,故边卒怨望。(《新唐书》卷二百十五上《突厥传》序)

或空报虚额。

> 边军徒有其数而无实,虚费衣粮,将帅但缘私役使,聚货财,以结权幸而已,未尝训练以备不虞。(《资治通鉴》卷二百三十九《唐纪》宪宗元和八年)

甚至于虐待戍卒,利其死,而没入其财。

> 山东戍卒多赍缯帛自随,边将诱之,寄于府库,昼则苦役,夜繋地牢,利其死,而没入其财。故自天宝以后,山东戍卒还者什无二三,其残虐如此。(《资治通鉴》卷二百三十二《唐纪》德宗贞元二年)

兼以朝廷对于边军又失统御之法,德宗时,陆贽曾举出六失,以为唐师每遇戎寇,无不败衄之原因,兹举六失如次。

一是措置乖方。中原之兵不习边事,令其往戍,人地已经不甚相宜。而旄帅身不临边,复选壮锐自随,其疲羸者方配诸镇,以守要冲。何怪寇戎每至,势不能支?

穷边之地千里萧条,寒风裂肤,惊沙惨目,与豺狼为邻伍,以战斗为嬉戏,昼则荷戈而耕,夜则倚烽而觇,日有剽害之虑,永无休暇之娱,地恶人勤,于斯为甚。自非生于其域,习于其风,幼而睹焉,长而安焉,不见乐土而不迁焉,则罕能宁其居而狎其敌也。关东之壤,百物阜殷,从军之徒尤被优养,惯于温饱,狎于欢康,比诸边隅,若异天地。闻绝塞荒陬之苦,则辛酸动容;聆强蕃劲虏之名,则慑骇夺气。而乃使之去亲族,舍园庐,甘其所辛酸,抗其所慑骇,将冀为用,不亦疏乎? ……复有拥旄之帅,身不临边,但分偏师,俾守疆场。大抵军中壮锐,元戎例选自随,委其疲羸,乃配诸镇。节将既居内地,精兵只备纪纲,遂令守要御冲,常在寡弱之辈。寇戎每至,力势不支,入垒者才足闭关,在野者悉遭劫执,恣其芟蹂,尽其搜殴,比及都府闻知,虏已克获旋返……理兵若斯,可谓措置乖方矣。(《陆宣公全集》卷九《论缘边守备事宜状》)

二是课责亏度。人主所恃以治理天下者为刑赏二柄。唐在中叶以后,对于武将,专以姑息为政。有功而不敢赏,因虑无功者反侧;有罪而不敢罚,因虑同恶者忧虞。凡有败衄,将帅以资粮不足为词,有司复以供给无阙为解,朝廷每为含糊,未尝穷究曲直,驭众如斯,何怪士气不振?

夫赏以存劝,罚以示惩;劝以懋有庸,惩以威不恪……自顷权移于下,柄失于朝,将之号令既鲜克行之于军,国之典章又不能施之于将,务相遵养,苟度岁时。欲赏一有功,翻虑无功者反侧;欲罚一有罪,复虑同恶者忧虞。罪以隐忍而不彰,功以嫌疑而不赏,姑息之道乃至于斯。故使忘身效节者获诮于等夷,率众先登者取怨于士卒,偾军蹙国者不怀于愧畏,缓救失期者自以为智能……况又公忠者直己而不求于人,反罹困厄;败挠者行私而苟媚于众,例获优崇。此义士所以痛心,勇夫所以解体也。又有遇敌而所守不固,陈谋而其效靡成;将帅则以资粮不足为词,有司复以供给无阙为解,既相执证,理合辨明,朝廷每为含糊,未尝穷究曲直,措理者含声而靡诉,诬善者罔上而不惭。驭将若斯,可谓课责亏度矣。(同上)

三是财匮于兵众。虏来寇边,常可越境横行,若涉无人之境,守镇者欲推诿责任,每虚张贼势,谓为兵少不敌。朝廷不察,唯务征发,边兵日众,供亿日增,国家财政遂竭于事边矣。

　　屯集虽众,战阵莫前,虏每越境横行,若涉无人之地,递相推倚,无敢谁何。虚张贼势上闻,则曰兵少不敌。朝廷莫之省察,惟务征发益师,无裨备御之功,重增供亿之弊。闾井日耗,征求日繁,以编户倾家破产之资,兼有司榷盐税酒之利,总其所入,半以事边。制用若斯,可谓财匮于兵众矣。(同上)

四是力分于将多。唐鉴方镇作乱,乃于沿边各地,分镇驻兵,各降中贵监临,人得抗衡,莫相禀属,边书告急,方令计会用兵,统制不一,所以坐失戎机,无以应敌。

　　开元、天宝之间,控制西北两蕃,惟朔方、河西、陇右三节度而已,尚虑权分势散,或使兼而领之。中兴已来,未遑外讨,侨隶四镇于安定,权附陇右于扶风,所当西北两蕃,亦朔方、泾原、陇右、河东四节度而已。关东戍卒至则属焉,虽委任未尽得人,而措置尚存典制。自顷逆泚诱泾原之众叛,怀光污朔方之军反,割裂诛锄,所余无几。而又分朔方之地,建牙拥节者凡三使焉。其余镇军数且四十,皆承特诏委寄,各降中贵监临,人得抗衡,莫相禀属。每俟边书告急,方令计会用兵,既无军法下临,唯以客礼相待。是乃从容拯溺,揖让救焚,冀无贻危,固亦难矣……建军若斯,可谓力分于将多矣。(同上)

五是怨生于不均。禁军安居无事,而禀赐甚厚;边境戍卒终年勤苦,而其所得粮饷乃不足供其一家。两相比较,悬殊太甚,他们愤恨在心,何肯协力同心,共攘寇难?

今者穷边之地、长镇之兵,皆百战伤夷之余,终年勤苦之剧,角其所能则练习,度其所处则孤危,考其服役则劳,察其临敌则勇。然衣粮所给,唯止当身,例为妻子所分,常有冻馁之色。而关东戍卒,岁月践更,不安危城,不习戎备,怯于应敌,懒于服劳。然衣粮所颁,厚逾数等,继以茶药之馈,益以蔬酱之资。丰约相形,悬绝斯甚。又有素非禁旅,本是边军,将校诡为媚词,因请遥隶神策,不离旧所,惟改虚名,其于廪赐之饶遂有三倍之益。此则俦类所以怨恨,忠良所以忧嗟,疲人所以流亡,经费所以褊匮。夫事业未异,而给养有殊,人情之所不能甘也。况乎矫佞行而廪赐厚,绩艺劣而衣食优,苟未忘怀,孰能无愠?不为戎首,则已可嘉,而欲使其协力同心,以攘寇难,虽有韩、白、孙、吴之将,臣知其必不能焉。养士若斯,可谓怨生于不均矣。(同上)

六是机失于遥制。朝廷选置戎臣,先求易制,而指挥边军去就,又由朝廷裁断。戎虏来寇,守土者以兵寡不敢抗敌,分镇者以无诏不肯出师,逗留之间,寇已奔迫,牧马屯牛鞠椎剽矣,稚夫樵妇磬俘囚矣。

古之遣将帅者,君亲推毂而命之曰,自阃以外,将军裁之。又赐铁钺,示令专断,故军容不入国,国容不入军,将在外,君命有所不受。诚谓机宜不可以远决,号令不可以两从,未有委任不专,而望其克敌成功者也。自顷边军去就,裁断多出宸衷,选置戎臣,先求易制,多其部以分其力,轻其任以弱其心,虽有所惩,亦有所失,遂令分阃责成之义废,死绥任咎之志衰。一则听命,二亦听命,爽于军情亦听命,乖于事宜亦听命。若所置将帅必取于承顺无违,则如斯可矣;若有意乎平凶靖难,则不可也。夫两境相接,两军相持,事机之来,间不容息,蓄谋而俟,犹恐失之,临时始谋,固已疏矣。况乎千里之远,九重之深,陈述之难明,听览之不一,欲其事无遗策,虽圣者亦有所不能焉。设使谋虑能周,其如权谋无及,戎虏驰突,迅如风飙,驿书上闻,旬月方报。守土者以兵寡不敢抗敌,分镇者以无诏不肯出师。逗留之间,寇已奔逼,托于救援未至,各且闭垒自全,牧马屯牛鞠为椎剽,稚夫樵妇罄作俘囚。虽诏诸镇发兵,唯以虚声应援,互相瞻顾,莫敢遮邀。贼既纵掠退归,此乃陈功告捷,其败丧则减百而为一,其掳获则张百而成千。将帅既幸于总制在朝,不忧罪累,陛下又以为大权由己,不究事情。用师若斯,可谓机失于遥制矣。(同上)

理兵而措置乖方,驭将而赏罚亏度,制用而财匮,建军而力分,养士而怨生,用师而机失,当然遇敌则溃,每战辄败。唐在贞观、永徽之时,能够征服亚洲,建设一个大帝国,到了末年,虽僻处西南的南诏,也使唐疲于奔命,终至于民穷财匮,唐祚因之而亡,考其原因所在,固如陆贽所云。兹再引陆贽之言,以供治军者之参考。陆贽说:

陛下惩边镇之空虚,缮甲益兵,庀人保境……既而统师无律,制事失机,戍卒不隶于守臣,守臣不总于元帅。至有一城之将、一旅之兵,各降中使监临,皆承别诏委任。分镇亘千里之地,莫相率从;缘边列十万之师,不设谋主。每至犬羊犯境,方驰书奏取裁,行李往来,动逾旬日。比蒙征发救援,寇已获胜罢归,小则蹂藉麦禾,大则驱掠人畜,是乃益兵甲而费财用,竟何补侵轶之患哉?夫将贵专谋,军尚气势,训齐由乎纪律,制胜在于机权,是以兵法有分阃之词,有合拳之喻,有进退如一之令,有便宜从事之规,故能动作协变通,制备垂永久,出则同力,居则同心,患难相交,急疾相赴。兵之奉将,若四支之卫头目;将之守境,若一家之保室庐。然后可扞寇仇,护氓庶,蓄畜牧,辟田畴。天子唯务择人而任之,则高枕无虞矣。吐蕃之比于中国,众寡不敌,工拙不侔。然而彼攻有余,我守不足,盖彼之号令由将,而我之节制在朝;彼之兵众合并,而我之部分离析。夫部分离析,则纪律不一,而气势不全。节制在朝,则谋议多端,而机权多失。臣故曰,措置乖当,此之谓乎?(《陆宣公全集》卷八《请减京东水运收脚价于缘边州镇储蓄军粮事宜状》)

第八节
民穷财匮与唐之灭亡

唐代财政,收入依靠于租庸调,支出以兵资及官俸为大宗。

> 计天下财赋耗敓大者唯二事,一兵资,二官俸。
> (《新唐书》卷一百三十三《沈既济传》)

最初,采用府兵之制,寓兵于农,兵士不支薪饷,且须自备武器与粮食。

> 人具弓一,矢三十,胡禄、横刀、砺石、大觽、毡帽、毡装、行縢皆一,麦饭九斗,米二斗,皆自备。(《新唐书》卷五十《兵志》)

官呢?唐初,士大夫不乐仕进①。

> 唐初,士大夫以乱难之后,不乐仕进,官员不充。
> (《资治通鉴》卷一百九十二《唐纪》太宗贞观元年)

---

① 《新唐书》卷四十五《选举志下》亦云:"初武德中,天下兵革新定,士不求禄,官不充员。有司移符州县,课人赴调,远方或赐衣续食,犹辞不行,至则授用,无所点退。不数年求者浸多,亦颇加简汰。"

而官又有一定数目①。

> 初太宗省内外官,定制为七百三十员,曰吾以此待天下贤材足矣。(《新唐书》卷四十六《百官志一》)

所以兵资及官俸为数不多。

> 唐之始时,授人以口分世业田,而取之以租庸调之法,其用之也有节。盖其畜兵以府卫之制,故兵虽多而无所损。设官有常员之数,故官不滥而易禄。虽不及三代之盛时,然亦可以为经常之法也。(《新唐书》卷五十一《食货志一》)

高宗、武后时代,天下久不用兵,府兵之法浸坏,玄宗易征为募,天宝中,兵数甚多,供亿甚大,单单边军已有四十九万,其一年所用经费比之开元以前,约多六倍以上。

> 又于边境置节度经略使,式遏四夷,大凡镇兵四十九万、戎马八万余匹。每岁经费,衣赐则千二十万匹段,军食则百九十万石,大凡千二百一十万。开元已前,每年边用不过二百万,天宝中至于是数。(《旧唐书》卷三十八《地理志一》)

当时,国家每年税收共有多少?

> 是时(开元、天宝之间),天下岁入之物,租钱二百余万缗、粟千九百八十余万斛,庸调绢七百四十万匹、绵百八十余万屯、布千三十五万余

---

① 《旧唐书》卷一百七十七《曹确传》:"确奏曰,臣览贞观故事,太宗初定官品,令文武官共六百四十三员,顾谓房玄龄曰,朕设此官员,以待贤士。"此数与新志所载不同。新志既云"省内外官",难道内外官只七百三十员乎? 全国县令已不止此数。

端。(《新唐书》卷五十一《食货志一》)

安史乱后，诸镇擅地，均以赋税自私，中央的收入已经减少。而中央为了防止方镇叛变，又不能不注意军备。德宗初，天下赋税与军队之数目如次。

天下税户三百八万五千七十六、籍兵七十六万八千余人、税钱一千八十九万八千余缗、谷二百一十五万七千余斛。(《资治通鉴》卷二百二十六《唐纪》德宗建中元年)

至其所用军资，单单京西戍卒，已经每岁要食粟二百四万斛。

今岁征关东卒戍京西者十七万人，计岁食粟二百四万斛，今粟斗直百五十，为钱三百六万缗。(《资治通鉴》卷二百三十二《唐纪》德宗贞元三年)

到了宪宗、穆宗时代，军队愈多，税收愈少[①]。

元和中，供岁赋者浙西、浙东、宣歙、淮南、江西、鄂岳、福建、湖南八道，户百四十四万，比天宝才四之一。兵食于官者八十三万，加天宝三之一。通以二户养一兵。京西北、河北以屯兵广，无上供。至长庆，户三百三十五万，而兵九十九万，率三户以奉一兵。(《新唐书》卷五十二《食货志二》)

军队多，不但经常费增加，就是临时费也增加。凡军队出境之时，国家常给予三倍的饷。

[①] 《旧唐书》卷一百五十七《王彦威传》，彦威说："元和之初，大都通邑无不有兵，都计中外兵额至八十余万。长庆户口凡三百三十五万，而兵额约九十九万，通计三户资一兵。""宪宗元和二年，李吉甫撰《元和国计簿》上之。总计天下方镇四十八、州府二百九十五、县千四百五十三。除凤翔等十五道不申户口外，每岁赋税倚办止于浙东西等八道四十九州、一百四十四万户，比天宝税户四分减三。天下兵仰给县官(天子)者八十三万余人，比天宝三分增一，大率二户资一兵。其水旱所伤，非时调发，不在此数。"引自丘濬撰《大学衍义补》卷二十四《经制之义下》)

旧制,诸道军出境,皆仰给度支,上优恤士卒,每出境,加给酒肉,本道粮仍给其家,一人兼三人之给,故将士利之。各出军才逾境而止,月费钱百三十余万缗,常赋不能供。(《资治通鉴》卷二百二十八《唐纪》德宗建中四年)

兵如斯浪费,官如何呢?高宗时代,承平日久,士人求官者渐多,已有员外官之设置。

永徽五年八月,蒋孝璋除尚药奉御,员外特置,仍同正员,员外官自此始也。原注云,又显庆五年五月,授廖绍文检校书郎员外,置同正员。又云员外官自此始,未知孰是也。(《唐会要》卷六十七《员外官》)

而武后以女主临朝,又用官职收买人心,因之官吏之数愈益增加。

证圣初……(刘)子玄……言,今群臣无功,遭遇辄迁。至都下有"车载斗量、杷椎碗脱"之谚。(《新唐书》卷一百三十二《刘子玄传》)

中宗时代,韦后干预朝政,恩赏愈滥,更多员外置官[①]。韦嗣立说:

补授无限,员阙不供,遂至员外置官,数倍正额。(《全唐文》卷二百三十六《韦嗣立陈滥官疏》)

又滥封食邑,而致租赋半入私门。韦嗣立说:

皇运之初,功臣共定天下,当时食封才只三二十家。今以寻常特恩,

---

① 《旧唐书》卷九十四《李峤传》:"峤在吏部时,志欲曲行私惠,奏置员外官数千人。"又《新唐书》卷一百六十六《杜佑传》:"神龙中,官纪荡然,有司大集选者,既无阙员,则置员外官二千人,自是以为常。"

遂至百家已上。国家租赋大半入私门，私门则资用有余，国家则支计不足。有余则或致奢僭，不足则坐致忧危，制国之方岂谓为得？《全唐文》卷二百三十六《韦嗣立请减滥食封邑疏》）

降至开元，全国官吏之数有七八万之多。

> 是时官自三师以下，一万七千六百八十六员，吏自佐史以上，五万七千四百一十六员，而入仕之涂甚多，不可胜纪。（《资治通鉴》卷二百十三《唐纪》玄宗开元二十一年）

天宝季年，盗起兵兴，而府库空虚，赏赐悬乏，复用职官以代钱绢，于是胥徒、舆皂也复腰金曳紫。

> 天宝季年，嬖幸当国，爵以情授，赏以宠加，天下荡然，纪纲始紊。逆羯乘衅，遂乱中原，遣戍岁增，策勋日广。财赋不足以供赐，而职官之赏兴焉；职员不足以容功，而散试之号行焉。青朱杂沓于胥徒，金紫普施于舆皂。（《陆宣公全集》卷四《又论进瓜果人拟官状》）

肃宗以后，冗官更多。宪宗时，李吉甫说：

> 歛赋日寡，而受禄者渐多。设官有限，而入色者无数。九流安得不杂，万务安得不烦？……今天下三百郡、一千四百余县，故有一邑之地虚设群司，一乡之间徒分县职，所费至费，所制全轻，凡此之流，并须厘革。（《唐会要》卷六十九《州府及县加减官》元和六年六月）

到了僖、昭之世，遂有提船郭使君、看马李仆射之谚。

> 唐武后补阙车载、拾遗斗量之谚，皆显而著见者。中叶以后，尤为泛

滥,张巡在雍丘,才领一县千兵,而大将六人,官皆开府特进,然则大将军告身博一醉,诚有之矣。德宗避难于奉天,浑瑊之僮奴曰黄苓,力战,即封渤海郡王,至于僖、昭之世,遂有捉船郭使君、看马李仆射。(《容斋三笔》卷七《冗滥除官》)

军队增多,职官冗滥,兵多则饷多,官多则俸多,所以欧阳修说:

兵冗官滥为之大蠹。(《新唐书》卷五十一《食货志一》)

支出既然增加,收入如何?唐代租税固然是说,有田则有租,有家则有调,有身则有庸。其实,贵族官僚免除课役,即他们的部曲奴婢也有这个特权(参阅《新唐书》卷五十一《食货志一》,原文已举在本章第二节)。沙门亦然。武后时狄仁杰说:

逃丁避罪并集沙门。(《旧唐书》卷八十九《狄仁杰传》)

德宗时,彭偃亦说:

况今出家者皆是……苟避征徭。(《旧唐书》卷一百二十七《彭偃传》)

文宗时,李训复说:

天下浮屠避徭役。(《新唐书》卷一百七十九《李训传》)

沙门分为两种,一是受度出家,二是受度而不出家。即如东晋释慧远所说:"佛教所明,凡有二科。一者处俗弘教,二者出家传道。"(《弘明集》卷十二释慧远《答桓太尉书》)出家的是化外之民,自古就不必负担国家的课役;不出家的得到度牒,也得免除徭赋。

> 宋时，凡赈荒兴役，动请度牒数十百道济用，其价值钞一二百贯至三百贯不等，不知缁流何所利而买之？及观《李德裕传》，而知唐以来度牒之足重也。徐州节度使王智兴奏准在淮泗置坛度人为僧，每人纳二绢，即给牒令回。李德裕时为浙西观察使，奏言江淮之人闻之，户有三丁者必令一丁往落发，意在规避徭役，影庇资产。今蒜山度日过百余人，若不禁止，一年之内即当失六十万丁矣。据此则一得度牒，即可免丁钱，庇家产，因而影射包揽可知，此民所以趋之若鹜也。然国家售卖度牒，虽可得钱，而实暗亏丁田之赋，则亦何所利哉？（《二十二史札记》卷十九《度牒》）

最初度牒大约不由朝廷贩卖，所以中宗时魏元忠说：

> 今度人既多，缁衣半道，不行本业，专以重宝附权门，皆有定直。昔之卖官钱入公府，今之卖度钱入私家，以兹入道，徒为游食。（《新唐书》卷一百二十二《魏元忠传》）

到了安史作乱，军费增加，国家为了解决财政困难，就把度牒收归国家贩卖，其数之多，"不可胜计"。

> 安禄山反，司空杨国忠以为正库物不可以给士，遣侍御史崔众至太原纳钱度僧尼道士，旬日得百万缗而已……肃宗即位……以天下用度不充……度道士僧尼，不可胜计……及两京平，又于关辅诸州，纳钱度道士僧尼万人。（《新唐书》卷五十一《食货志一》）

据明代丘濬言，"此后世鬻僧道之始"（《大学衍义补》卷三十二《鬻算之失》）。南北朝时，僧尼虽多，尚未有鬻僧道之事。吾人须知这个方法只能救一时之穷，接着而来者则为丁口减少，徭赋乏匮，中宗时，已经发生问题。李峤说：

国计军防并仰丁口,今丁皆出家,兵悉入道,征行租赋何以备之?
(《新唐书》卷一百二十三《李峤传》)

何况国家既许官僚沙门免除课役,那么,人民当然想尽方法,求官买职,其不能得到官职者,亦必托足沙门。

中宗时,公主外戚皆奏请度人为僧尼,亦有出私财造寺者。富户强丁皆经营避役,远近充满。(《旧唐书》卷九十六《姚崇传》)

安史乱后,又继之以藩镇之乱,干戈云扰,人民更设法逃避兵役。德宗时,杨炎曾言:

凡富人多丁者率为官为僧,以色役免。贫人所无入,则丁存。故课免于上,而赋增于下,是以天下残瘁,荡为浮人,乡居地著者百不四五。(《旧唐书》卷一百十八《杨炎传》)

敬宗时,李德裕亦说:

泗川……户有三丁,必令一丁落发,意在规避王徭,影庇资产,自正月已来,落发者无算。(《旧唐书》卷一百七十四《李德裕传》)

但是我们必须知道,只唯富人才有担税的能力,又只唯富人才有逋税的资格,辛替否说:

当今出财依势者,尽度为沙门;避役奸讹者,尽度为沙门;其所未度,唯贫穷与善人。(《旧唐书》卷一百一《辛替否传》)

为官而免除课役,为僧又免除课役,唐代赋税虽以户口为基础,其实,在整个户口之中,不课者却占极大部分。试看天宝中的情形吧!

> 天宝十四载,管户总八百九十一万四千七百九,应不课户三百五十六万五千五百一,应课户五百三十四万九千二百八。管口总五千二百九十一万九千三百九,不课口四千四百七十万九百八十八,课口八百二十万八千三百二十一。(《通典》卷七《历代盛衰户口》)

肃宗时代,不课户反多过课户。

> 肃宗乾元三年,见到帐百六十九州,应管户总百九十三万三千一百七十四,不课户总百一十七万四千五百九十二,课户七十五万八千五百八十二。管口总千六百九十九万三百八十六,不课口千四百六十一万九千五百八十七,课口二百三十七万七百九十九。(《通典》卷七《历代盛衰户口》)

课户减少,赋役便落到贫民身上,贫民受了赋役的压迫,只有破产。

> 富户幸免徭役,贫者破产甚众。(《新唐书》卷五十五《食货志五》)

于是他们也复逃亡,逃出本乡,变成不著户籍的浮浪户。这种现象早在开元年间已经开始了。

> 时天下户版刓隐,人多去本籍,浮食闾里,诡脱繇赋,豪弱相并,州县莫能制。融由监察御史陈便宜,请校天下籍,收匿户羡田,佐用度。玄宗以融为覆田劝农使,钩检帐符,得伪勋亡丁甚众……于是诸道收没户八十万,田亦称是,岁终羡钱数百万缗。(《新唐书》卷一百三十四《宇文融传》)

宇文融之检察伪滥、搜括逃户,虽见效于一时,而结果却不理想,盖如阳翟尉皇甫憬所说：

> 州县惧罪，据牒即征，逃亡之家，邻保代出，邻保不济，又便更输……恐逃逸从此更深。(《旧唐书》卷一百五《宇文融传》)

皇甫憬之言并不夸张，请看宝应元年四月之敕：

> 近日已来，百姓逃散，至于户口十不半存。今色役殷繁，不减旧数。既无正身可送，又遣邻保只承，转加流亡，日益艰弊。(《唐会要》卷八十五《逃户》)

同年五月又敕：

> 逃户不归者，当户租赋停征，不得率摊邻亲高户。(《唐会要》卷八十五《逃户》)

然而何补于事？武宗会昌元年尚有"百姓输纳不办，多有逃亡，只于见在户中，每年摊配，流亡转多"(《唐会要》卷八十五《逃户》)之事。这便是肃宗以后，户口锐减的根本原因。换句话说，户口锐减，并不是因为天下棼乱，人民死于刀兵，而是因为课役不公，贫民不落户籍。兹将唐代户口列表如次①：

唐户口盛衰表

年代	户数	备考
高宗永徽三年	3 800 000	户部尚书高履行奏，今户三百八十万。(《资治通鉴》卷一百九十九)
中宗神龙元年	6 156 141	是岁户部奏，天下户六百一十五万、口三千七百一十四万有奇。(《资治通鉴》卷二百八)

---

① 据《唐会要》卷八十四《户口数》。

续表

年代	户数	备 考
玄宗开元十四年	7 069 565	户部奏,今岁户七百六万九千五百六十五、口四千一百四十一万九千七百一十二。(《资治通鉴》卷二百十三)
开元二十年	7 861 236	天下户七百八十六万一千二百三十六、口四千五百四十三万一千二百六十五。(《资治通鉴》卷二百十三)
开元二十四年	8 018 710	
开元二十八年	8 412 871	是岁天下户八百四十一万二千八百七十一、口四千八百一十四万三千六百九。(《资治通鉴》卷二百十四)
天宝元年	8 525 763	是岁天下户八百五十二万五千七百六十三、口四千八百九十万九千八百。(《资治通鉴》卷二百十五)
天宝十三年	9 069 154	是岁户部奏天下户九百六万九千一百五十四、口五千二百八十八万四百八十八。(《资治通鉴》卷二百十七)
肃宗至德元年	8 018 710	
乾元三年	1 931 145	
代宗广德二年	2 933 125	是岁户部奏户二百九十余万、口一千六百九十余万。(《资治通鉴》卷二百二十三)
德宗建中元年	3 085 076	是岁天下税户三百八万五千七十六。(《资治通鉴》卷二百二十六)
宪宗元和年间	2 473 963	
穆宗长庆年间	3 944 959	
敬宗宝历年间	3 978 982	
文宗太和年间	4 357 575	

续表

年代	户数	备　考
开成四年	4 996 752	是岁天下户口四百九十九万六千七百五十二。(《资治通鉴》卷二百四十六)
武宗会昌年间	4 955 151	是岁天下户四百九十五万五千一百五十一。(《资治通鉴》卷二百四十八)

而自安史乱后，方镇相望于各地，大者连州十余，小者犹兼三四，他们均以赋税自私，不朝献于朝廷①。

> 安史乱天下，至肃宗，大难略平，君臣皆幸安，故瓜分河北地，付授叛将，护养孽萌，以成祸根。乱人乘之，遂擅署吏，以赋税自私，不朝献于廷。(《新唐书》卷二百十《藩镇传序》)

> 迫至德之后，天下兵起……河南、山东、荆襄、剑南有重兵处，皆厚自奉养，王赋所入无几。(《旧唐书》卷一百十八《杨炎传》)

德宗时，天下入贡者只有一百五十州。案天宝年间，全国凡三百三十一州(《唐会要》卷七十《州县分望道》)，即入贡之州不及一半。

> 户部奏，今岁入贡者凡百五十州。胡三省注云，时河朔诸镇及淄青、淮西皆不入贡，河陇诸州又没于吐蕃。(《资治通鉴》卷二百三十二唐德宗贞元元年)

方镇既然以赋税自私，中央财政更须仰给江淮，而跋扈的军人又百方阻挠漕运，或扣留贡赋。

---

① 例如田承嗣在魏博，"税入皆私有之"(《田承嗣传》)；王士真在河朔，"私赋入"(《王士真传》)；刘从谏"自有泽潞，未闻以一缕一蹄为天子寿"(《刘从谏传》)。

> 周智光累迁同华二州节度使及潼关防御使……劫诸节度使进奉货物,及转运米二万石,据州反……时淮南节度使崔圆入觐,方物百万,智光强留其半。(《旧唐书》卷一百十四《周智光传》)

或断绝运路①。

> 汴州大将李灵耀反,因据州城,绝运路。(《旧唐书》卷一百三十四《马燧传》)

或强取盐铁钱。

> 德宗居奉天,淮南节度使陈少游强取盐铁钱。(《旧唐书》卷一百三十一《李皋传》)

降至宪宗,中央税收只有仰给于东南。故丘濬说:"东南,财赋之渊薮也。自唐宋以来,国计咸仰于是。"(《大学衍义补》卷二十四《经制之义下》)据陈傅良说:

> 宪宗时作《元和国计录》,天下二十三道,而十五道不申户口,而岁租赋所倚办者八道,皆东南也。曰浙江东西路,曰淮南,曰湖南,曰岳鄂,曰宣歙,曰江西,曰福建。故韩愈有言曰,当今赋出天下,而江南居十九。
> (引自《大学衍义补》同上)

这个时候,运河本身的运输能力又复减低。高祖、太宗之时,用物有节而易赡,水陆漕运,岁不过二十万石。高宗以后,用费增加,漕运不能供给京师之用,所以每遇凶年,天子辄就食洛阳。玄宗时代,漕运经裴耀卿、韦坚改革之后,每岁平均能致二百五十万石,最多者四百万石。安史构乱,漕运发生困

---

① 《资治通鉴》卷二百二十七唐德宗建中三年,"李希烈帅所部三万,徙镇许州,遣所亲诣李纳,与谋共袭汴州……纳亦数遣游兵渡汴,以迎希烈,由是东南转输者,皆不敢由汴渠,自蔡水而上"。

难。代宗时，刘晏加以改革，颇有成效，而每岁所运，亦不过一百一十万石。

> 先是运关东谷入长安者，以河流湍悍，率一斛得八斗至者，则为成劳，受优赏。刘晏以为江汴河渭，水力不同，各随便宜，造运船，教漕卒，江船达扬州，汴船达河阴，河船达渭口，渭船达太仓。其间缘水置仓，转相受给，自是每岁运或至百余万斛，无斗升沉覆者。船十艘为一纲，使军将领之，十运无失，授优劳，官其人，数运之后，无不斑白者。晏于扬子置十场造船，每艘给钱千缗，或言所用实不及半，虚费太多。晏曰，不然，论大计者固不可惜小费，凡事必为永久之虑。今始置船场，执事者至多，当先使之私用无窘，则官物坚牢矣。若遽与之屑屑校计锱铢，安能久行乎？异日，必有患吾所给多而减之者，减半以下，犹可也，过此，则不能运矣。(《资治通鉴》卷二百二十六《唐纪》德宗建中元年)

太和以后，大紊刘晏之法，每岁漕运只有四十万石，而官船沉溺者，岁有七十余只，所以实际输入渭河仓者，十不三四。宣宗时，裴休又加改革，每岁可运一百二十万斛。

> 自太和已来……岁漕江淮米，不过四十万石，能至渭河仓者，十不三四，漕吏狡蠹，败溺百端，官船沉溺者岁七十余只，缘河奸吏大紊刘晏之法。洎裴休领使(诸道盐铁转运使)，分命僚佐，深按其弊……举新法凡十条，奏行之……初休典使三岁，漕米至渭河仓者，一百二十万斛，更无沉舟之弊。(《旧唐书》卷一百七十七《裴休传》)

咸通年间，有司爱惜小钱，船脆薄易坏，于是漕运遂废，而中央财政更觉困难。

> 唐代宗时，刘晏为江淮转运使，始于扬州造转运船，每船载一千石，十船为一纲，扬州差军将押赴河阴，每造一船，破钱一千贯，而实费不及五百贯。或讥其枉费，晏曰，大国不可以小道理，凡所创置须谋经久。船

场既兴，执事者非一，须有余剩养活，众人私用不窘，则官物牢固。乃于扬子县置十船场，差专知官十人，不数年间皆致富赡，凡五十余年，船场既无破败，馈运亦不阙绝。至咸通末，有杜侍御者，始以一千石船，分造五百石船二只，船始败坏。而吴尧卿者为扬子院官，始勘会每船合用物料实数，估给其钱，无复宽剩。专知官十家实时冻馁，而船场遂破，馈运不给，不久，遂有黄巢之乱。（《文献通考》卷二十五《漕运》引苏东坡言）

当中央财政开始困难之际，政府固曾讲求增加税收之法，代宗时有刘晏，晏以为户口滋多，则赋税自广，故其理财以培养税源为先，不增加税率，唯改良征收方法，使一粟一缕均归国库，奸吏不得中饱。

初安史之乱，数年间，天下户口什亡八九。州县多为藩镇所据，贡赋不入朝廷，府库耗竭，中国多故。戎狄每岁犯边，所在宿重兵，仰给县官，所费不赀，皆倚办于晏……晏有精力，多机智，变通有无，曲尽其妙，常以厚直募善走者，置递相望，觇报四方物价，虽远方，不数日，皆达使司（使司谓转运使司），食货轻重之权，悉制在掌握，国家获利，而天下无甚贵甚贱之忧……晏又以为户口滋多，则赋税自广，故其理财以爱民为先，诸道各置知院官，每旬月具州县雨雪丰歉之状，白使司，丰则贵籴，歉则贱粜，或以谷易杂货，供官用，及于丰处卖之。知院官始见不稔之端，先申，至某月须如干蠲免，某月须如干救助。及期，晏不俟州县申请，即奉行之，应民之急，未尝失时，不待其困弊流亡饿殍，然后赈之也。由是民得安其居业，户口蕃息。晏始为转运使，时天下见户不过二百万，其季年乃三百余万，在晏所统则增，非晏所统则不增也。其初财赋，岁入不过四百万缗，季年乃千余万缗。晏专用榷盐法①，充军国之用，时自许汝郑邓之西，皆食河东池盐，度支主之；汴滑唐蔡之东，皆食海盐，晏主之。晏以为官

---

① 《资治通鉴》卷二百二十五唐代宗大历十四年，"至德初，第五琦始榷盐以佐军用，及刘晏代之，法益精密。初岁入钱六十万缗，末年所入逾十倍，而人不厌苦。大历末，计一岁所入，总一千二百万缗，而盐利居其大半"。

多则民扰,故但于出盐之乡置盐官,收盐户所煮之盐,转鬻于商人,任其所之,自余州县不复置官。其江岭间去盐乡远者,转官盐于彼贮之。或商绝盐贵,则减价鬻之,谓之常平盐,官获其利,而民不乏盐。其始江淮盐利不过四十万缗,季年及六百余万缗,由是国用充足,而民不困弊。其河东盐利不过八十万缗,而价复贵于海盐。(《资治通鉴》卷二百二十六《唐纪》德宗建中元年)

德宗时有杨炎,炎改革税制,使人民所负担的租税与其担税能力能够适合。唐代税制为租庸调,租庸调之法以人丁为本,有田则有租,有家则有调,有身则有庸。这三者必须户口调查清楚,土地测量清楚,才得实行。唐自开元以后,户口久不调查,而丁田变易,亦无登记。

  自开元以后,天下户籍久不更造,丁口转死,田亩变易,贫富升降不实。(《新唐书》卷五十二《食货志二》)

富者增田而税不加,贫者失田而税不减,富者愈富,贫者愈贫,于是杨炎就提议改租庸调之法为两税。

  开元中,玄宗……不为版籍之书,人户浸溢,堤防不禁。丁口转死,非旧名矣;田亩移换,非旧额矣;贫富升降,非旧第矣……迨至德之后,天下兵起……科敛之名凡数百,废者不削,重者不去,新旧仍积,不知其涯。百姓受命而供之,沥膏血,鬻亲爱,旬输月送,无休息。吏因其苛,蚕食于人。凡富人多丁者率为官为僧,以色役免;贫人无所入,则丁存。故课免于上,而赋增于下,是以天下残瘁,荡为浮人,乡居地著者百不四五,如是者殆三十年。杨炎恳言其弊,乃请作两税法,以一其名,曰凡百役之费、一钱之敛,先度其数,而赋于人。量出以制入,户无主客,以见居为簿;人无丁中,以贫富为差。不居处而行商者,在所郡府,税三十之一,度所取与居者均,使无侥利。居人之税,秋夏两征之,俗有不便者正之,其租庸杂徭悉省，而丁额不废，申报出入如旧式。其田亩之税，率以大历十四年垦田之数为准，而均征之。夏税无过六月，秋税无过十一月。逾岁之后，有户增而税减轻，及人散而失均者，进退长吏，而尚书度支总统焉。德宗善而行之……天下便之。人不土断而地著，赋不加敛而增收，版籍不造而得其虚实，贪吏不诫而奸无所取，自是轻重之权始归于朝廷。（《旧唐书》卷一百十八《杨炎传》）

两税是以土地，而不是以户口为课税的客体。此种税制本来无可厚非，其后发生流弊，乃别有原因。明代丘濬曾言：

臣窃以谓土地万世而不变，丁口有时而盛衰。定税以丁，稽考为难，定税以亩，检核为易。两税以资产为宗，未必全非也。但立法之初，谓两税之外，不许分毫科率。然兵兴费广，不能不于费外别有征求耳。此时之弊，非法之弊也。自唐立此法之后，至今行之，遂为百世不易之制。（《大学衍义补》卷二十二《贡赋之常》）

但两税本身并非毫无缺点，其后发生流弊，即由此缺点而来。兹先说明两税的内容。贞观二年，垦田亩纳二升，以为义仓（《唐会要》卷八十八《仓及常平仓》）。这种地税与田租不同，乃以充义仓之用。永徽二年"敕，义仓据地收税（故吾人称之为地税），实是劳烦，宜令率户出粟（吾人故称之为户税），上上户五石，余各有差"（《唐会要》卷八十八《仓及常平仓》）。这样，地税又变为户税了。唐制，"天下之户量其资产，分为九等"（《唐会要》卷八十五《定户等第》武德六年条）。这个九等之分，在高宗以前，似为岭南诸州纳租（租庸调之租）的标准。《通典》（卷六《赋税下》）云："武德二年制，每一丁租二石。若岭南诸州，则税米，上户一石二斗，次户八斗，下户六斗……六年三月令，天下户量其资产，定为三等。至九年三月诏，天下户立三等，未尽升降，宜为九等。"到了永徽二年，义仓之米才由据地收税改为率户出粟，即由地税改为户税。玄宗时代，义仓所征收之户税与地税似又并存。《唐六典》（卷三《仓部郎中》）云："亩别收粟二升，以为义仓",其下注云:"其商贾户无田及不足者,上上户税五石,上中已下,递减一石;中中户一石五斗,中下户一石;下上七斗,下中五斗,下下户……不在取限。"此文乃注在义仓之下,所以此时人民纳于义仓之粟,或以亩计,或以户计。即义仓所征收之地税取于有田之人,义仓所征收之户税取于无田之人。此两种租税本来以备凶年之用①。到了后来,竟然失去救荒的意义,而与租庸调同供国家财政之用。大历四年正月敕,"天下及王公以下,自今已后……上上户四千文,上中户三千五百文,上下户三千文;中上户二千五百文,中中户二千文,中下户一千五百文;下上户一千文,下中户七百文,下下户五百文。其现任官一品准上上户税,九品准下下户税,余品并准依户等税;若一户数处任官,亦每处依品纳税"(《唐会要》卷八十三《租税上》、《旧唐书》卷四十八《食货志上》)。此时米斗直八百(《旧唐书》卷十一《代宗纪》大历四年)。钱数比之米价,可谓极低。这当然不是将租庸调之租换算为钱,因为租每丁二石,以大历四年之米价言之,合钱一万六千。岭南诸州,上户一石二斗,合钱九千八百。唐在代宗时代,财政困难,绝不会减少田租。何况官户有免课的权利,而大历四年之敕乃令官户依品纳钱。然也不是将纳入义仓之户税换算为钱。因为在开元年间,人民纳入义仓之粟,以地言之,每亩二升(一夫口分田八十亩,应纳一石六斗,以大历四年之米价言之,应为一万二千八百);以户言之,上上户五石(合钱四万),下中户五斗(合钱四千),均比上述之数为高。而且下下户不在取限,而大历四年之敕,下下户却要纳钱五百文。由这数点,我们认为代宗因要解决财政困难,乃另设一种新的户税。此时税制混乱极了,而户税与地税又复成为正式的租税。杨炎所设计的两税是把租庸调及各种杂税合并于地税与户税之中,于夏秋二季征之。夏税无过六月,秋税无过十一月。两税法初行之际,甚觉便利,因为"户无主客,以见居为簿;人无丁中,以贫富为差",所以"人不土断而地著,赋不加敛而增收,版籍不造而得其虚实,贪吏不诫而奸无所取"。但是不久之后,又发生了弊端。

---

① 但其数目颇有问题,因为"租"每丁不过二石,一夫口分田八十亩,每亩别收粟二升,以为义仓。即一夫纳于义仓之粟为一石六斗,似嫌太重。"商贾户无田及不足者",由上上户税五石,至下中户纳五斗,此乃依户纳税,不问户内丁口多少。

第一，两税是令各州各府依照大历十四年的旧额征税，其税额是固定的，分摊于每户每亩之上。但是税额既然固定，则天灾流行，租税便落在无法耕种的土地之上；户口逃隐，租税便落在未曾逃亡的人身之上。这样一来，户口流亡的地方，税率渐渐提高，驱人不得不流亡。土地开辟的地方，税率渐渐减低，使人更来归附。这是一种不公平的税制。陆贽说：

> 复以创制之首，不务齐平，但令本道本州各依旧额征税……所在徭赋轻重相悬……旧重之处，流亡益多；旧轻之乡，归附益众。有流亡，则已重者摊征转重；有归附，则已轻者散出转轻。高下相倾，势何终止？（《陆宣公全集》卷十二《论均节赋税恤百姓疏第一》）

对于陆贽之言，丘濬曾说明云：

> 中人一家之产仅足以供一户之税，遇有水旱疾厉，不免举贷逋欠，况使代他人倍出乎？试以一里论之，一里百户，一岁之中，一户惟出一户税可也。假定今年逃二十户，乃以二十户税摊于八十户中，是四户而出五户税也。明年逃三十户（即此年逃十户，合前逃二十户，共逃三十户），又以三十户税摊于七十户中，是五户而出七户税也。又明年逃五十户（即此年又逃二十户，合前两年，共逃五十户），又以五十户税摊于五十户中，是一户而出二户税也。逃而去者遗下之数日增，存而居者摊与之数日积。存者不堪，又相率以俱逃。一岁加一岁，积压日甚，小民何以堪哉？非但民不可以为生，而国亦不可以为国矣。（《大学衍义补》卷二十二《贡赋之常》）

所以到了元和年间，逃户日益加多，李渤说：

> 渭南县长源乡本有四百户，今才百余户。闵乡县本有三千户，今才有一千户。其他州县大约相似，访寻积弊，始自均摊逃户。凡十家之内

大半逃亡,亦须五家摊税,似投石井中,非到底不止。(《旧唐书》卷一百七十一《李渤传》)

各州刺史又不欲户口减少害到考课之成绩,乃强令人民析户。

自定两税以来,刺史以户口增减为其殿最,故有析户以张虚数,或分产以系户名。(《唐会要》卷八十四《户口数杂录》)

第二,定税之时,乃照当时物价,折为缗钱,而使纳税者计钱而输货物。最初钱轻物贵,输钱一百者只要纳绢一匹,其后钱贵物轻,纳绢二匹,才抵输钱一百,所以租税虽未加重,而人民已经倍输①。

建中初,定两税,时货重钱轻,是后货轻钱重,齐人所出,固已倍其初征。(《旧唐书》卷一百四十八《裴垍传》)

关此,陆贽亦有所陈。

定税之数皆计缗钱,纳税之时多配绫绢,往者纳绢一匹,当钱三千二三百文,今者纳绢一匹,当钱一千五六百文。往输其一者,今过于二矣,虽官非增赋,而税已倍输。(《陆宣公全集》同上)

但是唐代财政困难,固然因为收入减少,而收入减少又因为不课户太多,国家必须取消为官为僧者的特权,而后财政上才有解决之法。然而官僚为自己利益打算,谁肯放弃特权,因之国家所能压迫者,只有沙门,于是就发生了武宗灭佛之事。

---

① 《资治通鉴》卷二百四十二唐穆宗长庆元年,"自定两税以来,钱日重,物日轻,民所输三倍其初,诏百官议革其弊。户部尚书杨于陵以为……今税百姓钱,藏之公府……钱焉得不重,物焉得不轻?今宜使天下输税课者,皆用谷帛……朝廷从之,始令两税皆输布丝纩,独盐酒课用钱"。

会昌五年秋七月,上恶僧尼耗蠹天下,欲去之……乃先毁山野招提、兰若,敕上都、东都两街各留二寺,每寺留僧三十人;天下节度、观察使治所及同、华、商、汝州各留一寺,分为三等,上等留僧二十人,中等留十人,下等五人。余僧及尼并大秦穆护、祆僧皆勒归俗。寺非应留者,立期令所在毁撤,仍遣御史分道督之。财货田产并没官,寺材以葺公廨驿舍,铜像钟磬以铸钱……八月,诏陈释教之弊,宣告中外,凡天下所毁寺四千六百余区、归俗僧尼二十六万五百人、大秦穆护祆僧二千余人,毁招提、兰若四万余区,收良田数千万顷、奴婢十五万人……寻又诏东都止留僧二十人,诸道留二十人者减其半,留十人者减三人,留五人者更不留。(《资治通鉴》卷二百四十八《唐纪》武宗会昌五年)

武宗灭佛,除财政原因之外,尚有信仰原因。"上好神仙,道士赵归真得幸"(《资治通鉴》卷二百四十七唐武宗会昌四年),其毁寺宇,敕僧尼归俗,实由于道士赵归真之劝(《资治通鉴》卷二百四十八唐武宗会昌五年)。信仰是唯心的,因人而殊,武宗信道而排佛,当然有人信佛而排道。果然,宣宗即位,杖杀道士赵归真(《资治通鉴》卷二百四十八唐武宗会昌六年),"修复废寺,度僧几复其旧"(《资治通鉴》卷二百四十九唐宣宗大中五年),于是灭佛以增加税收的目的也随之无法达到。

开源失败,结果只有节流。唐代经费以兵资与官俸为大宗。要想节流,须从销兵裁员着手。但是吾国古代的军队组织与官僚制度乃另有一种特殊的意义,即社会政策的意义。前者所以养活流民,把流民编为军队,使其不至扰乱社会。后者所以养活游士,使其不至因为生存问题,铤而走险。唐因兵资太多,不能不罢兵,但是罢兵必有所归,兵罢而无所归,则为盗为乱,玄宗时代已有罢兵之事。

先是缘边镇兵常六十余万,张说以时无强寇,不假师众,奏罢二十余万,勒还营农,玄宗……从之。(《旧唐书》卷九十七《张说传》)

当时所罢者府兵也,府兵故农人也,归而田其田,庐其庐,父子夫妇相保于穹室粟薪之间,故能帖然无事。到了府兵变为彍骑之后,改征为募,然所募者皆市井庸保,他们目的在于取得粮饷,以解决生活问题,一旦罢出,何恃而生①?

> 穆宗初,两河底定,萧俛与段文昌当国,谓四方无虞,遂议太平事,以为武不可黩,劝帝偃革尚文。乃密诏天下镇兵十之,岁限一为逃死不补,谓之销兵(《旧唐书·萧俛传》云,密诏天下军镇有兵处,每年百人之中,限八人逃死,谓之销兵)。既而籍卒逋亡无生业,曹聚山林间为盗贼。(《新唐书》卷一百一《萧俛传》)

同样,唐因官俸太多,不能不裁员。贞元初,张延赏为相,曾减天下吏员一次,弄到人情愁怨,遂从李泌之议,只罢冗官②。

> 初张延赏减天下吏员,人情愁怨,至流离死道路者。泌请复之,帝未从……泌曰,所谓省官者,去其冗员,非常员也……自至德以来有之,比正员三之一,可悉罢。帝乃许复吏员,而罢冗官。(《新唐书》卷一百三十九《李泌传》,参阅卷一百二十七《张延赏传》)

中央财政困难,不能不罢兵裁员。而方镇均以赋税自私,不朝献于朝廷。他们有丰富的财赋,可以畜兵养士,所以朝廷所罢的兵,方镇悉收用之。

> 萧俛与段文昌当国,劝帝……销兵,既而籍兵逋亡无生业,曹聚山林

---

① 《资治通鉴》卷二百二十六唐德宗建中元年,"先是魏博节度使田悦事朝廷犹恭顺,河北黜陟使洪经纶不晓时务,闻悦军七万人,符下罢其四万,令还农。悦阳顺命,如符复之。既而集应罢者激怒之曰,汝曹久在军中,有父母妻子,今一旦为黜陟使所罢,将何资以自衣食乎?众大哭,悦乃出家财以赐之,使各还部伍,于是军士皆德悦而怨朝廷"。
② 其后,裴延龄为户部侍郎,判度支,"请自今已后,内外百司官阙,未须补置,收其阙官禄俸以实帑藏"。

间为盗贼，会朱克融、王延凑乱燕赵，一日悉收用之。朝廷调兵不充，乃
召募市人乌合，战辄北，遂复失河朔矣。(《新唐书》卷一百一《萧俛传》)

而朝廷不用之士，方镇亦竞引之，以为谋主。德宗时，赵憬已经说道：

> 大凡才能之士，名位未达，多在方镇。(《旧唐书》卷一百三十八《赵憬传》)

文宗时，李石亦说：

> 仕进之途塞……两河诸侯竞引豪英，士之喜利者多趋之，用为谋主，
> 故藩镇日横，天子为旰食。(《新唐书》卷一百三十一《李石传》)

方镇畜兵养士，以作爪牙，人非端正，必怀禄以为恩，一切藩臣皆有尽心推戴
之士，朝廷孤立，无与为谋，当然不能鄣横流，而支已颠。宋祁说：

> 懿、僖以来，王道日失厥序，腐尹塞朝，贤人遁逃，四方豪英各附所合
> 而奋，天子块然，所与者惟佞慑庸奴，乃欲鄣横流，支已颠，宁不殆哉？
> (《新唐书》卷一百八十三《毕诚传》赞)

方镇跋扈，朝廷力不能制，结果又复扩军，扩军必须加税，于是财政困难
又渐次转变为经济破产。乾元年间，安史之乱未平，肃宗依铸钱使第五琦之
议，铸造新币，以赡国用。按唐在武德四年，废隋之五铢钱，行开元通宝钱，
"径八分，重二铢四絫，十文重一两，一千文重六斤四两，以轻重大小最为折
衷，远近甚便之"(《唐会要》卷八十九《泉货》)。高宗之时，虽铸乾封泉宝钱(径一
寸，重二铢六分，新钱一文当旧钱之十)，然而周年之后，又废新钱而用旧钱。
此后虽时有盗铸之事，而其为害并不甚烈(参阅《新唐书》卷五十四《食货志四》)。到
了乾元元年铸造新币，遂由通货膨胀，引起物价腾贵，饥饿死亡，枕藉道路。

肃宗乾元元年，经费不给，铸钱使第五琦铸乾元重宝钱，径一寸，每缗重十斤，与开元通宝参用，以一当十，亦号乾元十当钱……第五琦为相（乾元二年）复……铸重轮乾元钱，径一寸二分，其文亦曰乾元重宝，背之外郭为重轮，每缗重十二斤（《旧唐书》卷四十八云，二十斤成贯），与开元通宝钱并行，以一当五十……法既屡易，物价腾踊，米斗钱至七千，饿死者满道。(《新唐书》卷五十四《食货志四》，参阅《旧唐书》卷一百二十三《第五琦传》)

第五琦所铸钱币乃犯王莽币制的同一错误。开元通宝一贯重六斤四两，乾元重宝一贯重十斤，重轮乾元一贯重十二斤，即三者之比为 $6\frac{4}{16}:10:12$，而三者所表示之价格之比乃为 1:10:50，"盗铸争起"(《旧唐书》卷一百二十三《第五琦传》)，当然是意中之事。所以代宗即位，乾元重宝及重轮乾元皆以一当一，"人甚便之"(《新唐书》卷五十四《食货志四》)。然而自此钱币乱矣。

钱币政策既不能解决财政困难，反而引起物价腾贵。德宗时代卢杞为相，乃用苛捐繁敛，以赡国用。

河北、河南连兵不息，度支使杜佑计诸道用军，月费一百余万贯，京师帑廪不支数月，且得五百万贯，可支半岁，则用兵济矣。(宰相卢)杞乃以户部侍郎赵赞判度支，赞亦计无所施，乃与其党太常博士韦都宾等，谋行括率，以为泉货所聚在于富商，钱出万贯者，留万贯为业，有余，官借以给军，冀得五百万贯。上许之，约以罢兵后，以公钱还。敕既下，京兆少尹韦祯督责颇峻，长安尉薛萃荷校乘车，搜人财货，意其不实，即行搒箠，人不胜冤痛，或有自缢而死者，京师嚣然，如被贼盗。都计富户田宅奴婢等估才及八十八万贯。又以僦柜纳质、积钱货、贮粟麦等，一切借四分之一，封其柜窖，长安为之罢市……计僦质与借商才二百万贯。德宗知下民流怨，诏皆罢之，然宿师在野，日须供馈……赵赞又请税间架，算除陌。凡屋两架为一间，分为三等，上等每间二千，中等一千，下等五百。所由吏秉笔执筹，入人第舍而计之，凡没一间，杖六十，告者赏钱五十贯文。

除陌法，天下公私给与贸易，率一贯旧算二十，益加算为五十，给与物或两换者，约钱为率算之。市主人牙子各给印纸，人有买卖，随自署记，翌日合算之。有自贸易不用市牙子者，验其私簿投状，自其有私簿投状。其有隐钱百，没入；二千，杖六十；告者赏钱十千，出于其家。法既行，主人市牙得专其柄，率多隐盗，公家所入，百不得半，怨讟之声嚣然，满于天下。及十月，泾师犯阙，乱兵呼于市曰，不夺汝商户僦质矣，不税汝间架除陌矣。是时人心愁怨，泾师乘间谋乱，奉天之奔播，职杞之由，故天下无贤不肖，视杞如仇。（《旧唐书》卷一百三十五《卢杞传》）

丰富的财政须以健全的国民经济为基础，苛捐杂税只能破坏国民经济，不能解决财政困难。此后聚兵日众，征税日繁，从而经济破产便日益剧烈，而如陆贽所说：

聚兵日广，供费日博，常赋不给，乃议蠲限而加敛焉。加敛既殚，乃别配之。别配不足，于是榷算之科设，率贷之法兴。禁防滋章，吏不堪命，农桑废于追呼，膏血竭于笞捶，兆庶嗷然，而郡邑不宁矣。（《新唐书》卷一百五十七《陆贽传》）

按唐代农业生产力甚为幼稚，一顷出米不过五十余斛[①]。

田以高下肥瘠丰耗为率，一顷出米五十余斛。（《新唐书》卷五十四《食货志四》）

消费力如何？

[①] 《文献通考》卷七《田赋考》："唐开军府，以捍要冲，因隙地，置营田，垦田三千八百余顷，岁收粟二十万石。"是每顷出米，亦以五十余斛计算。

> 少壮相均,人(日)食米二升……而衣倍之,吉凶之礼再倍。(《新唐书》卷五十四《食货志四》)

每人一日食米二升,一年食米七斛二斗;一家平均五口,一年食米三十六斛。唐在开元之际,天下户口及垦田之数如次:

> 自贞观至于开元,将及九百万户、五千三百万口,垦田一千四百万顷。(《文献通考》卷三《田赋考三》)

就整个社会说,社会所生产的食粮供给社会全体的需要,固然裕裕有余($14\,000\,000\times50>53\,000\,000\times7.2$)。就每户说,每户得田一百五十五亩,每年可收七十八斛。就每口说,每口得田二十六亩,每年可收十三斛。食的问题可以解决,但若顾到"衣倍之,吉凶之礼再倍",则每户之七十八斛,每口之十三斛,亦不能用以养生送死。何况均田制度早已破坏,一般平民无田可耕,只有沦为奴客,耕豪富之地,而纳极大的佃租。肃宗时:

> 百姓田地,比者多被殷富之家、官吏吞并,所以逃散莫不由兹。(《唐会要》卷八十五《逃户》宝应元年四月敕)

德宗时陆贽又谓①:

> 今富者万亩,贫者无容足之居,依托强家,为其私属,终岁服劳,常患不充。有田之家坐食租税,京畿田亩税五升,而私家收租亩一石,官取一,私其十,穑者安得足食?(《新唐书》卷五十二《食货志二》)

---

① 陆贽此言不尽可信,唐时一顷出米五十余斛,一亩出米不过五斗,"私家收租",何能"亩一石"?田赋每亩五升,佃租每亩一石,亦非"官取一,私取十"。按唐时,官吏有额外永业田,"凡给田而无地者,亩给粟二斗"(《新唐书·食货志五》),此二斗之数也许可以视为佃租之平均数。

安史乱后，户口锐减，消费力固然减少，而生产力亦见破坏，例如洛阳，唐时为东都，经过大盗焚掠，几如丘墟。郭子仪说：

> 东周之地久陷贼中，宫室焚烧，十不存一，百曹荒废，曾无尺椽。中间畿内不满千户，井邑榛棘，豺狼所嗥，既乏军储，又鲜人力。东至郑汴，达于徐方，北自覃怀，经于相土，人烟断绝，千里萧条。(《旧唐书》卷一百二十《郭子仪传》)

刘晏亦说：

> 函陕凋残，东周尤甚，过宜阳、熊耳，至武牢、成皋，五百里中编户千余而已。居无尺椽，人无烟爨，萧条凄惨，兽游鬼哭。(《旧唐书》卷一百二十三《刘晏传》)

襄汉一带之地，破坏亦甚。

> 襄汉数百里，乡聚荡然，举无樵烟。(《新唐书》卷一百四十七《鲁炅传》)

大盗虽然削平，继之又有方镇之乱。纵是畿甸之内，亦赤地不能耕种。

> 畿甸之内，大率赤地而无所望，转徙之人，毙踣道路，虑种麦时，种不得下。(《新唐书》卷一百六十五《权德舆传》)

社会生产力大见萎缩，贫穷便成为普遍的现象。固然唐代有和籴之制，和籴就是常平(《唐会要》卷九十《和籴》，参阅《旧唐书》卷四十九《食货志下》)。丰年加价籴谷，以劝稼穑。荒年减价粜米，以救凶灾。然其结果徒供豪家贪吏之渔利。陆贽在德宗时，曾谓"当稔而愿粜者，则务裁其价，不时敛藏。遇灾而艰食者，则莫拯乏粮，抑使收籴。遂使豪家贪吏反操利权，贱取于人，以俟公私之乏困,乘时所急,十倍其赢"(《陆宣公全集》卷八《请减京东水运收脚价于缘边州镇储蓄军粮事宜状》)。而政治又极腐化,德宗时,天下稍安,群小便因之佞谀。"贪权窃柄者则曰,德如尧舜矣,焉用劳神?承意趣媚者则曰,时已太平矣,胡不为乐?议曹以颂美为奉职,法吏以识旨为当官,司府以厚敛为公忠,权门以多贿为问望。"(《陆宣公全集》卷二《奉天论前所答奏未施行状》)文宗时,刘蕡说:"居上无清惠之政,而有饕餮之害;居下无忠诚之节,而有奸欺之罪……贪臣聚敛以固宠,奸吏因缘而弄法,冤痛之声上达于九天,下流于九泉。"(《旧唐书》卷一百九十下《刘蕡传》)复又加之以军旅之事,官司所储,唯给军食,何能施行社会政策,赈救凶荒?

> 师旅亟兴,官司所储,唯给军食,凶荒不能赈救。人小乏则取息利,大乏则鬻田庐,敛获始毕,执契行贷,饥岁家家相弃,乞为奴仆,犹莫之售,或缢死道途。(《新唐书》卷五十二《食货志二》)

何况朝纲废弛,权豪兼并,甚至有占夺河渠以为私有之事。吾人观僖宗之诏,即可知之。

> 关中郑白两渠,古今同利,四万顷沃饶之业,亿兆人衣食之源。比者权豪竞相占夺,堰高硙下,足明弃水之由;稻浸穄浇,乃见侵田之害。(《全唐文》卷八十八《命相度河渠诏》)

于是政治问题便转变为社会问题,其表现出来的现象,一是米价昂贵,二是大众贫穷。兹将唐代米价及大众生活状况列表如次。

唐代米价及人民生活表

年代	米价	人民生活	备考
高祖武德年间			唐兴,承隋之弊,物价昂贵,民不聊生。武德四年,"铸开元通宝钱,径八分,重二

续 表

年代	米价	人民生活	备 考
			铢四分,积十钱,重一两,得轻重大小之中"(《新唐书》卷五十四《食货志四》),用此以救隋末货贱物贵之弊。武德七年,行租庸调法,"每丁岁入租粟二石,调随土地所宜,绫绢绝布。岁役二旬,不役,则收其庸,日三尺。有事而加役者旬又五日,免其调,三旬租调俱免"(《资治通鉴》卷一百九十),用此以救隋末赋役繁重之弊。
太宗贞观元年	关中饥,米斗直绢一匹。(见《资治通鉴》卷一百九十三)		天宝五载,海内富实,绢一匹,钱二百。(见《新唐书》卷五十一《食货志一》)可知此时米斗二百文。
贞观三年	米斗三四钱。	行旅自京师至于岭表,自山东至于沧海,皆不赍粮,取给于路。(见《贞观政要》卷一《政体说》)	
贞观四年	米斗四五钱。	外户不闭者数月,马牛被野,人行数千里不赍粮,民物蕃息。(见《新唐书》卷五十一《食货志一》)	
贞观十一年	一匹绢得十余石粟。(见《旧唐书》卷七十四《马周传》)		

续 表

年代	米价	人民生活	备考
贞观十五年	长安斗粟直三四钱。（见《资治通鉴》卷一百九十六）		
高宗永徽五年	洛州粟米斗两钱半,粳米斗十一钱。（见《资治通鉴》卷一百九十九）		大稔。
麟德二年	米斗五钱,粺麦不列市。（见《旧唐书》卷四《高宗纪》）		比岁大稔。
乾封年间			铸乾封泉宝钱,径寸,重二铢六分,以一当旧钱之十,俟期年尽废旧钱。明年,以商贾不通,米帛踊贵,诏罢之,复行开元通宝钱。（见《新唐书》卷五十四《食货志四》）
仪凤四年			是时铸多钱贱,米粟踊贵,乃罢少府铸,寻复旧。（见《新唐书》卷五十四《食货志四》）
永淳元年	夏四月,关中饥馑,米斗三百。五月,东都霖雨,洛水溢,关中先水,后旱蝗,继以疾疫,米斗四百。（《资治通鉴》卷二百三）	两京间死者相枕于路,人相食。（见《资治通鉴》卷二百三）	

续表

年代	米价	人民生活	备考
中宗神龙元年	夏大旱,谷价腾踊。(见《新唐书》卷一百九《纪处讷传》)		
神龙二年	都城谷贵,盗窃甚众。(见《旧唐书》卷九十三《张仁愿传》)		
景龙三年	关中饥米斗百钱。(见《资治通鉴》卷二百九)	粒食踊贵,百姓不足,宿卫兵至有三日不得食者。(见《旧唐书》卷八十八《苏瑰传》)	
睿宗先天元年	京中用钱恶,货物踊贵。(见《唐会要》卷八十九《泉货》)		
玄宗开元六年			敕禁恶钱,二铢四分以上乃得行,敛人间恶钱镕之,更铸如式钱。(见《资治通鉴》卷二百十二)
开元十三年	东都斗米十五钱,青齐五钱,粟三钱。(见《资治通鉴》卷二百十二)		累年丰稔。(见《旧唐书》卷八《玄宗纪》)
开元廿八年	西京、东都米斛直钱不满二百,绢匹亦如之。(见《资治通鉴》二百十四)	海内富安,行者虽万里不持寸兵。(见《资治通鉴》卷二百十四)	

续 表

年代	米价	人民生活	备考
天宝五年	米斗之价钱十三,青齐间斗才三钱,绢一匹钱二百。(见《新唐书》卷五十一《食货志一》)	海内富实,道路列肆,具酒食以待行人。店有驿驴,行千里,不持尺兵。(见《新唐书》卷五十一《食货志一》)	至天宝之初,两京用钱稍好,米价丰贱。(见《旧唐书》卷四十八《食货志上》)
天宝十四年			安禄山反于范阳。
肃宗乾元元年			经费不给,铸钱使第五琦铸乾元重宝钱,径一寸,每缗重十斤,与开元通宝参用,以一当十,亦号乾元十当钱。(见《新唐书》卷五十四《食货志四》)
乾元二年	米斗至七千。(见《旧唐书》卷四十八《食货志上》)	第五琦作乾元钱、重轮钱,与开元钱三品并行,民争盗铸,谷价腾贵,饿殍相望。(见《资治通鉴》卷二百二十一)	第五琦入为相,又请更铸重轮乾元钱,一当五十,二十斤成贯(新志云,每缗重十二斤),诏可之。于是新钱与乾元、开元通宝钱三品并行。(见《旧唐书》卷四十八《食货志上》)
上元元年	米斗直数千。(见《旧唐书》卷一百三十一《李皋传》)	民行乞食者属路。(见《新唐书》卷五十一《食货志一》)	减重轮钱,以一当三十,开元旧钱与乾元十当钱皆以一当一。(见《新唐书》卷五十四《食货志四》)据《旧唐书》卷十《肃宗纪》,乾元三年(即上元元年),米斗至一千五百文。而据卷三十七《五行志》,京师米斗八百文,人相食,殍骸蔽地。
代宗广德年间	米斗千钱。(见《旧唐书》卷三十七《五行志》、《新唐书》卷三十五《五行志二》)		代宗即位,乾元重宝钱以一当二,重轮钱以一当三,凡三日而大小钱皆以一当一,至是人甚便之。其后民间镕乾元、重棱二钱铸为器(大而重棱者又号重棱钱),不复出矣。(见《新唐书》卷五十四《食货志四》)

续 表

年代	米价	人民生活	备　考
永泰元年	米斗千钱，诸谷皆贵。（见《旧唐书》卷十一《代宗纪》）		
大历四年	米斗直八百。（见《旧唐书》卷十一《代宗纪》）		
大历五年	米斗千文。（见《旧唐书》卷十一《代宗纪》）		
大历六年	米斛至万钱。（见《旧唐书》卷十一《代宗纪》）		
德宗建中元年			改租庸调为两税法，人民输钱于官，不用谷帛。
兴元元年	五月，关中米斗直钱五百。十一月，关中米斗千钱。（见《资治通鉴》卷二百三十一）		
贞元元年	东都、河南、河北米斗千钱。（见《新唐书》卷三十五《五行志二》）		

续 表

年代	米价	人民生活	备 考
贞元二年		时比岁饥馑,兵民率皆瘦黑,至是麦始熟,市有醉人,当时以为嘉瑞。人乍饱食死者复伍之一,数月人肤色乃复故。(见《资治通鉴》卷二百三十二)	
贞元三年	自兴元以来,是岁为丰稔,米斗直钱百五十,粟八十。(见《资治通鉴》卷二百三十三)		自此以后,一直到宣宗大中年间,物价长期地低落,这不是因为生产丰富,而是因为钱重物轻。按租庸调之法输物于官府,物输于官府,民间之物少而物遂贵;两税之法输钱于官府,钱输于官府,民间之钱少,而物遂贱。即如陆贽说:"谷帛者人之所为也,钱货者官之所为也。人之所为者,故租税取焉;官之所为者,故赋敛舍焉。……国朝著令,租取谷,庸出绢,杂调出缯纩布麻……今之两税独异旧章……所征非所业,所业非所征,遂或增价以买其所无,减价以卖其所有。一增一减,耗损已多。"(《陆宣公全集》卷十二《均节赋税恤百姓第二》)白居易亦说:"今则谷帛之外,又责之以钱。钱者桑地不生铜,私家不敢铸,业于农者何从得之……当丰年,则贱粜半价,不足以充缗钱,遇凶年,则利息倍称,不足以偿逋债。丰凶既如此,为农者何所望焉?"(《白氏长庆集》卷四十六《息游惰》)总之,即如韩愈所说:"人不能铸钱,而使之卖布帛谷米,以输钱于官,是以物愈贱而钱愈贵也。"(《韩昌黎文集》卷八《钱重物轻状》)
宪宗元和六年	天下大稔,米斗有直二钱者。(见《资治通鉴》卷二百三十八)		钱重物轻,为弊颇甚。(见《旧唐书》卷十五《宪宗纪》元和七年)

续表

年代	米价	人民生活	备考
穆宗长庆元年			自定两税以来，钱日重，物日轻，诏百官议革其弊。户郎尚书杨于陵以为钱宜流散，不宜蓄聚。今税百姓钱，藏之公府，又开元中天下铸钱七十余炉，岁入百万，今才十余炉，岁入十五万，又积于商贾之室及流入四夷。又大历以前，淄青、太原、魏博，贸易杂用铅铁，岭南杂用金银、丹砂、象齿。今一用钱，如此则钱焉得不重，物焉得不轻？今宜使天下输税课者，皆用谷帛，广铸钱，而禁滞积及出塞者，则钱日滋矣。朝廷从之，始令两税皆输布丝纩，独盐酒课用钱。（见《资治通鉴》卷二百四十二）
文宗时代		时豪民侵噬，产业不移户，州县不敢徭役，而征税皆出下贫，至于依富为奴客。（见《新唐书》卷五十二《食货志二》）海内困穷，处处流散，饥者不得食，寒者不得衣，鳏寡孤独不得存，老幼疾病不得养。（见《新唐书》卷一百七十八《刘蕡传》）	是时铜贵于钱，"市井逐利者销钱一缗，可为数器，售利三四倍"，因之钱之数量仍不断地减少。（见《旧唐书》卷一百七十六《杨嗣复传》）
武宗会昌五年			因铜少钱贵，下灭佛之令，中书又奏"天下废寺铜像钟磬，委盐铁使铸钱……所有金银铜铁之像，敕出后，限一月纳官，如违，委盐铁使依禁铜法处分"。（见《旧唐书》卷十八上《武宗纪》）
宣宗大中九年		淮南旱，道路流亡藉藉，民至漉漕渠遗米自给，呼为圣	据《资治通鉴》为大中九年之事。

续表

年代	米价	人民生活	备考
		米,取陂泽芰蒲实皆尽。(见《新唐书》卷一百六十六《杜悰传》)	
懿宗时代			自懿宗以来,奢侈日甚,用兵不息,赋敛愈急,关东连年水旱,州县不以实闻。上下相蒙,百姓流殍,无所控诉,相聚为盗,所在蜂起。(见《资治通鉴》卷二百五十二僖宗乾符元年)
僖宗乾符元年			是岁王仙芝始聚众数千,起于长垣。(见《资治通鉴》卷二百五十二)
乾符二年			黄巢亦聚众数千人应王仙芝,民之困于重敛者争归之。(见《资治通鉴》卷二百五十二)
乾符五年		连岁旱蝗,寇盗充斥,耕桑半废。(见《资治通鉴》卷二百五十三)	王仙芝兵败伏诛,而黄巢之势转盛。
广明元年			黄巢攻陷长安。
中和二年	谷价腾踊,米斗三十千。(见《旧唐书》卷二百下《黄巢传》)		黄巢将朱温降。
中和三年			秦宗权叛附于黄巢。
中和四年		关中大饥,人相食。(《新唐书》卷三十五《五行志二》)	李克用破黄巢军,黄巢伏诛。

续表

年代	米价	人民生活	备考
光启二年	荆襄大饥,米斗三千钱,人相食。(见《新唐书》卷三十五《五行志二》)	比岁不稔,食物踊贵,道殣相望,饥骸蔽地。(见《旧唐书》卷一百八十二《高骈传》)	
光启三年	扬州大饥,米斗万钱。(见《新唐书》卷三十五《五行志二》)		
昭宗			朱全忠俘秦宗权以献。秦宗权既平,而朱全忠连兵十万,吞噬河南,兖郓青徐之间,血战不解,唐祚以至于亡。(见《旧唐书》卷二十上昭宗龙纪元年)

人类都有生存欲望,人类要解决生活问题,须有生活资料,而要得到生活资料,须有生产工具。土地已给豪族兼并,细民何法谋生?当贫穷问题刚刚开始之际,固然可用社会政策赈救贫民。到了贫穷问题成为普遍现象之后,国家不但没有方法养活大众,并且没有能力养活大众。这个时候若再加以苛捐杂税,则百姓流亡,势必转为盗贼。例如穆宗时,李愿历凤翔、宣武、河中三镇,"结托权幸,厚行赂遗"(《旧唐书》卷一百三十三《李愿传》)。王智兴为武宁节度使,"擎索财赂,交权幸,以贾虚名"(《新唐书》卷一百七十二《王智兴传》)。郑权因郑注,得广州节度,"权至镇,尽以公家珍宝赴京师,以酬恩地"(《旧唐书》卷一百五十三《薛存诚传》)。岂但方镇,就是一般文官也莫不然。他们以赂猎官,当然取偿于民。史谓"选人官成后,皆于城中举债,到任填还,致其贪求,罔不由此"(《唐会要》卷九十二《内外官料钱下》会昌元年)。其实,当时朝廷一因财政困难,二因奢侈无度,亦希望方镇于法定赋税之外,进贡羡余。代宗时,"诸道节度使、观察

使竞削下厚敛,制奇锦异绫,以进奉为名。又贵人宣命,必竭公藏,以买其欢"(《旧唐书》卷一百二十二《裴胄传》)。德宗时,刘赞为宣歙观察使,"厚敛殖货,务贡奉以希恩"(《旧唐书》卷一百三十六《刘赞传》)。韦皋为剑南节度使,"重赋敛以事月进,卒致蜀土虚竭"(《旧唐书》卷一百四十《韦皋传》)。穆宗时,杜元颖为西川节度使,"求蜀中珍异玩好之具,贡奉相继,以固恩宠,以致箕敛刻削,工作无虚日,军民嗟怨"(《旧唐书》卷一百六十三《杜元颖传》),此不过略举数例而已。其实,方镇聚敛,中饱者四分之三,进奉者不过四分之一。即如李翱所说:

> 今受进献,则节度使、团练使皆多方刻下为蓄聚,其自为私者三分,其所进献者一分耳。(《全唐文》卷一百三十四李翱《疏绝进献》)

上下交侵利,百姓生活安得不穷?德宗时,陆贽已谓"朝廷取之于方镇,方镇复取之于州,州取之于县,县取之于乡,乡将安取哉?是皆出于疲民之肝脑筋髓耳"(《陆宣公全集》卷七《谢密旨因论所宣事状》)。

> 泾原叛徒乘人怨咨,白昼犯阙,都邑氓庶恬然不惊,反与贼众相从,比肩而入宫殿。(《旧唐书》卷一百三十三《裴延龄传》)

史谓贞元三年:

> 上畋于新店,入民赵光奇家,问百姓乐乎?对曰,不乐。上曰,今岁颇稔,何为不乐?对曰,诏令不信,前云两税之外,悉无它徭,今非税而诛求者,殆过于税。后又云和籴,而实强取之,曾不识一钱。始云所籴粟麦,纳于道次,今则遣致京西行营,动数百里,卓摧马毙,破产不能支,愁苦如此,何乐之有?每有诏书优恤,徒空文耳。(《资治通鉴》卷二百三十三唐德宗贞元三年十二月)

懿宗以后,群盗蜂起。

> 兵兴以来,赋敛无度,所在群盗,半是逃户。(《资治通鉴》卷二百五十唐懿宗咸通元年)

> 自懿宗以来,奢侈日甚,用兵不息,赋敛愈急。关东年年水旱,州县不以实闻,上下相蒙,百姓流殍,无所控诉,相聚为盗,所在蜂起。(《资治通鉴》卷二百五十二唐僖宗乾符元年)

> 乾符中,仍岁凶荒,人饥为盗,河南尤甚。(《旧唐书》卷二百下《黄巢传》)

到了僖宗,百姓更见困乏。京师首善之地,竟然是褴褛满路,希望宰相之行小惠。

> 时宰相有好施者,常使人以布囊贮钱自随,行施丐者。每出,褴褛盈路。有朝士以书规之曰,今百姓疲弊,寇盗充斥。相公宜举贤任能,纪纲庶务,捐不急之费,杜私谒之门,使万物各得其所,则家给人足,自无贫者,何必如此行小惠乎?宰相大怒。(《资治通鉴》卷二百五十三唐僖宗乾符五年)

大众受了生活的压迫,社会已经动摇,所以王仙芝、黄巢一旦起事,就可蔓延天下。

> 黄巢之乱本于饥,故兴江淮,根蔓天下。(《新唐书》卷一百八十五《郑畋传》)

> 天下盗贼蜂起,皆出于饥寒。(《资治通鉴》卷二百五十三唐僖宗广明元年)

> 唐僖宗乾符中,关东荐饥,群贼啸聚,黄巢因之,起于曹濮,饥民愿附者凡数万。(《旧五代史》卷一《梁太祖纪》)

固然各地军阀拥兵自雄,但是他们的军队虽可供为方镇割据之用,却没

有战斗的能力。文宗时,刘蕡已经痛言:

> 夏官不知兵籍,止于奉朝请;六军不主兵事,止于养勋阶。军容合中官之政,戎律附内臣之职。首一戴武弁,嫉文吏如仇雠;足一蹈军门,视农夫如草芥。谋不足以翦除凶逆,而诈足以抑扬威福。勇不足以镇卫社稷,而暴足以侵轶里间。羁紲藩臣,干凌宰辅,隳裂王度,汨乱朝经。张武夫之威,上以制君父;假天子之命,下以御英豪。有藏奸观衅之心,无伏节死难之义,岂先王经文纬武之旨耶?(《旧唐书》卷一百九十下《刘蕡传》)

僖宗时,郑畋亦说:

> 国家久不用兵,士皆忘战,所在节将闭门自守,尚不能支。(《旧唐书》卷一百七十八《郑畋传》)

至于天子的禁军更不能战。

> 神策军士皆长安富家子,赂宦官窜名军籍,厚得禀赐,但华衣怒马,凭势使气,未尝更战陈,闻当出征,父子聚泣,多以金帛雇病坊贫人代行,往往不能操兵。(《资治通鉴》卷二百五十四唐僖宗广明元年)

而各地勤王之师又因为待遇不平等,不但不战,且为贼乡导,以趣长安。

> 博野、凤翔军还至渭桥,见所募新军衣裘温鲜(胡三省注云,新军即[宦官]田令孜所募坊市人以补[神策]两军者也),怒曰,此辈何功而然,我曹反冻馁。遂掠之,更为贼乡导,以趣长安。(《资治通鉴》卷二百五十四唐僖宗广明元年)

当黄巢起事之际,固曾驰檄四方,指斥时弊①,所以"人士从而附之"。

> 僖宗以幼主临朝,号令出于臣下,南衙北司迭相矛楯,以至九流浊乱,时多朋党,小人谗胜,君子道消,贤豪忌愤,退之草泽,既一朝有变,天下离心。巢之起也,人士从而附之,或巢驰檄四方,章奏论列,皆指目朝政之弊,盖士不逞者之辞也。(《旧唐书》卷二百下《黄巢传》)

而贼众对于穷民,又争行施遗。

> 十二月五日,贼陷京师,时巢众累年为盗,行伍不胜其富,遇穷民于路,争行施遗。既入春明门,坊市聚观,尚让(巢党)慰晓市人曰,黄王为生灵,不似李家不恤汝辈,但各安家。巢贼众竞投物遗人。(《旧唐书》卷二百下《黄巢传》)

所以黄巢之众虽然不受富者欢迎,最初也不受贫者反抗,其能横行天下,州郡不能制,听其直驱长安,不是没有原因的。只因黄巢所统率者乃是饥饿的群盗,他们平素受了贪官污吏的压迫,受了土豪劣绅的鱼肉,积以成忿,一旦起事,便大肆焚掠。黄巢之乱蔓延天下,黄巢之祸也蔓延天下,其终归灭亡,可以说是理之当然。

> 江右海南,疮痍既甚,湖湘荆汉,耕织屡空……东南州府遭贼之处,农桑失业,耕种不时。就中广州、荆南、湖南盗贼留驻,人户逃亡,伤夷最甚。(《旧唐书》卷十九下《僖宗纪》乾符六年)

黄巢虽然灭亡,接着却又来个秦宗权的大屠杀。

---

① 《新唐书》卷二百二十五下《黄巢传》:"王仙芝檄诸道,言吏贪沓,赋重,赏罚不平……黄巢诋宦竖柄朝,垢蠹纪纲,指诸臣与中人赂遗交构状,铨贡失才。禁刺史殖财产,县令犯赃者族,皆当时极敝。"

巢贼虽平，而宗权之凶徒大集，西至金商陕虢，南极荆襄，东过淮甸，北侵徐兖汴郑，幅员数十州，五六年间，民无耕织，千室之邑不存一二，岁既凶荒，皆脍人而食，丧乱之酷，未之前闻。(《旧唐书》卷二十上《昭宗纪》龙纪元年)

　　秦宗权所至，屠残人物，燔烧郡邑，西至关内，东极青齐，南出江淮，北至卫滑，鱼烂鸟散，人烟断绝，荆榛蔽野。(《旧唐书》卷二百下《秦宗权传》)

城市为经济的中心，经黄巢、秦宗权焚掠之后，无不残破。长安残破；

　　京畿百姓皆寨于山谷，累年废耕耘，贼坐空城，赋输无入，谷食腾踊，米斗三十千。官军皆执山砦百姓鬻于贼为食，人获数十万。朝士皆往来同华，或以卖饼为业……贼怒坊市百姓迎王师，乃下令洗城，丈夫丁壮杀戮殆尽，流血成渠。(《旧唐书》卷二百下《黄巢传》)

洛阳残破；

　　东都经黄巢之乱……继以秦宗权、孙儒残暴，仅存坏垣而已……白骨蔽野，荆棘弥望，居民不满百户……四野俱无耕者。(《资治通鉴》卷二百五十七唐僖宗光启三年)

三河残破；

　　李罕之保于泽州(汉上党、河东等郡地)。自是罕之日以兵寇钞，怀、孟(二州汉河内郡地)、晋、绛(二州汉河东郡地)数百里内，郡邑无长吏，闾里无居民……荆棘被野，烟火断绝，凡十余年。(《旧五代史》卷十五《李罕之传》)

荆州残破；

> 荆州经巨盗之后,居民才一十七家,汭抚辑凋残,励精为理,通商训农,勤于惠养,比及末年,仅及万户。(《旧五代史》卷十五《成汭传》)

江淮也遍罹兵燹之灾。

> 唐乾符中,关东群盗并起,江淮间遍罹其苦。(《旧五代史》卷二十一《刘康乂传》)

刀兵遍地,农民无法耕种,贼众缺乏粮食,就以人肉充饥。

> 关东仍岁无耕稼,人饿倚墙壁间,贼俘人而食,日杀数千。贼有舂磨砦,为巨碓数百,生纳人于臼碎之,合骨而食。(《旧唐书》卷二百下《黄巢传》)
>
> 秦宗权所至……人烟断绝,荆榛蔽野,贼既乏食,啖人为储,军士四出,则盐尸而从。(《旧唐书》卷二百下《秦宗权传》)

社会生产力完全破坏,因之流寇愈益横行。这个时候,政府军队既不能战,又不愿战,于是讨伐责任便付之沙陀军队。所以唐末大乱,一方固然是土匪与政府斗争,同时又是流民与异族斗争。最后代表流民者为朱全忠,代表异族者为李克用。他们两人地丑德齐,谁都不能打倒谁,于是方镇便乘机夺取地盘,而使中央集权变为地方割据。

唐定都长安,而关中所出,不足以给京师,备水旱,方镇割据,诸道常赋常不上供。

> 是时唐室微弱,诸道常赋多不上供。(《旧五代史》卷十七《赵匡凝传》)

而运河失去作用,政治中心长安与经济中心江淮失去联络,不能转漕东南之粟,以济关中。凡割据江淮者,例如高骈,则以贡赋自私,不朝献于朝廷。

> 淮南节度使高骈,臣节既亏,自是贡赋遂绝。(《资治通鉴》卷二百五十五《唐纪》僖宗中和二年)

而割汴州者,例如朱全忠,又扣留江淮的贡赋。

> 田頵移书曰,东南扬为大,刀布金玉积如阜,愿公上天子常赋……杨行密答曰,贡赋由汴而达,适足资敌尔。(《新唐书》卷一百八十九《田頵传》)

江淮为财富之区,军阀均感觉财用匮竭,而皆欲夺取江淮。江淮成为战区,江淮的经济也完全破坏。

> 江淮之间,广陵大镇,富甲天下。自毕师铎、秦彦之后,孙儒、杨行密继踵相攻,四五年间,连兵不息,庐舍焚荡,民户丧亡,广陵之雄富扫地矣。(《旧唐书》卷一百八十二《秦彦传》)
>
> 先是扬州富庶甲天下,时人称扬一益二,及经秦(彦)、毕(师铎)、孙(儒)、杨(行密)兵火之余,江淮之间,东西千里,扫地尽矣。(《资治通鉴》卷二百五十九《唐纪》昭宗景福元年)

全国经济破产,不论哪一个军阀,割据哪一个地方,其力均不足扑灭群雄,于是统一局面又告结束,代之而起者则为五代的割据与混乱。

这个时期又出现了悲观论,早在肃、代之时元结(《新唐书》卷一百四十三《元结传》)已经发出愤世之辞,以为时势所趋,风俗颓弊是必然的,先之为道德的破坏,次之为政教的破坏,又次之为家庭伦理的破坏,最后则为国家纪纲的破坏。于是"情性为风俗所化,无不作狙狡诈诳之心。声呼为风俗所化,无不作谄媚僻淫之辞。容颜为风俗所化,无不作奸邪蹙促之色"(《全唐文》卷三百八十三元结撰《时化》），而国家遂大乱了（参阅同上书元结撰《世化》），"忿争之源，流而日广。惨毒之根，植而弥长。用苛酷以威服，用诏谀以顺欲。是故皆恣昏虐，必生乱恶"（同上书元结撰《演谟》）。到了僖宗之末，果然发生了黄巢之乱，黄巢既灭，又有秦宗权的屠杀。唐祚覆亡，继之则为五代之乱。唐末而至五代，丧乱相承，而丧乱之发生则由于军阀争夺帝位。人士看到此种现象，遂谓政府为致乱之源，光启中有无能子（《新唐书》卷五十九《艺文志》载有《无能子》三卷，注云不著人名氏，光启中隐民间）者，他谓人非万物之灵，只是裸虫之一。太古之时，裸虫杂处，"任其自然，遂其天真，无所司牧，蒙蒙淳淳"。"无何裸虫中繁其智虑者，其名曰人"，教播种，结网罗，作宫室，设婚嫁，"然犹自强自弱，无所制焉"。嗣后，人群之中又发生了君臣，"名一为君，名众为臣，一可役众，众不可凌一"，名分既立，尊卑有别，于是贵贱之等分，贫富之差生。而"贱慕贵，贫慕富，而人之争心生焉"。而所谓圣人也者，又为之制礼作乐，立仁义忠信之教。固然社会由于规范的拘束，暂时可以相安无事。到了后来，人类又欲毁坏道德的防壁，于是圣人又设刑兵以制之，"小则刑之，大则兵之"，然亦无能为力（《无能子》卷上第一篇《圣过》）故欲致至治之世，只有"任其自然"（《无能子》卷上第七篇《真修》）。他既主张自然，故其结论又归到老庄的无为思想。他说："夫天下自然之时，君臣无分乎其间。为之君臣以别尊卑，谓之圣人者，以智欺愚也。以智欺愚，妄也……夫无为则淳正而当天理，父子君臣何有哉？有为则嗜欲而乱人性，孝不孝，忠不忠，何异哉？"（《无能子》卷中第二篇《首阳子说》）同时又有罗隐（《旧五代史》卷二十四《罗隐传》）者，以为"益莫大于主俭，损莫大于君奢……尔其俭主之理，则天下无为。天下无为，则百姓受其赐……尔其奢君之理，则天下多事。天下多事，则万姓受其毒"（《两同书》卷上第三篇《损益》）。"益一人之爱好，损万人之性命，故使天下困穷，不畏其死矣。夫死且不畏，岂可畏其乱乎？生且是悦，岂不悦其安乎？故人安者，天子所以得其安也。人乱者，天子所以罹其乱也。人主欲其己安，而不念其人安；恐其人乱，而不思其己乱，此不可谓智也。"（《两同书》卷上第三篇《损益》）他又说："视玉帛而取之者，则曰牵于寒饿。视家国而取之者，则曰救彼涂炭。牵于寒饿者无得而言矣，救彼涂炭者则宜以百姓心为心。而西刘则曰居宜如此，楚籍则曰可取而代，意彼未必无退逊之心、正廉之节,盖以视其靡曼骄崇,然后生其谋耳。为英雄者犹若是,况常人乎?"(《谗书》卷二《英雄之言》)此言也实本于《庄子》(第十篇《胠箧》)所说:"彼窃钩者诛,窃国者为诸侯。诸侯之门,而仁义存焉。"观上三子之言,唐末学者已经离开儒家,而倾向于老庄了。

第九节
唐的政治制度

第一项　中央官制

吾国政制由魏晋而至南北朝,日益紊乱;隋文肇兴,稍加整理;炀帝嗣位,又有厘定。唐兴,仍循隋制,兹将唐之中央政制列表于次,而后再加说明①。

唐中央官制表

种类	官名	官品	职掌	组织
三师	太师	正一品	三师训导之官也,大抵无所统职。	三师、三公皆无官属。
	太傅	正一品		
	太保	正一品		
三公	太尉	正一品	三公论道之官也,盖以佐天子,理阴阳,平邦国,无所不统,故不以一职名其官。	
	司徒	正一品		
	司空	正一品		

① 据《唐六典》,十六卫据《新唐书》卷四十九上《百官志》。

续表

种类	官名		官品	职掌	组织
三省	尚书省	尚书令	正二品	掌总领百官,仪刑端揆。	其属除六部外,尚有左右丞各一人,左丞正四品上,右丞正四品下,掌管辖省事、纠举宪章,以辨六官之仪制,而正百僚之文法,分而视焉。
		左右仆射	从二品	掌总领六官,纪纲百揆,以贰令之职。	
		六尚书 吏部尚书	正三品	吏部尚书,掌天下文选、勋封、考课之政令。	吏部尚书一人,正三品;侍郎二人,正四品上;其属有四,一曰吏部,二曰司封,三曰司勋,四曰考功;吏部郎中二人,其余三司各置郎中一人,均从五品上。
		户部尚书	正三品	户部尚书,掌天下土地、户口、钱谷之政令。	户部尚书一人,正三品;侍郎二人,正四品下;其属有四,一曰户部,二曰度支,三曰金部,四曰仓部;户部郎中二人,其余三司各置郎中一人,均从五品上。
		礼部尚书	正三品	掌天下礼仪、祭祀、贡举之政令。	礼部尚书一人,正三品;侍郎一人,正四品下;其属有四,一曰礼部,二曰祠部,三曰膳部,四曰主客,各置郎中一人,从五品上。
		兵部尚书	正三品	掌天下武选、地图、车马、甲械之政令。	兵部尚书一人,正三品;侍郎二人,正四品下;其属有四,一曰兵部,二曰职方,三曰驾部,四曰库部;兵部郎中二人,其余三司各置郎中一人,从五品上。
		刑部尚书	正三品	掌天下刑法、徒隶、按覆谳禁之政令。	刑部尚书一人,正三品;侍郎二人,正四品下;其属有四,一曰刑部,二曰都官,三曰比部,四曰司门;刑部郎中二人,其余三司各置一人,从五品上。
		工部尚书	正三品	掌天下百工、屯田、山泽之政令。	工部尚书一人,正三品;侍郎一人,正四品下;其属有四,一曰工部,二曰屯田,三曰虞部,四曰水部,各置郎中一人,从五品上。

续表

种类	官名	官品	职掌	组织
门下省	侍中	正三品	掌出纳王命，缉熙皇极，总典吏职，赞相礼仪，以和万邦，以弼庶务，所谓佐天子而统大政者也。凡军国之务，与中书令参而总焉。	侍中二人，正三品（大历二年，升为正二品）；黄门侍郎二人，正四品上（大历二年，改为正三品）。给事中四人，正五品上，掌侍奉左右、分判省事，凡百司奏抄，侍中审定，则先读而署之，以驳正违失。若官非其人，理失其事，则白侍中而退量焉。 左散骑常侍二人，从三品，掌侍奉规讽，备顾问应对。谏议大夫四人，正五品上，掌侍从赞相、规谏讽谕。左补阙二人，从七品上，左拾遗二人，从八品上，掌供奉讽谏、扈从乘舆。 弘文馆属焉。
	黄门侍郎	正四品上	掌贰侍中之职，凡政之弛张、事之与夺，皆参议焉。	
中书省	中书令	正三品	掌军国之政令，缉熙帝载，统和天人，入则告之，出则从之，以厘万邦，以度百揆，盖以佐天子而执大政者也。	中书令二人，正三品（大历二年升为正二品）；中书侍郎二人，正四品上（大历二年，升为正三品）。中书舍人六人，正五品上，掌侍从进奏，参议表章，凡诏旨制敕及玺书册命，皆按典故，起草进画，既下则署而行之。 右散骑常侍二人，从三品；右补阙二人，从七品上，右拾遗二人，从八品上，掌如左散骑常侍补阙、拾遗之职。 集贤殿属焉。
	中书侍郎	正四品上	掌贰令之职，凡邦国之庶务、朝廷之大政，皆参议焉。	

此外机关以省名者尚有下列三种。

（一）秘书省，监一人，从三品；少监二人，从四品上；丞一人，从五品上。监掌邦国经籍图书之事，有二局，一曰著作，二曰太史，皆率其属而修其职，少监为之贰。丞掌判省事。而司天台亦隶焉。

（二）殿中省，监一人，从三品；少监二人，从四品上；丞二人，从五品上。监掌乘舆服御之政令，总尚食、尚药、尚衣、尚乘、尚舍、尚辇六局之官属，少监为之贰。丞掌判省事。

（三）此外尚有内侍省，内侍四人，从四品上；内常侍六人，正五品下。内侍常在内侍奉，出入宫掖，宣传制令，总宫闱、奚官、内仆、内府五局之官属，内常侍为之贰。

续表

种类	官名	官品	职掌	组织
一台	御史台 御史大夫	正三品	掌邦国刑宪典章之政令,以肃正朝列,中丞为之贰。	御史大夫一人,正三品;中丞二人,正五品,为大夫之贰。其属有三院,一曰台院,侍御史四人,从六品下,掌纠举百僚、推鞫狱讼。二曰殿院,殿中侍御史六人,从七品下,掌殿廷供奉之仪式。三曰察院,监察御史十人,正八品上,掌分察百僚、巡按州县。
九寺	太常寺 卿	正三品	掌邦国礼乐、郊庙、社稷之事,以八署分而理焉,少卿为之贰。	卿一人,正三品;少卿二人,正四品上,为卿之贰。总郊社、太庙、诸陵、太乐、鼓吹、太医、太卜、廪牺八署。
	光禄寺 卿	从三品	掌邦国酒醴膳羞之事,总四署之官属,修其储备,谨其出纳,少卿为之贰。	卿一人,从三品;少卿二人,从四品上,为卿之贰。总大官、珍羞、良酝、掌醢四署。
	卫尉寺 卿	从三品	掌邦国器械文物之政令,总三署之官属,少卿为之贰。	卿一人,从三品;少卿二人,从四品上,为卿之贰。总武库、武器、守官三署。
	宗正寺 卿	从三品	掌皇九族六亲之属籍,以别昭穆之序,纪亲疏之列,少卿为之贰。	卿一人,从三品;少卿二人,从四品上,为卿之贰。领崇玄署。
	太仆寺 卿	从三品	掌邦国厩牧车舆之政令,总四署及诸监牧之官属,少卿为之贰。	卿一人,从三品;少卿二人,从四品上,为卿之贰。总乘黄、典厩、典牧、车府四署及诸监牧之官属。
	大理寺 卿	从三品	掌邦国折狱详刑之事,少卿为之贰。	卿一人,从三品;少卿二人,从四品上;为卿之贰。其属有正二人,从五品下;丞六人,从六品上;司直六人,从六品上;评事十二人,从八品下。

续表

种类	官名	官品	职掌	组织
	鸿胪寺卿	卿	从三品	掌宾客及凶仪之事,领二署,以率其官属,而供其职务,少卿为之贰。	卿一人,从三品;少卿二人,从四品下,为卿之贰。领典客、司仪二署。
	司农卿	卿	从三品	掌邦国仓储委积之政令,总四署与诸监之官属,谨其出纳,而修其职务,少卿为之贰。	卿一人,从三品;少卿二人,从四品上,为卿之贰。总上林、太仓、钩盾、导官四署与诸监之官属。
	太府寺	卿	从三品	掌邦国财货之政令,总八署之官属,举其纲目,修其职务,少卿为之贰。	卿一人,从三品;少卿二人,从四品上,为卿之贰。总京都四市、平准、左右藏、常平八署之官属。
四监	国子监	祭酒	从三品	掌邦国儒学训导之政令。	祭酒一人,从三品;司业二人,从四品下。有六学焉,一曰国子,二曰太学,三曰四门,四曰律学,五曰书学,六曰算学。
	少府监	监	从三品	掌百工伎巧之政令,总五署之官属,庀其工徒,谨其缮作,少监为之贰。	监一人,从三品;少监二人,从四品下。总中尚、左尚、右尚、织染、掌冶五署之官属及诸铸钱监、诸互市监。
	将作监	大匠	从三品	掌供邦国修建、土木、工匠之政令,总四署、百工等监之官属,以供其职事,少匠贰焉。	大匠一人,从三品;少匠二人,从四品下。总左校、右校、中校、甄官四署,百工、就谷、库谷、斜谷、太阴、伊阳等监。
	都水监	使者	正五品上	掌川泽津梁之政,总二署之官属,凡渔捕之禁、衡虞之守,皆由其属而总制之。	使者二人,正五品上。总舟楫、河梁二署之官属。

续表

种类	官名	官品	职掌	组织
十六卫	左右卫大将军	正三品	掌宫廷宿卫,凡五府三卫及折冲府骁骑番上者受其名簿而配以职。	十六卫大将军各一人,正三品;将军各二人,从三品。此外尚有长史各一人,从六品上;录事参军各一人,正八品上;仓曹、兵曹参军各二人,正八品下;骑曹、胄曹参军各一人,正八品下。贞元二年,初置十六卫上将军,从二品。
	左右骁卫大将军	正三品	掌同左右卫,凡翊府之翊卫、外府豹骑番上者分配之。	
	左右武卫大将军	正三品	掌同左右卫,凡翊府之翊卫、外府熊渠番上者分配之。	
	左右威卫大将军	正三品	掌同左右卫,凡翊府之翊卫、外府羽林番上者分配之。	
	左右领军卫大将军	正三品	掌同左右卫,凡翊府之翊卫、外府射声番上者分配之。	
	左右金吾卫大将军	正三品	掌宫中、京城巡警,烽候、道路、水草之宜,凡翊府之翊卫及外府佽飞番上皆属焉。	
	左右监门卫大将军	正三品	掌诸门禁卫及门籍。	
	左右千牛卫大将军	正三品	掌侍卫及供给兵仗。	

所谓五府，新志(《十六卫》)云："亲卫之府一，曰亲府。勋卫之府二，一曰勋一府，二曰勋二府。翊卫之府二，一曰翊一府，二曰翊二府。凡五府。"

所谓三卫，旧志(《兵部尚书》)云："凡左右卫亲卫、勋卫、翊卫，及左右率府亲、勋、翊卫，及诸卫之翊府，通谓之三卫。"

所谓骁骑者，旧志(《兵部尚书》)云："凡兵士隶卫各有其名，左右卫曰骁骑，左右骁卫曰豹骑，左右武卫曰熊渠，左右威卫曰羽林，左右领军卫曰射声，左右领金吾卫曰佽飞。"

东汉政归尚书，魏晋政归中书，南北朝尤其北朝政归门下。隋兴，虽置三省，而宰相则为内史(内史令即中书令)与纳言(即侍中)，而尤以纳言之权为大，此乃循北朝之制。有唐受命，亦置三省，至于孰为宰相之职，《新唐书》(卷四十六)《百官志》云：

> 初唐因隋制，以三省之长：中书令、侍中、尚书令共议国政，此宰相职也。其后以太宗尝为尚书令，臣下避不敢居其职，由是仆射为尚书省长官，与侍中、中书令号为宰相。

《旧唐书》(卷四十三)《职官志》不言孰为宰相，唯于门下省侍中之下，说明云：

> 侍中之职掌出纳帝命，缉熙皇极，总典吏职，赞相礼仪，以和万邦，以弼庶务，所谓佐天子而统大政者也。凡军国之务，与中书令参而总焉，坐而论之，举而行之，此其大较也。

又于中书省中书令之下，说明云：

> 中书令之职掌军国之政令，缉熙帝载，统和天人，入则告之，出则奉之，以厘万邦，以度百揆，盖佐天子而执大政也。

其于尚书省尚书令之下,无"佐天子而统(或执)大政"之语。只谓:

> 尚书令总领百官,仪刑端揆。左右仆射掌统理六官,纲纪庶务,以贰令之职。自不置令,仆射总判省事。御史纠劾不当,兼得弹之。

按《旧唐书》为后晋刘昫所撰。《新唐书》各志为宋欧阳修所撰,列传为宋祁所撰。以著作的前后言,也许《旧唐书》所述者较合于实际政制。但《新唐书》卷四十七《百官志》,于门下省侍中之下,亦有"凡国家之务,与中书令参总";于中书省中书令之下,复有"掌佐天子执大政",是则欧阳修亦只明认侍中、中书令为宰相之职。

现在再看唐人而曾为宰相者之言,杜佑所撰《通典》(卷二十一《宰相》)云:

> 大唐侍中、中书令是真宰相,其余以他官参掌者亦有之。

是则杜佑固谓真宰相乃是侍中与中书令。但《通典》(卷二十二《仆射》)又云:

> 大唐左右二仆射固前代本副尚书令,自尚书令废阙,二仆射则为宰相。故太宗谓房玄龄、杜如晦曰,公为仆射,当广开耳目,访求才贤,是为宰相弘益之道。今以决辞听讼不暇,岂助朕求贤之意?乃令尚书细务悉委于两丞,其宽滥大故当奏闻者,则关于仆射。及贞观末,除拜仆射,必加同中书门下平章事及参知机务等,方为宰相。不然,则否。然为仆射者亦无不加焉。至开元以来,则罕有加者(原注,自开元以来,始有单为仆射、不兼宰相者)。

太宗对房杜之言,据《唐会要》(卷五十七《左右仆射》),是在贞观三年。如是在贞观年间,左右仆射又是宰相了。左右仆射既是宰相,则武德年间尚书令亦必为宰相,所以《新唐书》所说"初唐……以三省之长共议国政,此宰相职也",未必有误。但吾人阅《新唐书》(卷六十一)《宰相表》,高祖时代只唯李世民

(太宗)一人为尚书令。

兹宜注意的,太宗责房玄龄、杜如晦以求贤,而不欲其亲理细务,可谓知任相之道。其后,陆贽对德宗说:"臣伏以任总百揆者与一职之守不同,富有万国者与百揆之体复异。盖尊领其要,卑主其详;尊尚恢宏,卑务近细……以卑而僭用尊道,则职废于下;以尊而降代卑职,则德丧于上。职废则事不举,德丧则人不归。事不举者,弊虽切而患轻;人不归者,衅似微而祸重。兹道得失,所关兴亡。"(《陆宣公全集》卷五《兴元论续从贼中赴行在官等状》)宋时,司马光亦对神宗说:"夫人智有分,而力有涯;以一人之智力,兼天下之众务,欲物物而知之,日亦不给矣。是故尊者治众,卑者治寡;治众者事不得不约,治寡者事不得不详。约则举其大,详则尽其细,此自然之势也……是故王者之职在于量材任人、赏功罚罪而已……今陛下好使大臣夺小臣之事,小臣侵大臣之职,是以大臣解体,不肯竭忠,小臣诿上,不肯尽力,此百官所以弛废,而万事所以隳颓者也。"(《司马文正公传家集》卷四十三上《体要疏》)陆贽及司马光之言可以借以警戒后世人主之喜亲吏职者。魏徵云:"夫委大臣以大体,责小臣以小事,为国之常也,为理之道也。"(《贞观政要》第六篇《君臣鉴戒》)大臣尚不可管理细事,何况以天子之尊,岂可总揽威柄,权不借下?依政制原理,位愈高者责愈重,责愈重者事愈少;位愈卑者责愈轻,责愈轻者事愈繁。宰相若理细务,哪有时间顾到国家宜兴宜革之事?但是宰相亦应本清静无为之意,不要大事更张,而须顾到财力与人力。三代以后,汉唐为盛,汉之制度一仍秦旧,唐之制度亦沿隋制。汉之萧曹、唐之房杜,皆为贤相。萧规曹随,曹乏可书之事;而房杜亦无可载之功。此实可以证明为政之道不贵轻举妄动,像王莽、王安石那样,好大喜功,欲将一切弊政,一举而尽革除之,结果必致失败。

唐代初年,关于三省,采分权制度,即中书出命,门下审驳,而尚书奉行。胡致堂说:

> 中书出令,门下审驳,而尚书受成,颁之有司。(《文献通考》卷五十《门下省》)

王鏊亦说：

>唐初，始合三省，中书主出命，门下主封驳，尚书主奉行。①

依法家思想，人主应高拱于上。中书出令，在理应有制定诏命的权，唯在专制时代，一切行政往往决定于人主，因之中书出令不过禀承天子之意。然既有出纳王命之权，就不免上下其手。例如高宗时，刘仁轨为洮河道行军镇守大使，每有奏请，多被中书令李敬玄抑之(《旧唐书》卷八十四《刘仁轨传》)。玄宗时，张说为中书令，宇文融等每有奏请，辄为说所抑(《旧唐书》卷九十七《张说传》)。高祖时，萧瑀为中书令，对于天子所发之敕，亦不时奏行。

>高祖常有敕，而中书不时宣行，高祖责其迟。瑀(萧瑀，时为内史令，即中书令)曰，臣大业之日，见内史宣敕，或前后相乖者，百司行之，不知何所承用。所谓易必在前，难必在后。臣在中书日久，备见其事。今皇基初构，事涉安危，远方有疑，恐失机会。比每受一敕，臣必勘审，使与前敕不相乖背者，始敢宣行。迟晚之事实由于此。(《旧唐书》卷六十三《萧瑀传》)

门下封驳，目的在于审查诏命是否合理。门下省有给事中之官，以"驳正违失"为职(《唐六典》卷八《给事中》)，他有封还诏书的权。

>开成元年五月乙未，以给事中郭承嘏为华州防御使。给事中卢载以承嘏公正守道，屡有封驳，不宜置之外郡，乃讨还诏书。翊日，复以承嘏为给事中。(《旧唐书》卷十七下《文宗纪》)

举实例言之，德宗时，以齐总为衢州刺史，总以横赋进奉希恩，给事中许孟容

---

① 其后合中书、门下为一，明王鏊撰《震泽长语上·官制》。

封还制书(《旧唐书》卷十三《德宗纪》贞元十八年)，此因用人不当而封还诏书之例也。宪宗时，户部侍郎平章事皇甫镈奏请减内外官俸钱，以赡国用，敕下，给事中崔祐封还诏书，其事方罢(《旧唐书》卷一百三十五《皇甫镈传》)，此因行政不妥而封还诏书之例也。

尚书"总领百官"(《唐六典》卷一《尚书省》)，而司诏命之奉行，故在行政上乃如唐太宗所言："尚书省天下纲维、百司所禀。"(《旧唐书》卷七十《戴胄传》)而刘洎亦说："尚书万机，实为政本。"(《旧唐书》卷七十四《刘洎传》)但决定之权既操于中书，所以政治上又如《六典》(卷一《尚书令》)所云："其国政枢密皆委中书，八座之官但受其成事而已。"

这是唐代初年的制度。但是权力分立彻底施行之后，往往发生流弊。审查法令者与制定法令者不是同一人，则审查者因为法令不是自己制定，不免吹毛求疵；而制定者畏惧别人批评，又常委曲求全，不敢贯彻。制定法令者与执行法令者不是同一人，则制定者因为法令不由自己执行，难免好高骛远；而执行者因为法令不是自己制定，往往阳奉阴违，敷衍了事。太宗时代，中书与门下已有争端，因为一司出命，一司封驳，必须双方胸无成见，均有舍己从人之心，而后由正反意见之中，才会产生一种公正的意见。倘令双方俱有成见，则论争之后，必由感情作用，而成怨隙。这在太宗时代，已经发生了。

> 上谓黄门侍郎王珪曰，国家本置中书、门下，以相检察，中书诏敕或有差失，则门下当行驳正。人心所见，互有不同，苟论难往来，务求至当，舍己从人，亦复何伤？比来或护己之短，遂成怨隙，或苟避私心，知非不正，顺一人之颜情，为兆民之深患，此乃亡国之政也。(《资治通鉴》卷一百九十二《唐纪》太宗贞观元年)

所以不久就设政事堂以作议政机关。

> 其后又置政事堂，盖以中书出诏令，门下封驳，日有争论，故两者先于政事堂议定，然后奏闻。(王鏊撰《震泽长语上·官制》)

政事堂之设置是在高祖时代。

> 政事堂者,自武德以来,已常于门下省议事,即以议事之所,谓之政事堂。(《全唐文》卷三百十六李华撰《中书政事堂记》)

其所以设在门下省者,盖唐初,尚承北朝及隋之制,门下省权力较大,《旧唐书》(卷四十三《职官志二·侍中》)云:"旧制,宰相常于门下省议事,谓之政事堂。"由是可知唐代初年,门下省的地位如何。但宰相虽在门下省议事,而笔拟诏令之责乃属于中书。而且贞观以后,中书地位日益提高,这样,政事堂自应设置于中书省。高宗末,裴炎由侍中迁中书令,遂徙政事堂于中书省。

> 旧宰相议事门下省,号政事堂。长孙无忌以司空,房玄龄以仆射,魏徵以太子太师,皆知门下省事。至炎以中书令,执政事笔,故徙政事堂于中书省。(《新唐书》卷一百十七《裴炎传》)

玄宗时,张说为相(中书令),改政事堂为中书门下,所谓中书门下实即政事堂,仍设于中书省,为宰相议政之所。故司马光说:"开元中,张说奏改政事堂为中书门下……向日所谓中书者,乃中书门下政事堂也。"(《文献通考》卷五十《门下省》引司马光言)此名称的改变,不但表示中书之权力已在门下之上,且又暗示尚书仆射苟不加"同品"或"平章"之号者不是宰相。中书门下列五房以主众务。

> 初三省长官议事于门下省之政事堂,其后裴炎自侍中迁中书令,乃徙政事堂于中书省。开元中,张说为相,又改政事堂号中书门下,列五房于其后,一曰吏房,二曰枢机房,三曰兵房,四曰户房,五曰刑礼房,分曹以主众务焉。(《新唐书》卷四十六《百官志一》)

中书、门下两省已经合而为一。唯中书省权力较大,此与隋制不同之处。

德宗时,"军国无大小,一付中书"(《旧唐书》卷一百四十八《权德舆传》)。武宗时,给事中韦弘质亦上疏论"中书权重"(《旧唐书》卷十八上《武宗纪》会昌五年)。盖中书起草诏令,常承天子之意旨,而在专制时代,门下虽欲封驳,亦必有所顾忌之故。

尚书令一职,因"太宗昔居藩邸,尝践此官,累圣相承,旷而不置"(《旧唐书》卷一百二十《郭子仪传》)。于是左右仆射就为宰相,然而仆射又常兼任侍中或中书令之职,例如开元年间,张说为右丞相(右仆射)兼中书令,源乾曜为左丞相(左仆射)兼侍中(见《旧唐书》卷九十七《张说传》)。而中书令、侍中又于政事堂议政,于是三省更合而为一,从而唐代初年之分权制度就见破坏。

分权制度是令中书出令,门下审查,尚书奉行,现在三省长官互兼其职,则政有阙失之时,自难纠正。但是唐时尚有谏官,谏官与御史不同,御史乃弹击官邪,谏官则匡正朝政之阙失。台谏分职由来已久,但说明最显著的,则为宋代之洪迈及胡致堂。洪迈说:"御史掌纠察官邪、肃正纲纪。谏官掌规谏讽谕,凡朝政阙失、大臣至百官任非其人、三省至百司事有违失,皆得谏正。"(《容斋四笔》卷十四《台谏分职》)胡致堂说:"御史台只合弹击官邪与夫败坏已成宪度者。至于政事得失,专责大臣与谏者。"(《文献通考》卷五十《谏议大夫》引胡致堂《寄政府书》)简单言之,御史所察者为法律问题,谏官所察者为政治问题。秦汉时代有大夫,掌论议,文属于光禄勋(秦为郎中令)。武帝时,又置谏大夫。渐次发展,到了唐代,则有散骑常侍、谏议大夫、补阙、拾遗及给事中。散骑及给事中在汉为加官,加者均兼为内朝官(《汉书》卷十九上《百官公卿表》),补阙、拾遗为唐所置。隋时,给事中①、散骑常侍、谏议大夫属于门下省(《隋书》卷二十八《百官志下》,《唐六典》卷八《给事中》)。至唐,给事中、谏议大夫仍属于门下省,散骑常侍、补阙、拾遗则分为左右,分属于门下、中书二省。在许多谏官之中,给事中一职在宋明两代甚为重要,不能不稍加说明,杜佑云:

> 武德三年,改给事郎为给事中,常侍从读署奏抄,驳违失,分判省事……前代虽有给事中之名,非今任也。今之给事中盖因古之名,用隋

---

① 称为给中郎,本属于吏部,炀帝改制,移吏部给事郎为门下之职,省读奏案,其职已有似于谏官。

之职。(《通典》卷二十一《给事中》)

所以新志关于给事中之职,则云:

> 凡百司奏抄,侍中既审,则驳正违失。诏敕不便者,涂窜而奏还,谓之涂归。(《新唐书》卷四十七《百官志二·给事中》)

兹将唐代谏官列表如次[①]:

唐谏官表

机关	官名	员数	品秩	职掌	备考
门下省	给事中	四	正五品上	掌驳正违失。	
	左散骑常侍	二	从三品	掌侍奉规讽,备顾问应对。	武德初,以为加官。贞观初,置二员,属门下省。显庆二年,又置二员,隶中书省,始有左右之号。
	谏议大夫	四	正五品上	掌规谏讽谕。	
	左补阙	二	从七品上	掌供从讽谏。	垂拱中,创立四员,左右各二员。
	左拾遗	二	从八品上		
中书省	右散骑常侍	二	从三品	掌如左散骑常侍。	
	右补阙	二	从七品上	掌如左补阙。	
	右拾遗	二	从九品上	掌如左拾遗。	

一切用人行政如有不当之处,谏官都得讽谏,甚者且得封驳制敕,例如:

---

① 据《唐六典》卷八《门下省》、卷九《中书省》。

> 阳城迁谏议大夫,时德宗在位,多不假宰相权,而左右得以因缘用事,于是裴延龄以奸佞进用,诬谮时宰,毁诋大臣,陆贽等咸遭枉黜,无敢救者。阳城乃伏阙上疏,与拾遗王仲舒共论延龄奸佞,贽等无罪……时朝夕欲相延龄,城曰,脱以延龄为相,城当取白麻坏之。(《旧唐书》卷一百九十二《阳城传》)①

又如:

> 贞观十六年,刑部奏请反叛者兄弟并坐,给事中崔仁师驳之曰,诛其父子,足警其心,此而不恤,何忧兄弟?议遂寝。(《唐会要》卷五十四《给事中》)

凡事与其事后纠正,不如事前防止②,所以宰相讨论国事之际,谏官可以参加,这种制度是由贞观元年开始的。

> 中书门下及三品以上,入内平章国计,必使谏官随入,得闻政事,有所开说。(《唐会要》卷五十五《谏议大夫》贞观元年条)

唯在专制时代,一切用人行政的权均属于天子,谏官与议会不同,议会代表人民,它有财政同意权,可用拒绝通过预算之法,压迫政府,使政府接受议会的主张。谏官如何呢?他只是天子的臣僚,不是任谁的代表,贤君在位,谏官固然可以畅所欲言;暴君在位,谏官今日直谏,明日左迁。所以监察失策者虽有谏官,而谏官的效用却不多靓。

谏官乃矫正朝政阙失,其弹击官邪的则为御史。谏官与御史之分职,自古已然。魏晋以后,均有谏官,又有御史。二者均不能发生作用,不是因为职

---

① 《新唐书·阳城传》云:"帝不相延龄,城力也。"
② 《资治通鉴》卷二百三十七宪宗元和四年,给事中李藩在门下,制敕有不可者,即于黄纸后批之,吏请更连素纸。藩曰:"如此乃状也,何名批敕?"

权不分,而是因为朝寡謇谔之士,居此二职者均不敢行志。唐代谏官制度已述于上。至于御史,唐仍置御史台,并废隋之司隶台,将司隶台所掌职务移归于御史台的监察御史。御史台置三院,各有专职,于是酝酿已久的三院便见成立。兹将唐御史台之组织列表如次①。

唐御史台组织表

官名		员数	官品	职掌	备考
御史大夫		一人	正三品	掌持邦国刑宪典章,以肃正朝廷。	新志,御史大夫一人,正三品。《唐六典》,御史大夫一人,从三品。隋御史大夫二人,唐减少为一人。
御史中丞		二人	正四品下	为大夫之贰。	新志,中丞三人,正四品下。《唐六典》,中丞二人,正五品。隋以国讳,不置中丞。唐永徽初,高宗即位,以国讳改治书侍御史为御史中丞。
台院	侍御史	四人	从六品下	掌纠举百僚、推鞫狱讼。	新志,侍御史六人,从六品下。《唐六典》,侍御史四人,从六品下。
殿院	殿中侍御史	六人	从七品下	掌殿廷供奉之仪式。	新志,殿中侍御史九人,从七品下。《唐六典》,殿中侍御史六人,从七品下。
察院	监察御史	十人	正八品上	掌分察巡按州县。	新志,监察御史十五人,正八品下。《唐六典》,监察御史十人,正八品上。

据上表所示,除大夫、中丞之外,三院御史官品皆卑,而其权却甚大,官卑则爱惜身家之念轻,权大则整饬吏治之威重,此乃汉代部刺史以六百石之吏监察二千石的郡守之遗意。御史台虽有四种职权,一是弹劾,二是巡按,三是推鞫,四是知班(肃静朝仪),其最重要者则为弹劾与巡按。唐制,御史要提出弹劾案,须言于大夫。

凡中外百僚之事应弹劾者,御史言于大夫,大事则方幅奏弹之,小事

---

① 据《旧唐书》卷四十四《职官志三·御史台》,并参考《新唐书》卷四十八《百官志三·御史台》及《唐六典》卷十三《御史台》。

则署名而已。(《旧唐书》卷四十四《职官志三·御史台》)

这种制度可以减少监察权的效力,唯在则天时代,已经成为具文。

长安四年,御史大夫李承嘉尝召诸御史责之曰,近日弹事,不咨大夫,礼乎?众不敢对。监察御史萧至忠进曰,故事,台中无长官,御史人君耳目,比肩事主,得各弹事,不相关白,若先白大夫,而许弹则可,如不许弹,则如之何?(《唐会要》卷六十一《弹劾》)

玄宗末年,奸臣当国,又厉行关白之制,不但要关白大夫、中丞,且须通状中书、门下。

其后宰相以御史权重,建议弹奏先白中丞、大夫,复通状中书、门下,然后得奏,自是御史之任轻矣。(《新唐书》卷四十八《百官志三》)

德宗建中元年,复明令撤销关白之制。

建中元年三月,令御史得专弹劾,不复关白于中丞、大夫。(《唐会要》卷六十一《弹劾》)

唐代御史得风闻奏事。风闻为传闻之意。风闻奏事似开始于东晋,《晋书》(卷八十三)《顾和传》,和谓王导曰:"明公作辅,宁使网漏吞舟,何缘采听风闻,以察察为明?"所以《文献通考》(卷五十三《监察侍御史》)引洪迈之言如次:

《容斋洪氏随笔》曰,御史许风闻论事,相承有此言,而不究所从来。以予考之,盖自晋宋以下,齐沈约为御史中丞,奏弹王源曰,风闻东海王源。苏冕《会要》云,故事御史台无受词讼之例,有词状在门,御史采状有可弹者,即略其姓名,皆云风闻访知。其后(御史)疾恶公方者少,递相推倚,通状人颇壅滞。开元十四年,始定受事御史一人,知其日劾状,遂题告事人姓名,乖自古风闻之义。然则向之所行,今日之短卷是也。二字(风闻)本见《尉佗传》。(原文在《容斋四笔》卷十一《御史风闻》)

明人丘濬以为风闻言事乃始于唐武后之世,"武后以法制群下,许谏官、御史得以风闻言事",以为此非治世盛德之事①。他说:

> 臣按后世台谏闻风言事始此,前此未有也。有之,始自武氏。宋人因按以为故事,而说者遂以此为委任台谏之专。嗟乎,此岂治朝盛德之事哉?夫泛论事情,风闻可也,若乃讦人阴私,不究其实,而辄加以恶声,是岂忠厚诚实之道哉?夫有其实,而后可加以是名,有是罪而后可施以是刑,苟不察其有无虚实,一闻人言,即形之奏牍,寘于宪典,呜呼,莫斯有何以服天下哉?(《大学衍义补》卷八《重台谏之官》)

两说未知孰是,唐代有此制度,则为事实。御史得以风闻奏事,可见纠弹非难。但洪迈又说:"案唐世台官,虽职在抨击,然进退从违,皆出宰相。"(《容斋四笔》卷十一《唐御史迁转定限》)御史地位不能独立,这就是唐代御史不能发挥作用的原因。

弹劾不过起诉而已,起诉之后必有审判,即折狱详刑。这种折狱详刑之权则属于大理寺。因为同一机关,既得起诉,又得审判,往往不能公平。《唐会要》(卷六十《御史台》)云:"故事,台中无狱,须留问,寄系于大理寺……以后,恐罪人于大理寺隔街来往,致有漏泄狱情,遂台中诸院(台中有三院)寄禁,至今不改。"此乃羁押,并非审判。旧志云:

> 若寻常之狱,推(推鞫,即查明事实)讫,断于大理。(《旧唐书》卷四十四

---

① 元代如何,著者未曾考究。明时似已禁止,故丘濬谓"我祖宗著为宪纲,许御史纠劾百司不公不法事,须要明著年月,指陈实迹,不许虚文泛言,搜求细事。盖恐言事者假此以报复私仇,中伤善类,污蔑正人"(《大学衍义补》同上)。

《职官志三·御史台》,参阅《唐六典》卷十三《御史台》)

凡案情重大者,亦同汉世之杂治一样(见《汉书》卷八十四《翟方进传》、卷八十六《王嘉传》),使刑部、御史台及大理寺共同理之,以表示慎重之意。

> 其事有大者,则诏下尚书刑部、御史台、大理寺同案之,亦谓此为三司推事。(《通典》卷二十四《侍御史》)[①]

弹劾是监察违法,原则上自应由违法的人负责。但长官有监督属僚之权,属僚因职为奸,长官知情而不举发,不但有失职之过,且有狼狈为奸之嫌,所以唐制对此,另有规定,举一例说:

> 京兆尹魏少游奏,令长职在亲民,丞簿尉有犯,无不委悉,比来各相蒙蔽,恐徇人情,百姓艰辛,职由于此。今以后,丞簿尉有犯赃私,连坐县令,其罪减所犯官二等,冀递相管辖,不得为非。敕旨依,天下诸州准此。
> (《唐会要》卷四十一《杂记》)

唐代有监察御史,以六条巡按州县,即唐之监察御史有似于汉之部刺史,又有似于隋司隶台之刺史。唐代六条如次:
其一,察官人善恶;
其二,察户口流散、籍帐隐没、赋役不均;
其三,察农桑不勤、仓库减耗;
其四,察妖猾盗贼、不事生产、为私蠹害;
其五,察德行孝悌、茂才异等藏器晦迹、堪应时用者;
其六,察黠吏豪宗兼并纵暴、贫弱冤苦不能自申者。(《新唐书》卷四十八《百

[①] "三司推事"之外,又有"三司受事"。即推鞠不由侍御史单独为之,而由分直的侍御史与给事中、中书舍人共同为之(见《通典》同上)。

官志三》）

唐代六条不但比汉之六条，且比隋之六条，范围较广。就所察之人说，汉六条所察者为强宗豪右及二千石，而以二千石为主，黄绶以下不察。隋则察及一切品官。唐制，第一条谓"察官人善恶"，不但"官人"二字意义甚广，而且"善恶"二字，又包括消极的恶与积极的善。就所察的事说，汉六条除一条察强宗豪右之不法外，其余五条均察二千石之违法失职。隋代六条亦只消极地察地方品官之违失。唐代六条，其第一条既察官人之善及恶，第五条似代州县长官举贤。这样，监察官将有似于行政官，御史之职下侵，守令始不可为。①

唐代的台谏不过如上所述，现再回头说明中央官制。唐因隋旧，常以他官参知政事。太宗时，杜淹以吏部尚书参议朝政，他官参与朝政，自此始。此后，任何职官苟有参议朝政、参知政事、参议得失、参知机务、平章国计、平章政事、平章军国重事、同中书门下三品、同中书门下平章事之号者，皆为宰相。

　　自太宗时，杜淹以吏部尚书参议朝政，魏徵以秘书监参与朝政，其后或曰参议得失、参知政事之类，其名非一，皆宰相职也。（《新唐书》卷四十六《百官志一》）

名号过多，其后逐渐确定为"同中书门下三品"及"同中书门下平章事"二个名称。

　　唐因隋旧，以三省长官为宰相，已而又以他官参议，而称号不一，出于临时，最后乃有同品平章之名，然其为职业则一也。（《新唐书》卷六十一

---

① 《旧唐书》卷九十四《李峤传》，则天时，"初置右御史台，巡按天下"《旧唐书》卷四十四《职官志三·御史台》，原注云，光宅元年，分台为左右，号曰左右肃政台，左台专知京百司，右台按察诸州。神龙，复为左右御史台。延和元年，废右台）。峤上疏陈其得失曰，夫禁网尚疏，法令宜简，简则法易行而不烦杂，疏则所罗广而无苛碎。窃见垂拱二年，诸道巡察使所奏科目凡有四十四件，至于别准格鞫令察访者又有三十余条。而巡察使率是三月已后出都，十一月终奏事。时限迫促，簿书填委，昼夜奔逐，以赴期限。而每道所察文武官多至二千余人，少者一千已下，皆须品量才行，褒贬得失，欲令曲尽行能，则皆不暇。此非敢堕于职而慢于官也，实才有限而力不及耳。

《宰相表序》）

所谓"同中书门下三品",本来因为中书令、侍中都是三品官①,现在欲使秩卑的人参知政事,故立此号,令其与中书令、侍中相同。沿用既久,竟然失去本来意义,纵是二品以上的官,亦加"同中书门下三品"之号。

> 李勣以太子詹事同中书门下三品,谓同侍中、中书令也,而同三品之名,盖起于此。（《新唐书》卷四十六《百官志一》）

关此,苏冕说:

> 同中书门下三品是李勣除太子詹事,创有此号。原夫立号之意,以侍中、中书令是中书门下正三品官,而令同者,以本官品卑,恐位及望杂不等,故立此号,与之同等也。勣至二十三年七月迁开府仪同三司。八月,又改尚书左仆射,并同中书门下三品。且开府是从一品,仆射是从二品,又令同者,岂不与立号之意乖乎?……永隆二年闰七月,崔知温、薛元超除中书令,并云同中书门下三品,又大乖也。（《唐会要》卷五十一《名称》苏氏曰）

所谓同中书门下平章事,是令他官与中书令、侍中共同平章政事,高宗以后,凡外司四品以下参与朝政者,均以平章为名。据新志说:

> 贞观八年,仆射李靖以疾辞位,诏疾小瘳,三两日一至中书门下平章事,而平章事之名盖起于此。（《新唐书》卷四十六《百官志一》）

---

① 《旧唐书·职官志》云:"武德定令,侍中正三品。大历二年十一月九日,升为正二品。"又云:"中书令本正三品,大历二年十一月九日,与侍中同升正二品,自后不改也。"

但《旧唐书》又谓：

> 郭正一与魏玄同、郭侍举并同中书门下平章事,宰相以平章事为名,自正一始也。(《旧唐书》卷一百九十中《郭正一传》)

按郭正一等之同中书门下平章事乃在高宗永淳元年。新志之言为然,则平章之名不是自正一始。旧书之言为然,则平章之名不是自李靖始。我们以为李靖本任仆射之职,在贞观八年,仆射虽不带平章之号,亦为宰相。李靖以疾辞位,即辞去宰相之职。太宗为尊重功臣,乃许其三两日一至中书门下,参加论政。至以平章为宰相之号者大率是由永淳元年始。《唐会要》云：

> 高宗欲用黄门侍郎郭侍举等,谓参知政事崔知温曰,侍举等历任尚浅,未可与卿等同名称。自是外司四品以下知政事者,以平章事为名称。(《唐会要》卷五十一《名称》永淳元年)

即亦以平章事之名始于永淳元年。至谓"自是外司四品以下知政事者,以平章事为名称",却未必合于实际情形。按自有"同品""平章"之名之后,政治制度反渐次颠倒起来了。不问哪一种职官,苟有"同品""平章"之号,均为宰相之职；三省长官本是宰相,而不加"同品""平章"之号者,反不得入政事堂议政,而失其宰相的地位。

> 自高宗以后,为宰相者必加同中书门下三品,虽品高者亦然,惟三公、三师、中书令则否。(《新唐书》卷四十六《百官志一》)
> 尚书左右仆射,自武德至长安四年以前,并为正宰相。初,豆卢钦望自开府仪同三司拜左仆射,既不言同中书门下三品,不敢参议政事。数日后,始有诏加知军国重事。至景云二年十月,韦安石除左仆射、东都留守,不带同三品。自后空除仆射,不是宰相,遂为故事。(《唐会要》卷五十七《左右仆射》)

唯据《唐书》本纪所载,自开元二十五年牛仙客为工部尚书同中书门下三品之后①,同品之名已经不见。此后为宰相者均加平章之号,而加平章之号者则以中书侍郎与门下侍郎为多,吾人读新旧《唐书》本纪及列传,即可知之。盖武后以女主临朝,大臣未附,乃委政侍郎,自此遂成惯例。安史乱后,不但中书令、侍中,就是仆射、尚书也渐次失职,而供为酬勋之用。任何职官苟有平章之衔,均得参与政事,成为宰相之职。天宝以后,宰相愈滥,有如欧阳修所说:

> 时方用兵,则为节度使工;时崇儒学,则为大学士;时急财用,则为盐铁转运使;又其甚,则为延资库使;至于国史、太清宫之类,其名颇多,皆不足取法。(《新唐书》卷四十六《百官志一》)

欧阳修之言实有语病。节度使兼中书门下平章事,称为使相。

> 唐制,以节度使兼中书令或侍中或中书门下平章事,皆谓之使相。(《文献通考》卷五十九《节度使》)

使相之职始于开元年间,玄宗以河西节度使萧嵩有破吐蕃之功,加嵩同中书门下三品(《旧唐书》卷七十九《萧嵩传》)。肃宗以后,渐次猥滥。权德舆说:

> 国朝方镇带宰相者,盖有大忠大勋,大历以来,又有跋扈难制者,不得已而与之。(《旧唐书》卷一百四十八《权德舆传》)

例如郭子仪、李光弼以大勋而为使相,田承嗣、朱泚以跋扈难制而为使相。使相多坐镇在外,国家政事不能直接过问,所以使相虽有宰相之衔,而无宰相之

---

① 《旧唐书》卷八《玄宗纪》、《新唐书》卷五《玄宗纪》,但《新唐书》卷六《宪宗纪》及卷六十二《宰相表》,至德二载,尚有李麟为宪部尚书(即刑部尚书)同中书门下三品之事,《旧唐书》失载。

权,其与在朝宰相固有差别。大臣为盐铁转运使而因国家急于财用,同时平章国事者固不乏其人。王播于长庆元年七月拜刑部尚书,领盐铁转运等使。十月,兼中书侍郎平章事,领使如故。历史云:"播因铜盐,擢居辅弼。"(《旧唐书》卷一百六十四《王播传》)又如裴耀卿为转运使,以黄门侍郎同平章事(《旧唐书》卷九十八《裴耀卿传》);刘晏为盐铁转运租庸使,以吏部尚书同平章事(《旧唐书》卷一百二十三《刘晏传》);第五琦为盐铁转运使,以户部侍郎同平章事(《旧唐书》卷一百二十三《第五琦传》),此皆急于财用,而使盐铁转运使为宰相之例。然亦非以转运使之名平章国事,乃以尚书或侍郎之职,平章国事。至于大学士、延资库使、国史、太清宫之类不过兼职而已。例如宪宗时,裴垍为中书侍郎同平章事,加集贤院大学士,监修国史(《旧唐书》卷一百四十八《裴垍传》),旧志云:"贞观已后,多以宰相监修国史,遂成故事也。"(《旧唐书》卷四十三《职官志二·史官》原注)昭宗时,孔纬拜司空,兼门下侍郎同平章事、太清宫使、弘文馆大学士、延资库使(《旧唐书》卷一百七十九《孔纬传》),即平章国事还是以侍郎之资格为之。

宰相过多,"先天末,宰相至十七人"[①],无异于内阁会议。有时天子特于诸相之中,信任一人,使其负起内阁总理的责任,如天宝年间的李林甫、会昌年间的李德裕等是。然此不过一时的现象,不是法律上的制度。仲长统说:"任一人,则政专;任数人,则相倚。政专则和谐,相倚则违戾。和谐则太平之所见也,违戾则荒乱之所起也。"(《后汉书》卷七十九《仲长统传》)文宗时每"议政之际,是非锋起,上不能决也"(《资治通鉴》卷二百四十六唐文宗开成三年),宰相为实行自己的主张,不能不结朋集党,于是朋党之祸就发生了。抑有进者,朝廷之内既有许多宰相,地位平等,职权相同,一旦遇到困难问题,又难免互相推诿。国家为了矫正这种流弊,遂有分直制度。

至德二载三月,宰相分直主政事,执笔,每一人知十日。至贞元十年五月八日,又分每日一人执笔。(《唐会要》卷五十一《中书令》)

---

① 《新唐书》卷一百二十四《姚崇传》,按先天末,宰相并不多,宰相最多者恐是景龙末。

分直制度乃以矫推诿之弊,吾人观下列之例,即可知之。

> 贽与贾耽、卢迈、赵憬同知政事,百司有所申覆,皆更让不言可否。旧制宰臣当旬秉笔决事,每十日一易,贽请准故事,令秉笔者以应之。(《旧唐书》卷一百三十九《陆贽传》)

但分直之制亦有流弊。例如:

> 初肃宗时,天下事殷,而宰相不减三四员,更直掌事,若休沐各在第,有诏旨出入,非大事,不欲历抵诸第,许令直事者一人假署同列之事以进,遂为故事。是时中书令郭子仪、检校司空平章事朱泚,名是宰臣,当署制敕,至于密勿之议则莫得闻①。时德宗践祚未旬日,居不言之际。衮(常衮,门下侍郎同中书门下平章事)循旧事,代署二人之名进,贬佑甫敕出,子仪及泚皆表明佑甫不当贬谪。上曰,向言可谪,今言非罪,何也?二人皆奏实未尝有可谪之言。德宗大骇,谓衮诬罔……立贬衮为河南少尹,以佑甫为门下侍郎平章事,两换其职。(《旧唐书》卷一百十九《崔佑甫传》)

此时又产生了一个新的机关。魏晋以来,中书主出命,成为机衡之任;齐梁以降,中书舍人专掌诏诰,权倾天下;唐在玄宗以前,中书舍人权任尚重。

> 自永淳已来,天下文章道盛,台阁髦彦无不以文章达,故中书舍人为文士之极任、朝廷之盛选,诸官莫比焉。(《通典》卷二十一《职官三·中书令》)

玄宗以后,诏诰之任逐渐归于翰林学士。翰林院设置于开元初年,本为各种艺能技术之士,如文词、经学及僧道、卜祝等待诏之所,渐次演变,遂代替中书舍人之职。其初也批答四方表疏;其次也,又掌制诰书敕;到了至德年

---

① 德宗于大历十四年五月即位,是时宰相只有常衮一人。郭子仪、朱泚皆系使相。

间,天下用兵,翰林学士因在天子左右,谋猷参决多出于翰林,而翰林学士遂有内相之称。新志云:

> 翰林院者,待诏之所也。唐制,乘舆所在,必有文词、经学之士,下至卜医、伎术之流,皆直于别院,以备宴见。而文书诏令则中书舍人掌之。自太宗时,名儒学士时时召以草制,然犹未有名号。乾封以后,始号北门学士。玄宗初置翰林待诏,以张说、陆坚、张九龄等为之,掌四方表疏批答、应和文章。既而又以中书务剧,文书多壅滞,乃选文学之士,号翰林供奉,与集贤院学士分掌制诏书敕。开元二十六年,又改翰林供奉为学士,别置学士院,专掌内命,凡拜免将相、号令征伐,皆用白麻。其后选用益重,而礼遇益亲,至号为内相,又以为天子私人。凡充其职者无定员,自诸曹尚书下至校书郎,皆得与选。入院一岁,则迁知制诰,未知制诰者不作文书……宪宗时,又置学士承旨。唐之学士弘文、集贤分隶中书、门下省,而翰林学士独无所属。(《新唐书》卷四十六《百官志一》)

旧志云:

> 翰林院……待诏之所,其待诏者有词学、经术、合练、僧道、卜祝、术艺、书弈……其所重者词学。武德、贞观时……未有名。自乾封中,刘懿之等皆以文词召入待诏,常于北门候进止,时号北门学士……玄宗即位,张说、陆坚、张九龄、徐安贞、张洎等召入禁中,谓之翰林待诏。王者尊极,一日万机,四方进奏、中外表疏批答,或诏从中出,宸翰所挥,亦资其检讨,谓之视草,故尝简当代士人以备顾问。至德已后,天下用兵,军国多务,深谋密旨皆从中出,尤择名士,翰林学士得充选者,文士为荣,亦如中书舍人例,置学士六人,内择年深德重者一人为承旨,所以独承密命故也。德宗好文,尤难其选,贞元以后,为学士承旨者多至宰相焉。(《旧唐书》卷四十三《职官志二·翰林院》)

吾人观陆贽之事,即可知之。

> 贽初入翰林,特承德宗异顾,歌诗戏狎,朝夕陪游。及出居艰阻之中,虽有宰相,而谋猷参决多出于贽,故当时目为内相……贽尝以词诏所出中书舍人之职。军兴之际,促迫应务,权令学士代之。朝野乂宁,合归职分。其命将相制诰,却付中书行遣。又言学士私臣,玄宗初令待诏,止于唱和文章而已。(《旧唐书》卷一百三十九《陆贽传》)

陆贽虽然不欲侵夺中书舍人之权,然而"学士私臣",日侍左右,其便于参与政事,自和前代之尚书、中书、侍中一样。所以王叔文转为尚书户部侍郎,而因削去学士之职,不禁大骇。

> 王叔文居于翰林为学士……转尚书户部侍郎……内官俱文珍恶其弄权,乃削去学士之职。制出,叔文大骇,谓人曰,叔文须时至此商量公事,若不带此职,无由入内……竟削内职。(《旧唐书》卷一百三十五《王叔文传》)

这又和晋代荀勖由中书监迁尚书令,乃怏怏怅怅,以为失去凤凰池(《晋书》卷三十九《荀勖传》)相同了。胡致堂关于翰林院有所评论,兹特抄录如次,而后再加批评。

> 致堂胡氏曰,国家陟降多士,当出于中书。中书有私徇,小则诘责,大则黜削,可也。不当疑其专而分其权。翰林初置,人才与杂流并处。其后杂流不入,职清而地禁,专以处忠贤、文章之士。然有天子私人之目、内相之称,则非王政设官之体矣。王者无私,岂云私人?相无不统,岂云内相?是与大臣自设形迹为异同也。进退辅弼,既与之谋,安知无请托之嫌;小人处之,附下罔上,安知无卖主之事,故君道公而已矣。或曰,文章之用至众,中书、门下之职至重,势有不得兼也。故必委之翰林,

不可废也。曰自太宗、高宗时尚未有此,不闻乏事。武氏聚华藻轻薄之人于北门,而中宗以官婢主文柄,是何足法者?不必远稽两汉,上法三王,直取则于贞观,则所损益可知矣。(引自《文献通考》卷五十四《学士院》)

胡致堂之言固有理由。然吾国自昔,历代天子无不亲近臣而疏大臣,而为大臣者又复拱默,听自己职权之被剥削,不予反对,岂徒唐代而已?唐代以后,政制还是如斯转变,官与职不相吻合,这是吾国政制之大弊。谁先启之?一是汉武帝之托孤于内朝官大司马大将军,二是汉光武之信任尚书,而致三公无权,事归台阁。翰林为天子之私人而有内相之称,察其源流,由来久矣。

最后尚须一言者,唐代既有六部,又有寺监,六部与寺监之关系如何?杜佑曾谓隋代既有六尚书,又复别立寺监,官职重设,庶务烦滞(《通典》卷二十五《总论诸卿》)。唐承隋制,所以杜佑又云:

> 昔皋繇作士,正五刑,今刑部尚书、大理卿是二皋繇也。垂作共工,利器用,今工部尚书、将作监是二垂也。契作司徒,敷五教,今司徒、户部尚书是二契也。伯夷秩宗,典邦礼,今礼部尚书、礼仪使是二伯夷也。伯益作虞,掌山泽,今虞部郎中、都水使者是二伯益也。伯冏太仆,掌车马,今太仆卿、驾部郎中、尚辇奉御、闲厩使者是四伯冏也。(《通典》卷四十《大唐官品》)

按尚书与九寺重复,早在西晋,荀勖已说:"九寺可并于尚书。"(《晋书》卷三十九《荀勖传》)今人有谓尚书与寺监并不重复,尚书为制定政令之机关,寺监为执行政令之机关;尚书为政务机关,寺监为事务机关;六部长官为政务官,寺监长官为事务官。但尚书既然制定政令,则中书、门下所议者又为何事?若谓中书、门下只议要旨,而将要旨制成政令者则为尚书,如是,中书、门下何必设置五房?按政务与事务的区别,在于前者决定政策,后者执行政策(有时为执行便利起见,亦得发布命令),唐时"国政枢密皆委中书,八座之官但受其成事而已"(《唐六典》卷一《尚书令》)。决定政策既为中书(门下),则尚书省不宜视为政务机关，而六部尚书更不宜与政务官同视。

我们以为六部与寺监均是执行机关，而尚书省则为行政总机。新志(《新唐书》卷四十六《百官志一·尚书省》)云："大事不决者皆上尚书省"，固然《唐六典》及旧志关于六部尚书之职权，皆有"凡中外百司之事，由于所属，皆质正焉"之语。盖同是国家机关，其间不会绝无关系。陆贽曾言："凡是太府出纳，皆禀度支文符，太府依符以奉行，度支凭案以勘覆，互相关键，用绝奸欺。其出纳之数，则每旬申闻，见在之数，每月计奏，皆经度支勾覆。"(《旧唐书》卷一百三十五《裴延龄传》)此言户部与太府之关系也。又如大理寺司审判，"凡犯至流死，皆详而质之，以申刑部，仍于中书、门下详覆"(《旧唐书》卷四十四《职官志三·大理寺》，参阅《唐六典》卷十八《大理寺》)，此乃出于慎刑，犹今日再审、三审之意。又如国子监掌教化，总六学，凡生徒业成登第者则上于礼部(《旧唐书》卷四十四《职官志三·国子监》，参阅《唐六典》卷二十一《国子监》)，盖礼部司贡举(《旧唐书》卷四十三《职官志二·礼部尚书》，参阅《唐六典》卷四《礼部尚书》)，而学馆生徒之业成者则有受考试的资格(《新唐书》卷四十四《选举志一》)，岂但国子监学生，即门下省的弘文馆、东宫的崇文馆两处学生之有成者，亦送之尚书省(礼部)考试，即它们之间行政上虽有协助关系，而系统上却无隶属关系。何况各司职掌确有重复之事。例如仓部郎中(属户部)"掌出给禄廪之事"(《旧唐书》卷四十三《职官志二·仓部郎中》、《唐六典》卷三《仓部郎中》)，司农寺"凡京百司官吏禄给及常料皆仰给之"(《旧唐书》卷四十四《职官志三·司农寺》、《唐六典》卷十九《司农寺》)，太府寺"凡百官之俸秩谨其出纳，而为之节制焉"(《旧唐书》卷四十四《职官志四·太府寺》、《唐六典》卷二十《太府寺》)。关于百官禄给，三司均有权管理，而其职权如何划分，文献上又无资料可供参考。若云尚书(户部)所掌者为决定百官禄廪之高低，然而百官禄廪乃与其阶品有关，而文官之班秩阶品又由吏部掌之(《旧唐书》卷四十三《职官志二》)。何况仓部郎中之职权是用"出给"二字。仓部郎中既然出给禄廪，何以凡京百司禄给又仰给于司农，而太府寺又复出纳百官之俸秩，而为之节制？其他如礼部的主客郎中"掌诸蕃朝聘之事"(《旧唐书》卷四十三《职官志二》、《唐六典》卷四《主客郎中》)，而鸿胪寺的典客署令又复"凡朝贡、宴享、送迎皆预焉"(《旧唐书》卷四十四《职官志三》、《唐六典》卷十八《鸿胪寺》)。兵部的库部郎中"掌邦国军州戎器仪仗"(《旧唐书》

卷四十三《职官志二》、《唐六典》卷五《库部郎中》），而卫尉寺的武库令亦"掌藏邦国之兵仗器械"（《旧唐书》卷四十四《职官志三》、《唐六典》卷十六《武库令》）。工部的水部郎中"掌天下川渎陂池之政令"（《旧唐书》卷四十三《职官志二》、《唐六典》卷七《水部郎中》），而都水监使者亦"掌川泽津梁之政令"（《旧唐书》卷四十四《职官志三》、《唐六典》卷二十三《都水使者》）。这种职权重复如何解决，吾人亦难了解。按唐承大乱之后，武德、贞观年间朝廷所致力者为经济的复兴与四夷的讨伐，关于国家政制只能因陋就简，不能大事改革，于是六朝制度遂为唐代所继承，成为定制。迄至武后临朝，因为不欲委任大臣，由是政制更见棼乱。杜佑为唐代宰相，对于官司关系，不能毫无所知。又"性嗜学，该涉古今"，"虽位极将相，手不释卷"（《旧唐书》卷一百四十七《杜佑传》）。顺宗时，佑"奏营缮归之将作（据《唐六典》卷二十三将作大匠之职，掌供邦国修建、土木、工匠之政令），木炭归之司农（依《唐六典》卷七《虞部郎中》及《旧唐书》卷四十三《职官志二》，木炭之管理及供应属于工部的虞部郎中），染练归之少府（据《唐六典》卷二十二少府监有织染署）。纲条颇整，公议多之，朝廷允其议"（《旧唐书》卷一百四十七《杜佑传》）。唐时木炭有使，木炭使置于天宝五载（参阅《唐会要》卷六十六《木炭使》），由这小事可知唐在玄宗时代，虽然发布六典，确定国家的政治制度，而发布不久，复加以破坏，终至"广署吏员，繁而难理"（《旧唐书》卷一百四十七《杜佑传》）。推杜佑之意，唐应裁撤职权重复之机关，扩大六部之组织，将寺监纳入六部之内。其不能裁撤者，法律上亦应隶属于尚书省，使尚书省有直接指挥监督之权。如是，官司职权方能统一，国家庶务不致烦滞。

第二项　地方官制

唐的地方政制采州（郡）县二级，所谓府，所谓都督府，都是州之别称。州数太多，乃分道以司监察，如汉刺史之职。安史乱后，武夫悍将据要险，专方面，大者连州十余，小者犹兼三四。道之制度完全破坏，而在道与州之间，另外产生一种区域，由节度使管辖之，终而演变为藩镇之乱。现在先把地方政制列表如次①。

地方官制表

区域名称	主管长官	品秩	职权	备考
道	采访使			唐代于诸道置按察使，后改为采访处置使，治于所部之大郡。既又改为观察使，其有戎旅之地即置节度使，分天下为四十余道，大者十余州，小者二三州，但令访察善恶，举其大纲。然甲兵财赋民俗之事无所不领，谓之都府。权势不胜其重，能生杀人，或专私其所领州，而虐视支郡。（见《文献通考》卷六十一《采访处置使》）
府	牧	从二品	牧及都督、刺史掌清肃邦畿、考核官吏，宣布德化、抚和齐人、劝课农桑、教谕五教。每岁一巡属县，观风俗，问百姓，录囚徒，恤鳏寡，阅丁口，务知百姓之疾苦，内有笃学异能闻于乡闾者，举而进之。有不孝弟、悖礼乱常、不率法令者，纠而绳之。其吏在官，公廉正己、清直守节者必察之。其贪秽诣谀、求名徇私者亦谨而察之。皆附于考课，以为褒贬。若善恶殊尤者，随即奏闻。若狱讼之枉疑、甲兵之征遣、兴造之便	京兆（即雍州）为西都，河南（即洛州）为东都，太原（即并州）乃李唐发祥之地，故建为北都，通名为府，牧各一人，置尹（从三品）以贰之。亲王宰州则称牧，但亲王为牧，皆不知事，职务总归于尹。
都督府	大 都督	从二品	^	武德初，边要之地置总管以统军，加号使持节，盖汉刺史之任。七年，改总管曰都督。都督于军政方面虽都督诸州军事，而于民政方面，只兼所治州刺史。
都督府	中 都督	正三品	^	^
都督府	下 都督	从三品	^	^
州	上 刺史	从三品	^	
州	中 刺史	正四品上	^	
州	下 刺史	正四品下	^	

---

① 除已注明出处者外，据《唐六典》卷三十《府都护州县官吏》及卷三《户部郎中》、《旧唐书》卷四十四《职官志三·州县官员》及卷四十三《职官志二·户部郎中》。

续表

区域名称		主管长官	品秩	职权	备考
				宜、符瑞之尤异,亦以上闻。其常则申于尚书省而已。若孝子顺孙、义夫节妇、志行闻于乡闾者,亦随实申奏,表其门闾,若精诚感通则加优赏。其孝悌力田者,考使集日,具以名闻。其所部有须改更,得以便宜从事。	
县	京县	令	正五品上	京畿及天下诸县令之职,皆掌导扬风化、抚字黎民,敦四民之业,崇五土之利,养鳏寡,恤孤贫,审理冤屈,躬亲狱讼,务知百姓之疾苦。	长安、万年、河南、洛阳、太原、晋阳六县。
	畿县	令	正六品上		京兆、河南、太原所管诸县。
	上县	令	从六品上		
	中县	令	正七品上		
	中下县	令	从七品上		
	下县	令	从七品下		
县以下组织	乡	耆老			大唐凡百户为一里,里置正一人;五里为一乡,乡置耆老一人,以耆年平谨者,县补之,亦曰父老。(见《通典》卷三十《乡官》)百户为里,五里为乡,两京及州县之郭内分为坊,郊外为村。里及村皆有正以司督察(里正兼劝课农桑、催驱赋役)。四家为邻,五邻为保,保有长,以相禁约。
	里	正			
	坊(村)	正			
	保	长			
	邻	长			

《历代职官表》(卷五十三《知府直隶州知州·唐》)云:

谨案，唐自武德承隋代之制，改郡为州。凡天下之为郡守者皆以刺史名之。天宝初，改州为郡，而刺史仍为太守。自此以后，刺史、太守不常厥称。其以郡著者则称太守，以州著者则称刺史，名殊而实则一耳。考《旧唐书·地理志》所载，诸县以上皆称为州，盖据武德初年之制。而《新唐书·地理志》则并而称之曰某州某郡，其无郡名者皆注郡缺二字于其下（有注，有不注，如关内道之渭州不注，但说明云："凡乾元后所置州皆无郡名。"威州则注郡阙）。盖据开元元年之制（按改州为郡，在天宝元年），要其以之领县，而上属于诸道采访使，则无异也。又考二志所载，州郡而外，有都，有府，有都督府、都护府及节度使、观察使、团练使诸称。其曰都者东都、西都、北都，以京邑所在而言之也。其曰府者，旧书则曰京兆、河南、太原，新书则曰凤翔、成都、河中、江陵、兴元、兴德，以京邑首府，故从而尊称之（按称府或因其地与天子有特殊关系，或因其为襟带之地）。其散州郡则未有以府称者，然即此为后世以府称郡之所由始。至于都督、节度等称，又以府使所治，因以著其地域，犹今（清代）之称某布政司也（查二志，似无称地域为节度使等者，节度使只是官名，旧志虽有安西节度使……福建观察使……邕管经略使等等，亦是官名）。唐自京邑称府，而诸州名目又各为列郡总号，则如今之各府各直隶州固尽在列郡之中，无他区别，不容执其所称为州者，而即拟之以直隶州之名……自汉以州刺史领郡县，至隋而易为总管府，至唐而改为诸道采访使，自是而州与郡同涂。既而郡名渐易为府，而州又渐为诸府之属，惟不属于府者，始有直隶之称。其沿革相仍，总由唐代而渐变也。

唐之地方制度乃以州县为骨干。府只是州之别名，凡首都及陪都所在之州均称为府。唐定都长安，故以雍州（京兆府）为西都。又因洛州（河南府）于地理上为襟带之地，故以为东都。复因高祖发祥于并州（太原府），故定为北都。三府各置牧一人，以代刺史之职；尹一人，通判府事，牧缺，则行其事。武后垂拱元年，改华州（华阴郡）为兴德府。安史乱后，设府更多。肃宗至德元年，改岐州（扶风郡）为凤翔府。二年，改益州（蜀郡）为成都府。乾元三年，改蒲州（河东郡）为河中府。上元元年，改荆州（江陵郡）为江陵府。德宗兴元元年，改梁州（汉中郡）为兴元府。此六府大率置尹而不置牧。新志云：

> 西都、东都、北都牧各一人，从二品。西都、东都、北都、凤翔、成都、河中、江陵、兴元、兴德府尹各一人，从三品。原注云，尹通判府事，牧缺，则行其事。（《新唐书》卷四十九下《百官志四下》）

次就都督府言之，都督府设于缘边镇守及襟带之地。都督之制创于魏黄初三年，乃都督诸州军事之意。后代因之，后周改为总管，隋初亦置总管府。唐武德七年，改为都督府①。

> 高祖受命之初，改郡为州，太守并称刺史，其缘边镇守及襟带之地，置总管府，以统军戎。至武德七年，改总管府为都督府。（《旧唐书》卷三十八《地理志上》）

都督府分为大中下三等，各置都督一人。《唐六典》云：

> 大都督府都督一人，从二品。中都督府都督一人，正三品。下都督府都督一人，从三品。（《唐六典》卷三十《大中下都督府官吏》）

旧志云：

> 大都督府督一员，从二品。中都督府督一员，正三品。下都督府督一员，从三品。（《旧唐书》卷四十四《职官志三》）

---

① 据《历代职官表》（卷五十六《提督·唐》）云："谨案，唐初，缘边镇守及襟带之地，沿隋旧制，置总管府，以统军戎。至德七年，改总管府为都督府。"是则都督府乃是隋总管府之改称。至德七年当系武德七年之误。商务国学基本丛书版，第1575页。

新志云：

> 大都督府都督一人，从二品。中都督府都督一人，正三品。下都督府都督一人，从三品。(《新唐书》卷四十九下《百官志四下》)

都督府分为大中下三等，各书所同。但《唐六典》(卷三十)于大都督府之下又注云"贞观中，始改为上中下都督府"，而新旧《唐书》《地理志》于都督府下，又注有大上中下四等，例如扬州大都督府、兖州上都督府、福州中都督府、黔州下都督府。《地理志》上的四等，《职官志》何以减为三等？是否上都督府之组织乃与大都督府相同，当考。

都督有两种职务，一理民政，即行使驻在州刺史之职权，上表所引"牧及都督、刺史掌清肃邦畿"云云，即其明证。二统军戎，新志云：

> 都督掌督诸州兵马、甲械、城隍、镇戍、粮廪，总判府事。(《新唐书》卷四十九下《百官志四下》)

所以三等之别很可能有两个标准。其注重军政者，以督州多寡为标准。《唐六典》与旧志关于各级都督府管州多寡均未说及。新志云：

> 武德七年，改总管曰都督，总十州者为大都督。贞观二年，去大字。(《新唐书》卷四十九下《百官志四下》)

《唐会要》云：

> 武德七年二月十二日，改大总管府为大都督府，管十州以上为上都督府，不满十州只为都督府。(《唐会要》卷六十八《都督府》)

武德七年之改制，《唐会要》与《新唐书》所载不同，据《新唐书》，都督府只分大都督府与都督府两级,总十州者曰大,不及十州者单曰都督府。贞观二年,去大字,则都督府没有分级了。据《唐会要》,都督府分为大都督府、上都督府及都督府三种,管十州以上者曰上,不满十州者单曰都督府。至于大都督府管州多寡,史阙其文。又《旧唐书》(卷四十四《职官志三》)于大都督府之下注云:"贞观中,分为上中下都督府也。"若是,上中下之分当在贞观时代,而新志所谓"贞观二年,去大字",不是说都督府没有分级,而是说没有大都督府。固然《旧唐书》(卷三十九《地理志二》)于潞州大都督府之下,说道:"贞观八年,置潞州大都督府。"但是下文又云:"十年,又改为都督府。开元十七年,以玄宗历职此州,置大都督府,管慈仪石沁四州。"是则唐时都督府确如《地理志》所述,有大上中下四级之别。唯其分级似与督州多寡没有关系。尤其大都督府常因天子与该地有特别关系,故升为大①。兹将《旧唐书·地理志》所列五大都督府、三上都督府之管州数目列表如次。

都督府等级与管州多寡关系表

等级	都督府名称	题州数	备考
大都督府	灵州	6	至德元年,肃宗即位于灵武,升为大。
	陕州	6	广德元年,吐蕃犯京师,代宗幸陕州,乃以陕为大。
	潞州	4	开元十七年,以玄宗历职此州,故改为大。
	幽州	6	开元十三年,升为大。
	扬州	7	龙朔二年,升为大。
上都督府	兖州	3	
	营州	2	
	洪州	8	

---

① 《唐六典》(卷三《户部郎中》)云:"潞扬益荆幽为大都督府。"《六典》制定于开元年间,当时益荆二州尚未升为府,而只置大都督府,其所管州数,固然前后不同。在《六典》公布之时,益管州八,荆管州四。参阅《旧唐书·地理志》。《宋史》卷二百六十七《张洎传》,洎言"唐有天下,以扬益潞幽荆五郡为大都督,署长史、司马为上佐,即前代内史之类也。其大都督之号,非亲王不授。其扬益等郡或有亲王遥领,朝廷命大臣临郡者,即皆长史、副大使知节度事也"。

然则四级之分是否注重民政,以所治州之户数多寡为标准?《唐六典》云:

> 户不满二万为下都督府。(《唐六典》卷三十下《都督府》)

未曾说到上中二级户数。《唐会要》云:

> 至开元元年著令,户满二万已上为中都督府,不满二万为下都督府。(《唐会要》卷六十八《都督府》)

即大上二级户数多寡,亦未提及。不过吾人若观《旧唐书·地理志》所载,都督府的等级似与驻在州户数多寡,没有关系。兹将其最显明的例列表如次。

都督府等级与驻在州户数关系表

等级	都督府名称	领县数	所驻州户数	所驻州口数	督州数	备考
大	潞州	10	68 391	388 660	4	开元十七年,以玄宗历职此州,置大都督府。
	灵州	6	11 456	53 163	6	至德元年,肃宗即位于灵武,升为大都督府。
上	兖州	11	88 987	580 608	3	
	营州	1	997	3 789	7	
中	越州	6	90 279	529 589	6	
	戎州	5	4 359	16 375	36	都督羁縻三十六州。

续表

等级	都督府名称	领县数	所驻州户数	所驻州口数	督州数	备考
下	泸州	6	16 594	65 711	10	
	瓜州	2	477	4 987	3	

由我们看来,都督府既设置于缘边镇守及襟带之地,自宜由军事上的价值,定其等第。营州为古柳城之地,户数虽寡,《旧唐书》(卷三十九)《地理志》云:"室韦、靺鞨诸部并在东北,西北与奚接界,北与契丹接界。"国防上甚为重要,故列之为上。泸州为古犍为郡之地,户数虽多,《旧唐书》(卷四十一)《地理志》云:"泸州都督十州,皆招抚夷獠置,无户口、道里,羁縻州。"地近异域,固然有设置都督府之必要,而接境比邻者乃是弱小夷獠,故又列之为下。

三就州言之,唐承隋制,地方行政采二级制度。武德元年,改郡为州(隋开皇三年,罢郡,以州统县。大业二年,改州为郡)。天宝元年,改州为郡。乾元元年,又改郡为州。称郡则置太守,称州则置刺史,名号虽殊,其实则一。

> 武德改郡为州,州置刺史。天宝改州为郡,置太守。乾元元年,改郡为州,州置刺史。(《旧唐书》卷四十四《职官志三·刺史》原注)

州也同都督府一样,有等级之分。《唐六典》云:

> 上州刺史一人,从三品;中州刺史一人,正四品上;下州刺史一人,正四品下。(《唐六典》卷三十《上中下州官吏》)

旧志云:

> 上州刺史一员,从三品;中州刺史一员,正四品上;下州刺史一员,正

四品下。(《旧唐书》卷四十四《职官志三》)

新志云：

> 上州刺史一人，从三品；中州刺史一人，正四品上；下州刺史一人，正四品下。(《新唐书》卷四十九下《百官志四下》)

即州分上中下三级，各书所同。但三级之分以什么为标准？《唐六典》云：

> 凡户满四万以上为上州①，中州户三万以上，户不满三万者为下州。(《唐六典》卷三十《上中下州官吏》)

旧志云：

> 户满四万以上为上州②，户满二万以上为中州，户不满二万为下州。(《旧唐书》卷五十四《职官志三》)

新志未载各级户数多寡。而《唐六典》与旧志虽均以四万户以上为上州，至于中州、下州之户数，两书所载又不相同。《唐会要》云：

> 武德令，三万户以上为上州。永徽令，二万户以上为上州。至显庆元年九月十二日敕，户满三万已上为上州，二万以上为中州，先已定为上州、中州者仍旧。至开元十八年三月十七日敕，太平日久，户口日殷，宜以四万户以上为上州，二万五千户(以上)为中州，不满二万户为下州，其六雄、十望州、三辅等及别敕同上州都督，及畿内州并同上州。缘边州三

---

① 《唐六典》卷三《户部郎中》，亦云："四万户已上为上州。"(原注云，陕汝虢仙泽邠陇湿宁鄜，坊户虽不足，亦为上州。三万户上为中州，不满为下州。)
② 《旧唐书》卷四十三《户部郎中》，亦云："四万户以上为上州，二万户以上为中州，不满为下州。"

万户以上为上州,二万户以上为中州,其亲王任中州、下州刺史者亦为上州,王去任后,仍旧。(《唐会要》卷七十《量户口定州县等第例》)

是则四万以上为上州,乃定于开元十八年。但开元十八年之敕既谓"二万五千户为中州,不满二万户为下州",则二万户以上,二万五千户以下,又为哪一等州,是否和县一样,尚有"中下州"一级。何以新志与旧志,刺史只分上中下三级呢?吾人观《旧唐书·地理志》,州之等级似与户数没有绝对的关系。

州之等级与该州户数关系表

等级	州名	户数	口数	备考
上	坊州	22 458	120 208	户不及四万为上州。
	邠州	22 971	135 250	
	鄂州	19 100	84 562	
中	易州	44 230	258 779	户四万以上为中州。
	合州	66 814	107 220	
	荣州	5 639	18 024	户不及二万为中州。
下	隋州	23 917	105 722	户二万以上为下州。
	滁州	26 486	152 374	
	舒州	35 353	186 398	
	饶州	40 899	244 350	

除上中下三等之外,尚有辅、雄、望、紧之分。京师之地称为辅,即汉三辅之辅,其余则依资地美恶险要,分为雄、望、紧。

开元中,定天下州府自京都及都督、都护府之外,以近畿之州为四辅(同华岐蒲四州谓之四辅),其余为六雄(郑陕汴绛怀魏六州为六雄)、十望(宋亳滑许汝晋洛虢卫相十州为十望)、十紧(初有十紧州,后入紧者甚多，不复具列）及上中下之差。(《通典》卷三十三《职官十五·郡太守》)。

《新唐书·地理志》，于州名之下，均载有上述七等之名，旧志不载州之等级者甚多。两书关于同一的州所载等级又未必相同，且新志所载者，雄不止六，望不止十，而紧又不及十，这大约因为各书根据之时代不同。《唐会要》(卷七十《量户口定州县等第例》)云："其六雄、十望州、三辅等同上州。"即辅、雄、望不限户数，并为上州。紧属哪一等州，依旧志所载，襄州紧上，光州紧中，则紧不尽属上州，明矣。开元中所谓四辅，是同州冯翊郡、华州华阴郡、岐州扶风郡、蒲州河东郡。开元八年，改蒲州为河中府，其年罢府，依旧为蒲州。十二年，升为四辅。乾元三年，复为府。故各书或称四辅(《通典》)，或称三辅(《唐会要》)。岐州扶风郡于至德元年改为凤翔府，故又有两辅之称(《新唐书·百官志四上·州刺史》)。

总计上述三种府、都督府、州，全国总数多少，各书所载不同。《唐六典》云：

> 凡天下之州府三百一十有五，而羁縻之州盖八百焉。(《唐六典》卷三《户部郎中》)

《唐会要》云：

> 凡天下三百六十州，自后并省，迄于天宝，凡三百三十一州存焉，而羁縻之州八百。(《唐会要》卷七十《州县分望道》)

旧志云：

> 开元二十八年，户部计帐，凡郡府三百二十有八……羁縻州郡不在此数。(《旧唐书》卷三十八《地理志一》)

新志云：

> 开元二十八年，户部帐，凡郡府三百二十有八。（《新唐书》卷三十七《地理志一》）

《唐六典》制定于玄宗时，由兵部尚书兼中书令李林甫等奉敕注上。李林甫为兵部尚书兼中书令在开元二十四年（《新唐书》卷六十二《宰相表中》）。天宝元年，改中书令为右相（《旧唐书》卷四十二《职官志二·中书令》注），书中称州府，不称郡府，改州为郡，亦为天宝元年之事（《唐会要》卷七十《刺史上》）。由这两点，可以证明《唐六典》必发表于开元二十四年以后，天宝元年以前。开元纪元共二十九年，然则此书成于哪一年呢？《唐会要》（卷三十六《修撰》）云："二十七年二月，中书令张九龄等撰《六典》三十卷成，上之，百官称贺。"新志（卷五十八《艺文志·职官类》）云："李林甫代九龄……二十六年书成。"按张九龄之罢中书令在开元二十四年（《新唐书》卷六十二《宰相表中》），继任者则为李林甫，所以《唐会要》所载似有错误。但是《唐六典》"谓凡天下之州府"，用"州"不用"郡"，盖天宝元年才改州为郡（《唐会要》卷七十《刺史上》）；而新旧两志既谓"开元二十八年，户部帐，凡郡府三百二十有八"，用郡不用州，而其所载三百二十八之数又与《唐六典》所载三百十五不同，区区一年之间，州数相差十三，理由何在，当考。

府、都督府及州之下为县，三都（京兆、河南、太原）之县在内曰京县（又曰赤县），城外曰畿县①，又依资地美恶，有望、紧之别，复依户数多寡，分上、中、中下、下四等。每县置令一人。《唐六典》云：

> 万年、长安、河南、洛阳、太原、晋阳令一人，正五品上（原注，开元十七年，巡陵，又以奉先同京县）。京兆、河南、太原诸县，令各一人，正六品上。诸州上县令一人，从六品上。诸州中县令一人，正七品上。诸州中下县令一人，从七品上。诸州下县令一人，从七品下。（《唐六典》卷三十《京

---

① 《唐六典》卷三《户部郎中》云："凡三都之县在城内曰京县，城外曰畿县。"

县畿县天下诸县官吏》》

旧志云：

> 长安、万年、河南、洛阳、太原、晋阳六县谓之京县，令各一人，正五品上。京兆、河南、太原所管诸县谓之畿县，令各一人，正六品下(?)……诸州中县令一人，正七品上……诸州中下县令一人，从七品上……诸州下县令一人，从七品下。(《旧唐书》卷四十四《职官志三》)

新志云：

> 京县令各一人，正五品上……畿县令各一人，正六品上……上县令一人，从六品上……中县令一人，正七品上……中下县令一人，从七品上……下县令一人，从七品下。(《新唐书》卷四十九下《百官志四》)

即各书所载县令品秩及县有京、畿、上、中、中下、下六等之别大体相同。但据《通典》，唐时，县分下列七等。

> 大唐县有赤(即京)、畿、望、紧、上、中、下七等之差。(《通典》卷三十三《县令》)

即《通典》增加望、紧而缺少中下县一级，京、畿、望、紧"不限户数，并为上县"(《唐会要》卷七十《量户口定州县等第例》)，至于上、中、中下、下四等之别乃以户数为标准，而户数多寡，各书所载不同。《唐六典》云：

> 六千户已上为上县，二千户已上为中县，一千户已上为中下县，不满一千户皆为下县。(《唐六典》卷三《户部郎中》)

旧志亦云：

> 六千户已上为上县，二千户已上为中县，一千户已上为中下县，不满一千户皆为下县。（《旧唐书》卷四十三《职官志二·户部郎中》）

《唐六典》及旧志均以二千户以上六千户以下为中县，其间相差与中下县及下县之户数不能相称。《通典》云：

> 开元十八年二月敕，太平日久，户口日殷，宜以六千户已上为上县，三千户已上为中县，不满二千户为下县。（《通典》卷三十三《职官十五郡太守》）

《唐会要》云：

> 武德令，户五千已上为上县，二千户已上为中县，一千户已上为中下县。至开元十八年三月七日，以六千户已上为上县，三千户已上为中县，不满三千户为中下县。其赤、畿、望、紧等县不限户数，并为上县。去京五百里内并缘边州县，户五千已上亦为上县，二千已上为中县，一千已上为中下县。（《唐会要》卷七十《量户口定州县等第例》）

开元十八年之改制，《通典》未提中下县，《唐会要》未提下县，若合二书观之，我们可以推定三千户以下二千户以上为中下县，不满二千户为下县。

总计全国县数共计一千五百七十三。旧志云：

> 开元二十八年，户部计帐，县千五百七十有三。（《旧唐书》卷三十八《地理志一》）

新志云：

开元二十八年，户部帐，县千五百七十三。(《新唐书》卷三十七《地理志一》)

《通典》亦云：

大唐县有赤(三府共有六县)、畿(八十二)、望(七十八)、紧(百一十一)、上(四百四十六)、中(二百九十六)、下(五百五十四)七等之差，凡一千五百七十三。(《通典》卷三十三《县令》)

即三书关于全国县数完全相同。

县以下为乡、里、保、邻。四家为邻，五邻为保，百户为里，五里为乡。乡置耆老，里置正，保置长。

百户为里，五里为乡，两京及州县之郭内分为坊，郊外为村，里及坊村皆有正，以司督察。四家为邻，五邻为保，保有长以相禁约。(《旧唐书》卷四十三《职官志二·户部尚书》)

大唐凡百户为一里，里置正一人；五里为一乡，乡置耆老一人，以耆年平谨者，县补之，亦曰父老。(《通典》卷三十三《职官十五·乡官》)

唐的地方政制略如上述，末年藩镇构祸，酿成五代之乱，推原其故，地方政制之不健全，不失为一个原因。所谓藩镇，其来源有二，一是节度使，二是采访使，前者可归因于都督府，后者可归因于道之制度，现在试分别说明如次。

先就都督府言之，都督府置于缘边镇守及襟带之地，都督内亲民事，外领兵马，权任之大已经有似于汉末州牧之职。其与州牧不同者，州牧于军政方面及民政方面，可以管理十数郡国；都督于军政方面，固然可以管理诸州军事，而于民政方面，则只能治其所领州。但是都督若带"使持节"之号，又得"颛诛杀"(《新唐书》卷四十九《百官志四下》)，其力足以控制傍郡。凡都督带"使持节"之号者叫作节度使①。

　　景云二年四月,贺拔延嗣除凉州都督,充河西节度使,自此始有节度之号。(《唐会要》卷七十八《节度使》)

据《资治通鉴》所载:

　　景云元年冬十月丁酉,以幽州镇守经略节度大使薛讷为左武卫大将军,兼幽州都督,节度使之名自讷始。(《资治通鉴》卷二百十《唐睿宗纪》)

关此,胡三省注云:

　　《考异》曰,统纪景云二年四月,以贺拔延秀为河西节度使,节度之名自此始。《会要》云,景云二年,贺拔延嗣为凉州都督,充河西节度,始有节度之号。又云,范阳节度自先天二年始除甄道一。新表景云元年,置河西诸军州节度、支度、营田大使。按讷先已为节度大使,则节度之名不始于延嗣也,今从《太上皇实录》。

《资治通鉴》之言有三种含义,节度使之职,一创始于景云元年,二最初设置于幽州,三最先被任命为节度使者为薛讷。但同书卷二百十一,开元二年,"是岁置幽州节度经略镇守大使,领幽易平檀妫燕六州"。《新唐书》卷六十六《方镇表》亦谓:"开元二年,置幽州节度经略镇守大使,领幽易平檀妫燕六州。"是则幽州节度使固创设于开元二年也。又比较《新唐书·方镇表》,节度使之职最初设置者,确是河西节度使。但不是置于景云二年,而是置于景云元年,此又与《唐会要》稍有不同矣。

节度使乃设置于缘边御戎之地。天宝初,天下有十节度使,前已引过:

---

① 同卷贞观三年八月条云:"除都督带使持节,即为节度使,不带节者不是节度使。"

天宝元年,是时天下声教所被之州三百二十一、羁縻之州八百,置十节度经略使以备边。安西节度抚宁西域,统龟兹、焉耆、于阗、疏勒四镇,治龟兹城,兵二万四千。北庭节度防制突骑施坚昆,统瀚海、天山、伊吾三军,屯伊西二州之境,治北庭都护府,兵二万人。河西节度断隔吐蕃、突厥,统赤水、大斗、建康、宁寇、玉门、墨离、豆卢、新泉八军,张掖、交城、白亭三守捉,屯凉肃瓜沙会五州之境,治凉州,兵七万三千人。朔方节度捍御突厥,统经略、丰安、定远三军,三受降城,安北、单于二都护府,屯灵夏丰三州之境,治灵州,兵六万四千七百人。河东节度与朔方掎角,以御突厥,统天兵、大同、横野、岢岚四军,云中守捉,屯太原府、忻代岚三州之境,治太原府,兵五万五千人。范阳节度临制奚、契丹,统经略、威武、清夷、静塞、恒阳、北平、高阳、唐兴、横海九军,屯幽蓟妫檀易恒定漠沧九州之境,治幽州,兵九万一千四百人。平卢节度镇抚室韦、靺鞨,统平卢、卢龙二军,榆关守捉,安东都护府,屯营平二州之境,治营州,兵三万七千五百人。陇右节度备御吐蕃,统临洮、河源、白水、安人、振威、威戎、漠门、宁塞、积石、镇西十军,绥和、合川、平夷三守捉,屯鄯、廓、洮、河之境,治鄯州,兵七万五千人。剑南节度西抗吐蕃,南抚蛮獠,统天宝、平戎、昆明、宁远、澄川、南江六军,屯益翼茂当巂柘松维恭雅黎姚悉十三州之境,治益州,兵三万九百。岭南五府经略绥静夷獠,统经略、清海二军,桂、容、邕、交四管,治广州,兵万五千四百人。(《资治通鉴》卷二百十五《唐纪》玄宗天宝元年)①

至德以后,中原用兵,刺史皆治军戎,而带节度使之号,于是节度使之官遂由边境移入内地。

  至德之后,中原用兵,大将为刺史者,兼治军旅,遂依天宝边将故事,加节度使之号,连制数郡。(《旧唐书》卷四十四《职官志三·刺史》注)

---

① 参看《旧唐书》卷三十八《地理志一》。各地节度使何时设置,其变迁如何,可参阅《新唐书·方镇表》、《唐会要》卷七十八《节度使》、《资治通鉴》唐睿宗、玄宗二帝纪。但各书所载不尽相同。

节度使既治军旅，乃乘政局混乱之际，"连制数郡"，中央政府为羁縻他们，又不惜采取姑息政策，既使其兼采访使、观察使之职，于是监察之权归于节度使了；又使其兼营田使、转运使等职，于是财政的权又归于节度使了；复使其兼防御使、招讨使等职，于是节度使的兵权愈大了。节度使在其管内，既有其土地，又有其人民，又有其甲兵，又有其财富，尾大不掉，便酿成唐代藩镇之乱。

次就道之制度言之，唐的州府在三百以上，比之两汉郡国约多三倍。单位太多，所以又于州府之上设道，以司监察。唐之设道创始于太宗贞观元年。

> 太宗元年，又因山川形便，分天下为十道，一曰关内，二曰河南，三曰河东，四曰河北，五曰山南，六曰陇右，七曰淮南，八曰江南，九曰剑南，十曰岭南。(《新唐书》卷三十七《地理志一》)

但是贞观八年，曾发十六道黜陟大使(《唐会要》卷七十八《黜陟使》)①。十八年，又遣十七道巡察(《唐会要》卷七十七《巡察使》)。二十年，又遣大理卿孙伏伽等二十二人，以六条巡察四方(《资治通鉴》卷一百九十八唐太宗贞观二十年)。由此可知十道之设乃"因山川形便"，与三代的九州一样，只是地理上的划分，而非政治上的区域，所以巡察之区既不限为十，而所派巡察之官亦不是十之倍数。武后天授二年，发十道存抚使(《唐会要》卷七十七《巡抚使》)，自是而后，十道渐次成

---

① 贞观八年之十六道黜陟大使，《资治通鉴》但曰"诸道"(卷一百九十四)，所派人员为萧瑀、李靖等十三人。关此，胡三省注："《考异》曰，《实录》旧本纪但云遣萧瑀等巡省天下。按时只有十道，而《会要》《统纪》皆云发十六道黜陟大使，据姓名止有十三人，皆所未详，故但云诸道。"贞观十八年之十七道巡察，《资治通鉴》不载。贞观二十年，孙伏伽等以六条巡察四方，《唐会要》(卷七十八《黜陟使》)亦载之，但未言及人数。武后天授二年之十道存抚使，《资治通鉴》不载。中宗神龙二年，遣内外五品以上官二十人为十道巡察使，二年一代，《资治通鉴》(卷二百十)亦载之。睿宗景云二年之十道按察使，《唐会要》(卷七十七《按察使》)以之为中宗景龙三年的事，查《资治通鉴》及新旧本纪，景龙三年固未曾派遣十道按察使。以上是《唐会要》与《资治通鉴》两书不同之点。但《资治通鉴》卷二百十睿宗景云二年，"时遣使按察十道"，胡三省注曰："贞观十八年，遣十七道巡察。武后垂拱初，亦尝遣九道巡察。天授二年，又遣十道存抚使"，即《资治通鉴》本文所无者，胡注补之。按垂拱元年九道巡察，《唐会要》亦不载，但两书(《唐会要》卷七十七巡察使、《资治通鉴》卷二百三则天皇后垂拱元年)均有陈子昂疏论朝廷遣使巡察四方之事。

为政治区域。中宗神龙二年，有十道巡察使(《唐会要》卷七十七《巡察使》)。睿宗景云二年，又有十道按察使(《资治通鉴》卷二百十唐睿宗景云二年)。

这样，十道更变成政治区域，而有似于汉代十三州①。但是巡察使及按察使又与汉世刺史不同，刺史有常官，巡察使及按察使无常官，而皆临时遴选朝臣为之。其稍相似者，刺史是中央官，巡察使及按察使既然是临时遴选朝臣为之，所以也是中央官，不是地方官。

唐代分道监察，渐次接近于汉世分部监察。开元二十一年，遂依部刺史之制，分天下为十五道，各置采访使一人②。

> 开元二十一年，又因十道，分山南、江南为东西道，增置黔中道及京畿、都畿，置十五采访使，检察如汉刺史之职。(《新唐书》卷三十七《地理志一》)

其实，开元二十一年的十五道，不过因贞观元年的十道，关内分京畿，河南分都畿，山南分东西，江南分东西及黔中而已。自是而后，采访使均有常官，"检察如汉刺史之职"，然两者之间尚有不同之点。

第一，部刺史是中央官，每岁八月出巡，岁尽诣京师奏事；采访使是地方官，常川驻在治所，三年一奏。

---

① 睿宗景云二年六月，制敕天下分置都督府二十四，令都督纠察所管州刺史以下官人善恶，议者以为权重难制，寻亦罢之。

　　景云二年六月，分天下，置汴、齐、兖、魏、冀、并、蒲、郿、泾、秦、益、绵、遂、荆、岐、通、梁、襄、扬、安、闽、越、洪、潭二十四都督，各纠察所部刺史以下善恶，惟洛及近畿州不隶都督府。太子右庶子李景伯、舍人卢俌等上言，都督专杀生之柄，权任太重，或用非其人，为害不细。今御史秩卑望重，以时巡察，奸宄自禁。其后竟罢都督，但置十道按察使而已。(《资治通鉴》卷二百十唐睿宗景云二年，参看《唐会要》卷六十八《都督府》)

景云二年之都督府与前述的都督府不同，前述的都督府管军旅，景云二年之都督府司纠举，有似于按察使之职。当时两种都督府是否并置，其关系如何，待考。

② 《旧唐书》卷三十八《地理志一》："开元二十一年，分天下为十五道，每道置采访使，检察非法，如汉刺史之职。"《资治通鉴》卷二百十三《唐纪》玄宗开元二十一年，"是岁分天下为京畿、都畿、关内、河南、河东、河北、陇右、山南东道、山南西道、剑南、淮南、江南东道、江南西道、黔中、岭南凡十五道，各置采访使，以六条检察非法。两畿以中丞领之，余皆择置贤刺史领之。非官有迁免，则使无废更。惟变革旧章，乃须报可，自余听便宜从事，先行后闻"。

开元二十五年十二月二十四日,命诸道采访使考课官人善绩,三年一奏,永为例程。(《唐会要》卷七十八《采访处置使》)

第二,部刺史居无常治,吏不成臣;采访使既有治所,又有僚佐。

京畿采访使治京城内……关内采访使以京官领……都畿采访使治东都城内……河南采访使治汴州……河东采访使治蒲州(河中府)……河北采访使治魏州……山南东道采访使治襄州……山南西道采访使治梁州(兴元府)……陇右采访使治鄯州……淮南采访使治扬州……江南东道采访使治苏州……江南西道采访使治洪州……黔中采访使治黔州……剑南采访使治益州(成都府)……岭南采访使治广州。(《新唐书》卷三十七至卷四十三上《地理志》,参看《旧唐书》卷三十八《地理志一》)

采访使有判官二人、支使二人、推官一人,皆使自辟召,然后上闻,其未奉报者称摄。(《通典》卷三十二《职官十四·总论州佐》)

第三,刺史以六条问事①,不察黄绶以下;采访使检察非法,似无限制,所以天宝九载的敕才说:

天宝九载三月敕,本置采访使,令举大纲,若大小必由一人,岂能兼理数郡? 自今已后,采访使但察访善恶,举其纲,自余郡务所有奏请,并委郡守,不须干及。(《唐会要》卷七十八《采访处置使》)

第四,部刺史检举二千石长吏不法,须经公府案验,然后黜退;采访使不

---

① 《资治通鉴》卷二百一十三唐玄宗开元二十一年,"是岁分天下为……十五道,各置采访使,以六条检察非法",所谓六条不知其内容如何。《新唐书》卷四十八《百官志三》列举监察御史巡按州县时所奉的六条,"其一察官人善恶。其二察户口流散、籍帐隐没、赋役不均。其三察农桑不勤、仓库减耗。其四察妖猾盗贼不事生产、为私蠹害。其五察德行孝悌、茂才异等藏器晦迹、应时用者。其六察黠吏豪宗兼并纵暴、贫弱冤苦不能自申者"。不知采访使所依的六条是否即此六条。

但可以检举州官,且得停其职务,差人权摄。

> 大历十二年五月,中书、门下奏,开元末,置诸采访使,许其专停刺史务,废置由己。请自今已后,刺史有犯赃等色,本道但具状闻奏,不得辄追赴使,及专擅停务,差人权摄。(《唐会要》卷七十八《采访处置使》)

由此可知唐代采访使的职权实比部刺史为大。唐既分道,置采访使,检察非法,其与御史台之监察御史如何分职,吾人实难了解。至德以后,改采访使为观察使①。

> 至德之后,改采访使为观察使,分天下为四十余道,大者十余州,小者二三州,各因其山川区域为制,诸道增减不恒,使名沿革不一,举其职例,则皆古之刺史云。(《通典》卷三十二《职官十四·州牧刺史》)

观察使又和节度使一样,常兼刺史之职。

> 大率节度、观察、防御、团练使皆兼所治州刺史。(《新唐书》卷四十九下《百官志四·都督》原注)

刺史复治军戎,而带防御使或团练使之号②。

> 至德之后,中原用兵,刺史皆治军戎,遂有防御、团练制置之名。(《旧

---

① 据《唐会要》(卷七十八《采访处置使》)及《资治通鉴》(卷二百二十唐肃宗乾元元年),采访使改为观察使,乃肃宗乾元元年之事。
② 《旧唐书》卷四十四《职官志三·防御团练使》注:"至德后,中原置节度使,又大郡要害之地置防御使,以治军事,刺史兼之……上元后,改防御使为团练守捉使,又与团练兼置。"《新唐书》卷四十九下《百官志四·都督》注:"安禄山反,诸郡当贼冲者,皆置防御守捉使。乾元元年,置团练守捉使、都团练守捉使,大者领州十余,小者二三州。代宗即位,废防御使,唯山南西道如故。元载秉政,思结人心,刺史皆得兼团练守捉使。"

唐书》卷三十八《地理志一》)

观察使既掌监察,又治军戎,又理民事,实质上已与节度使没有区别。考之《新唐书·方镇表》,节度使之兼观察使,观察使改称节度使者,其例之多不胜枚举。这样,观察使便与节度使合流,成为藩镇之乱的渊源。

第三项　文官制度

官僚政治的目的在使"贤者在位,能者在职",要达到这个目的,尚须应用各种制度。一是如何培养贤能,于是有学校;二是如何选用贤能,于是有考选;三是如何保障官吏生活,于是有禄俸;四是如何防止官吏犯法,于是有监察;五是如何考较官吏功过,于是有考绩;六是如何使官吏无后顾之忧,于是有养老。现在试分别说明如次。

一、学校

唐代育才之法,京师设六学二馆。六学均隶于国子监,一曰国子学,二曰太学,三曰四门学,四曰律学,五曰书学,六曰算学。所谓二馆乃门下省置弘文馆,东宫置崇文馆①。兹依《旧唐书》(卷四十四《职官志三》,《唐六典》及《新唐书》所载不详)所载,将其组织列表如次。

---

① 据《新唐书》卷四十四《选举志》,四门学生千三百人,其五百人以勋官三品以上无封、四品有封及文武七品以上子为之,八百人以庶人之俊异者为之。
　　弘文、崇文馆学士、直学士员数不定,五品以上称学士,六品以上为直学士,见《旧唐书·职官志》二及三。
　　唐除二馆外,不止六学,尚有广文学。据《历代职官表》(卷三十四《国子监·唐》)云:"又案,唐国子监所隶凡七学,韩愈《昌黎集·请上尊号表》称,臣所管国子、太学、广文、四门及书、算、律等七馆学生,此自是当时定制。《唐六典》只称国子监掌六学者,盖书成于开元之时,广文学尚未置也。然考中叶以后,他书所载,如《何蕃传》称,六馆之士百余人,言于司业阳城。李观书称,学有六馆,生有三千,亦皆不数广文在内。据《郑虔传》,元宗置广文馆,以虔为博士。久之,雨坏庑舍,有司不复修完,寓泊国子馆,自是遂废。当时殆因广文、国子并在一馆,故言学制者仍通称为六馆欤。"

六学二馆表

种类		博士	助教	学生	备考
六学	国子学	二人 正五品上	一人 从六品上	三百人	文武官三品以上子孙、国公子孙、二品以上之曾孙。
	太学	三人 从六品上	三人 从七品上	五百人	文武官五品以上子孙、郡县公子孙、从三品之曾孙。
	四门学	三人 从七品上	三人 从八品上	五百人	文武官七品以上之子、侯伯子男之子、庶人子之俊异者。
	律学	一人 从八品下	一人 从九品上	五十人	文武官八品以上之子及庶人之子。
	书学	二人 从九品下		三十人	文武官八品以下之子及庶人之子。
	算学	二人 从九品下		三十人	文武官八品以下之子及庶人之子。
二馆	弘文馆	学士直学士		三十人	两馆学生皆贵胄子孙。(《唐会要》卷七十七《弘文崇文生举》,其详见《新唐书》卷四十四《选举志上》)
	崇文馆	学士直学士		二十人	

地方亦有学校,兹亦依《旧唐书》(卷四十四《职官志三》)所载,将其组织列表如次。

地方学校表①

	经学			医学		
	博士	助教	学生	博士	助教	学生
京兆、河南、太原府	一人从八品上	二人	八十人	一人	一人	二十人

---

① 依旧志,中都督府医学无助教,而下都督府有之,《唐六典》(卷三十)所载亦然。《新唐书》卷四十九下《百官志四》,注云:"三都督府各有助教一人。"兹依新志改。又者旧志,中州医学博士从九品下,而下州反是从九品上,《唐六典》(卷三十)及《新唐书》(卷四十九下)均作从九品下,依《唐六典》及新志改。

续　表

	经学			医学		
	博士	助教	学生	博士	助教	学生
大都督府	一人从八品上	二人	六十人	一人从八品下	一人	十五人
中都督府	一人从八品下	二人	六十人	一人	一人	十五人
下都督府	一人从八品下	一人	五十人	一人	一人	十二人
上州	一人从八品下	二人	六十人	一人正九品下	一人	十五人
中州	一人正九品上	一人	五十人	一人从九品下	一人	十二人
下州	一人正九品下	一人	四十人	一人从九品下		十人
京县	一人		五十人			
畿县	一人		四十人			
上县	一人		四十人			
中县	一人	一人	二十五人			
中下县	一人	一人	二十五人			
下县	一人	一人	二十人			

各种学生"限年十四以上十九以下,律学十八以上二十五以下"(《新唐书》卷四十四《选举志上》)。他们入学,不是依竞争考试,新志(《新唐书》卷四十四《选举志上》)云:"国子监生尚书省补,州县学生州县长官补。"如是,弘文馆学生当由门下省补,崇文馆学生当由东宫补。

每年考试一次,成绩分上中下三等,三考皆列下等,或在学九岁(律生六岁),认为不能贡举于朝廷者,除名。

岁终,通一年之业,口问大义十条,通八为上,六为中,五为下,并三下,与在学九岁、律生六岁不堪贡者罢归。(《新唐书》卷四十四《选举志上》)

成绩优良者,州县学生补四门学,四门学生补太学,太学生补国子学。

> 诸学生通二经,俊士通三经,已及第而愿留者,四门学生补太学,太学生补国子学……又敕(据《唐会要》卷三十五《学校》,系开元二十一年五月敕)……州县学生年二十五以下,八品子(《唐会要·学校》八品九品子),若庶人年二十一以下,通一经,及未通经而聪悟有文辞史学者,入四门学为俊士,即诸州贡举,省试不第,愿入学者亦听。(《新唐书》卷四十四《选举志上》)

由此可知唐代学校虽有贵贱之分,而庶人之有才学者,亦得升入四门,而太学,而国子学。庶人有求学机会,这也是官僚政治的特质。

二、考选

唐以前,举士与举官没有区别。至唐,举士由礼部为之,举官由吏部为之。凡试于礼部及第者,只能得到任官资格,真正授官,尚须待吏部铨选。

> 唐士之及第者未能便解褐入仕,尚有试吏部一关。韩文公三试于吏部无成,则十年犹布衣,且有出身二十年不获禄者。(《文献通考》卷二十九《举士》)

唐之举士由学馆者曰生徒,由州县者曰乡贡,这是经常制度,每岁行之。其天子自诏者曰制举,这是天子临时下诏行之。

> 唐制,取士之科……有三,由学馆者曰生徒,由州县者曰乡贡,皆升于有司而进退之。其科之目,有秀才,有明经,有俊士,有进士,有明法,有明字,有明算,有一史,有三史,有开元礼,有道举,有童子。而明经之别有五经,有三经,有二经,有学究(《唐会要》卷四《礼部尚书》,未载学究一科)。一经有三礼,有三传,有史科。此岁举之常选也。其天子自诏者曰制举,所以待非常之才焉。(《新唐书》卷四十四《选举志上》)

中央的学馆、州县的学校之贡生徒,不消说是经过数次考试的。其未曾入馆学者,亦得向州县报名,经考试后,认为合格者称为乡贡同生徒一同送于尚书省。最初由吏部考功员外郎试之,开元二十四年以后,由礼部试之①。

　　　　每岁仲冬,州县馆监举其成者,送之尚书省②。而举选不由馆学者,谓之乡贡③,皆怀牒自列于州县,试已,长吏以乡饮食礼,会属僚,设宾主,陈俎豆,备管弦,牲用少牢,歌《鹿鸣》之诗,因与耆艾叙长幼焉。既至省,皆疏名列到,结款通保及所居,始由户部集阅,而关于考功员外郎(属吏部)试之。凡秀才试方略策五道,以文理通粗为上上、上中、上下、中上凡四等为及第,凡明经④……凡开元礼……凡三传科……凡史科……凡童子科……凡进士……凡明法……凡书学……凡算学……凡弘文、崇文生……大略如此……开元二十四年,考功员外郎李昂为举人诋诃,帝以员外郎望轻,遂移贡举于礼部,以侍郎主之,礼部选士自此始。《新唐书》

---

① 《唐六典》卷二于考功员外郎处虽云"掌天下贡举之职",同时又注云:"开元二十四年敕,以为权轻,专令礼部侍郎一人知贡举。然以旧职,故复叙于此云。"
② 国子监举人,令博士荐于祭酒,祭酒试通者升之于省,如乡贡法。胡三省注曰,唐取士之科,由学馆者曰生徒,由州县者曰乡贡。凡明经、秀才、俊士、进士明于理体、为乡里称者,县考试,州长重复,送之尚书省;既至省,皆疏名列到,结款通保及所居,始由户部集阅而关于礼部试之。国子监举人略如乡贡法。(见《资治通鉴》卷二百二十三《唐纪》代宗广德元年)
③ "天宝十二载,乃敕天下罢乡贡,举人不由国子及郡县学者勿举送。"见《新唐书》卷四十四《选举志上》。而《唐会要》卷三十五《学校》:"太和七年八月敕节文,应公卿士族子弟,取来年正月以后,不先入国学习业者,不在应明经、进士之限。"又"会昌五年正月制,公卿百官子弟及京畿内士人寄客,修明经、进士业者,并宜隶于太学。外州县寄学及士人并宜隶各所在官学。"
④ 《唐六典》卷四《礼部尚书侍郎》:"凡明经,先帖经,然后口试并答策,取粗有文性者为通。凡进士,先帖经,然后试杂文及策文,取华实兼茂、策须义理惬当者为通。凡明法,试律令,取识达义理、问无疑滞者为通。凡明书试说文字林,取通训诂、兼会杂体者为通。凡明算,试《九章》《海岛》《孙子》《五曹》《张邱建》《夏侯阳》《周髀》《五经》《缀术》《缉古》,取明数造术、辨明术理者为通。"所谓帖经,据杜佑说,"帖经者以所习经,掩其两端,中间开唯一行,裁纸为帖。凡帖三字,随时增损,可否不一,或得四得五得六者为通。后举人积多,故其法益难,务欲落之。至有帖孤章绝句,疑似参互者以感之。甚者或上抵其注,下余一二字,使寻之。难知谓之倒拔,既甚难矣,而举人则有驱悬孤绝,索幽隐为诗赋而诵习之,不过十数篇,则难者悉详矣。其于平文大义或多面墙焉"。见《通典》卷十五《历代选举制下》。

卷四十四《选举志上》

州县举人,即所谓乡贡,与汉之郡国选举不同。三国以后,丧乱相承,乡党组织完全破坏。历代虽有其制,皆名存实亡,因之乡举里选,采毁誉于众多之论,便无法实行。贾至说:

> 士居乡土,百无一二……而身皆东西南北之人焉。今欲依古制,乡举里达,犹恐取士之未尽也。(《旧唐书》卷一百十九《杨绾传》)

于是考试便成为举士的唯一方法,凡士子明于理体,皆得怀牒向州县报名。据韩愈说:

> 天下之以明二经举于礼部者,岁至三千人,始自县考试,定其可举者,然后升于州若府,其不能中科者,不与是数焉。州若府总其属之所升,又考试之如县,加察详焉,举其可举者,然后贡于天子,而升之有司,其不能中科者,不与是数焉,谓之乡贡。有司(礼部)总州府之所升而考试之,加详察焉,第其可进者,以名上于天子而藏之,属之吏部,岁不及二百人,谓之出身。(《文献通考》卷三十七《举官》)

礼部之试,科目虽多,而"士族所趣向,惟明经、进士二科"(《通典》卷十五《历代选举制下》),进士更见矜贵,缙绅虽位极人臣,不由进士者终不为美。

> 唐众科之目,进士为尤贵,而得人亦最为盛,岁贡常不减八九百人。搢绅虽位极人臣,而不由进士者,终不为美。其推重谓之白衣公卿,又曰一品白衫;其艰难谓之三十老明经,五十少进士。(《文献通考》卷二十九《举士》)

而进士所考者又是文词诗赋。隋炀帝置进士科,最初不过试策(《旧唐书》卷一百十九《杨绾传》)。唐则自始就试诗赋,诗赋之外,又加试帖经及时务策。

太和八年十月,礼部奏,进士举人,自国初以来,试诗赋、帖经、时务策五道。中间或暂改更,旋即仍旧,盖以成格可守,所取得人故也。(《唐会要》卷七十六《进士》)

所谓"成格可守,所取得人",未免言过其实。早在宝应年间就有人反对这种试法,贾至说:

间者礼部取人……试学者以帖字为精通,而不穷旨意……考文者以声病为是非,唯择浮艳……取士试之小道,不以远者大者,使干禄之徒趋驰末术,是诱导之差也。(《旧唐书》卷一百九十中《贾曾传》)

何况主司褒贬乃以诗赋为标准。士人习不急之业,一旦从政,当然束手无策。赵匡举说:

进士者时共贵之,主司褒贬,实在诗赋,务求巧丽,以此为贤……士林……习不急之业,而当代礼法无不面墙,及临人决事,取办胥吏之口而已。所谓所习非所用,所用非所习者也,故当官少称职之吏。(引自《文献通考》卷二十九《举士》)

开元年间,礼部考试毕,尚须送中书、门下详覆。

初开元中,礼部考试毕,送中书、门下详覆。其后中废,是岁(元和十三年)……复送中书、门下。长庆三年,侍郎王起言,故事礼部已发榜,而中书、门下始详覆,今请先详覆,而后发榜。(《新唐书》卷四十四《选举志上》,参阅《旧唐书》卷一百六十四《王起传》及卷一百六十八《钱徽传》)

到了太和八年,王涯为相,乃奏罢之①。

> 太和八年,宰相王涯以为礼部取士,乃先以榜示中书,非至公之道。自今一委有司,以所试杂文、乡贯、三代名讳送中书、门下。(《新唐书》卷四十四《选举志上》)

凡试于礼部及第者,只得任官的资格,尚须再试于吏部。吏部择人之法有四,一观其身,取其体貌丰伟;二观其言,取其言辞辩正;三观其书,取其楷法遒美;四观其判,取其文理优良。入第者经过门下省审核,始得授之以官。

> 凡选有文武,文选吏部主之,武选兵部主之,皆为三铨,尚书、侍郎分主之……凡择人之法有四,一曰身,体貌丰伟;二曰言,言辞辩正;三曰书,楷法遒美;四曰判,文理优良。四事皆可取,则先德行,德均以才,才均以劳,得者为留,不得者为放。五品以上不试,上其名中书、门下。六品以下,始集而试,观其书判。已试而铨,察其身言。已铨而注,询其便利而拟。已注而唱,不厌者得反通其辞。三唱而不厌,听冬集。厌者为甲,上于仆射,乃上门下省,给事中读之,黄门侍郎省之,侍中审之,然后以闻,主者受旨而奉行焉,谓之奏受。视品及流外则判补,皆给以符,谓之告身。凡官已受成,皆廷谢。凡试判登科谓之入等,甚拙者谓之蓝缕;选未满而试文三篇,谓之宏辞;试判三条,谓之拔萃,中者即授官。(《新唐书》卷四十五《选举志下》)

由此可知唐代考选,除学馆举其成者,直接送于尚书省,参加会试(礼部之试与吏部之试,见《新唐书》卷四十四《选举志上》)之外,其他人须经三个阶段,一是县试,二是州(府)试(见上引韩愈之言),三是礼部之试。此三个阶段与宋元明

---

① 但是吾人观《唐会要》卷七十六《进士》,会昌四年二月、五年三月、大中元年正月条,似尚有偶尔举行宰相覆试之事。而昭宗时代,亦有"覆试进士敕",结果,及第者十五人,不及第者九人,其中五人许后再举,四人不许再举。见《全唐文》卷九十一《覆试进士敕》。

之乡试、会试(即礼部之试)、廷试(这是唐代常选所没有的)稍不相同。

关于吏部选人,应注意的有三点。第一,不是任何职官均由吏部选之,至于哪一品以下的官方由吏部注拟,则各书所载不同,《唐会要》云:

> 自隋已降,职事五品已上官,中书、门下访择奏闻,然后下制授之。唐承隋制,初则尚书铨掌六品、七品选,侍郎铨掌八品(九品)选……其后,尚书、侍郎通掌六品已下选。(《唐会要》卷七十四《论选事》)

旧志亦云:

> 五品已上,旧制,吏部尚书进用。自隋已后,则中书、门下知政事官(宰相)访择奏闻,然后下制授之。三品已上,德高委重者,亦有临轩册授。自神龙之后,册授废而不用,朝廷命官,制敕而已。六品已上(已下),吏部选拟录奏,书旨授之。(《旧唐书》卷四十二《职官志一》)

两书均以五品以上由宰相访择奏闻,六品以下才由吏部注拟,但《唐会要》又分吏部铨选为二,尚书掌六品、七品选,侍郎掌八品、九品选。(《新唐书》卷四十五《选举志下》则云:"尚书铨掌七品以上选,侍即铨掌八品以下选。至是谓宋璟为吏部尚书时通其品而掌焉。")尚书所掌称为尚书铨,侍郎二人,一称中铨,一称东铨①,《唐六典》云:

> 吏部尚书、侍郎以三铨分其选,一曰尚书铨,二曰中铨,三曰东铨。

---

① 《旧唐书》(卷四十三《职官志二·吏部尚书》)亦云:"尚书、侍郎分为三铨,尚书为尚书铨,侍郎二人分为中铨、东铨也。"但《唐会要》(卷五十八《吏部尚书》)则云:"尚书、侍郎分为三铨,侍郎二人分为东铨、西铨也。"西铨即中铨,与尚书铨同在首都长安。东铨在洛阳,亦称东选。其创立之原因如次。

东铨者,贞观元年,京师谷贵,始分人于雒州置选。至开耀元年,以关外道里迢递,河雒之邑,天下之中,始诏东西二曹两部分简留放,既毕,同赴京师,谓之东选。(《册府元龟》卷六百二十九《铨选部》)

此外尚有南选。其黔中、岭南、闽中郡县之官,不由吏部,以京官五品以上一人充使就补,御史一人监之,四岁一往,谓之南选。(《通典》卷十五《选举三》)

(《唐六典》卷二《吏部尚书》)

关于尚书铨掌六品、七品选,苏氏驳云:

> 至德二载十二月十五日,(文部尚书)复为吏部尚书,掌铨六品、七品选,侍郎掌铨八品、九品选。苏氏驳曰,贞观二十二年二月,民部侍郎卢承庆兼检校兵郎侍郎,乃知五品选事。承庆辞曰,五品选事,职在尚书,臣今掌之,便是越局。太宗不许曰,朕今信卿,卿何不自信也?由此言之,即尚书兼知五品选事明矣。(《唐会要》卷五十八《吏部尚书》)

所谓民部尚书即户部尚书,户部尚书无铨选之权。卢承庆所以得掌铨选,因其兼检校兵部侍郎,而又由于太宗的特许,故得掌铨五品选事。武选兵部主之,武官五品虽由兵部尚书注拟,亦不能因此而即类推文官五品亦由吏部尚书注拟。苏氏之言若可作为根据,尚有另一暗示,即六品以下当由侍郎注拟。吾人以为唐代吏部所得铨选之官,前后屡有变更,忽而五品亦由尚书注拟,忽而尚书掌铨六品、七品选,忽而六品以下均由侍郎注拟,忽而尚书、侍郎通掌六品以下选。《唐会要》云"其后尚书、侍郎通掌六品以下选"(《唐会要》卷七十四《论选事》,参阅《新唐书》卷四十五《选举志下》),即其证也。唯行之最普遍的,大率是五品以上宰相商议,六品以下尚书、侍郎通掌。吾人观杜佑之言,即可知之。他说:

> 文选旧制,尚书掌六品、七品选,侍郎掌八品、九品选。景云初,宋璟为吏部尚书,始通其品员而分典之,遂以为常。(《通典》卷十五《唐选举制》)

德宗时,陆贽亦说:

> 国朝之制,庶官五品以上制敕命之,六品以下则并旨授。制敕所命者,盖宰相商议奏可而除拜之也。旨授者,盖吏部铨材授职,然后上言,

诏旨但画闻以从之，而不可否者也。（引自《文献通考》卷三十七《举官》）

唯在五品以上又分两级，三品以上册授，五品以上制授，六品以下则并旨授①。《通典》云：

> 凡诸王及职事官正三品以上，若文武散官二品以上……册授。五品以上皆制授……守五品以上及视五品以上皆敕授……自六品以下旨授。

（《通典》卷十五《唐选举制》）

《通考》亦云：

> 唐制，二品、三品册授，五品以上制授，守五品以上敕授，六品以下旨授。（《文献通考》卷三十九《辟举》）

但是吏部选人尚有一种限制，伎术之官均由本司铨注，送吏部附甲。

> 凡伎术之官皆本司铨注讫，吏部承以附甲焉。原注，谓秘书、殿中、太仆寺等伎术之官唯得本司迁转，不得外叙。若本司无阙者，听授散官，有阙先授。若再考满者，亦听外叙。（《唐六典》卷二《吏部尚书》，参阅《旧唐书》卷四十三《职官志二·吏部尚书》）

而法官之补署，吏部须与刑部尚书侍郎议其人可否，然后注拟②。

---

① 所谓册授、制授、敕授、旨授乃从官之高低而异其任命方式。前已引过旧志之言，"自神龙之后，册授废而不用，朝廷命官，制敕而已"。据明人丘濬说："臣按制敕所命者，盖宰相商议奏可而除拜之也。旨授者，盖吏部铨材授职，然后上言，诏旨但画闻以从之，而不可否者也。"（《大学衍义补》卷十《公铨选之法》）

② 《册府元龟》卷六百四十《贡举部》："广德元年七月，礼部侍郎杨绾上贡举条目……明法举人，望付刑部考试。疏入，帝问翰林学士，敕与旧法兼行。"观"兼行"二字，似明法举人之考试是由礼部与刑部共同办理。

凡吏曹补署法官，则与刑部尚书、侍郎议其人可否，然后注拟。(《唐六典》卷十八《大理寺》，参阅《旧唐书》卷四十四《职官志三·大理寺》)

建中元年，更申此制，除大理法官外，太常博士之任命，吏部亦须与太常商拟。盖律学与经学均系专家之学之故。

建中元年正月五日，大理法官、太常博士，委吏部择才，与本司同商量注拟。(《唐会要》卷六十五《太常寺》)

吏部以一个机关而欲铨选全国人才，自非易事，所以早在高宗之末，就有人出来反对。

(永淳元年，魏玄同)上疏言选举法弊曰……汉制，诸侯自置吏四百石以下，其傅、相大官则汉为置之，州郡掾吏督邮从事，悉任之牧守。自魏晋以后，始归吏部，而迄于今……天下之大，士类之众，可委数人手乎？又尸厥任者，间非其选，至为人择官，为身择利，下笔系亲疏，措情观势要，悠悠风尘，此焉奔竞，使百行折之一面，九能断之数言，不亦难乎？(《新唐书》卷一百十七《魏玄同传》)

第二，吏部择人，虽有身言书判四法，而其所注重者乃是书判，兼以考试之时，先观书判，而后察其身言，所以书判不能及第者，根本不能入第。书是楷法，判是文理，非读书善文不可。

唐铨选择人之法有四，一曰身……二曰言……三曰书……四曰判……既以书为艺，故唐人无不工楷法，以判为贵，故无不习熟，而判语必骈俪。今所传龙筋凤髓判，及《白乐天集·甲乙判》是也。自朝廷至县邑莫不皆然，非读书善文不可也。(《容斋随笔》卷十《唐书判》)

何谓判？据《容斋随笔》所载：

> 如白乐天《甲乙判》，则读之愈多，使人不厌，聊载数端于此。甲去妻，后妻犯罪，请用子荫赎罪，甲不许。判云，不安尔室，尽孝犹慰母心；薄送我畿，赎罪宁辞子荫。纵下山之有怼，曷陟屺之无情？辛夫遇盗而死，求杀盗者而为之妻，或责其失节，不伏。判云，夫仇不报，未足为非。妇道有亏，诚宜自耻。诗著靡它之誓，百代可知；礼垂不嫁之文，一言以蔽。（下略）若此之类不背人情，合于法意，援经引史，比喻甚明，非青钱学士所能及也。（《容斋续笔》卷十二《龙筋凤髓判》）

凡人皆有一技之长，长于文词者固然未必没有实才，而有实才者亦未必长于文词。书判成为举官的标准，倜傥之士不愿埋首寒窗，而致文墨小技不能精通者，将无法表现其才智，而见用于世。唐代天子固曾下诏批评。

> 天宝九载三月十二日敕，比来选司取人，必限书判，且文学、政事本是异科，求备一人，百中无有。（《唐会要》卷六十九《县令》）

而朝臣亦尝反对书判。

> 天宝十载，选人刘乃献议曰，知人……官人……唐虞举以为难……近代主司……察言于一幅之判，观行于一揖之内……夫判者以狭辞短韵、语有定规为体，犹以小冶而鼓众金，虽欲为鼎为镛，不可得也。故曰，判之在文，至局促者。夫铨者必以崇文冠首，媒耀为贤，斯固士之丑行，君子所病。若引周公、尼父于铨庭，则虽图书易象之大训，以判体措之，曾不及徐庾。虽有渊默罕言之至德，以喋喋取之，曾不若嗇夫……能不悲乎？（《唐会要》卷七十四《论选事》）

但是积重难返，书判之试竟永久成为吏部选人的重要标准。

第三，吏部对于选人所注拟之官并不能片面决定，而须征求选人的同意，所谓"已铨而注，询其便利而拟其官"（《通典》卷十五《选举三》）是也。这种征求选人同意，以三次为限，所谓"已注而唱示之，不厌者得反通其辞，他日更其官而告之如初，又不厌者亦如之，三唱而不厌，听冬集"（《通典》卷十五《选举三》）是也。《唐书》云：

> 吏部铨注，常三注三唱，自春止夏乃讫。（《新唐书》卷二百六《杨国忠传》）

所谓"冬集"乃冬季注拟之意。《唐六典》（卷二《吏部尚书侍郎》）云"三注不服，至冬检旧判注拟"是也。国家用人，本来须求人与地相宜，才与职相宜。然而职官之数有限，吏部所注拟之职未必符合选人之意。半年之后，也许职事官有的死亡，有的辞职，所以无妨冬集一次。按吏部所注拟之官，以地言，常由远者始，以职言，常由劣者始，一唱而诺，这是稀有之事。所以贤明的长官为了奖励谦让起见，或即改授较好之职。例如：

> 宣平郑相之铨衡也，选人相贺得其入铨。刘禹锡弟某为郑铨注潮州尉，一唱唯唯而出。郑呼入，却回，郑曰，如此所试场中，无五六人，一唱便受，亦无五六人，此而不奖，何以铨衡？公要何官，去家稳便。曰家住常州。乃注武进县尉。选人翕然，畏而爱之。（《唐语林》卷一《政事上》）

冬集之时若仍不能授以适当的职官，则如何解决？此际大率先授予散官。《唐会要》（卷七十五《冬集》）云"礼部送进士、明经、明法……等，准式，据书判资荫，量定冬集授散"，其一例也。按唐之官制有职有阶，有职者必有阶，这称为职事官，有阶而无职者称为散官。阶又与品不同，品分三十等，即"凡文官九品，有正有从，自正四品以下有上下，为三十等"（《新唐书》卷四十六《百官志一·吏部郎中》）。阶由从一品始，只有二十九级，即：

> 凡叙阶二十九，从一品曰开府仪同三司；正二品曰特进，从二品曰光

禄大夫；正三品曰金紫光禄大夫，从三品曰银青光禄大夫；正四品上曰正议大夫，正四品下曰通议大夫；从四品上曰太中大夫，从四品下曰中大夫；正五品上曰中散大夫，正五品下曰朝议大夫；从五品上曰朝请大夫，从五品下曰朝散大夫；正六品上曰朝议郎，正六品下曰承议郎；从六品上曰奉议郎，从六品下曰通直郎；正七品上曰朝请郎，正七品下曰宣德郎；从七品上曰朝散郎，从七品下曰宣议郎；正八品上曰给事郎，正八品下曰征事郎；从八品上曰承奉郎，从八品下曰承务郎；正九品上曰儒林郎，正九品下曰登仕郎；从九品上曰文林郎，从九品下曰将仕郎……凡叙阶之法，有以封爵，有以亲戚，有以勋庸，有以资荫，有以秀孝，有以劳考，有除免而复叙者，皆循法以申之，无或枉冒。凡应入三品、五品者皆待别制而进之，不然则否。（《唐六典》卷二《吏部郎中》）

官与阶未必一致，有官高而阶低者，例如卢坦为户部侍郎（正四品下），时阶朝议大夫（正五品下）（《新唐书》卷一百五十九《卢坦传》）。又有官低而阶高者，《唐会要》（卷八十一《阶》）云"其中或官是九品，阶称朝议郎（正六品上），或官是六品，阶称正议大夫（正四品）"是也。散官没有职事，其有无禄俸，文献上无可稽考。《通典》（卷三十四《文散官》）云"其散官自五品依本官衣服，而无禄俸"，此言是谓散官五品以上，依本官衣服，而无禄俸乎？或谓散官五品以下，依本官衣服，而无禄俸乎？前者为是，则五品以下当有禄俸；后者为是，则五品以上当有禄俸。抑或是谓散官五品以上，其阶已贵，可穿其本官衣服，而一切散官均无禄俸乎？其应如何解释，当考。总之，唐代任命职官，必须征求被任命人之同意。被任命人三唱而不肯接受，自可视为放弃权利，其不能得到禄俸，理之当然。唯唐代永业田之制，官人所得乃比平民为多，而"散官五品以上，同职事官给"（《唐六典》卷三《户部郎中员外郎》、《新唐书》卷五十五《食货志五》）。这样，便是五品以下，除以平民身份受田之外，似无较多的永业田。五品以上既有较多的永业田，则为公平起见，上述"自五品依本官衣服，而无禄俸"，当指五品以上。换言之，五品以下虽然不穿本官衣服而有禄俸。这种解释是否妥善，当考。

制举没有常科，随天子临时所欲，定其科目，考试或在殿廷，天子亲临观之①，策高者可以一跃而得美官，其次亦与以"出身"，由吏部依法铨选。

  其制诏举人，不有常科，皆标其目而搜扬之，试之日或在殿廷，天子亲临观之。试已，糊其名于中考之文，策高者特授以美官，其次与出身。

(《通典》卷十五《唐选举制》)

由此可知制举与乡贡不同，乡贡是每岁由州县依常科举人，由礼部依常科考试，及第者必须再由吏部铨选，而后才可以得官。制举是临时由天子自定科目，由天子亲自策试，高第者可得美官。其制固然有似于汉的对策，然而又与对策不同，一因对策所问者皆当世大事，而唐的制举除少数例外，如元和元年，牛僧孺以贤良方正对策，条指失政，不避宰相(《新唐书》卷一百七十四《牛僧孺传》)；大和二年，刘蕡以贤良方正对策，指陈时事，不避贵近(《新唐书》卷一百七十八《刘蕡传》)者外，亦多以空言取人。胡致堂说：

  制策亦以空言取人……应科者既未必英才，而发问之目往往摘抉细隐，穷所难知，务求博洽之士，而直言极谏之风替矣。要必深诏中外精求，方闻有学行者，勿令先献所业，直召至殿廷，而亲策以当世之急务与夫政事之阙失，使举古治宜于今者，如其可采，则就加任使，以合于尧舜奏言试功之举，则瑰玮杰特之才不困于簸扬淘汰，而国家收多士之实用矣。(《文献通考》卷三十三《贤良方正》引胡致堂语)

二因对策由天子亲第其优劣，制举有时也由天子亲试，例如：

  开元二十六年八月甲申，亲试文词雅丽举人……有郭纳、姚子彦等

---

① 《资治通鉴》卷二百四《唐纪》则天皇后天授元年，"二月辛酉，太后策贡士于洛城殿，贡士殿试自此始"。

二十四人升第,皆量资授官。(《册府元龟》卷六百四十三《贡举部》)

大历六年四月戊午,御宣政殿,亲试讽谏主文、茂才异等、智谋经武、博学专门等四科举人……时方炎暑,帝具朝衣,永日危坐,读太宗《贞观政要》。及举人策成,悉皆观览一百余道。将夕,有策未成者,命大官给烛,令尽其才思,夜分而罢。时登科者凡一十五人。(《册府元龟》卷六百四十三《贡举部》)

德宗每年征四方学术直言极谏之士,至者萃于阙下,上亲自考试,绝请托之路……上试制科于宣德殿,或下等者,即以笔抹之至尾。(《唐语林》卷三《贾誉》)

但是"开元以后……应诏而举者,多则二千人,少犹不减千人"(《通典》卷十五《选举三》)。天子一日万机,哪有时间细阅考卷,于是评阅之权遂委之朝臣。人士虽有鲠直之言,倘或不利于当时贵幸,亦不能见知于天子。因之选人就不免阿世取容,而不敢直言极谏。马端临说:

按既曰制科,则天子亲策之,亲览之,升黜之权当一出于上,汉武帝之于董仲舒也,意有未尽,则再策之,三策之,晋武帝之于挚虞、阮种亦然。公孙弘所对,太常奏为下第,而帝擢为第一。盖汉世人主于试贤良,皆亲第其优劣,臣下所不可得而轩轾也。唐之制科则全以付之有司矣。故牛僧孺辈以直言忤权幸,则考官坐其累。而刘蕡所陈尤为忠愤鲠切,则自宰相而下皆不敢为之明白。虽是当时阉宦之势可畏,亦由素无亲览之事,故此辈得以劫制衡鉴之人也。(《文献通考》卷三十三《贤良方正》)

三因对策优者每待以不次之位,劣者亦不罢归。制举则有黜落法,中者得美官,其次与出身,不中者罢归。

汉举贤良,文帝二年,对策者百人,晁错为高第。武帝元光五年,对策者亦百余人,公孙弘第一。当时未有黜落法,对者皆预选,但有高下

耳。至唐始对策一道,而有中否。(《文献通考》卷三十三《贤良方正》引石林叶氏曰)

有这三种区别,所以汉代对策,对者皆敢说论直言,朝廷由此可以得到真才。唐代制举不过上下姑相应以义理之浮文,刘蕡下第之时,登科者二十三人,"所言皆冗龊常务"(《新唐书》卷一百七十八《刘蕡传》),难怪王夫之对于制举尤其直言极谏科,极力诋毁。他说:

> 牛僧孺、李宗闵、皇甫湜皆以直言极谏而居显要。当其极陈时政之得失,无所避忌,致触李吉甫之怒,上累杨于陵、韦贯之以坐贬,而三人不迁。岂不人拟为屈贾,代之悲愤,望其大用,以济时艰乎?乃其后竟如之何也。故标直言极谏之名,以设科试士,不足以得忠直之效;而登进浮薄,激成朋党,挠乱国政,皆缘此而兴……夫惟言是求,无所择而但奖其竞,抑又委取舍于考官,则佥人辩士揣摩主司之好恶,以恣其排击。若将忘祸福,以抒忠实,则迎合希求,为登科之快捷方式,端人正士固耻为之……上之所以求谏者不以其道,则下之应之也,言直而心固曲也。(《读通鉴论》卷二十五《唐宪宗》)

何况天宝年间,制举亦试诗赋。

> 天宝十三载,御勤政楼,试四科举人,其词藻宏丽,问策外,更试诗赋各一道,制举试诗赋,自此始。(《文献通考》卷三十三《贤良方正》)

唐以文艺取人,士之精华果锐者皆尽瘁于记问词章、声病帖括之中,其不能得到人才,是理之当然的。

唐代选举除上述三种之外,尚有荐举与辟举。所谓荐举是使公卿百官推荐人才。公卿百官既有举官的权,难保他们不依阿所好,引用私人,所以唐代又使荐举人对被荐举人负完全责任。被荐举人若有犯法溺职,荐举人与之连坐。例如:

大历元年二月敕，许吏部选人自相举，如任官有犯，坐举主。(《唐会要》卷七十五《杂处置》)

大历十四年六月诏，中书、门下、御史台五品已上诸司、三品已上长官，各举可任刺史、县令者一人，中书、门下量才进拟，有犯，坐举主。(《旧唐书》卷十二《德宗纪上》)

荐举之后，立即任用者固然不少，而再加考试，定其等第，而后任用者也有其例。

贞观中，李大亮巡察剑南，表李义府才，对策中第，补门下省典仪。(《新唐书》卷二百二十三上《李义府传》)

所谓辟举是使长官对其僚属，自荐举而自试用之。隋时，海内一命之官皆出于朝廷，州郡无复有辟署之事；唐以科举为取士之法，而辟举尚时有之。马端临说：

按自隋时海内一命之官并出于朝廷，州郡无复有辟署之事，士之才智可效一官者，苟非宿登仕版，则虽见知于方镇岳牧，亦不能稍振拔之，以收其用。至唐，则仕者多由科目矣，然辟署亦时有之。而其法亦不一，有既为王官而被辟者，如张建封之辟许孟容，李德裕之辟郑畋，白敏中之辟王铎是也。有登第未释褐入仕而被辟者，若董晋之于韩退之是也。有强起隐逸之士者，若乌重允之于石洪、温造，张博之于陆龟蒙是也。有特招智略之士者，如裴度之于柏耆，杜悰之于辛说是也。而所谓隐逸智略之士多起自白衣，刘贡甫言，唐有天下，诸侯自辟幕府之士，唯其才能，不问所从来，而朝廷常收其俊伟以补王官之缺，是以号称得人。盖必许其辟置，则可破拘挛，以得度外之士，而士之偶见遗于科目者，亦未尝不可自效于幕府，取人之道所以广也。(《文献通考》卷三十九《辟举》)

到了末季,朝纲紊乱,方牧皆自选列校,以掌牙兵,四方豪杰不能以科举自达者,皆争为之,名臣贤将出于其中者为数不少,于是科举一途虽不能网罗人才,而士尚可以借径于辟举以发身。苏轼说:

> 汉法,郡县秀民推择为吏,考行察廉,以次迁补,或至二千石,入为公卿。古者不专以文词取人,故得士为多……唐自中叶以后,方镇皆选列校,以掌牙兵。是时四方豪杰不能以科举自达者,皆争为之,往往积功以取旄钺,虽老奸巨盗或出其中,而名卿贤将如高仙芝、封常清、李光弼、来瑱、李抱玉、段秀实之流,所得亦已多矣。(《文献通考》卷三十五《吏道》)

三、薪俸

官吏为国服务,国家自应给与他们以薪俸,薪俸不但使官吏维持一家的生活,且使官吏维持与其身份相等的生活。唐代官吏的薪俸共有四种:

一是较多的永业田。"解免者追田,除名者受口分之田……凡给田而无地者,亩给粟二斗"(《新唐书》卷五十五《食货志五》),这在上文已经说明过了,不再赘言。

二是职分田。

> 武德元年十二月制,内外官各给职分田,京官一品十二顷,二品十顷,三品九顷,四品七顷,五品六顷,六品四顷,七品三顷五十亩,八品二顷五十亩,九品二顷。雍州及州官,二品十二顷,三品十顷,四品八顷,五品七顷,六品五顷,七品四顷,八品三顷,九品二顷五十亩。(《唐会要》卷九十二《内外官职田》)

既云职分田,自与永业田不同,职事官才有,不论哪一种散官都无之。但是职事官对此职田只有收益权,而无所有权,即由农户耕种,而由官吏收租。至于田租多少,则依田之肥瘠而殊。开元年间,规定如次。

开元十九年四月敕,诸州县并府镇戍官等职田顷亩籍帐,仍依允租价对定,无过六斗。地不毛者,亩给二斗。(《唐会要》卷九十二《内外官职田》)

但依新志(《新唐书》卷五十四《食货志四》)所述,唐代一亩出米平均不过五斗多,上述六斗之数未免太高。以常理测之,应同永业田一样,以二斗为当。这种田租不由官吏自行催收,而由官府受纳,而后分付于各职官。

开元二十九年二月敕,外官职田,委所司准例仓中受纳,纳毕,一时分付,县官亦准此。(《唐会要》卷九十二《内外官职田》)

开元二十九年之敕虽然只对外官职田而言,然以内官人数之多、京师土地之狭,不难推定内官职田收租形式必与外官相同。不过外官职田先由官府统收而后再行分付之制,也许是由开元二十九年开始。

三是岁禄。唐代官阶有三十等,而禄则分十八级。

武德元年,文武官给禄,一品七百石,从一品六百石;二品五百石,从二品四百六十石;三品四百石,从三品三百六十石;四品三百石,从四品二百六十石;五品二百石,从五品百六十石;六品百石,从六品九十石;七品八十石,从七品七十石;八品六十石,从八品五十石;九品四十石,从九品三十石。皆以岁给之,外官则否。(《新唐书》卷五十五《食货志五》)

外官无禄[①],何能不侵渔百姓?贞观中,始班外官的禄,然而犹降京官一等。

---

① 《资治通鉴》卷二百《唐纪》玄宗开元六年,"唐初州县官俸皆令富户掌钱(公廨本钱)出息以给之,息至倍称,多破产者"。《唐会要》卷九十一《内外官料钱上》,开元六年七月,秘书少监崔沔说:"且五千之本,七分生利,一年所输且四千二百,兼算劳费,不啻五千。"关于公廨本钱,可参阅《新唐书》卷五十五《食货志五》。

又《通典》卷三十五《禄秩》:"大唐禄俸之制,其春夏二季春给,秋冬二季秋给。"

中书舍人高季辅言,外官卑品贫匮,宜给禄养亲。自后以地租春秋给京官,岁凡五十万一千五百余斛,外官降京官一等。一品以五十石为一等,二品、三品以三十石为一等,四品、五品以二十石为一等,六品、七品以五石为一等,八品、九品以二石五斗为一等,无粟则以盐为禄。(《新唐书》卷五十五《食货志五》)

武德元年所颁之禄乃以年计,贞观中所颁外官之禄,文字简单,不易理解,以意测之,文中既有"外官降京官一等",则外官一品之禄等于内官从一品,因之外官从一品则为 600－50＝550 石;外官二品之禄等于内官从二品,因之外官从二品则为 460－30＝430 石。兹试依此算法列表如次。

贞观中所颁外官岁禄表(单位:石)

官阶	岁禄	官阶	岁禄
一品	600	从一品	550
二品	460	从二品	430
三品	360	从三品	330
四品	260	从四品	240
五品	160	从五品	140
六品	100	从六品	95
七品	80	从七品	75
八品	60	从八品	57
九品	30	从九品	27

开元二十四年,又厘定岁禄如次:

禄米则岁再给之,一品七百斛,从一品六百斛;二品五百斛,从二品四百六十斛;三品四百斛,从三品三百六十斛;四品三百斛,从四品二百五十斛;五品二百斛,从五品百六十斛;六品百斛,自此十斛为率,至从七

品七十斛；八品六十七斛，自此五率为率，至从九品五十二斛。外官降一等。（《新唐书》卷五十五《食货志五》）

吾人比较武德与开元的岁禄，即知其中有不同之点二，一是开元所颁布之岁禄，除从四品之数目比武德少外，八品以下均比武德为多。二是武德以石权，开元以斛量。《唐六典》（卷三《金部郎中》）及《旧唐书》（卷四十三《职官志二·金部郎中》及卷四十八《食货志上》）叙述唐之权衡，均至斤而止，未曾说到钧与石，是否唐代石与斛没有区别？

四是各种津贴。各种津贴之给予乃开始在高宗永徽初年。其内容如次：

> 一品月俸八千，食料一千八百，杂用一千二百；二品月俸六千五百，食料一千五百，杂用一千；三品月俸五千一百，杂用九百①；四品月俸三千五百，食料、杂用六百；五品月俸三千，食料、杂用六百；六品月俸二千，食料、杂用四百；七品月俸一千七百五十，食料、杂用三百五十；八品月俸一千三百，食料三百，杂用二百五十；九品月俸一千五十，食料二百五十，杂用二百……职事官又有防合、庶仆②，一品防合九十六人，二品七十二人，三品四十八人，四品三十二人，五品二十四人；六品庶仆十五人，七品四人，八品三人，九品二人。（《新唐书》卷五十五《食货志五》）

文中"职事官又有防合、庶仆"，可知月俸、食料、杂用三项津贴不是职事官才有，散官亦当有之。开元二十四年，又厘定津贴如次：

> 开元二十四年令，百官防合、庶仆、俸食、杂用以月给之，总称月俸。

---

① 少食料一项，据《资治通鉴》卷二百五则天皇后延载元年，胡三省注，三品月俸五千一百，食料一千一百，杂用九百。
② 《通典》卷三十五《禄秩》，防合、庶仆分为三番，每周而代，初以民丁中男为之，后皆舍其身而收其课。《唐会要》卷九十一《内外官料钱上》，仪凤三年八月二日诏，令王公已下，百姓已上，率口出钱，以充防合、庶仆。

一品钱三万一千,二品二万四千,三品万七千,四品万一千五百六十七,五品九千二百,六品五千三百,七品四千一百,八品二千四百七十五,九品千九百一十七。(《新唐书》卷五十五《食货志五》)

即防合、庶仆也用钱代之,而总称为月俸。据《唐会要》(卷九十一《内外官料钱上》)所载,内容如次。

开元二十四年百官月俸表

官品	俸钱	食料	杂用	防合或庶仆	总计	备考
一品	8 000	1 800	1 200	20 000	31 000	总数与新志(《新唐书》卷五十五《食货志五》)同。《通典》(卷三十五《禄秩》),月俸料六千,食料千八百,杂用千二百,防合十五千,通计二十四千。
二品	6 000	1 500	1 000	15 000	24 000	总数与新志同。但四者之和不能为二十四千。《通典》,二品、三品,均是月俸料五千,食料千一百,杂用九百,防合十千,通计十七千。
三品	5 000	1 100	900	10 000	17 000	总数与新志同,《通典》作十七千,见上。
四品	4 500	700	600	6 600	11 876	总数与新志之数(万一千五百六十七)不同,而四项之和,又与总数不同。《通典》为月俸料三千五百,食料七百,杂用七百,防合六千六百六十七,通计十一千五百六十七。
五品	3 000	600	500	5 000	9 200	总数与新志同,但四项之和不是九千二百。《通典》为月俸料三千,食料六百,杂用六百,防合五千,通计九千二百。

续 表

官品	俸钱	食料	杂用	防合或庶仆	总计	备考
六品	2 300	400	400	2 200	5 300	总数与新志同。《通典》为月俸料二千,食料四百,杂用四百,庶仆二千五百,通计五千三百。
七品	1 750	350	350	1 600	4 500	总数与新志之数(四千一百)不同,而四项之和又与总数不同。《通典》为月俸料千七百五十,食料三百五十,杂用三百五十,庶仆千六百,通计四千五十。
八品	1 300	300	250	625	2 475	总数与新志同。《通典》为月俸料千三百五十,食料三百,杂用三百,庶仆六百,通计二千五百五十。
九品	1 050	250	200	417	1 917	总数与新志同。《通典》为月俸料千五十,食料二百五十,杂用二百,庶仆四百,通计千九百。

唐代的禄能否维持一家生计?古人制禄,虽下士犹食上农,现在试以开元二十四年所颁布的内官从九品的禄为基础,进行讨论。内官从九品之一切收入如次:

(1) 岁禄。米五十二斛。

(2) 永业田。二顷,"给田而无地者,亩给粟二斗"(《新唐书》卷五十五《食货志五》),即共四十斛,依《九章算术》,折为米,$40 \times \frac{3}{5} = 24$ 斛。

(3) 职分田。二顷五十亩,"地不毛者亩给二斗"(《唐会要》卷九十二《内外官职田》),即最少可得五十斛,折为米,$50 \times \frac{3}{5} = 30$ 斛。

(4) 月俸。一千九百十七,开元年间乃物价最低廉的时代,以米价较高之时言之,每斛米值钱不满二百。

> 其时频岁丰稔,京师米斛不满二百。(《旧唐书》卷九《玄宗纪下》开元二十八年)

> 是岁,西京、东都斗斛直钱不满二百,绢匹亦如之。(《资治通鉴》卷二百十四唐玄宗开元二十八年)

米斛二百,则九品所得之月俸可以购买十斛,一年为一百二十斛[①]。

综合上述四项,一年得米二百二十六斛。农民的收入如何呢?

> 田以高下、肥瘠、丰耗为率,一顷出米五十余斛。(《新唐书》卷五十四《食货志四》)

这样,百亩农夫一年所收之米,只有五十余斛,这比之从九品之收入相差多了。

但是从九品一年所得,能否维持一家生计?唐时最低生活费,据欧阳修说,乃如次:

> 自天宝至今,户九百余万。王制,上农夫食九人,中农夫七人,以中农夫计之,为六千三百万人。少壮相均,人食米二升,日费米百二十六万斛,岁费四万五千三百六十万斛。而衣倍之,吉凶之礼再倍。(《新唐书》卷五十四《食货志四》)

一人一日食米二升[②],一家平均五口,一日食米一斗,一月三斛,一年三十六

[①] 生产力这样低,我们不能无疑。固然汉代的度量权衡比之唐代,"尺当六之五,量衡皆三之一"(《新唐书》卷二十一《礼乐志十一》),但是唐代的亩亦比汉时为大。

[②] 《资治通鉴》卷二百三十二德宗贞元三年七月,"上复问泌(李泌)以复府兵之策。对曰,今岁征关东卒戍京西者十七万人。计岁食粟二百四万斛,今粟斗直百五十,为钱三百六万缗"。十七万人一年食粟二百四万斛,即每人一年食粟十二斛,每月一斛,每日三升三合。折之为米,$3.3 \times \frac{3}{5} = 1.98$,亦系一日二升。

斛。"衣倍之",为七十二斛,"吉凶之礼再倍",为一百四十四斛。合此三项,共计二百五十二斛,即从九品一年之收入比之支出,尚少二十六斛。固然欧阳修之计算,所谓"衣倍之,吉凶之礼再倍",未必合于实际情况。唯一年支出,单单米之一项,约占全部收入之六分之一,则其生活未必优裕,可想而知。

天宝以后,政治渐乱,秉钧当轴之士,身兼官以十数,其所得月俸有超过百万者。

> 宰相杨国忠身兼数官,堂封外,月给钱百万。幽州、平卢节度使安禄山、陇右节度使哥舒翰兼使所给,亦不下百万。(《新唐书》卷五十五《食货志五》)

安史作乱,人民奔迸流移,粮食的生产发生问题,从而禄米之制似已破坏,而渐次代之以钱。唐代官禄本来是外官降京官一等,仕进者多乐京师。代宗初,元载当国,颠倒其制,厚外官而薄京官。

> 元载以仕进者多乐京师,恶其逼己,乃制俸禄,厚外官而薄京官,京官不能自给,常从外官乞贷。(《资治通鉴》卷二百二十五唐代宗大历十二年)

大历十二年,杨绾代元载为相,奏京官俸太薄,诏加京官俸,多者至一百二十贯(《资治通鉴》卷二百二十五唐代宗大历十二年),但是颜鲁公为刑部尚书,当时尚书月俸六十贯,而竟举家食粥。

> 颜鲁公为刑部尚书,有举家食粥之帖(鲁公《乞米帖》云,拙于生事,举家食粥来已数月,今又罄矣,实用忧煎)。盖自元载制禄,厚外官而薄京官,京官不能自给,常从外官乞贷。杨绾既相,奏加京官俸,鲁公以绾荐,自湖州召还,意者俸虽加而犹薄欤?(《困学纪闻》卷十四《鲁公乞米帖言食粥》)

因此，德宗贞元四年，又从李泌之言，京官自三师以下，悉倍其俸（《资治通鉴》卷二百三十三唐德宗贞元四年，其详可参看《唐会要》卷九十一《内外官料钱上》），多者至二百贯。比方刑部尚书大历十二年月俸六十贯，至此则为一百贯，然而生产萎缩，物价飞涨，月俸虽然增加，而仍赶不上物价。一般官吏外不足以奉公忘私，内不足以养亲施惠，各因官职为奸，受取赇赂，以自供给。唐自中叶以后，政治不能纳上轨道，薄俸不失为原因之一。

四、监察

关于御史制度，本书已有说明，其法则为弹劾。秦汉之制，御史大夫掌副丞相，汉时有副相之称。所以当时御史行使监察权，不过为人君耳目，辅佐丞相，肃清官邪而已。魏晋以后，御史台渐次独立，不置大夫，而以中丞为台主，但是机关的独立并不使监察权发挥效用，吾人只看魏晋南北朝的官纪，即可知之。

唐代御史台分置三院，殿院之殿中侍御史掌殿廷供奉之仪式，即如《叔孙通传》（《汉书》卷四十三）所说："御史执法，举不如仪者，辄引去。"除此之外，并无重要职务。至于台院之侍御史乃以纠举内官为职，察院之监察御史则以巡按州县为职。唐代初年重内轻外，所以监察御史衔命出使，往往擅作威福。高宗时，韦思谦为监察御史，尝对人说：

> 御史出都，若不动摇山岳，震慑州县，诚旷职耳。（《旧唐书》卷八十八《韦思谦传》）

其如何擅作威福，观下列之例，即可知之。

> 贞观四年，监察御史王凝，使至益州。刺史高士廉勋戚自重，从众僚候之升仙亭。凝不为礼，呵却之，士廉甚耻恚。（《唐会要》卷六十二《出使》）

开元十三年，玄宗发布诏令，禁止御史擅作威福。

开元十三年三月十三日敕,御史出使,举正不法,身苟不正,焉得正人?如闻州县祗迎,相望道路,牧宰祗候,僮仆不若,作此威福,其如礼何?今后申明格敕,不得更示威权。(《唐会要》卷六十二《出使》)

到了开元二十一年设置十五道采访使之后,监察御史之权渐为采访使所侵夺,政府为了调和两者职权,就使御史中丞为采访使,或使采访使带御史中丞之职。

开元二十二年,置京畿采访处,置使以中丞为之,自是不改。(《唐会要》卷六十《御史中丞》)

据柳宗元撰《诸使兼御史中丞壁记》(《柳河东全集》卷二十六)之注,谓"唐初,诸使未尝加御史之名,自明皇开元以来,使之制愈重,故……兼御史中丞为使者不一。尝自开元初考之,至贞元二十年间,其有兼中丞为节度使者……有为节度观察处置使者……有为团练观察使者……有为节度观察使者……有为观察使者……有为都团练使者……有为经略使者……有为节度留后者……是皆兼中丞者也。外又有自为中丞出为使者……又有兼御史大夫而使者"。《历代职官表》(卷十八《都察院上·唐》)云:"谨案,唐自开元置采访使,始以中丞兼之,其后为节度、观察、刺史者多兼大夫、中丞之职……谓之外台,此即后世行台之制所自昉也。"

按御史中丞为风霜之任,采访使则以监察地方官为职,两者相兼,乃欲加重采访使之权。但吾人须知监察御史实汉代刺史之职,其所以为善者,在于"传车周流,匪有定镇"。顾炎武说:"夫守令之官不可以不久也,监临之任不可以久也,久则情亲而弊生,望轻而法玩。"(《日知录》卷九《部刺史》)今使中丞兼采访使之职,采访使带中丞之号,岂但行政系统因之紊乱?而中丞久居一地,既然监纠非法,便有赋政之实,若再委之牧守之任,假之都督之威,则末壮披心,尾大不掉,诚非强干弱枝之策。

五、考课

唐制,每年一小考,志谓"凡百司之长岁较其属功过是也"(《新唐书》卷四十六《百官志一·考功郎中》);四年一大考,志谓"凡居官必四考"(《新唐书》卷四十五《选举志下》)是也。吏部置考功郎中,办理考课事宜。其考法,凡百司之长岁较其属功过,以四善二十七最,别为九等,善是百官共同应有的善,最是各官依其职事特有的最。一最四善为上上,一最三善(旧志云,或无最而有四善)为上中,一最二善(旧志云,或无最而有三善)为上下,其末至于居位谄诈、贪浊有状为下下,均具状申报于吏部考功郎中。考时,皇帝简派望高者二人,一人校京官考,一人校外官考;又定给事中、中书舍人各一人,其一人监京官考,一人监外官考;考功郎中判京官考,考功员外郎判外官考。

> 考功郎中、员外郎各一人,掌文武百官功过善恶之考法及其行状……其考法,凡百司之长岁较其属功过,差以九等,大合众而读之。流内之官叙以四善,一曰德义有闻,二曰清慎明著,三曰公平可称,四曰恪勤匪懈。善状之外,有二十七最,一曰献可替否、拾遗补阙为近侍之最,二曰铨衡人物、擢尽才良为选司之最,三曰扬清激浊、褒贬必当为考校之最,四曰礼制仪式、动合经典为礼官之最,五曰音律克谐、不失节奏为乐官之最,六曰决断不滞、与夺合理为判事之最,七曰部统有方、警守无失为宿卫之最,八曰兵士调习、戎装充备为督领之最,九曰推鞫得情、处断平允为法官之最,十曰雠校精审、明于刊定为校正之最,十一曰承旨敷奏、吐纳明敏为宣纳之最,十二曰训导有方、生徒克业为学官之最,十三曰赏罚严明、攻战必胜为军将之最,十四曰礼义兴行、肃清所部为政教之最,十五曰详录典正、词理兼举为文史之最,十六曰访察精审、弹举必当为纠正之最,十七曰明于勘覆、稽失无隐为勾检之最,十八曰职事修理、供承强济为监掌之最,十九曰功课皆充、工匠无怨为役使之最,二十曰耕耨以时、收获成课为屯官之最,二十一曰谨于盖藏、明于出纳为仓库之

最,二十二日推步盈虚、究理精密为历官之最,二十三日占候医卜、效验多者为方术之最,二十四日检察有方、行旅无壅为关津之最,二十五日市廛弗扰、奸滥不行为市司之最,二十六日牧养肥硕、蕃息孳多为牧官之最,二十七日边境清肃、城隍修理为镇防之最。一最四善为上上,一最三善为上中(旧志云,一最以上有三善或无最而有四善为上中),一最二善为上下(旧志云,一最以上有二善或无最而有三善为上下),无最而有二善为中上(旧志云,一最以上而有一善或无最而有二善为中上),无最而有一善为中中(旧志云,一最以上或无最而有一善为中中),职事粗理、善最不闻为中下,爱憎任情、处断乖理为下上,背公向私、职务废阙为下中,居官饰诈、贪浊有状为下下。凡定考皆集于尚书省,唱第然后奏……流外官以行能功过为四等,清谨勤功为上,执事无私为中,不勤其职为下,贪浊有状为下下……贞观初,岁定京官望高者二人,分校京官、外官考;给事中、中书舍人各一人莅之,号监中外官考使(旧志云,又定给事中、中书舍人各一人,其一人监京官考,一人监外官考);考功郎中判京官考,员外郎判外官考,其后屡置监考、校考、知考使。(《新唐书》卷四十六《百官志一·考功郎中》,参阅《旧唐书·职官志一·考功郎中》)

以上标准太过空泛,似难适用于地方官,因之地方官除依四善二十七最外,又依户口与农田之增减,定其等第。即如次:

诸州县官人,抚育有方、户口增益者,各准见户为十分论,每加一分,刺史、县令各进考一等(原注云,增户口谓课丁,率一丁同一户法,增不课丁者,每五口同一丁例。其有破除者得相折)。其州户口不满五千、县户不满五百者,各准五千五百户法为分,若抚养乖方、户口减损者,各准增户法,亦每减一分,降一级(原注云,课及不课并准上文)。其劝课农田、能使丰实者,亦准见地为十分论,每加二分,各进考一等(原注云,此谓永业、口分之外,别能垦起公私荒田者)。其有不加劝课、以致减损者(原注云,谓永业、口分之外,有荒废者),每损一分,降考一等。若数处有功、并

应进考者，并听累加。(《通典》卷十五《考绩》)

同样，地方之节度使、观察使、团练使、防御使及经略使等之考课，亦另有其他标准。

岁以八月考其治否。(节度使以)销兵为上考，足食为中考，边功为下考。观察使以丰稔为上考，省刑为中考，办税为下考。团练使以安民为上考，惩奸为中考，得情为下考。防御使以无虞为上考，清苦为中考，政成为下考。经略使以计度为上考，集事为中考，修造为下考。(《新唐书》卷四十九下《百官志四·节度使》)

至于考课机关，可以分别为中央与地方两部分言之。

在中央，台省长官对其属僚有考课之权，故云"台省官考，各委长官"(《册府元龟》卷六百三十六《铨选部》)。

但三品官以上则由皇帝考课。

由三品上为清望官，岁进名听内考，非有司所得专。(《新唐书》卷一百十八《李渤传》)

纵是三品以下，苟有"同品""平章"之号而为宰相者，亦由皇帝考课。

元和十五年，刑部郎中权判考功冯宿奏，宰相及三品已上官，故事内校，遂别封以进。(《唐会要》卷八十一《考上》)

所以李渤考课宰相，议者以为越职钓名。

穆宗即位，召李渤为考功员外郎。十一月，定京官考，不避权幸……皆行升黜。奏曰，其宰臣萧俛、段文昌、崔植三人并翰林学士杜元颖等并请考中下。御史大夫李绛、左散骑常侍张惟素、右散骑常侍李益等……请赐上下考外，特与迁官……其崔元略冠供奉之首……请赐考中中。大理卿许季同……请赐考中中。少府监斐通……请考中下……奏状入，留中不下。议者以宰辅旷官，自宜上疏论列，而渤越职钓名，非尽事君之道。(《旧唐书》卷一百七十一《李渤传》)

其于地方，刺史岁巡属县，考课县令。

刺史每岁一巡属县……其吏在官公廉正己、清直守节者必谨而察之，其贪秽谄谀、求名狥私者亦谨而察之，皆附于考课，以为褒贬，其善恶殊尤者，随即奏闻。(《旧唐书》卷四十四《职官志三·刺史》)

刺史由谁考课呢？

大中六年，考功奏，近年已来，刺史皆自录课绩申省，矜衒者则张皇其事，谦退者则缄默不言。自今已后，其巡内刺史请并委本道观察使定其考第，然后录申本州，不得自录课绩申省。(《唐会要》卷八十二《考下》)

既云"近年已来"，自是大中年间的事。按唐置监察御史，掌巡按州县(《旧唐书》卷四十四《职官志三·御史台》)；其后又置采访使观察使，"掌察所部善恶"(《新唐书》卷四十九下《百官志四·外官》)，则刺史的功过当然是由采访使或观察使考之。

采访使、观察使如何呢？

贞元七年十二月，校外官考使奏，准考课令，三品以上官及同中书门下平章事考，并奏取裁。注云，亲王及大都督亦同。伏详此文，则职位崇重，考绩褒贬不在有司，皆合上奏。今缘诸州观察刺史、大都督府长史及上中下都督、都护等有带节度使者，方镇既崇，名礼当异，每岁考绩亦请奏裁，其非节度观察等州府长官，有带台省官者，请不在此限。(《唐会要》

卷八十一《考上》)

是即观察使、采访使职位崇重,所以也和京官三品以上一样,由天子裁定其考绩。

唐代考绩取公开形式,新志云"大合众而读之"(《新唐书》卷四十六《百官志一·考功郎中》),旧志云,"京官则集应考之人对读注定,外官对朝集使注定"(《旧唐书》卷四十三《职官志二·考功郎中》)。大中时,考功郎中奏请采用榜悬之法,任便披诉,虽未实行,而唐代考绩比较公开,也可以知道。

> 大中六年七月,考功奏,近来诸州府及百司官长所书考第,寮属并不得知,升黜之间,莫辨当否。自今已后,书考后,但请勒名牒于本司本州,县于本司本州之门三日。其外县官,则当日下县。如有升黜不当,便任披陈,其考第便须改正,然后得申省。如勘覆之后,事无乖谬,则论告之人亦必惩殿……敕考功所条……难便允从,近日俗尚矜能,人少廉耻,若牒门许其论告,则自此必长纷争,当否之间,固有公议。(《唐会要》卷八十二《考下》)

考课之后,必须继之以赏罚。唐制,小考赏为加禄,罚为夺禄;大考赏为进阶,罚为降职,其最重者免官。

> 凡考中上以上,每进一等,加禄一季;中中守本禄;中下以下,每退一等,夺禄一季;中品以下,四考皆中中者进一阶,一中上考复进一阶,一上下考进二阶。计当进而参有下考者,以一中上覆一中下,以一上下覆二中下,上中以上虽有下考,从上第,有下下考者解任。(《新唐书》卷四十六《百官志一·考功郎中》)

《百官志》之言有两点不甚明了,一是考上中以上者如何;二是所谓中品是哪一品,中品以上之进阶如何。关此,《选举志》云:

> 凡居官必四考……上中以上及计考应至五品以上，奏而别叙。(《新唐书》卷四十五《选举志下》)

由此可知上中以上如何进阶以及五品以上如何进阶，均须奏请天子裁决。前曾说过："五品以上制敕命之，六品以下则并旨授"，这与"五品以上，奏而别叙"之言相符。旧志云：

> 凡叙阶……应入三品、五品者皆待别制而进之，不然则否。(《旧唐书》卷四十三《职官志二·吏部郎中》)

志不云"应入五品者"，而云"应入三品、五品者"，其意何在？这不但因为唐制三品以上册授，五品以上制授，三品以上与五品以上固有区别，抑亦因为五品以上虽可进阶，三品以上，其阶已贵，应讲求别的褒奖方法，其法则为赐爵。

> 三品已上，其阶已贵，故赐爵；四品已下，其阶未贵，故加阶。(《唐会要》卷八十一《阶》)

唐代考课制度固然精细，其实自始就有名无实，玄宗以前，失之过严。

> 贞观六年，监察御史马周上疏曰，自比年，入多者不过中上，未有得上下以上考者。(《唐会要》卷八十一《考上》)

肃宗以后，失之过宽。

> 自至德以来，考绩之司，事多失实，常参官及诸州刺史未尝分其善恶，悉以中上考褒之。(《唐会要》卷五十八《考功郎中》)

而进阶之法又太过呆板，小考只能加禄，大考方得进阶，而大考又复四年一次。唐之官阶凡三十等,纵令孜孜慎修,九品之吏亦难升为三品以上之官。固然唐时士人释褐入仕,不是都由从九品下开始。《唐六典》云:

> 凡叙阶之法有以封爵(诸嗣王郡王出身从四品下,亲王子封郡公者从五品上,国公正六品上,郡公正六品下,县公从六品上,侯正七品上,伯正七品下,子从七品上,男从七品下,引自《旧唐书》卷四十二《职官志一》),或以亲戚(皇帝缌麻以上亲、皇太后周亲出身正六品上,皇太后大功亲、皇后周亲从六品上,皇帝袒免亲、皇太后小功缌麻亲、皇后大功亲正七品上,皇后小功缌麻亲、皇太子妃周亲从七品上,其外戚各依服属降宗亲二阶叙。诸娶郡主者出身正六品上,娶县主者正七品上,郡主子出身从七品下,县主子从八品上,引自旧志),有以勋庸(原注,谓上柱国正六品上叙,柱国以下每降一等,至骑都尉从七品下,骁骑尉、飞骑尉正九品上,云骑尉、武骑尉从九品上),有以资荫(一品子正七品上,二品子正七品下,三品子从七品上,从三品子从七品下,正四品子正八品上,从四品子正八品下,正五品子从八品上,从五品子从八品下。三品以上荫曾孙,五品以上荫孙,孙降子一等,曾孙降孙一等,引自旧志),有以秀孝(凡秀才出身上上第正八品上,上中第正八品下,上下第从八品上,中上第从八品下。明经上上第从八品下,上中第正九品上,上下第正九品下,中上第从九品下。进士、明法甲第从九品上,乙第从九品下。弘文、崇文馆生及第亦如之。书算学生从九品下叙。引自《新唐书》卷四十五《选举志下》)……皆循法以申之,无或枉冒。(《唐六典》卷二《吏部郎中员外郎》)

且考绩加阶又得超等,例如文宗时,李石自朝议郎加朝议大夫(《旧唐书》卷一百七十二《李石传》),此加三阶之例也。德宗时,裴延龄自朝议大夫加银青光禄大夫(《唐会要》卷八十一《阶》),此加七阶之例也。代宗时,常衮由朝议郎加银青光禄大夫(《唐会要》卷八十一《阶》),此加九阶之例也。不过尚有一种限制,武后万岁通天元年七月四日制,"文武官加阶应入五品者,并取出身历十三考以上无私犯……应入三品,取出身二十五考以上,亦无私犯"。玄宗开元十一年二月五日敕,"自今以后,泛阶应入五品,以十六考为定,及三品以三十考为定……永为例程"(《唐会要》卷八十一《阶》),这种制度经安史之乱,大约破坏。到了德宗贞元六年六月,"吏部奏,准格,内外官承泛阶应入五品者,制出日,须经一十六考……应入三品者,制出日,经三十考"(《唐会要》卷八十一《阶》)。这样,不问出身哪一阶,要入五品,须经十六考,一年一考,即须经十六年,才得升为五品。而由五品升至三品,历考更多,须经 30－16＝14 考。汉时,官阶只十五级,而其升迁之法又不以官阶为标准,而以官职为标准。例如部刺史秩六百石,郡守秩二千石,其间尚有比千石、千石、比二千石三级,但刺史高第者即迁为郡守,而其升迁又不以年月为限,萧望之为谒者,岁中三迁,官至二千石,盖必如此,而后政界才有新陈代谢的现象。陆贽说:

> 《虞书》,三载考绩,三考黜陟幽明。是则必俟九年,方有进退。然其所进者或自侧微而纳于百揆,虽久其任,复何病降哉?汉制,部刺史秩六百石,郡守秩二千石,刺史高第者即迁为郡守,郡守高第者即入为九卿,从九卿即迁为亚相相国,是乃从六百石吏而至台辅,其间所历者三四转耳,久在其任,亦未失宜。近代建官渐多,列级逾密,今县邑有七等之异,州府有九等之差。同为省郎,即有前中后行、郎中、员外五等之殊;并称谏官,则有谏议大夫、补阙、拾遗三等之别。洎诸台寺,率类于斯,悉有常资,各须循守。若依唐虞故事,咸以九载为期,是宜高位常苦于乏人,下寮每嗟于白首……夫长吏数迁,固非理道,居官过久,亦有弊生。何者?时俗常情,乐新厌旧,有始卒者,其唯圣人。降至中才,罕能无变。其始也,砥砺之心必切;其久也,因循之念必萌……迁转甚速,则人心苟而职业不固;甚迟,则人心怠而事守浸衰;然则甚速与甚迟,其弊一也。(《陆宣公全集》卷十一《论朝官阙员及刺史等改转伦序状》)

按考绩与年劳不同,考绩是以日月验其职业的修废,年劳是以日月计其资格的深浅。贤者当举,若以资浅而抑之,不肖者当黜,若以年深而升之,这是年劳,不是考绩。考绩之法行,则庸愚畏之;年劳之法行,则庸愚便之。唐代考绩之制，必限四考，才得蹑级而进，这已经接近于年劳了。到了开元十八年，裴光庭为吏部尚书，就学后魏崔亮，定下了一个循资格之制。

> 开元十八年，侍中裴光庭兼吏部尚书。先是选司注官，惟视其人之能否，或不次超迁，或老于下位，有出身二十年不得禄者……光庭始奏用循资格，各以罢官若干选而集①，官高者选少，卑者选多，无问能否，选满则注，限年蹑级，毋得逾越，非负谴者皆有升无降。庸愚沉滞者皆喜，谓之圣书，而才俊之士无不怨叹。(《文献通考》卷三十七《举官》)

这个制度既立之后，庸碌者便于历级而升，不至沉废；挺特者不能脱颖而出，遂至遵回。固然裴光庭死后，就下诏罢之。但是守文之事庸愚皆能之，知人之明，则贤哲亦不敢以此自称，所以结果有司仍守文奉式，循资格而已。

> 及光庭卒，中书令萧嵩以为非求才之方，奏罢之。诏曰，凡人年三十而出身，四十乃得从事，更造格以分寸为差，若循新格，则六十未离一尉，自今有异材高行，听擢不次。然有其制，而无其事，有司但守文奉式，循资例而已。(《文献通考》卷三十七《举官》)

六、养老

官吏年七十以上，就应退职，这叫作致仕，若齿力未衰，亦得服务。

> 凡职事官年七十以上，应致仕，若齿力未衰，亦听厘务。(《旧唐书》卷四十三《职官志二·吏部郎中》)

---

① 所谓"各以罢官若干选而集"，据《资治通鉴》卷二百十三唐玄宗开元十八年，胡三省注云："谓罢官之后，经选凡几，各以多少为次，而集于吏部。"

年未七十，而形容衰老者亦听致仕。

> 年虽少，形容衰老者亦听致仕。（《通典》卷三十三《致仕官》）

所谓"少"，到底最低是若干岁？唐制，"六十为老"（《唐六典》卷三《户部郎中》），吾人由于上文，固然可以推定，五十九以下，形容衰老，许其致仕，至若干岁以上才得享此优典，文献上无可稽考。

五品以上致仕，可以得到半禄。

> 致仕五品以上给半禄，解官充侍亦如之。（《新唐书》卷五十五《食货志五》）

致仕官原则上只得半禄，若蒙天子特恩，亦可得到全禄。

> 宋璟（时为尚书右丞相，即尚书右仆射）请致仕，许之，仍赐全禄。（《新唐书》卷一百二十四《宋璟传》）

禄乃禄米之意，至于职分田与月俸当然没有。所以历史又说：

> 贞元五年三月，萧昕（太子少师）、鲍防（工部尚书）、韦建（秘书监）并致仕，仍给半禄及赐帛，其俸料悉绝。上念旧老，特命赐其半焉。致仕官给半禄料，自昕等始也。（《唐会要》卷六十七《致仕官》）

有时天子对于致仕官，特为加阶，以示优崇之意。

> 杨恭仁迁洛州都督……重病，乞骸骨，诏以特进归第。（《新唐书》卷一百《杨恭仁传》）

按洛州即河南府，武德九年，置洛州都督府；贞观十八年，废都督府；开元元年,改洛州为河南府(《旧唐书》卷三十八《地理志一》)。洛州都督不知属于哪一级,若由地理之重要性观之,当为大都督府,大都督从二品,而特进则为正二品。外官之禄降京官一等,所以杨恭仁致仕之时,所得的禄当加二级。致仕官所得禄俸由居住地官厅支给。

建中三年九月十二日敕,致仕官所请半禄料及赐物等,并宜从敕出日,于本贯及寄住处州府支给。(《唐会要》卷六十七《致仕官》)

据上所言,是则五品以上致仕,才可以得到半禄或兼得半俸,六品以下不能享这恩典。但是我们若看太和元年九月的敕,又可知道文宗以前,必有一个时期,不问官之大小,均可以致仕受禄。

太和元年九月敕,请致仕官近日不限品秩高卑,一例致仕,酌法循旧,颇越典章。自今以后,常参官五品、外官四品者,然后许致仕,余停。(《唐会要》卷六十七《致仕官》)

京官必须五品以上,外官必须四品以上,才有致仕受禄的权利。那么,京官六品以下,外官五品以下,年老退职,怎样维持生活呢?唐代一命以上之官均有额外永业田,"凡给田而无地者,亩给粟二斗"(《新唐书》卷五十五《食货志五》),所以在均田制度尚未破坏,国家财政尚觉充足之时,官吏致仕,纵是从九品官之收入亦不比平民为少。均田破坏,财政困难,情形又不同了。

附录　唐建元表

高祖李渊	武德九						
太宗世民	贞观二十三						
高宗治	永徽六	显庆五	龙朔三	麟德三	乾封二	总章二	咸亨四
	上元二	仪凤三	调露一	永隆一	开耀一	永淳一	弘道一
中宗显	嗣圣一						
睿宗旦	文明一						
则天武后	光宅一	垂拱四	永昌一	载初一	天授二	如意一	
	长寿二	延载一	证圣一	天册万岁一	万岁登封一		
	万岁通天一	神功一	圣历二	久视一	大足一	长安四	
中宗显	神龙二	景龙三					
少帝重茂	唐隆一						
睿宗旦	景云二	太极一	延和一				
玄宗隆基	先天一	开元二十九	天宝十四				
肃宗亨	至德二	乾元二	上元二	宝应一			
代宗豫	广德二	永泰一	大历十四				
德宗适	建中四	兴元一	贞元二十				
顺宗诵	永贞一						
宪宗纯	元和十五						
穆宗恒	长庆四						
敬宗湛	宝历二						
文宗昂	大和九	开成五					
武宗炎	会昌六						
宣宗忱	大中十三						
懿宗漼	咸通十四						
僖宗儇	乾符六	广明一	中和四	光启三	文德一		

昭宗晔　　龙纪一　大顺二　景福二　乾宁四　光化三　天复三
哀帝柷　　天祐四

唐二十二帝，共二百九十年。

第三章 五代

第一节
政局的纷乱与军阀的割据

唐自肃、代以后,方镇跋扈,天子顾力不能制,则忍辱含垢,因而抚之,谓之姑息之政。但是姑息愈甚,而方镇愈跋扈,弄到结果,兵骄将悍,天子受制于藩臣,藩臣受制于将校,将校受制于士兵,逐帅立帅,有如儿戏。黄巢作乱,四方鼎沸,武夫战卒均趁这个机会,擅易主帅。

  巢贼犯长安,诸藩擅易主帅。(《旧五代史》卷十三《王师范传》)
  黄巢犯关辅,州郡易帅,有同博弈。(《旧五代史》卷六十二《孟方立传》)

而各地藩臣又半出群盗。他们强弱相噬,朝廷不能制止。

  光启初,王纲不振,是时天下诸侯半出群盗,强弱相噬,怙众邀宠,国法莫能制。(《旧唐书》卷一百七十九《萧遘传》)

中央政权已经颠覆,唐祚所以不即灭亡者,乃是因为方镇遍布于天下,势均力敌,互相牵制。这个时候,汴州之地甚为重要,汴州控制运河的交通,江淮物资必须经过汴州,而后方能输至洛阳,转运长安。朱全忠割据汴州,在方镇之中,势力最为雄厚。天祐元年,朱全忠迫昭帝迁都洛阳,于是中央政权更受汴州的挟制。只因李克用雄张于太原,罗绍威割据于魏博,自古为河南之祸者大率来自河北。五代之世,魏博六州颇为繁富。

> 魏博六州户口天下之半。(《旧五代史》卷六十九《王正言传》)

邺都尤见其然。

> 邺都繁富,为天下之冠。(《旧五代史》卷七十五《晋高祖纪》)

而形势雄伟,乃河朔之名藩、河南之巨屏。桑维翰说:

> 邺都襟带山河,表里形势,原田沃衍,户赋殷繁,乃河朔之名藩,实国家之巨屏。(《旧五代史》卷八十九《桑维翰传》)

其距离汴州,不过十驿。桑维翰说:

> 大梁距魏,不过十驿。胡三省注云,唐制,三十里一驿,十驿三百里。(《资治通鉴》卷二百八十一晋高祖天福二年)

其后罗绍威引朱全忠为援,尽杀牙兵,内逼虽除,而势力已衰,魏博之地变为朱全忠的势力范围。

> 初至德中,田承嗣盗据相魏澶博卫贝等六州,召募军中子弟,置之部下,号曰牙军,皆丰给厚赐,不胜骄宠。年代浸远,父子相袭,亲党胶固。其凶戾者强贾豪夺,逾法犯令,长吏不能禁。变易主帅,有同儿戏。自田氏已后,垂二百年,主帅废置,出于其手,如史宪诚、何全皞、韩君雄、乐彦

贞皆为其所立。优奖小不如意，则举族被诛。绍威惩其往弊……每虑牙军变易，心不自安……乃定计图牙军，遣使告太祖（朱温），求为外援，太祖许之……天祐三年正月五日，太祖亲率大军济河……是月十六日，绍威率奴客数百……同攻之。时宿于牙城者千余人，迟明尽诛之。凡八千家皆赤其族，州城为之一空。翼日，太祖自内黄驰至邺……自是绍威虽除其逼，然寻有自弱之悔。（《旧五代史》卷十四《罗绍威传》）

朱全忠篡唐，国号曰梁，定都于汴。梁亦不能扑灭群雄，完成统一之业。而方镇割据，魏博之地尚可以威胁中央的政权。例如：

庶人友珪篡位……以杨师厚为魏博节度使……师厚握河朔兵，威望震主……及末帝将图友珪，遣使谋于师厚，深陈款效……友珪既诛，末帝即位于东京，首封师厚为邺王……事无巨细，必先谋于师厚。（《旧五代史》卷二十二《杨师厚传》）

梁贞明元年，魏军作乱，魏博之地归属于李存勖。

杨师厚卒于魏州，梁王乃割相卫澶三州，别为一镇，以贺德伦为魏博节度使，以张筠为相州节度使，魏人不从……魏军作乱，囚德伦于牙署，三军大掠，军士有张彦者素实凶暴，为乱军之首，迫德伦上章，请却复六州之地。梁主不从，遂迫德伦归于帝（李存勖），且乞师为援……帝入魏州，贺德伦上符印，请帝兼领魏州，帝从之。（《旧五代史》卷二十八《唐庄宗纪》）

李存勖遂依高屋建瓴之势，剪灭朱梁，改国号曰唐，徙都洛阳。皇甫晖说：

唐能破梁而得天下者，以先得魏，而尽有河北之兵也。（《新五代史》卷四十九《皇甫晖传》）

但是河南之祸不但来自魏博,太原之地亦甚为险固。石敬瑭说:

太原险固之地,积粟甚多。(《旧五代史》卷七十五《晋高祖纪》)

郭威亦说:

河东山川险固,风俗尚武,士多战马,静则勤稼穑,动则习军旅,此霸王之资也。(《资治通鉴》卷二百八十四晋齐王开运元年)

由太原,下泽潞,其势亦足以胁河南,石敬瑭为河东节度使,依契丹之援,灭唐称晋。

石敬瑭为河东节度使、北京(太原)留守……清泰三年五月,移授郓州节度使……降诏促帝(石敬瑭)赴任,帝心疑之……朝廷以帝不奉诏,降制削夺官爵。帝寻命桑维翰诣诸道求援,契丹遣人复书诺之……契丹主会帝于营中,曰我……欲徇蕃汉群议,册尔为天子。帝佯让久之,既而诸军劝进相继,乃命筑坛于晋阳城南,册帝为大晋皇帝,契丹主解衣冠授焉……唐末帝……登元武楼纵火自焚而死。至晚,车驾入洛,唐兵解甲待罪,皆慰而舍之。(《旧五代史》卷七十五及卷七十六《晋高祖纪》)

自晋以后,均以汴州为首都,但是篡位夺祚的人无不来自太原,或是来自魏博。刘知远为河东节度使,灭晋为汉。

刘知远为河东节度使、北京(太原)留守……高祖(石敬瑭)崩,出帝立,与契丹绝盟,用兵北方……开运四年,契丹犯京师,出帝北迁……王(刘知远封为太原王)遣牙将王峻奉表契丹……峻还,为王言契丹必不能有中国,乃议建国。二月戊辰,河东行军司马张彦威等上笺劝进。辛未,皇帝即位……契丹遁……六月甲子,至自太原(据《旧五代史》卷一百《汉高祖纪》,六月丙辰,车驾至洛。甲子,车驾至东京。所谓至自太原者,谓由太原下洛阳,至汴州也)……改国号汉。(《新五代史》卷十《汉高祖纪》)

郭威为魏博节度使,灭汉为周。

郭威为邺都留守……汉隐帝遣心腹赍密诏……令护圣左厢都指挥使郭崇等害帝(郭威)于邺城……帝即集三军将校谕之曰……今有诏来取予首级,尔等宜奉行诏旨,断予首以报天子,各图功业,且不累诸君也。郭崇等与诸将校泣于前,言曰,此事必非圣意,崇等愿从明君入朝,面自洗雪,除君侧之恶,共安天下。众然之,遂请帝南行……郭允明弑汉帝于北郊……诸军将士……请帝为天子……或有裂黄旗以被帝体,以代赭袍,山呼震地……时文武百官、内外将帅、藩臣郡守相继上表劝进……帝御崇元殿即皇帝位。(《旧五代史》卷一百十《周太祖纪》)

欧阳修说:"开平显德五十年间,天下五代,而实八姓。"(《新五代史》卷三十六《义儿传序》)而每次易代,又由地方发生叛乱,这是可以证明中枢微弱,不能控制地方。而且五代之外,尚有独立的十国。兹试用表简单述之如次。

十国表

国名	姓名	史略
吴	杨行密	庐州合肥人,唐乾符中为群盗,据庐州。光启二年,淮南军乱,行密入据广陵,诏以为淮南节度使,遂乘大乱之际,尽收淮南之地。天复二年,进爵吴王。天祐二年,行密卒,子渥嗣。朱梁开平三年,徐温弑渥,而立其弟隆演。六年,隆演卒,弟溥立。后唐天成二年,称帝,国号吴。石晋天福二年,为徐知诰所篡,传四世国亡。(参阅《新五代史》卷六十一《吴世家》)
南唐	李昇	李昇即徐知诰,本李氏子。初杨行密攻濠州,得之,赐徐温为养子。朱梁贞明三年,知诰入江都辅政。后唐天成二年,徐温卒,知诰遂督中外诸军,而秉朝政。石晋天福二年,篡位,国号唐,都金陵。自知诰至李煜,传三世。宋开宝三年,国亡。(参阅《新五代史》卷六十二《南唐世家》)

续表

国名	姓名	史　略
前蜀	王建	许州舞阳人，少无赖，以屠牛、盗驴、贩私盐为事，里人谓之贼王八。后为忠武军卒，稍迁队长。黄巢陷长安，建迎僖宗于蜀。光启二年，以建为利州刺史。三年，田令孜召建诣西川，西川帅陈敬瑄拒之，建怒，拔汉州，进兵攻成都，略取蜀中各地。天复三年，进爵蜀王。朱梁开平初，称帝，国号蜀。贞明四年，卒，子衍嗣位。后唐同光三年，为唐所灭。（参阅《新五代史》卷六十三《前蜀世家》）
后蜀	孟知祥	邢州龙冈人，同光初，为太原府尹。郭从韬伐蜀，荐为西川节度使，以朝廷多故，乃训练兵甲，阴有王蜀之志。长兴初，略取前蜀诸州。四年，册为蜀王。会唐主殂，遂僭称帝，国号蜀，是年子昶嗣位。自孟知祥得蜀，传二世。宋乾德三年，国亡。（参阅《新五代史》卷六十四《后蜀世家》）
南汉	刘隐	上蔡人，后徙闽中，父谦为广州牙将，累功授封州刺史，谦卒，岭南节度使刘崇龟复表隐为刺史。乾宁中，刘崇龟死，广州乱，军人推隐为留后。天祐二年，拜节度使。梁开平三年，讨南平王。乾化初卒，子岩嗣。贞明二年，称帝，国号越。明年，改称汉。由刘隐至铱，传五世。宋开宝四年，国亡。（参阅《新五代史》卷六十五《南汉世家》）
楚	马殷	许州鄢陵人，初为秦宗权将。光启三年，从孙儒掠江淮以南。儒死，收其余众，南走洪州，比至江西，众十余万。乾宁五年，诏以殷为武安留后，悉定湖南地。天祐四年，朱全忠篡位，封楚王。周广顺初，国乱，其地为南唐及南汉所得。自马殷至希萼，传五世国亡。（参阅《新五代史》卷六十六《楚世家》）
吴越	钱镠	杭州临安人，壮无赖，不喜事生业，以贩盐为盗。后事杭州刺史董昌，昌遣镠取婺州，又取越州，昌因移镇越州，以镠知杭州事，朝廷因授之。景福初，诏以镠为成胜军防御使。二年，授镇海节度使。乾宁二年，董昌叛，称帝，镠讨平之。天复二年，进爵越王。天祐初，改封吴王。四年，朱全忠篡位，改封吴越王。自钱镠至宏俶，传五世。宋太平兴国三年，国亡。（参阅《新五代史》卷六十七《吴越世家》）
闽	王审知	光州固始人，兄潮为群盗。光启初，转掠入闽，寻陷泉州，诏授泉州刺史。景福二年，入福州，据有全闽之地。乾宁四年卒，弟审知嗣。后唐同光三年，子延翰嗣。天成初，称闽国王，未几为其下所杀，弟延钧代立。长兴四年，称帝，国号闽。清泰二年，其下杀之，而立其子继鹏。石晋天福三年，又为其下所杀，而立延钧之兄延羲。四年，其弟延政据建州，亦僭称帝，国号殷。九年，延羲为其臣所杀，国乱，延政因举兵略取全闽之地。未几，南唐攻建州，延政降，福州为吴越所取。自潮至延政，传六世国亡。（参阅《新五代史》卷六十八《闽世家》）

续表

国名	姓名	史略
南平	高季兴	陕州硖石人,少为汴州富人李让家僮,李让为梁太祖养子,易其姓名曰朱友让,季兴以友让故,得进见,太祖奇其材,累功至宋州刺史。开平元年,拜荆南节度使。太祖崩,季兴见梁日以衰弱,乃谋阻兵自固,治城隍,设楼橹。后唐同光三年,封南平王。天成三年,卒,子从诲嗣,传五世至继冲。宋建隆三年,国亡。(参阅《新五代史》卷六十九《南平世家》)
北汉	刘旻	汉高祖弟,天福十二年,为河东节度使。及郭威篡位,崇遂自立于晋阳,国号汉。传五世至继元。宋太平兴国四年,为宋所灭。(参阅《新五代史》卷七十《北汉世家》)

吾国的统一大率由于一个地方形势险固,而该地的经济力与军事力又甚雄厚。就形势说,五代或定都于洛阳(唐),或定都于汴州(梁、晋、汉、周)。洛阳四面受敌,张良说:

洛阳四面受敌。(《史记》卷五十五《留侯世家》)

刘敬亦说:

洛阳天下之中……有道则易以王,无道则易以亡。(《史记》卷九十九《刘敬传》)

汴州虽然是舟车所会,便于漕运。桑维翰说:

大梁北控燕赵,南通江淮,水陆都会,资用丰饶。(《资治通鉴》卷二百八十一晋高祖天福二年)

五代定都于汴,就是取其漕运便利。

天福三年十月庚辰，御札曰，建都之法，务要利民……当数朝战伐之余，是兆庶伤残之后，车徒既广，帑廪咸虚。经年之挽粟飞刍，继日而劳民动众，常烦漕运不给供须。今汴州水陆要冲，山河形胜，乃万庾千箱之地，是四通八达之郊。爰自按巡，益观宜便，俾升都邑，以利兵民。汴州宜升为东京，置开封府……其洛京改为西京，其雍京改为晋昌军……依旧为京兆府。（《旧五代史》卷七十七《晋高祖纪》）

唐虽定都洛阳，而饥馑之年也有迁都汴州之议。

是时两河大水，户口流亡者十四五，都下供馈不充，军士乏食，乃有鬻子去妻，老弱采拾于野，殍踣于行路者……帝深忧之，问所司济赡之术……中官李绍宏奏曰……请且幸汴州，以便漕挽。（《旧五代史》卷三十三《唐庄宗纪》同光三年）

汴州即汉陈留之地，形势涣散，防维为难。郦食其说：

夫陈留天下之冲，四通五达之郊也。（《史记》卷九十七《郦食其传》）

陈宫亦说：

陈留四战之地。（《魏志》卷七《张邈传》）

在群雄割据之时，而以洛阳或汴州为国都，比之关中"阻三面而守，独以一面专制诸侯"（《史记》卷五十五《留侯世家》），自不可同日而语。

就经济说，隋唐以后，经济中心移于东南，中央政权所能支配者不过汝洛郑汴怀孟晋绛数州而已。此数州者屡遭兵燹，经济完全破坏。

巢贼东走关东……自唐、邓、许、汝、孟、洛、郑、汴、曹、濮、徐、兖数十州，毕罹其毒。(《旧唐书》卷二百下《黄巢传》)

秦宗权连陷汝、洛、怀、孟、唐、邓、许、郑，圜辐数千里殆绝人烟。(《旧五代史》卷一《梁太祖纪》)

李罕之专以寇钞为事，自怀、孟、晋、绛数百里内，州无刺史，县无令长，田无麦禾，邑无烟火者，殆将十年。(《资治通鉴》卷二百五十七唐僖宗文德元年)

以中央领地之税收，供给中央各种费用已经不够。而淮南财富之区又为杨行密（吴）、徐知诰（南唐）所据。杨行密割据广陵，尽收淮南之地，隋唐以来沟通南北的运河切为两段，吾人观下列之事，即可知之。

闽王审知岁自海道登莱入贡，溺死者什四五。胡三省注云，自福建入贡大梁，陆行当由衢信，取饶池界。渡江，取舒庐寿度淮，而后入梁境。然自信饶至庐寿皆属杨氏。而朱杨为世仇，不可得而假道，故航海入贡。今自福州洋过温州洋，取台州洋，过天门山，入明州象山洋，过涔江，掠洌港，直东北，度大洋抵登莱岸，风涛至险，故没溺者众。(《资治通鉴》卷二百六十七梁太祖开平三年)

五代除唐之外，均定都于汴州，本欲因利乘便，收复淮南，利用运河，转输江南之粟。但是杨行密竟然溃决汴水，使运河失去效用，以断绝敌人打通运河的计划。

唐末，杨氏……决汴，汇为污泽。(《宋史》卷二百五十二《武行德传》)

中原经济崩溃，而江南之粟又不能漕运至京，于是国家财政也发生了困难。

五代财政穷匮表

朝代	财 政 情 况
梁	府藏殚竭,敛箕百姓,供军不暇。(见《旧五代史》卷九《梁末帝纪》贞明三年)
唐	庄宗平定梁室,任吏人孔谦为租庸使,峻法以剥下,厚敛以奉上。民产虽竭,军食尚亏,加之以兵革,因之以饥馑,不三四年,以致颠陨。(见《旧五代史》卷一百四十六《食货志》) 军储官俸常汲汲于供须,夏税秋租每悬悬于继续,内外仓库多是罄空,远近生民或闻饥歉。(见《旧五代史》卷六十九《张延朗传》)按此系唐末帝时事。
晋	当数朝战伐之余,是兆庶伤残之后,车徒既广,帑廪咸虚。(见《旧五代史》卷七十七《晋高祖纪》天福三年) 干戈尚兴,边陲多事,仓廪不足,则辍人之粮食;帑藏不足,则率人之资财;兵士不足,则取人之丁口;战骑不足,则假人之乘马。(见《旧五代史》卷八十二《晋少帝纪》开运元年)
汉	今天下戎马之后,四方凶盗之余,杼柚空而赋敛繁,人民稀而仓廪匮。(见《旧五代史》卷一百六《刘审交传》)
周	贫乏者困于供须,豪富者幸于影庇。(见《旧五代史》卷一百十一《周太祖纪》广顺元年)

政府为了解决财政困难,只有预借民租。

> 同光四年三月戊午,诏河南府预借今年夏秋租税,时年饥民困,百姓不胜其酷,京畿之民多号泣于路,议者以为刘盆子复生矣。《旧五代史》卷三十四《唐庄宗纪》)

预借不足以供费用,就用重敛之法。

> 金部郎中张铸奏,窃见乡村浮户非不勤稼穑,非不乐安居,但以种木未盈十年,垦田未及三项,似已生业,已为县司收供徭役,责之重赋,威以严刑,故不免捐功舍业,更思他适。(《资治通鉴》卷二百八十一晋高祖天福三年)

在古代,政权是需要军队支持的。而欲组织精锐的军队,又需要丰富的财政。中央政权没有经济的基础,当然财政穷匮,军队寡弱,而政府则衰微无力,不能控制诸侯。何况时值丧乱,兵犹在野,民未息肩,急赋繁征,则愁叹之声盈于道路;轻徭薄敛,则六军劲士又无以为赡。张延朗说:

> 将欲养四海之贫民,无过薄赋;赡六军之劲士,又籍丰储,利害相随,取与难酌。(《旧五代史》卷六十九《张延朗传》)

这是五代政府所感觉的烦闷,而丧乱相承,莫能统一,亦此之故。

就军事说,自府兵制度破坏之后,只有军阀的私兵,而无国家的军队。杨师厚有银枪效节军(《旧五代史》卷二十二《杨师厚传》),安重霸有龙武都(《旧五代史》卷六十一《安重霸传》),朱温有厅子都(《旧五代史》卷六十四《王晏球传》),朱瑾有雁子都(《旧五代史》卷六十四《朱汉宾传》),杨行密有黑云都(《旧五代史》卷一百三十四《杨行密传》),刘仁恭有定霸都(《旧五代史》卷一百三十五《刘守光传》)。唐末五代的私兵与魏晋南北朝的部曲不同,部曲对其主帅是封建的隶属关系,私兵对其主帅则只有雇佣关系,谁能出最高价钱,谁就能收买他们。例如:

> 护国节度使李守贞与永兴(赵思绾)、凤翔(王景崇)同反……帝以郭威为西面军前招慰安抚使,诸军皆受威节制。威将行,问策于太师冯道。道曰,守贞自谓旧将,为士卒所附,愿公勿爱官物,以赐士卒,则夺其所恃矣。威从之……始李守贞以禁军皆尝在麾下,受其恩施……谓其至则叩城奉迎,可以坐而待之。既而士卒新受赐于郭威,皆忘守贞旧恩。(《资治通鉴》卷二百八十八汉高祖乾祐元年)

因此之故,魏晋南北朝有叛将,无叛兵。至唐中叶以后,方镇兵变比比皆是。降至五代,其风更炽。五代之世,丧乱相承,五十余年之间,易代五次,朝为藩臣,暮为天子,君臣之分未曾确定,当然容易引起人们觊觎帝位之心,尤以晋高祖之时为然。

晋高祖取天下不顺,常以此惭藩镇,多务过为姑息,而藩镇之臣或不自安,或心慕高祖所为,谓举可成事,故在位七年,而反者六起。(《新五代史》卷五十一《安从进传》)

此盖梁太祖、唐庄宗均以力战,取得天下。晋高祖外恃契丹之援,内由军士劝进,既无特殊功勋,只因一时侥幸而登帝位,当然容易引起群下觊觎。况复臣事契丹,岁贡金帛,安重荣"指斥高祖称臣奉表,罄中国珍异,贡献契丹,陵虐汉人,竟无厌足"(《旧五代史》卷九十八《安重荣传》)。在位七年反者六起,实属理之当然。由当时的人看来,欲取帝位,不须倚靠什么,只要兵强马壮。

安重荣起于军伍,暴得富贵,复睹累朝自节镇遽登大位,每谓人曰,天子兵强马壮者当为之,宁有种耶?……自谓天下可以一箭而定也。(《旧五代史》卷九十八《安重荣传》)

兵强马壮者得为天子,然在佣兵制度之下,一般士卒均准备卖给出价最高的人。因之,谁赏赉最厚,谁就能兵强马壮,朱瑄悬金帛以诱朱温之兵。

朱瑄驻于大梁,睹太祖(朱温)军士骁勇,私心爱之,及归,厚悬金帛于界上,以诱焉。诸军贪其厚利,私遁者甚众。(《旧五代史》卷十三《朱瑄传》)

冯晖以犒给稍薄,乃背晋(唐庄宗)而投梁军,

冯晖始为效节军士……初事杨师厚为队长。唐庄宗入魏,以银枪效节为亲军,与梁人对垒河上。晖以犒给稍薄,因窜入南军。(《旧五代史》卷一百二十五《冯晖传》)

均其例也。帝位是用金帛买来的,所以要维持帝位,不能吝惜金帛,唐庄宗不能平定李嗣源之乱,就是因为不肯优给将士。

同光四年二月,贝州军士……作乱,劫……裨将赵在礼……为帅……甲辰,命藩汉总管李嗣源统亲军,赴邺都,以讨赵在礼……三月壬子,李嗣源领军至邺都,营于西南隅……甲寅,城下军乱,迫嗣源为帝……壬戌,宰相豆庐革率百官上表,以魏博军变,请出内府金帛,优给将士,不报……癸亥,出钱帛给赐诸军……是时军士之家乏食,妇女掇蔬于野。及优给军人,皆负物而诟曰,吾妻子已殍矣,用此奚为?……帝闻诸军离散,精神沮丧……每遇卫士执兵仗者,皆善言抚之曰,适报魏王继岌(庄宗子)又进纳西川金银五十万到京,当尽给尔等。军士对曰,陛下赐与太晚,人亦不感圣恩。帝流涕而已。(《旧五代史》卷三十四《庄宗纪》)

厚赏,可以得到帝位;不厚赏,便要失去帝位,于是为人君者纵在财政困难之际,亦须竭其府藏,以赏兵士。

清泰元年二月己卯,徙潞王从珂(凤翔节度使)为河东节度使兼北都留守……又命洋王从璋权知凤翔……潞王拒命……朝廷……讨凤翔……三月乙卯,诸道军大集于凤翔城下……丙辰,诸军解甲投兵,请降于潞王……潞王悉敛城中将吏士民之财以犒军,至于鼎釜皆估直以给之……庚申,潞王至长安……中外大骇……帝乃召将士慰谕,空府库以劳之,许以平凤翔,人更赏二百缗,府库不足,当以宫中服玩继之。军士益骄,无所畏忌,负赐物扬言于路曰,至凤翔更请一分……甲子,潞王至华州,乙丑……潞王至灵宝……丁卯,潞王至陕……夏四月壬申,潞王至蒋桥,百官班迎于路……冯道等皆上笺劝进……癸酉,太后下令废少帝为鄂王,以潞王知军国事……乙亥,潞王即位……帝之发凤翔也,许军士以入洛,人赏钱百缗。既至,问三司使王玫以府库之实,对有数百万,既而阅实,金帛不过三万两匹,而赏军之费计应用五十万缗。帝怒,玫请率京城民财以足之。数日,仅得数万缗。帝谓执政曰,军不可不赏,人不可不恤,今将奈何?执政请据屋为率,无问士庶自居及僦者,预借五月僦直,从之……有司百方敛民财,仅得六万……是时竭左藏旧物及诸道贡献,乃至太后、太妃器服、簪珥皆出之,才及二十万缗……壬辰,诏禁军在凤翔归命者,自杨思权、尹晖等,各赐二马一驼、钱七十缗,下至军人钱二十缗,其在京者各十缗。军士无厌,犹怨望,为谣言曰,除去菩萨,扶立生铁。以闵帝仁弱,帝刚严,有悔心故也。(《资治通鉴》卷二百七十九唐潞王清泰元年)

军纪如斯腐化,当然不能完成统一之业。五代之世,政变相承,而每次政变,原因又是兵变。唐时军士只能拥立藩帅,五代军士又得拥立天子。杨光远对乱军说:

天子岂公辈贩弄之物。(《旧五代史》卷九十七《杨光远传》)

军士擅废立之权,唐明宗、唐废帝、周太祖、宋太祖都是由军士拥立的,其拥立未成者尚不知多少。

宋太祖由陈桥兵变,遂登帝位。查初白诗云,千秋疑案陈桥驿,一着黄袍便罢兵。盖以为世所稀有之异事也。不知五代诸帝多由军士拥立,相沿为故事,至宋祖已第四帝矣。宋祖之前有周太祖郭威,郭威之前有唐废帝潞王从珂,从珂之前有唐明宗李嗣源,如一辙也。赵在礼为军士皇甫晖等所迫,据邺城叛。庄宗遣嗣源讨之,方下令攻城,军吏张破败忽纵火躁呼,嗣源叱之,对曰,城中之人何罪,但思归不得耳,今宜与城中合势,请天子帝河南,令公帝河北。嗣源涕泣谕之,乱兵呼曰,令公不欲,则他人有之,我辈狼虎,岂识尊卑?安重诲、霍彦威等劝嗣源许之,乃拥嗣源入城,与在礼合,率兵而南,遂得为帝(见霍彦威等传),此唐明宗之由军士拥立也。潞王从珂为凤翔节度使,因朝命移镇,心怀疑惧,遂据城拒命。愍帝命王思同等讨之,张虔钊会诸镇兵皆集,杨思权攻城西,尹晖攻城东。从珂登城呼外兵曰,我从先帝二十年,大小数百战,士卒固尝从我矣,今先帝新弃天下,我实何罪而见伐乎?因恸哭,外兵闻者皆哀之。思权呼其众曰:潞王真吾主也。即拥军士入城,晖闻之,亦解甲降。从珂由是率众而东,遂得为帝(见王思同、杨思权等传),此废帝之由军士拥立也。郭威以汉隐帝欲诛己,遂起兵犯阙,隐帝遇弑。威请太后临朝,又迎立湘阴公。会契丹兵入滑州,威率兵北伐,至澶州,军校何福进等与军士大呼,越屋而入,请威为天子,或有裂黄旗以加其身者,山呼震地,拥威南还,遂得为帝(见汉、周各本纪),此周祖之由军士拥立也。尚有拥立而未成者,石敬瑭为河东节度使时,因出猎,军中忽有拥之呼万岁者,敬瑭惶惑,不知所为。段希尧劝其斩倡乱者李晖等三十余人,乃止。(《段希尧传》)石敬瑭为帝后,命杨光远讨范延光,至滑州,军士推光远为主。光远曰,天子岂汝等贩弄之物?乃止。(《杨光远传》)符彦饶率兵戍瓦桥关,裨将张谏等迎彦饶为帅,彦饶伪许之,约明日以军礼见于南衙,遂伏甲尽杀乱者。(《符彦饶传》)郭威自澶州入京,有步军校因醉扬言,昨澶州马军扶策,今我步军亦欲扶策。威闻,急擒其人斩之,令步军皆纳甲仗,始不为乱。(《周本纪》)此皆拥立未成,故其事未甚著,然亦可见是时军士策立天子,竟习以为常。推原其故,盖由唐中叶以后,河朔诸镇各自分据,每一节度使卒,朝廷必遣中使往察军情所欲立者,即授以旌节。至五代,其风益甚,由是军士擅废立之权,往往害一帅,立一帅,有同儿戏。今就唐末及五代计之……计诸镇由朝命除拜者十之五六,由军中拥戴者十之三四。藩镇既由兵士拥立,其势遂及于帝王,亦风会所必至也。乃其所以好为拥立者亦自有故。拥立藩镇,则主帅德之畏之,旬犒月宴,若奉骄子,虽有犯法,亦不敢问……拥立天子,则将校皆得超迁,军士又得赏赐剽掠……王政不纲,权反在下,下凌上替,祸乱相寻,藩镇既蔑视朝廷,军士亦胁制主帅,古来僭乱之极,未有如五代者,开辟以来,一大劫运也。(《二十二史札记》卷二十一《五代诸帝多由军士拥立》)

五代之世,天子亲军不过京师之兵而已。

> 是时方镇各自有兵,天子亲军犹不过京师之兵而已。(《新五代史》卷二十七《康思立传》论)

然而不论方镇之兵或天子之军,无不军纪荡然,毫无作战能力,尤以天子之兵为甚。

> 宿卫之士累朝相承,务求姑息,不欲简阅,恐伤人情,由是羸弱者居多。但骄蹇不用命,实不可用,每遇大敌,不走即降,其所以失国,亦多由此。(《资治通鉴》卷二百九十九周太祖显德元年)

他们每遇大敌,不走即降,最初军阀为了防止他们逃降,不惜采取各种残酷方法。

> 初帝(朱温)在藩镇,用法严,将校有战没者,所部兵悉斩之,谓之拔队斩。士卒失主将者,多亡逸不敢归,帝乃命凡军士皆文其面以记军号。军士或思乡里逃去,关津辄执之,送所属,无不死者,其乡里亦不敢容。由是亡者皆聚山谷为盗,大为州县之患。(《资治通鉴》卷二百六十六梁太祖开平元年)

这种文面以记军号,不独梁祖用之,其他军阀用之者亦多,例如朱瑾黥双雁于军士之颊。

> 朱瑾募骁勇数百人,黥双雁于其颊,立为雁子都。(《旧五代史》卷六十四《朱汉宾传》)

刘仁恭亦黥部内男子之面,文曰定霸都。

> 天祐三年,梁祖自将兵攻沧州……刘仁恭师徒屡丧,乃酷法尽发部

内男子十五巳上、七十巳下,各自备兵粮以从军,闾里为之一空。部内男子无贵贱,并黥其面,文曰定霸都。士人黥其臂,文曰一心事主。由是燕蓟人民例多黥涅,或伏窜而免。(《旧五代史》卷一百三十五《刘守光传》)

其实,黥面制度未必就有效用,在佣兵制度之下,当兵的人大率都是游民,他们没有业产,又未必均有家庭,又何虑逃亡与投降之祸?梁末,固曾改募为征。

梁末,每七户出一兵。(《旧五代史》卷一百七《史宏肇传》)

唐末帝时,亦曾征召民夫为兵。

清泰三年十月壬戌,诏民十户出兵一人,器甲自卫。(《旧五代史》卷四十八《唐末帝纪》)

然其结果,"无益于用,而民间大扰"。

唐发民为兵,每七户出征夫一人(胡三省注,《考异》曰,薛史云十户。今从《废帝实录》),自备铠仗,谓之义军,凡得……征夫五千人,实无益于用,而民间大扰。(《资治通鉴》卷二百八十晋高祖天福元年)

晋少帝时,也曾设置乡兵。

开运元年三月癸巳,诏天下抽点乡兵,凡七户出一兵,六户资之,仍自具兵仗,以武定为军号。(《旧五代史》卷八十二《晋少帝纪》)

兵士既不可恃,将校更反复无常,所以五代就同唐朝一样,有监军之制。

> 梁主每一发军,即令近臣监护,进退可否,悉取监军处分。(《旧五代史》卷二十九《唐庄宗纪》同光元年)

后唐亦然,且以宦官为之。

> 庄宗用唐朝故事,以黄门为监军,皆恃恩暴横,节将不能制。明宗邺城之变,诸镇多杀监军。(《旧五代史》卷一百二十五《孔知浚传》)

镇将痛恨监军,由此可见一斑。何况将在外,君命有所不受。《六韬》(第二十一篇《立将》)云:"军中之事,不闻君命,皆由将出。"《三略》《中略》云:"出军行师,将在自专,进退内御,则功难成。"唐太宗"每有任将,必使之便宜行事"(《武经七书》《李卫公问对》卷下)。哪可派宦者为监军,掣肘于其侧?

若进一步言之,兵荒之余,最重要者乃是经济复兴,而欲复兴经济,不但须把劳动力留在农村,且须许百姓蓄积资本,多用肥料,有牛马以深耕,使生产能够增加。现既滥用民力,又复夺取民财,所以百姓"均不聊生"。

> 开运元年三月敕,天下籍乡兵,每七户共出兵械资一卒……四月丙戌诏,诸州所籍乡兵,号武定军,凡得七万余人。时兵荒之余,复有此扰,民不聊生。(《资治通鉴》卷二百八十四晋齐王开运元年)

卒至民苦兵役,或逃亡出境,例如唐明宗时:

> 阶州刺史王宏贽上言,一州主客户才及千户。(《旧五代史》卷四十一唐明宗长兴元年九月乙丑)

晋少帝时,

> 华州陕府奏逃户凡一万二千三百。(《旧五代史》卷八十二晋少帝天福八年

十二月甲寅)

甚至有割股医亲或割乳庐墓,以求免者。

> 五代之际,民苦于兵,往往因亲疾以割股,或既丧而割乳庐墓,以规免州县赋役。(《新五代史》卷五十六《何泽传》)

然而吾人须知逃避兵役之人还是国之良民,其愿投身军旅者率是无赖之辈,他们动违纪律,而各地军阀均悬重赏以募勇士,卒至主帅不敢绳之以法。

> 是时亲军万众皆边部人,动违纪律,人甚苦之,左右或以为言。武皇(李克用)曰,此辈胆略过人,数十年从吾征伐。比年以来,国藏空竭,诸军之家卖马自给。今四方诸侯皆悬重赏以募勇士,吾若束之以法,急则弃吾,吾安能独保此乎?俟时开运泰,吾固自能处置矣。(《旧五代史》卷二十六《唐武皇纪下》)

何况政治腐化,国家一切施设往往与预期者相反。征民为兵,而教习年余,竟不可用。当时军纪荡然,良民当兵,受了熏染,常变成无赖,所以罢兵之后,他们不肯归田,而乃聚为盗匪。

> 初晋置乡兵,号天威军,教习岁余,村民不闲军旅,竟不可用,悉罢之。但令七户输钱十千,其铠仗悉输官,而无赖子弟不复肯复农业,山林之盗自是而繁。(《资治通鉴》卷二百八十六汉高祖天福十二年)

就首都的形势说,就中央的经济说,就军队的作战能力说,中央政府均不足大有为于天下,而政治又甚腐化。推其腐化之故,用人不当可以说是最大原因。当时朝官虽多,不论武将或文臣,大率都是碌碌无能之辈。

朝廷用人,率多滥进。称武士者不闲计策,虽披坚执锐,战则弃甲,穷则背军。称文士者鲜有艺能,多无士行,问策谋则杜口,作文学则倩人。所谓虚设具员,枉耗国力。《《旧五代史》卷四十七《唐末帝纪》清泰二年》

五代之世,政局变化有甚弈棋,君臣之分始终不能确定。在专制政治之下,政局能够安定,完全悬于君臣之分。而君臣之分能够确定,又完全依靠于物质力与精神力。物质力以军队为基础,精神力则需要传祚长久,社会对于皇室有一种尊敬之念。五代传祚无不短促,朝为天子,暮为囚徒,在这种政局之下,人们对于皇室无从发生尊崇之念。欧阳修说:

> 当此之时,为国长者不过十余年,短者三四年至一二年,天下之人视其上易君代国,如更戍长无异。盖其轻如此,况其下者乎?《《新五代史》卷四十九《王进传》论》

《宋史》亦载:

> 五季为国,不四三传,辄易姓,其臣子视事君,犹佣者焉。主易则他役,习以为常,故唐方灭,即北面于晋,汉甫称禅,已相率下拜于周矣。
> 《《宋史》卷二百六十二《李谷传》论》

天子既知帝位之不安定,遂不能不预防别人篡夺,于是用人方面,只求其易制,不求其有材,排抑秀异,宠用庸儿,有锋芒者往往伏诛,善韬晦者得以善终,政界弥漫着"庸庸多后福"的观念。冯道事四姓十君,当世之人无贤愚,皆仰道为元老而喜为之称誉,只因冯道"依违两可,无所操决"《《资治通鉴》卷二百八十四晋齐王开运元年》,以此为保身固位之术。

用人如此,政治哪里会有革新的希望?"五代帝王,唐庄宗、周世宗皆称英武"《《资治通鉴》卷二百九十四周世宗显德六年司马光曰》,即五代中唐、周最强,周世宗固不失为英武,唐庄宗以弱晋胜强梁,诸侯皆惧,多来朝贡,顾他们来朝之后，见朝政多失，又坚其割据之心。兹举数例证明之。

  荆南节度使高季兴（南平王）入朝……帝左右伶官求货无厌，季兴忿之。帝欲留季兴，郭崇韬谏曰，弃信亏义，沮四海之心，非计也。乃遣之。季兴倍道而去……至江陵……谓将佐曰，新朝百战，方得河南。乃对功臣举手云，吾于十指上得天下。矜伐如是，则他人皆无功矣，其谁不解体？又荒于禽色，何能长久？吾无忧矣，乃缮城积粟，招纳梁旧兵，为战守之备。（《资治通鉴》卷二百七十二唐庄宗同光元年）

  帝（唐庄宗）遣使以灭梁告吴蜀，二国皆惧……严可求（吴臣）曰，闻唐主始得中原，志气骄满，御下无法，不出数年，将有内变。吾卑辞厚体，保境安民，以待之耳……吴王复遣司农卿卢苹来奉使……苹还言唐主荒于游畋，啬财拒谏，内外皆怨。（《资治通鉴》卷二百七十二唐庄宗同光元年）

  唐庄宗入汴，刘龑（南汉）惧，遣宫苑使何词入询中国虚实……词还，言唐必乱，不足忧，龑大喜。（《新五代史》卷六十五《南汉世家》）

地方诸侯又如何呢？他们或出身于强盗，或发迹于行伍，一旦骤得富贵，往往骄奢淫逸，虐用其民。如燕的刘守光，"淫虐滋甚，每刑人必以铁笼盛之，薪火四逼；又为铁刷，剐剔人面"（《旧五代史》卷一百三十五《刘守光传》）。南汉的刘陟，"穷奢极侈，好行苛虐，至有炮烙剐剔、截舌灌鼻之刑，一方之民若据炉炭，惟厚自奉养，务广华靡。末年起玉堂珠殿，饰以金碧翠羽"（《旧五代史》卷一百三十五《刘陟传》）。北汉的刘崇，"宰相月俸止百缗，节度使止三十缗，自余薄有资给而已，故其国中少廉吏"（《资治通鉴》卷二百九十周太祖广顺元年）。而能安拊其民者亦不少，如吴的杨行密，"招合遗散，与民休息，政事宽简，百姓便之"（《旧五代史》卷一百三十四《杨行密传》）。南唐的徐知诰，"性节俭，常蹑蒲屦，盥颒用铁盆，暑则寝于青葛帷，左右使令惟老丑宫人，服饰粗略。死国事者皆给禄三年。分遣使者按行民田，以肥瘠定其税，民间称其平允"（《资治通鉴》卷二百八十二晋高祖天福六年）。蜀的王建，"时唐衣冠族多避乱在蜀，蜀主礼而用之，使修举故事，故其典章文物有唐之遗风"（《资治通鉴》卷二百六十六梁太祖开平元年）。南平的高季兴,"招辑离散,流民归复"(《旧五代史》卷一百三十三《高季兴传》)。吴越的钱镠,"爱人下士,留心理道,数十年间,时甚归美"(《旧五代史》卷一百三十三《钱镠传》)。闽的王审知,"选任贤良,省刑惜费,轻徭薄敛,与民休息,三十年间,一境晏然"(《旧五代史》卷一百三十四《王审知传》)。楚的马殷,"养士息民"(《资治通鉴》卷二百六十七梁太祖开平二年),又"能以境内所余之物,易天下百货,国以富饶"(《资治通鉴》卷二百七十四唐庄宗同光三年)。但是他们均无大志,唯以保境安民为事,而一传再传之后,子孙骄逸,又流于淫奢,虐用其民。一方中央不能剪灭群雄,他方僭伪不能并吞别国,于是中央则皇室更兴迭仆,地方则军阀此兴彼亡,中央与地方无不疲惫,这就是五代十国割据的原因。

第二节
民族意识的消沉与契丹之祸

唐人所建设的国家乃是世界帝国。当其进行建设之时,固然有强烈的民族意识,唐太宗说:

> 往国家初定,太上皇以百姓故,奉突厥,诡而臣之,朕尝痛心疾首,思一刷耻于天下。(《新唐书》卷二百十五《突厥传上》)

又说:

> 辽东本中国之地,隋氏四出师而不能得,朕今东征,欲为中国报子弟之仇。(《资治通鉴》卷一百九十七唐太宗贞观十八年)

到了建设成功之后,民族意识渐次消沉。何以故呢?万方来朝,则唐对于蛮夷,当然不能再予仇视,而须采用怀柔政策。社会上许他们与汉人杂居,政治上许他们为国家官吏,汉胡之别渐次消灭。吾国自五胡乱华之后,北方人种已是"虏汉相杂",换句话说,魏晋以后的汉族已经不是秦汉时代的汉族,而是亚洲许多民族同化而成的中华民族。这种民族另成为一个系统,而与漠北新来民族,如突厥、回纥、沙陀等相对立。自唐建设世界帝国之后,中华民族与漠北民族的界限又复泯灭。唐太宗曾对李靖说："自古皆贵中华，贱夷狄，朕独爱之如一，故其种落皆依朕如父母。"(《资治通鉴》卷一百九十八唐太宗贞观二十一年五月)李靖亦说："天之生人，本无番汉之别。然地远荒漠，必以射猎为生，由此常习战斗，若我恩信抚之，衣食周之，则皆汉人矣。"(《武经七书》《李卫公问对》卷中)其实吾国自西汉以后，当国力薄弱之时，常倡华夷之别，以唤醒民气。而征服四裔之后，又倡天下一家，以消灭异族敌忾之念。固然尚有华夷观念，然此观念非以血统为基础，而以文化为区别。陈黯在其《华心》(《全唐文》卷七百六十七)一文中，说"苟以地言，则有华夷；以教言，亦有华夷乎？夫华夷者辨在心，辨心在察其趣向，有生于中州而行戾乎礼义，是形华而心夷也；生于夷域而行合乎礼义，是形夷而心华也"。安史作乱，出师勤王者除郭子仪外，尚有契丹人李光弼。黄巢作乱，收复京师者不是汉族之兵，而是李克用所引率的沙陀军队。在这种局面之下，汉民族便完全失去独立的精神。五代易国五次，三朝皇帝均是沙陀人。

> 庄宗，其先本号朱邪，盖出于西突厥，至其后世，别自号为沙陀，而以朱邪为姓。(《新五代史》卷四《唐庄宗纪》)
> 高祖，其父臬捩鸡本出于西夷，自朱邪归唐，从朱邪入居阴山。臬捩鸡生敬瑭，其姓石氏，不知其得姓之始也。(《新五代史》卷八《晋高祖纪》)
> 高祖姓刘氏，初名知远，其先沙陀人也，其后世居于太原。(《新五代史》卷十《汉高祖纪》)

兼以天宝以后，中国内乱垂百余年，洎至五代，更见剧烈。欧阳修说：

> 五代之乱，其来远矣。自唐之衰，干戈饥馑，父不得育其子，子不得养其亲。其始也，骨肉不能相保，盖出于不幸。因之礼义日以废，恩爱日以薄，其习久而遂以大坏，至于父子之间自相贼害。五代之际，其祸乱不可胜道也。(《新五代史》卷五十一《范延光传》论)

人类都有生存欲望,太平时代,道德观念可以控制人类之行为。丧乱之世,道德有时反而成为人类生存的障碍,所以乱世之人往往没有道德观念。道德观念一旦沦亡,求生便成为人类的最高目的。一切活动的目的既然集中于求生,则求生又变成乱世道德的最高标准。一个方法可以使人达到求生的目的,纵令违反道德,人们也视之为道德;一个方法不能使人达到求生的目的,纵令合于道德,人们也视之为罪恶。冯道事四姓十君,视丧君亡国未尝屑意,而当世之士均喜为之称誉。

>冯道事四姓十君……当世之士皆仰道为元老,而喜为之称誉……然道视丧君亡国,亦未尝以屑意……道卒,年七十三……时人皆共称叹,以为与孔子同寿,其喜为之称誉皆如此。(《新五代史》卷五十四《冯道传》)

甚至名闻异国。

>契丹遣使加徽号于晋祖,晋祖亦献徽号于契丹,谓道曰,此行,非卿不可……及行,将达西楼,契丹主欲郊迎。其臣曰,天子无迎宰相之礼。因止焉。其名动远俗也如此。(《旧五代史》卷一百二十六《冯道传》)

为什么呢?冯道之流正是乱世求生的模范。冯道不过保身而已,其尤甚者,且见利忘义,因利乘便,以求富贵。

>契丹主留高唐英为相州节度使,唐英善待继宏,每候其第,则升堂拜继宏之母,赠遗甚厚,倚若亲戚……会契丹主死……继宏……杀唐英,自称留后……人或责以见利忘义。继宏曰,吾侪小人也,若不因利乘便,以求富贵,毕世以来,未可得志也。(《旧五代史》卷一百二十五《王继宏传》)

礼义廉耻已如敝屣,"传所谓天地闭、贤人隐之时欤","君不君,臣不臣,父不父,子不子。至于兄弟夫妇人伦之际,无不大坏,而天理几乎其灭矣"《新五代史》卷三十四《一行传序》），即生命能够保全，礼义可以牺牲，廉耻可以不顾。张全义之不杀朱温，可以视为一例。

> 梁太祖还洛，幸张全义会节园避暑，留旬日，全义妻子皆迫淫之。其子继祚愤耻不自胜，欲刺刃太祖。全义止之曰，吾为李罕之兵围河阳，啖木屑以为食。惟有一马，欲杀以饷军，死在朝夕，而梁兵出之，得至今日，此恩不可忘也。继祚乃止。（《新五代史》卷四十五《张全义传》）

民族意识既已消沉，而道德观念又复沦亡，胡骑南侵，一般官兵只有保身之念，而无殉国之情，官则箪食壶浆，兵则鼠窜鸟散。当时北狄之中，契丹最强，它本是游牧民族，分为八部，平时各自为生，战时八部才联合起来。

> 契丹居……鲜卑之故地……逐猎往来，居无常处……分为八部，若有征发，诸部皆须议合，不得独举，猎则别部，战则同行。（《旧唐书》卷一百九十九下《契丹传》）

每部均有酋长，又共推一酋长，以统八部。

> 契丹分为八部……部之长号大人，而常推一大人，建旗鼓以统八部。至其岁久，或其国有灾疾而畜牧衰，则八部聚议，以旗鼓立其次而代之。被代者以为约本如此，不敢争。（《新五代史》卷七十二《契丹传》）

这位共同酋长乃三年一代。

> 契丹分为八部，每部皆号大人，内推一人为主，建旗鼓以尊之，每三年第其名以代之。（《旧五代史》卷一百三十七《契丹传》）

是则契丹乃由八个部落集合而成，本来只是战时部落联盟，其后有阿保机者，以力统一八部。

> 阿保机为人多智勇而善骑射,是时刘守光暴虐,幽涿之人多亡入契丹……汉人教阿保机曰,中国之王无代立者。由是阿保机益以威制诸部,而不肯代……使人告诸部大人曰,我有盐池,诸部所食。然诸部知食盐之利,而不知盐有主人可乎?当来犒我。诸部以为然,共以牛酒会盐池。阿保机伏兵其傍,酒酣伏发,尽杀诸部大人,遂立不复代。(《新五代史》卷七十二《契丹传》)

时值中原多故,契丹遂雄张于漠北。

> 契丹自中国多故,强于北方,北方诸夷无大小,皆畏伏。(《新五代史》卷四十六《王晏球传》)

并南侵燕幽,俘汉人以为部民,筑城邑以居之,令其耕种。

> 阿保机人间入塞,攻陷城邑,俘其人民,依唐州县,置城以居之……阿保机率汉人耕种,为治城郭、邑屋、廛市,如幽州制度。汉人安之,不复思归。(《新五代史》卷七十二《契丹传》)

阿保机多用汉人,汉人教之以隶书之半,作契丹文字,以代刻木之约,于是契丹始接受汉文化,制婚嫁,置官号,渐由部落生活改变为国家组织。

> 阿保机多用汉人,教之以隶书之半,增损之,作文字数千,以代刻木之约,又制婚嫁,置官号,乃僭称皇帝,自号天皇王,以其所居横帐地名为姓曰世里,世里译者谓之耶律。(《新五代史》卷七十二《契丹传》)

由此可知阿保机所组织的国家,不是胡人单独组织的,而是胡人与胡化的汉人共同组织的。汉人为农民,勤耕于内;胡人为武士,作战于外。农民解放于兵役之外,武士解放于耕耘之外,各有专业,故生产丰而国势强。梁末,寿州刺史卢文进奔于契丹,又教契丹以中国纺织之术,于是契丹愈强。

  卢文进奔于契丹,数引契丹攻掠幽蓟之间,虏其人民,教契丹以中国织纴工作无不备,契丹由是益强。(《新五代史》卷四十八《卢文进传》)

欧阳修说:"其地环列于九州之外,而西北常强,为中国患,三代猃狁见于诗书,秦汉以来,匈奴著矣,隋唐之间,突厥为大,其后有吐蕃、回纥之强,五代之际,契丹最盛。"(《新五代史·契丹传》)西北常强,为中原患,这是有原因的。吾国西方与北方,地近寒带,难于耕稼,汉人虽得其地,而不能移民以居之,所以征服了之后,不能改为版图,不久又为其他游牧民族所盘踞。游牧民族与农耕民族斗争,农耕民族常处于败北的地位。桑维翰说:

  引弓之民迁徙鸟举,行逐水草,军无馈运,居无灶幕,住无营栅,便苦涩,任劳役,不畏风雷,不顾饥渴,皆华人之所不能……契丹皆骑士,利在坦途;中国用徒兵,喜于監险。赵魏之北,燕蓟之南,千里之间,地平如砥,步骑之便,较然可知。国家若与契丹相持,则为屯兵边上,少则惧强敌之众,固须坚壁以自全;多则患飞挽之劳,必须逐寇而速返。我归而彼至,我出而彼回,则禁卫之骁雄疲于奔命,镇定之封境略无遗民。(《旧五代史》卷八十九《桑维翰传》)

平时汉民族已经不易抵抗游牧民族的侵略,何况丧乱相承,国力消耗于内战。五代传祚无不短促,而后唐一代,政变竟然发生了两次,政变的结果都是节镇遽升大位。这种现象当然可以引起军阀觊觎帝位之心。每个军阀要取得帝位,无不蓄聚亡命,收市战马,势均力敌,遂使中央政府得以苟延生命。当时民族意识颇见消沉,汉胡之间殊少差别,而后唐皇帝又是沙陀人,那么一般军阀欲借夷狄的兵力,以夺取夷狄的帝位,当然不认为耻辱了。实行这个政策者为后晋高祖石敬瑭。

> 清泰元年五月,复授帝(石敬瑭)太原节度使、北京留守……清泰三年五月,移授郓州节度使……降诏促帝赴任,帝心疑之……朝廷以帝不奉诏,降诏削夺官爵。帝寻命桑维翰诣诸道求援,契丹遣人复书诺之,约以中秋赴义……九月,契丹主率众自雁门而南,旌骑不绝五十里余……帝出北门见契丹主。契丹主执帝手曰,恨会面之晚,因论父子之义……十一月,契丹主会帝于营中曰,我……欲徇蕃汉群议,册尔为天子。帝饰让久之,既而诸军劝进相继,乃命筑坛于晋阳城南,册帝为大晋皇帝,契丹主解衣冠授焉,文曰……予视尔若子,尔待予犹父……是日帝言于契丹主,愿以雁门已北及幽州之地为寿,仍约岁输帛三十万,契丹主许之。
> 《旧五代史》卷七十五《晋高祖纪》

石敬瑭也是沙陀人,由石敬瑭看来,不过夷狄用夷狄之兵,夺取夷狄的帝位。然其对于国家却有很大的影响。主要是消沉的民族意识更见消沉,石敬瑭既依契丹之力,夺取帝位,对于契丹,称子称臣,所以石晋不是独立的国家,而是契丹的附庸。晋祖对于契丹甚为恭谨,故终晋祖之世,略无衅隙。

> 晋祖奉契丹甚至,岁时问遗,庆吊之礼必令优厚。每北使至,即于北殿致敬。德光(契丹主、阿保机之子)每有邀请,小不如意,则来谴责,晋祖每屈己以从之。终晋祖世,略无衅隙。《旧五代史》卷一百三十七《契丹传》

但是契丹并不是特别爱护晋祖的。吾人观安重荣之事,即可知之。

> 高祖即位,拜重荣成德军节度使……是时高祖与契丹约为父子,契丹骄甚,高祖奉之愈谨。重荣愤然,以为诎中国以尊夷狄,困已弊之民,而充无厌之欲,此晋万世耻也。数以此非诮高祖。契丹使者往来过镇州,重荣箕踞慢骂,不为之礼,或执杀之……重荣谓晋无如我何,反意乃

决……契丹亦利晋多事,幸重荣之乱,期两敝之,欲因以窥中国,故不加怒于重荣。(《新五代史》卷五十一《安重荣传》)

到了少帝即位,竟与契丹生衅,契丹连岁入寇,石晋疲于奔命,而边民受苦,岁无宁日。

及少帝嗣位,遣使入契丹,德光以少帝不先禀承,擅即尊位,所赍文字略去臣礼,大怒,形于责让,朝廷使去,即加谴责。会契丹回国使乔荣北归,侍卫亲军都指挥使景延广谓荣曰,先朝是契丹所立,嗣君乃中国自册,称孙可矣,称臣未可。中国自有十万口横磨剑,要战即来。荣至本国,具言其事,德光大怒……连岁入寇,晋氏疲于奔命,边民被苦,几无宁日。(《旧五代史》卷一百十七《契丹传》)

称孙不过表示少帝个人之卑,称臣则表示整个后晋政权之卑。唯在国力尚未雄厚之时,而竟夸口十万横磨剑,谓"要战即来",又未免太过刺激契丹。何况时值四方饥馑,粮食发生困难,朝廷常遣使者强征民粮。

是岁春夏旱,秋冬水,蝗大起,东自海壖,西距陇坻,南逾江淮,北抵幽蓟,原野山谷、城郭庐舍皆满,竹木叶俱尽。重以官括民谷,使者督责严急,至封碓硙,不留其食,有坐匿谷抵罪者。县令往往以督趣不办,纳印自劾去。民馁死者数十万口,流亡不可胜数。(《资治通鉴》卷二百八十三晋齐王天福八年)

而契丹乘机入寇,后晋国用匮竭,少帝又遣使括索民财。

朝廷因契丹入寇,国用愈竭,复遣使者三十六人分道括索民财,各封剑以授之。使者多从更卒,携锁械刀杖入民家,小大惊惧,求死无地。州县吏复因缘为奸。(《资治通鉴》卷二百八十四晋齐王开运元年)

于是外患又引起了内乱,盗贼蜂起,所在屯聚剽劫,县邑不能制止。

> 北方赋役烦重,寇盗充斥,民不安其业……河北大饥,民饿死者所在以万数,兖郓沧贝之间,盗贼蜂起,吏不能禁。(《资治通鉴》卷二百八十五晋齐王开运三年)

契丹遂乘中原多难之际,率骑南下,所过之地如入无人之境,方镇不敢抵抗。

> 少帝即位,与契丹绝好,契丹主连岁伐晋。成德节度使杜重威但闭垒自守,部内城邑相继破陷,一境生灵受屠戮。重威任居方面,未尝以一士一骑救之。每敌骑数十驱汉人千万,过城下,如入无人之境,重威但登陴注目,略无邀取之意。(《旧五代史》卷一百九《杜重威传》)

契丹南至开封,建国于中原,称大辽。

> 天福十二年春正月丁亥朔,契丹主入东京。癸巳,晋少帝蒙尘于封禅寺。癸卯,少帝北迁。二月丁巳朔,契丹主具汉法服,御崇元殿,受朝制,改晋国为大辽国,大赦天下。(《旧五代史》卷九十九《汉高祖纪》)

这个时候中外群官对于契丹采取如何态度呢?只有保家之念,而无殉国之情。

> 天福十二年春正月丁亥朔,百官易素服纱帽,迎契丹主,伏路侧请罪……契丹主分遣使者以诏书赐晋之藩镇,晋之藩镇争上表称臣,被召者无不奔驰而至。(《资治通鉴》卷二百八十六汉高祖天福十二年)

民族意识消沉到这个地步,所以契丹主才说:

契丹谓胡峤曰，夷狄之人岂能胜中国？然晋所以败者，主暗而臣不忠。(《新五代史》卷七十三《契丹传》论)

然而吾人须知军士尚有爱国之心，愿与契丹决战。

杜重威乃阴遣人诣契丹请降，契丹大悦，许以中国与重威为帝。重威信以为然，乃伏甲士召诸将告以降虏，诸将愕然，以上将先降，乃皆听命。重威出降表，使诸将书名，乃令军士阵于栅外。军士犹喜跃以为决战，重威告以粮尽出降，军士解甲大哭，声震原野。(《新五代史》卷五十二《杜重威传》)

反之军阀则想利用契丹兵力，以取帝位，上述杜重威请降，即其一例。此外尚有赵延寿之事。

契丹主以延寿为幽州节度使，封燕王……天福末，契丹与少帝绝好，契丹委延寿以图南之事，许以中原帝之，延寿乃导诱蕃军，蚕食河朔……延寿在汴，久之，知契丹主无践言之意，乃遣李崧达语契丹主，求立为皇太子，崧达不得已言之。契丹主曰，我于燕王无所爱惜，但我皮肉堪与燕王使用，亦可割也，何况他事。我闻皇太子天子之子合作，燕王岂得为之也？(《旧五代史》卷九十八《赵延寿传》)

契丹既许杜重威为帝，又许赵延寿为帝，即用帝位以饵中原军阀，使他们互相猜贰，借以侵吞中原。岂但中原军阀而已，甚至淮南的吴也想勾结契丹，以取中原。

吴徐知诰用宋齐丘策，欲结契丹以取中国，遣使以美女珍玩浮海修好。契丹主亦遣使报之。(《资治通鉴》卷二百八十一晋高祖天福二年)

而北汉建国,得力于契丹之声援者尤多。

> 周广顺元年正月,刘崇僭号于河东,称汉……崇自僭号之后,以重币求援于契丹,仍称侄以事之。契丹伪册为英武皇帝。(《旧五代史》卷一百三十五《刘崇传》)
>
> 北汉主(刘崇)疾病,命其子承钧监国,寻殂,遣使告丧于契丹。契丹……册命承钧为帝……北汉孝和帝每上表于契丹,称男。契丹主赐之诏,谓之儿皇帝。(《资治通鉴》卷二百九十二周太祖显德元年)

各地军阀均想利用契丹,或贡美女,或赍厚币,或称子,或称臣,于是契丹益有轻视中原政权之心。德光母说:

> 自古及今,惟闻汉来和蕃,不闻蕃去和汉。(《旧五代史》卷一百三十七《契丹传》)

此言确实不错。自刘敬发明和亲政策之后,只见汉去和蕃,不闻蕃来和汉。其实,两国媾和,两国尚处于平等的地位。蕃汉不能平等,这是古人的成见。汉民族衰弱,虽受外族压迫,而尚可用和亲政策,以求暂时的苟安。汉民族强盛,势必犁庭扫穴,令外族称臣进贡而后已。这就是汉有和蕃,蕃无和汉的理由。唯在五代,例如后晋,其对契丹,称子称臣,则已舍去平等的地位,这不是和,而只是降。

石敬瑭既依契丹之力,取得帝位,遂割燕云十六州以畀契丹。

> 天福元年十一月丁酉,皇帝即位,国号晋,以幽涿蓟檀顺瀛莫蔚朔云应新妫儒武寰州入于契丹。(《新五代史》卷八《晋高祖纪》)

燕云十六州表

州名	沿革	汉地
幽州	隋置，唐亦曰范阳郡。	汉燕国地。
涿州	唐大历四年，析幽州置。	汉涿郡地。
蓟州	唐开元十八年，析幽州置，亦曰渔阳郡。	汉渔阳郡地。
檀州	隋置，唐亦曰密云郡。	汉渔阳郡地。
顺州	唐天宝初，析檀州置，亦曰归德郡。	汉渔阳郡地。
瀛州	后魏置，唐亦曰河间郡。	汉涿郡地。
莫州	唐景云二年，析瀛州置，亦曰文安郡。	汉涿郡地。
蔚州	北周置，唐亦曰安边郡。	汉代郡地。
朔州	后魏置，唐亦曰马邑郡。	汉定襄、雁门二郡地。
云州	唐武德六年，置北恒州，七年废。贞观十四年，改置云州，亦曰云中郡。	汉云中、雁门等郡地。
应州	唐末析云州置。	汉云中、雁门二郡地。
新州	唐末析妫州置。	汉上谷郡地。
妫州	唐武德七年，置北燕州。贞观八年，改妫州，亦曰妫川郡。	汉上谷郡地。
儒州	唐末析妫州置。	汉上谷郡地。
武州	唐末析妫州置。	汉上谷郡地。
寰州	后唐明宗置。	汉右北平及辽西等郡地。

古代外患大率来自西北。汉唐建都长安，就是天子自临险地，寓卧薪尝胆之意。而对于西北边陲，内自平城，西至玉门关，戒备未曾稍懈。汉置朔方之郡，列障戍于河南，又开河西五郡，以隔绝胡羌。唐人筑三受降城，又置安西、北庭都护，亦为巩固西北的国防。唐末，契丹勃兴，东北之患渐次猖狂。案燕云十六州约当今河北、山西两省之北部及察哈尔省南部地。五代定都开封，而河北之地遂同汉代河西一样，甚为重要。古来为河南之患者，大率来自

河北,欲保河南,须固河北,欲固河北,又须保全东北。后唐同光、天成之间,营(汉右北平及辽西等郡地)、平(汉燕国地)二州沦陷于契丹,藩篱已撤,幽蓟的人已经苦于寇抄。

> 自唐末,幽蓟割据,戍兵废散,契丹因得出陷平营,而幽蓟之人岁苦寇钞。自涿州至幽州百里人迹断绝,转饷常以兵护送,契丹多伏兵于盐沟以击夺之。(《新五代史》卷七十二《契丹传》)

这个时候,中国所恃以隔阂北狄、藩屏中夏者,乃是燕云十六州。契丹得到燕幽,可以控制河北,南压区夏;得到云朔,可以控制河东,蚕食河南。昔者刘渊倡乱于离石,关河以南悉被其荼毒。拓拔魏起于北荒,奄有恒代,卒能规取河北,底定中原。石晋以边陲要镇,悉畀敌人,此后周世宗虽于显德六年亲征契丹,取瀛莫二州,而敌人已经进据腹心,宋世辽金之祸可以说是渊源于后唐之失营平、石晋之送燕云十六州。明代丘濬说:

> 臣按自周以来,北狄之寇止及边境而已。至五代石敬瑭以燕云十六州赂契丹,始据中国地,立城郭,大为中国害。前此如春秋之吴楚是中国之人居边夷地,晋宋之五胡乃夷狄之种居中国地,他如匈奴、乌桓、鲜卑、蠕蠕、突厥、回纥、吐蕃皆是夷狄居夷狄地,时或为边境患耳。至契丹始效中国,称大号,与宋为敌国,女真又奄中州而有之,蒙古遂混一南北,尽有中国帝王所自立之函夏。呜呼,作俑者其契丹之阿保机乎?所以肇其端、基其祸者,则石敬瑭也,岂非万世之罪人乎?(《大学衍义补》卷一百五十四《四方夷落之情中》)

燕云十六州失去之后,果然晋汉之际,契丹曾一度建国于中原,号曰大辽。虽然不及一年,就率众北归,而中原遗黎已经备受其苦。

> 德光已灭晋,遣其部族酋豪及其通事为诸州镇刺史、节度使,括借天

下钱帛以赏军。胡兵人马不给粮草,日遣数千骑分出四野,劫掠人民,号为打草谷。东西二三千里之间,民被其毒,远近怨嗟。(《新五代史》卷七十二《契丹传》)

吾国人民久受专制政治的压迫,他们所希望者只是安居乐业,平时蠢然很像毫无抵抗能力,然压迫过度,他们往往铤而走险,群起暴动。

契丹纵胡骑四出,以牧马为名,分番剽掠,谓之打草谷。丁壮毙于锋刃,老弱委于沟壑,自东西两畿及郑滑曹濮数百里间,财畜殆尽……于是内外怨愤,始患苦契丹,皆思逐之矣。(《资治通鉴》卷二百八十汉高祖天福十二年)

但是民众没有组织,不能作大规模的民族革命,而只能投身于群盗之中,扰乱社会秩序,使契丹政权无法建立起来。

东方群盗大起……契丹主谓左右曰,我不知中国之人难制如此。(《资治通鉴》卷二百八十六汉高祖天福十二年)

这个时候能够乘机起事、驱逐契丹者不是汉族的武将,而是汉化胡人(沙陀种)的刘知远。这对于中原遗黎,不失为良好的消息。于是各地民众均杀契丹守将,而使契丹主不能不急急北归。

汉高祖起太原,所在州镇多杀契丹守将,降汉。德光大惧,乃北归。(《新五代史》卷七十二《契丹传》)

契丹主北归之时,尚到处残杀,例如相州城中髑髅有十数万枚。

相州梁晖(滏阳贼帅)杀契丹守将,闭城距守。德光引兵攻破之,城

中男子无少长皆屠之,妇女悉驱以北。后汉以王继弘镇相州,得髑髅十数万枚,为大冢葬之。(《新五代史》卷七十二《契丹传》)

按汉族有一种极强烈的同化力。汉族的文化比塞外民族高,物质上有许多生活工具令人舒适。塞外民族接受汉文化,苟无其他方法以为调剂,很容易由文弱而至腐化。当契丹未入中原以前,固然模仿汉制,治城郭,作文字,制婚嫁,置官号,至于风俗习惯则极力防其汉化。甚至汉语也不欲出之于口,以为一说汉语,兵士就要怯弱。

  明宗初篡嗣,遣供奉官姚坤告哀……安巴坚(阿保机)善汉语,谓坤曰,吾解汉语,历口不敢言,惧部人效我,令兵士怯弱故也。(《旧五代史》卷一百三十七《契丹传》)

到了建国于中原之上,就不能不用夏变夷,改服中国衣冠,从中国法制,受大臣朝贺。这个改制竟然使契丹主感觉舒适。

  三月丙辰朔,德光服靴袍,御崇元殿,百官入阁。德光大悦,顾见左右曰,汉家仪物,其盛如此,我得于此殿坐,岂非真天子耶?(《新五代史》卷七十二《契丹传》)

漠北民族所恃以征服中华者,在其雄武的精神,而雄武的精神又产生于游牧生活之中,舍"行围食肉"的生活,而行雍容揖让之礼,雄武精神一旦消灭,试问有何技能足以凭陵中国?契丹主决心北归,这固然是一个原因。

  德光谓其宣徽使高勋曰,我在上国,以打围食肉为乐,自入中国,心常不快,若得复吾本土,死亦无恨。(《新五代史》卷七十二《契丹传》)

但是迫使契丹主不能不急急北归者,民众暴动实为最大原因。当契丹主入汴之际,百官虽然素服纱帽,伏路侧请罪,百姓则惊呼而走,保聚山谷。

> 天福十二年春正月丁亥朔,百官易素服纱帽,迎契丹主,伏路侧请罪……契丹主入门,民皆惊呼而走。契丹主登城楼,遣通事谕之曰,我亦人也,汝曹勿惧,会当使汝曹苏息,我无心而来,汉兵引我至此耳……农民保聚山谷,避契丹之患。(《资治通鉴》卷二百八十六汉高祖天福十二年)

当时情况实如契丹主所说:"犹雏飞之后,徒有空巢。"计契丹所得之地共七十六处,而户不过一百零九万一百一十八。

> 皇太弟遣使问军前事,上报曰……犹雏飞之后,徒有空巢……今所归顺凡七十六处,得户一百九万百一十八。(《辽史》卷四《太宗纪》大同元年)

官僚无耻,而百姓则不与契丹合作。韩愈说:"君者出令者也。臣者行君之令,而致之民者也。民者出粟米麻丝,作器皿,通货财,以事其上者也。"(《原道》)这是专制政治的写实。没有百姓,何必设官,又哪里得到租税,以养官吏?百官无禄,侵渔百姓,结果归顺的百姓也复暴动起来。

> 契丹多以其子弟及亲信左右为节度使、刺史,不通政事。华人之狡狯者多依其麾下,教之妄作威福,掊敛货财,民不堪命。于是所在相聚为盗,多者数万人,少者不减千百,攻陷州县,杀掠吏民。(《资治通鉴》卷二百八十六汉高祖天福十二年)

百姓不与契丹合作,契丹在中原不能建立巩固的政权,舍北归外,尚有什么方法?其中原因,契丹主是知道的。当其刚来之时,曾说:

> 契丹主谓群臣曰,自今不修甲兵,不市战马,轻赋省役,天下太平矣。

(《资治通鉴》卷二百八十六汉高祖天福十二年)

在其北归之时,又说:

> 契丹主叹曰,我有三失,宜天下之叛我也。诸道括钱一失也,令上国人打草谷二失也,不早遣诸节度还镇三失也。(《资治通鉴》卷二百八十六汉高祖天福十二年)

最初想轻赋省役,不久就诸道括钱,这个现象是必然的。何以言之?契丹主本"无心南下",引其入主中原者,乃是晋的官僚军阀。一个民族受了别一个民族的侵略,其愿意为虎作伥者必是无耻之徒。也只唯无耻之徒,征服民族才认为忠实可靠。他们出卖国家,乃欲乘机刮索货财,欲其抚绥百姓,自所难能。百姓受了过度的剥削,只有退保山谷,或聚为盗贼。顺民减少,政府要征收赋税,以充各种经费之用,只能从少数顺民身上,多事搜括。所以顺民愈少,搜括愈甚,搜括愈甚,顺民又愈少。这就是契丹主虽然知道轻赋省役的必要,而又不能不诸道括钱的原因。

第三节
周世宗的革新与中国统一的曙光

中国历史乃是一治一乱的历史。大治之后,常有大乱;大乱之后,又现小康。推原其故,人口问题实为关键。农业社会与商工业社会不同,商工业社会可将本国的工业品换取别国的农产物,只要国际没有战争,国内粮食不会发生困难。反之,农业社会则不同了。土地的生产须能供给社会的需要,其一治一乱每受人口法则的支配。人口稀少,土地的生产可以供给社会的需要,虽然谷贱伤农,而国家必是太平。贞观之治,斗米三钱;开元之治,东郡斗米十钱,青齐斗米五钱。太平既久,人口增加,增加到土地的生产不能供给社会的需要,则谷贵伤民,大乱必随之发生。代宗年间,米斗千钱;黄巢作乱,米斗三十千。乱事既然发生,丁壮毙于锋刃,老弱委于沟壑,幸而存者不过十之二三。社会消费力固然减少,但是内乱不但可以减少社会消费力,且可以破坏生产力。倘令生产力的破坏超过于消费力的减少,则乱事必继续进行,一直到社会的生产可以供给社会的需要,才见停止。这个时候苟有人焉出来收拾残局,则国家不难由小康而至于至治。

吾国自秦汉以来,南北朝及五代虽均是梦乱之世,而五代之乱又远过于南北朝。南北朝时,南北分立,南北双方均有统一的政权。五代之世,北方虽然统一,南方则分为许多国家,而北方的统一又不巩固,区区七十余年之中,易朝五次。五朝之中,后唐之祚最长,而后唐前后又有两次政变,李嗣源由邺都入承大统,李从珂由凤翔入登帝位。两次政变与其说是骨肉相残,不如说是易姓革命。因为李嗣源为李克用的养子,初无姓氏;李从珂为李嗣源的养子,姓王而非姓李。政局无一刻安定,遂令胡骑乘机南下。后晋末年,契丹入主中原,所过之地无不丘墟。

> 契丹主见所过城邑丘墟,谓蕃汉群臣曰,至中国如此,皆燕王(赵延寿)之罪也。顾张砺曰,尔亦有力焉。(《资治通鉴》卷二百八十六汉高祖天福十二年)

城邑丘墟,可从两方面考察之,一是田园荒芜,这是可以破坏生产力的;二是民人死亡,这是可以减少消费力的。吾国是农业国家,生产力的恢复并不困难,而消费力的增加则有待于人口的繁殖,而人口繁殖又须经过相当期间,最短须在二十年以后。中原受了契丹的蹂躏,官民俱惫,民愈思治,官愈不能再乱,降至后周,世宗即位,就发生了革新运动,兹试简单述之。

一、军事建设

唐自肃、代以后,兵骄将悍,陵迟而至五代,骄悍愈甚,不问士卒,也不问将校,均欲出卖帝位,乃至出卖祖国。朝廷惧他们叛变,只有多出金帛,优给将士,府库既竭,又敛民财,而一般将士竟然不以赏赉为分外的恩惠,而以受赏为固有的权利。受赏稍薄,或赐与稍晚,则流言蜂起,不惜发生兵变,把帝位卖给肯出厚赏的人。周太祖时代,对于骄兵分外希赏者已经绳之以法。

> 正月,军士有流言,郊赏薄于唐明宗时者。帝闻之,壬午,召诸将至寝殿,让之曰,朕自即位以来,恶衣菲食,专以赡军为念。府库蓄积,四方贡献,赡军之外,鲜有赢余,汝辈岂不知之?今乃纵凶徒腾口,不顾人主之勤俭,察国之贫乏,又不思己有何功而受赏,惟知怨望,于汝辈安乎?皆惶恐谢罪,退索不逞者戮之,流言乃息。(《资治通鉴》卷二百九十一周太祖显

德元年）

后周太祖崩殂，世宗入嗣。太祖之即帝位，前后不过四年，而世宗又姓柴氏，而为太祖之养子（太祖后兄守礼之子），皇室的权威未曾树立，而"四方诸侯惟幸京师之有变"（《旧五代史》卷一百十九《周世宗纪》显德六年注引《却扫编》）。在这种环境之下，世宗的地位极不安定，必须表示自己的武力，而后群下才肯帖服，各种改革才得进行，而表示武力的机会则为高平之战。

（一）军纪的整肃

当世宗即位之时，北汉刘崇联合契丹入寇，车驾亲征，驻跸于高平。"时帅多持两端，而王师不利。"（《旧五代史》卷一百十九《周世宗纪》显德六年注引《五代史补》）此际世宗的地位可谓危险极了。败衂则帝位不保，胜利则帝权树立。于是世宗即冒生命之险，跃马入阵，引五十人直冲刘崇之牙帐，三军观之，均贾勇争进，遂败汉师。汉师之败由于世宗冒险，这是有目共睹的事。政治不过力而已，最能表示政治上之力者莫如战争得到胜利。周师既胜，天子的权威树立了，世宗遂趁此机会施行刑赏。古人云：兵凶器也，战危事也，人情莫不欲安而恶危。军队能够作战，完全依靠纪律，而纪律能够维持，完全依靠刑赏。刑赏失措，则将无斗志，士有降心，军纪荡然，欲其不败，已经不易，更何能攘寇仇而靖国难？世宗整肃军纪，退败者虽大将必诛，立功者虽小卒必赏，恩威并著，于是"姑息之政不行，朝廷始尊大"。

世宗之征东也，驻跸于高平，刘崇兼契丹之众来迎战。时帅多持两端，而王师不利，亲军帅樊爱能等各退衂。世宗赫怒，跃马入阵，引五十人直冲崇之牙帐。崇方张乐饮酒，以示闲暇，及其奄至，莫不惊骇失次。世宗因以奋击，遂败之，追奔于城下，凯旋驻跸潞州，且欲出其不意，以诛退衂者。乃置酒高会，指樊爱能等数人，责之曰，汝辈皆累朝宿将，非不能用兵者也，然退衂者无他，诚欲将寡人作物货，卖与刘崇耳。不然，何寡人亲战，而刘崇始败耶？如此，则卿等虽万死，不足以谢天下，宜其曲膝引颈,以待斧诛。言讫,命行刑,壮士擒出,皆斩之①。于是立功之士以次行赏,自行伍拔于军厢者甚众,其恩威并著,皆此类也……论者曰,世宗患诸将之难制也久矣,思欲诛之,未有其衅,高平之役可谓天假,故其斩决而无贷焉。自是姑息之政不行,朝廷始尊大,自非英主,其孰能为之哉?(《旧五代史》卷一百十九《周世宗纪》显德六年注引《五代史补》)

(二) 军队的改编

善治军者只求军队之精,不求军队之多,以为多徒虚耗国帑。不善治军者,只求军队之多,不求军队之精,以为多可以虚张声势。其实,两军未战之前,多固然可吓敌人之胆;到了短兵相接,则羸老者一旦奔败,强壮者亦必随之俱逃。肥水之役,苻坚所率军队,旌旗千里,投鞭可以断流,南朝抗战之师不过数万,而一声"北军败矣",未及交战,秦师就相继逃亡。由这事实,可知兵贵精不贵多,所以世宗改革军政,先沙汰队伍,精锐者升之,羸老者去之。

    十月癸亥,帝谓侍臣曰,凡兵务精不务多,今以农夫百,未能养甲士一,奈何浚民之膏泽,养此无用之物乎?且健懦不分,众何所劝?乃命大简诸军,精锐者升之上军,羸者斥去之。又以骁勇之士多为藩镇所蓄,诏募天下壮士,咸遣诣阙,命太祖皇帝(赵匡胤)选其尤者为殿前诸班,其骑步诸军各命将帅选之。由是士卒精强,近代无比,征伐四方,所向皆捷,选练之力也。(《资治通鉴》卷二百九十二《后周纪》太祖显德元年)

这种改编军队,除了士卒精强之外,尚有两个好处,其一,战争之际,不但需要军队,且又需要衣粮,所以军事虽然第一,而经济亦不能置之第二。羸弱者送还乡里,在中原萧条、缺乏劳动力之际,实有益于农业的生产。其二,方

---

① 除樊爱能外,步军都指挥使何徽等并诸将校七十余并伏诛。帝至潞州,录其奔遁者,自军使以上及监押使臣并斩之,由是骄将堕兵无不知惧。(《旧五代史》卷一百十四《周世宗纪》显德元年)

镇跋扈，所倚恃者私兵之力，中央精选军队，天下壮士咸遣诣阙，精锐者升之上军，赢者斥去之。健懦既分，众有所劝，当然愿意离开军阀，而受编为国家的军队，这是可以减少方镇的势力，而有助于集权国家的建设。

二、政治建设

五代政治腐化极了，选举猥滥而官僚贪污。选举猥滥，则英俊者不得其位，而庸劣者反可以滥竽充数。官僚贪污，则国家设官，不是用以治国，而是令其渔民。前者可使英俊之士反抗政府，后者可使一般平民嫉恶政府。政府威信扫地，天子地位遂不安定。世宗惩艾前世之失，关于政治方面，就实行了两种改革。

（一）选举的改良

隋唐以后，国家举士，多用考试。唐代考试分为两种，一由礼部举士，二由吏部举官。两种考试皆尚文词，固然未必能够得到英才，然国家既以文词取士，则英俊之人亦不能不借径于词章以发身，唯所重要者考试公平而已。五代考试甚见猥乱，礼部举士，每次发榜，必有喧哗。崔棁说：

> 每驳榜出后，则时有喧张，不自省循，但言屈塞，互相朋扇，各出言词，或云有司不公，或云试官受贿。（《旧五代史》卷一百四十八《选举志》晋天福三年）

当时试官确曾受贿，而考生亦有倩人代作文字之事。世宗即位，即许人告发，凡查明得实者，监试官及进士永不得仕进[①]。

[①] 《旧五代史》（卷一百四十八）《选举志》云："显德二年三月，礼部侍郎窦仪奏请诸科举人，若合解不解、不合解而解者，监试官为首罪，勒停见任，举送长官奏闻取裁。监官（应加试官二字）如受赂，及今后进士如有倩人述作文字应举者，许人言告，送本处色役，永不进仕。"

世宗显德二年五月,礼部侍郎知贡举窦仪奏,监官试官如受赂,及今后进士如有倩人述作文字应举者,许人言告,送本处色役,永不得仕进。同保人知者殿四举,不知者殿两举。受倩者如见在官停任,选人殿三选,举人殿五举,诸色人量事科罪,从之。(《文献通考》卷三十《举士》)

并用覆试之法,使有司及举人无从作弊。这也许是宋代以后殿试的起源。但殿试乃天子亲试于廷,覆试只令辞臣看验,其预防考官舞弊则一。

显德二年三月壬辰,诏曰,国家设贡举之司,求英俊之士,务询文行,方中科名。比闻近年以来,多有滥进,或以年劳而得第,或因媒势而出身。今岁所放举人,试令看验,果见纰缪,须至去留,其李覃……等四人宜放及第,其严说……等一十二人艺学未精,并宜勾落,且令苦学,以俟再来。礼部侍郎刘温叟失于选事,颇属因循,据其过尤,合行谴谪,尚示宽恕,特与矜容,刘温叟放罪。(《旧五代史》卷一百十五《周世宗纪》)

显德五年三月庚子,诏曰,比者以近来贡举,颇事因循,频诏有司,精加试验,所冀去留无滥,优劣昭然。昨据贡院奏,今年新及第进士等,所试文字,或有否臧,爰命辞臣,再令考覆,庶泾渭之不杂,免玉石之相参。其刘坦……等诗赋稍优,宜放及第。王汾据其文词亦未精当,念以顷曾剥落,将与成名。熊若谷……皆是远人,深可嗟念,亦放及第。郭峻……等未甚苦辛,并从退黜,更宜进修,以俟将来。知贡举右谏议大夫刘涛选士不当,有失用心,责授右赞善大夫,俾令省过,以戒当官。先是涛于东京发榜后,引新及第进士刘坦已下一十五人赴行在,帝命翰林学士李昉覆试,故有是命。(《旧五代史》卷一百十八《周世宗纪》)

其次,恢复古代制举,以救进士科专尚文词之弊。

显德四年八月乙卯朔,兵部尚书张昭上疏,望准唐朝故事,置制举以罩英才。帝览而善之,因命昭具制举合行事件,条奏以闻。冬十月戊午诏,悬制科凡三:其一曰贤良方正、能直言极谏科,其二曰经学优深、可为师法科,其三曰详闲吏理、达于教化科。不限前资,见任职官、黄衣草泽并许应诏。时兵部尚书张昭条奏请具制举,故有是命。(《旧五代史》卷一百十七《周世宗纪》)

案制举就是汉代之对策,对策由天子亲第其优劣,优者每待以不次之位,劣者亦不罢归。唐代制举因应诏而举之人过多,评阅之事遂归于朝臣,敢言之士虽有鲠直之言,亦不见知于天子;且有黜落之法,中者得美官,其次与出身,不中者罢归。有此不同,所以唐之制举亦和科举一样,不过以空言取人。后周所欲举行的制举,其法如何,史无资料可供参考,而世宗又于显德六年六月崩殂,本书只能写到这里为止。

又次,五代承唐之制,凡除官者皆赐告身①,而须缴纳手续费于吏部,贫者不能输钱,但得敕甲,而无告身。

> 故事,吏部文武官告身,皆输朱胶纸轴钱然后给,其品高者则赐之。贫者不能输钱,往往但得敕牒,而无告身。五代之乱,因以为常,官卑者无复给告身,中书但录其制辞,编为敕甲。(《新五代史》卷五十五《刘岳传》)

唐明宗时,才依吏部尚书刘岳之言,又赐告身。

> 刘岳建言,以为制辞或任其材能,或褒其功行,或申以训诫,而受官者既不给告身,皆不知受命之所以然,非王言所以告诏也,请一切赐之。由是百官皆赐告身,自岳始也。(《新五代史》卷五十五《刘岳传》)

告身及敕甲乃证明该人之有任官资格。五代时,搢绅之家或将告敕卖给别

---

① 告身见《新唐书》卷四十五《选举志》,即吏部所发之补官文凭。志云:"视品及流外则判补,皆给以符,谓之告身。"

人,揩改姓名,以为入仕之资。

时议者以铨注之弊非止一朝,搢绅之家,自无甄别,或有伯叔告赤(即告敕)鬻于同姓之家,随赂改更,因乱昭穆,至有季父伯舅反拜侄甥者。(《旧五代史》卷一百四十八《选举志》唐同光四年条,参阅卷六十七《韦说传》、《新五代史》卷二十八《豆卢革传》)

世宗对此积弊,亦加改革,即各司奏补职员,固然也以身言书判为标准,然须送至吏部,引验人才,考校笔札。

显德三年冬十月丙寅,诏曰,诸司职员皆系奏补,当执役之际,悉藉公勤,及听选之时,尤资干敏。苟非慎择,渐致因循。应诸司寺监今后收补役人,并须人材俊利,身言可采,书札堪中,自前行止委无讹滥,勒本司关送吏部,引验人材,考校笔札。其中选者,连所试书迹及正身,引过中书。余从前后格敕处分,仍每年只得一度奏补。(《旧五代史》卷一百十六《周世宗纪》)

世宗深知考试制度未必能够选拔人才,魏仁浦由小吏出身,汉隐帝欲杀周祖,仁浦劝周祖"易诏,以尽诛将士为名,激其怒心",遂长驱渡河而即帝位。世宗即位,从征高平,周师不利,仁浦又劝世宗出阵,遂败北汉。仁浦确"有宰相之器"(《宋史》卷二百四十九《魏仁浦传》论),故虽不由科第出身,世宗亦力排众议,用之为相。

世宗命仁浦为相,议者以其不由科第。世宗曰,古人为宰相者岂尽由科第耶?遂决意用之。(《宋史》卷二百四十九《魏仁浦传》)

盖在大乱之时,若欲扫荡天下,必须破格用人。史称:

> 世宗好拔英俊,有自布衣及下位上书言事者,多不次进用。(《宋史》卷二百六十三《张昭传》)

而一旦发见所用之人并非英才,亦即行罢免。例如:

> 李知损浪得虚誉……广顺中,拜右谏议大夫,求使于江浙……太祖……可之。知损既受命,大恣其荒诞之意……乃责授棣州司马。世宗即位,切于求人,素闻知损狂狷,好上封事,谓为可采,且欲闻外事,即命征还,遽与复资。数月之间,日贡章疏,多斥诋贵近,自谋进取,又上章求为过海使。世宗因发怒,仍以其丑行日彰,故命除名配沙门岛。(《旧五代史》卷一百三十一《李知损传》)

复次,隋唐以来,天下一命之官并出于朝廷,州郡无复辟署之事。天宝以后,方镇跋扈,往往自辟幕府之士,而四方豪杰不能以科目达者,皆争为之。到了末世,"藩侯倔强者,多伪行墨制"(《旧五代史》卷六《卢汝弼传》),授将吏以官秩。这种自辟僚属,固如马端临所说:不得其人,非特累衡鉴之明,抑且失恃毗之助,故终不敢徇其私心。唯行之不得其道,又有害统治权的统一。五代之世,地方割据,周世宗要中央集权,对于州郡辟署之事,固然不敢恢复秦汉旧制。唯秦汉尚有保举,公卿百官均得推荐人才,推荐之后,荐者对于被荐者要负完全责任,以杜徇私之心①,这种保举制度,世宗曾一度采用。

> 显德二年正月辛卯诏,在朝文班各举堪为令录者一人,虽姻族近亲亦无妨嫌。授官之日,各署举主姓名,若在官贪浊不任,懦弱不理,并量事状轻重,连坐举主。(《旧五代史》卷一百十五《周世宗纪》)

汉时考试制度乃以济选举之穷,隋唐以后,保举制度又以济考试之穷。

---

① 《宋史》卷二百七十《剧可久传》,剧可久为太仆卿,显德三年,所举官犯赃,可久坐停任。

因为考试专尚文辞,则倜傥之士不惯文墨小技者,将无以表现才智。保举就是用以搜扬这种人才的。举不避亲固然匪难,唯才是举却不容易,所以世宗又用连坐之法以戒徇私。孙承泽说:

> 夫以天下之大、人材之广,而仅取用于铨衡一司,网疏甚矣。欲使官得其人,人尽其才,舍保举,其奚由焉?夫保举与荐举异,荐举者诚有所知,一举焉,而臣之心毕矣。保举者举其显,复保其微;举其始,复保其终。故荐举者上世之法也,保举者晚世之法也。明主好贤如渴,而又慎之,以不得已,非薄视天下也,保而举之,不厌慎也。(《续文献通考》卷三十六《举官》引孙承泽《春明梦余录》)

(二) 考绩的施行

考试所以甄别在野人才,考绩所以甄别在朝人才。考绩与年劳不同,考绩是以日月验其职业的修废,年劳是以日月计其资格的深浅,自后魏崔亮创设"停年格",唐代裴光庭创设"循资格"之后,考绩与年劳几无区别。贤者当举,或反以资浅而抑之;不肖者当黜,或反以年深而升之。"才足以堪其任,小拘岁月而妨之矣;力不足以称其位,增累考级而得之矣。"(《日知录》卷八《停年格》引孙洙《资格论》)历代鼎革之际,朝廷用人,往往不讲资格,因为若讲资格,则上自天子,下至百僚,个个都没有资格。到了革命成功,又不惜高谈资格,因为不讲资格,则后起之秀将起来推翻佐命功臣,而取卿相之位。下列故事便是一个很滑稽的例子。

> 契丹欲以王处直之子威为定州节度使……遣使谕晋高祖云,欲使王威袭先人土地,如我蕃中之制。高祖答以中国将校自刺史、团练、防御使序迁,方授旄节,请遣威至此任用,渐令升进,乃合中土旧规。契丹深怒其见拒,使人复报曰,尔自诸侯为天子,有何阶级耶?高祖畏其滋蔓,则厚赂,力拒其命。契丹怒稍息。(《旧五代史》卷八十八《王庭允传》)

考绩之法行,则庸愚畏之;年劳之法行,则庸愚便之。后魏以后,年劳与考绩混为一谈,政界之上除易姓革命之外,没有新陈代谢的现象,职事不修,实此之由。古者考绩结果常分三等,一是拔擢以旌其异能,二是序进以谨其守常,三是黜罢以纠其失职。这样,高第者可以骤升,无庸者必须亟退,至于绩非出类,守不败官,则循以常资,约以定限,故得殊才不滞,庶品有伦。自考绩误为年劳之后,既无拔擢,又无黜罢,全国官吏除有特别背境之外,均胶以格条,据资序进,高位常苦于乏人,下僚又嗟于白首。世宗惩艾其弊,乃厉行考绩制度,使当官知所奋发。

显德二年二月壬戌,诏曰,班行职位之中,迁除改转之际,即当考陈力之轻重,较言事之否臧,奉公切直者当议甄升,临事蓄缩者须期抑退。《《旧五代史》卷一百十五《周世宗纪》)

(三) 贪污的惩戒

五代之世,官以贿成,爵以赂授,全国官吏无不掊敛剥下,以事权门。这个风气是由梁太祖朱全忠开始的。

初梁祖领四镇,拥兵十万,威震天下,关东藩守皆其将吏,方面补授,由其保荐,四方舆金辇璧,骏奔结辙,纳贿于其庭。如是者十余年,浸成风俗,藩侯牧守下逮群吏,罕有廉白者,率皆掊敛剥下,以事权门。(《旧五代史》卷五十九《袁象先传》)

唐庄宗灭梁之后,对此风气,不能有所改革。

郭崇韬既位极人臣,谋猷献纳,必尽忠规,士族朝伦,颇亦收奖人物,内外翕然称之。初收汴洛,稍通赂遗,亲友或规之。崇韬曰,余备位将相,禄赐巨万,但伪梁之日赂遗成风。今方镇藩侯多梁之旧将,皆吾君射钩斩袪之人也。一旦革面化为吾人,坚拒其请,得无惧乎?藏余私室,无异公帑。及郊禋,崇韬悉献家财,以助赏给。(《旧五代史》卷五十七《郭崇韬传》)

是则朱梁以来,贿赂已成为一种习惯,竟令尽忠的郭崇韬不能有所改革。崇韬"稍通赂遗",其后"悉献家财,以助赏给",这与王翦请田宅,使始皇不疑[①],萧何贱贳贷以自污,使高祖大慰[②],不尽相同。

秦始皇、汉高祖都是创业之主,始皇见王翦求田宅而大慰,高祖闻萧何贱贳贷而大悦。此无他,古来有大志的往往不事家人生产事业,好货就是没有大志的表现。何况大臣贪墨,百姓受了剥削,当然不会拥戴其人为天子。政局愈混乱,人主愈喜用贪墨之臣,不是没有原因的。但是五代贪墨并不以贪墨为手段,韬光养晦,而是以贪墨为目的,蓄积货财。当时勋爵与官职未曾区别,爵以赏功,官以居才,有功而无才者不能授之以官,有才而无功者不能奖之以爵。梁唐以后,藩侯郡牧多以勋授,他们不明治道,只知割剥蒸民,由是贪墨之风日益加益。

> 自梁唐以来,藩侯郡牧多以勋授,不明治道,例为左右群小惑乱,卖官鬻狱,割剥蒸民,率有贪猥之名,其实贿赂半归于下。(《旧五代史》卷九十八《安重荣传》)

在政局纷乱、法纪荡然之际,税官是最便于贪污的。吾人观颉跌氏对世

---

① 始皇欲攻荆,王翦将兵六十万人,始皇自送至灞上。王翦行,请美田宅园池甚众。始皇曰,将军行矣,何忧贫乎?王翦曰,为大王将,有功终不得封侯,故及大王之向臣,臣亦及时以请园池,为子孙业耳。始皇大笑。王翦既至关,使使还请善田者五辈。或曰,将军之乞贷亦已甚矣。王翦曰,不然,夫秦王怚而不信人,今空秦国甲兵而专委于我,我不多请田宅,为子孙业以自坚,顾令秦王坐而疑我耶?(《史记》卷七十三《王翦传》)
② 黥布反,上自将击之,数使使问相国(萧何)何为……客又说何曰,君灭族不久矣……君初入关,本得百姓心,十余年矣,皆附君,尚复孳孳得民和。上所以数问君,畏君倾动关中。今君胡不多买田地,贱贳贷以自污,上心必安。于是何从其计,上乃大说。(《汉书》卷三十九《萧何传》)

宗之言,即可知之。

> 世宗在民间,尝与邺中大商颉跌氏往江陵,贩卖茶货……于逆旅中夜置酒,与颉跌氏半酣戏曰……我为天子……足下要何官,请言之。颉跌氏曰,某三十年作估来,未有不由京洛者,每见税官坐而获利,一旦所入可以敌商贾数月,私心羡之。若大官作天子,某愿得京洛税院足矣。
> (《旧五代史》卷一百十九《周世宗纪》显德六年注引《五代史补》)

而官官相护莫肯告发。

> 天下州府官吏犯赃,皆递相蒙蔽,不肯发明,纵有申闻,百无一二。
> (《五代会要》卷二十《县令下》晋天福五年六月条)

甚至天子也以贿赂为事,层层剥括,而最后均转嫁于人民身上。欧阳修说:

> 呜呼,五代之民,其何以堪之哉?上输兵赋之急,下困剥敛之苛,自庄宗以来,方镇进献之事稍作,至于晋,而不可胜纪矣。其添都助国之物,动以千万计,至于来朝奉使、买宴赎罪,莫不出于进献。而功臣大将不幸而死,则其子孙率以家资,求刺史,其物多者得大州善地。盖自天子皆以贿赂为事矣,则为其民者其何以堪之哉?(《新五代史》卷四十六《郭延鲁传》论)

这种风气到了后周,稍加改革。周太祖已经以身作则,不受赂遗。

> 十二月甲午,前静难节度使侯章献买宴绢千匹、银五百两,帝不受,曰诸侯入觐天子,宜有宴犒,岂得买耶?(胡三省注,五代之时,不特方镇入朝买宴。唐明宗天成二年三月,幸会节园,群臣买宴,则在朝之臣亦买宴矣。)自今如此比者,皆不受。(《资治通鉴》卷二百九十一《后周纪》太祖广顺二年,参阅《宋史》卷二百七十二《侯章传》)

及至世宗即位，复用严刑，以戒贪墨之臣。

显德元年冬十月甲辰，左羽林大将军孟汉卿坐纳秸税，场官扰民，多取耗余，赐死。有司奏汉卿罪不至死。上曰，朕知之，欲以惩众耳。(《资治通鉴》卷二百九十二周太祖显德元年)

显德五年十二月己丑，楚州防御使张顺赐死，坐在任隐落榷税钱五十万、官丝绵二千两也。(《旧五代史》卷一百十八《周世宗纪》)

尹文子曾举孔子摄鲁相，七日而诛少正卯之例，谓"治主之兴，必有所先诛"(《尹文子·大道下》)。《六韬》(第二十二篇《将威》)云："杀贵大，赏贵小。杀及当路贵重之人，是刑上极也。赏及牛竖马洗厩养之徒，是赏下通也。刑上极，赏下通，是将威之所行也。"《尉缭子》(第八篇《武议》)亦云："杀一人而三军震者，杀之；杀一人，而万人喜者，杀之。杀之贵大，赏之贵小。当杀，则虽贵重必杀之，是刑上究也。赏及牛童马圉者，是赏下流也。夫能刑上究，赏下流，此将之武也。"为将如此，为天子者亦然，更要如《司马法》(第二篇《天子之义》)所说："赏不逾时，欲民速得为善之利也。罚不迁列，欲民速睹为不善者之害也。"周世宗杀临阵退逃的侍卫马军都指挥使樊爱能(《旧五代史》卷一百十四《周世宗本纪》显德元年)，又杀容纵部下多取耗余的左羽林大将军孟汉卿(《旧五代史》同上)，世宗可谓知"刑乱国，用重典"之理矣。

但是单单惩戒贪污，倘禄俸菲薄，不能养生送死，官吏为了生存起见，亦必冒险舞弊。周太祖对于牧守曾规定禄俸如次(据《五代会要》卷二十八《诸色料钱下》周广顺元年)。

牧守每月禄俸表

官名	料钱	禄粟	食盐	马草粟	元随衣粮
防御使	二百千	一百石	五石	十匹	三十人
团练使	一百五十千	七十石	五石	十匹	三十人
刺史	一百千	五十石	五石	五匹	二十人

世宗时,对于县令,又规定禄俸如次(据《五代会要》卷二十八《诸色料钱下》显德五年)。

县令每月禄俸表

官名	料钱	米麦	官名	料钱	米麦
一万户以上县令	二十千	五石	三千户以上县令	十二千	四石
七千户以上县令	十八千	五石	不满三千户县令	十千	三石
五千户以上县令	十五千	四石			

按五代刺史即汉郡守之职,汉郡守二千石,谷月一百二十斛,五代刺史只有五十石之粟。不过五代权量,必比汉时为多。《汉书》(卷九十四下)《匈奴传》:"计一人三百日食,用谷十八斛。"即人一日食米六升。《新唐书》(卷五十四)《食货志》:"少壮相均,人食米二升。"人类之食量,古今不会变更,所以唐代权衡比之汉世约多三倍。所以刺史每月五十石不比汉之郡守为少。何况尚有料钱一百千,复有食盐、马粮及元随衣粮之给。不满三千户县令在西汉为三百石之长,谷四十斛,而后周只有三石,加上料钱十千,其价值是否抵得四十斛之谷,吾人无法计算。唐开元时,诸州下县令从七品(《唐六典》卷三十《京县畿县天下诸县官吏》),从七品岁米五十二斛(《新唐书》卷五十五《食货志五》)。开元二十四年,又给月俸四千五百(《唐会要》卷九十一《内外官料钱上》)。后周粟月三石,一年三十六石,而月俸则有十千。五代丧乱相承,物价必比开元时代为高,所以合两项(岁粟及月俸)观之,吾人亦不敢随便断定孰多孰少[①]。

三、经济建设

人类都有生存的欲望,生存没有保障,老弱者填于沟壑,壮者散而之四方,散而之四方之后,良民变为游民,再变而为暴民,或为群盗,直接扰乱社会

---

① 显德五年十一月丙戌诏,凡诸邑课户及俸户并勒归州县。胡三省注云,唐初诸司置公廨本钱,以贸易取息,计员多少,为月料。其后罢诸司公廨本钱,以天下上户七千人为胥士,而收其课,计官多少而给之,此所谓课户也。唐又薄敛一岁税,以高户主之,月收息给俸,此所谓俸户也。其幕职州县官自今并支俸钱及米麦。(《资治通鉴》卷二百九十四《周世宗纪》)

秩序，或投靠于豪族，使军阀有称兵作乱的机会，所以善为政者必须讲求养民之道。"孔子适卫，冉有仆。子曰，庶矣哉。冉有曰，既庶矣，又何加焉？曰富之。曰既富矣，又何加焉？曰教之。"(《论语·子路》)孟子亦说："五亩之宅，树之以桑，五十者可以衣帛矣，鸡豚狗彘之畜无失其时，七十者可以食肉矣，百亩之田勿夺其时，八口之家可以无饥矣。谨庠序之教，申之以孝悌之义，颁白者不负戴于道路矣。老者衣帛食肉，黎民不饥不寒，然而不王者未之有也。"(《孟子·梁惠王上》)孔子必先富而后教，孟子必先使民有五亩之宅及百亩之田，而后才谨序庠之教，申之以孝悌之义。为什么呢？仓廪实而后知礼义，衣食足而后知廉耻。"无衣无褐，何以卒岁"，这个时候欲用道德仁义之言，劝勉人民，必徒劳而无功。世宗既作军事建设，使政权巩固，又作政治建设，使百官有所警惕，于是遂着手于经济建设。

(一) 土地的整理

自曹魏施行屯田制度之后，地主分为两种，一是国家，二是个人。国家与个人均将土地租给佃户耕种，佃户对于土地只有使用权，没有所有权，地主随时可以收回土地，因之农民不敢多施肥料，也不敢葺屋植木，这都是可以减少土地生产力的。后周有鉴及此，太祖时代先整理国有地，承认佃户的所有权。

> 前世屯田皆在边地，使戍兵佃之。唐末，中原宿兵所在皆置营田，以耕旷土，其后又募高赀户，使输课佃之，户部别置官司总领，不隶州县，或丁多无役，或容庇奸盗，州县不能诘。梁太祖击淮南，掠得牛以千万计，给东南诸州农民，使岁输租，自是历数十年，牛死而租不除，民甚苦之。帝素知其弊……敕悉罢户部营田务，以其民隶州县，其田庐牛农器并赐见佃者为永业，悉除租牛课。是岁户部增三万余户，民既得为永业，始敢葺屋植木，获地利数倍。(《资治通鉴》卷二百九十一《后周纪》太祖广顺三年)

五代之世，丧乱相承，地主离开乡井者为数不少，土业无主，而业主乃漂居异乡,农民无法承佃,只有听其荒芜。世宗时代,对于这种土地,又由政府作主,租给农民耕种。地主在一定期间之内若不还乡,该地的所有权移属于佃户。

> 显德二年正月乙未,诏应逃户庄田,并许人请射承佃,供纳租税。如三周年内,本户来归者,其庄田不计荒熟,并交还一半。五周年内归业者,三分交还一分。如五周年外归业者,其庄田除本户坟茔外,不在交付之限。其近北地诸州应有陷蕃人户,自蕃界来归业者,五周年内来者,三分交还二分。十周年内来者,交还一半。十五周年来者,三分交还一分。十五周年外来者,不在交还之限。(《旧五代史》卷一百十五《周世宗纪》)

随着土地的整理而改革者则为税制。周世宗对于税制,一求纳税时期的确定。晚唐以来,政府往往预征租税,以救财政之急。唐陆贽说:

> 蚕事方兴,已输缣税;农功未艾,遽敛谷租。上司之绳责既严,下吏之威暴愈促。有者急卖而耗其半直,无者求假而费其倍酬。(《陆宣公全集》卷十二《论两税之弊须有厘革》)

五代财政困难不亚于晚唐,所以往往不俟收获纺织之毕,而即征敛谷帛,后唐明宗"虽出夷狄,而为人纯质,宽仁爱人"(《新五代史》卷六《唐明宗纪论》)。曾于天成四年,规定租税的征收日期如次(据《五代会要》卷二十五《租税》)。

天成四年所定的征税日期

地区	大小麦、䵂麦、豌豆		正税匹帛、钱鞋、地头榷曲、蚕盐及诸色析料	
	起征期	纳足期	起征期	纳足期
节候常早处	五月十五日	八月一日	六月五日	八月二十日
节候较晚处	六月一日	八月十五日	六月十日	八月廿五日
节候尤晚处	六月十日	九月	六月二十日	九月

明宗之后,这个制度又复破坏,至周显德三年,复确定人民纳税的时期①。

> 上谓侍臣,近朝征敛谷帛,多不俟收获纺织之毕,乃诏三司,自今夏税以六月(一日),秋税以十月(一日)起征。民间便之。(《资治通鉴》卷二百九十三后周世宗显德三年十月,括号内"一日"据《五代会要》卷二十五《租税》)

对此,王船山云:"周主立二税征限,夏税以六月,秋税以十月。两税既行,无有便于此矣……以六月征者,期成于八月;以十月征者,期尽于一冬。力可供,则必之以速完。贫不可支,则蠲除于限末。严豪民玩上之罚,开贫寡自全之路。一岁毕一岁之征,民习而安焉,王者复起,不能易也。"(《读通鉴论》卷三十《五代》)所谓征限,"以六月征者,期成于八月;以十月征者,期尽于一冬"。各书所载均无此种"征限",王船山必有所本,兹不详加考证。我们研究社会科学的人所宜知道的,夏税(六月一日起征,至八月底止)及秋税(十月一日起征,至十二月底止)所得缓征者各有三个月之久。"六月而蚕织成矣,十月而禾黍登矣。"(《读通鉴论》同上)然而此时人民所有的是货物,不是钱币,须俟货物卖出,换得钱币之后,才可供纳税之用。缓之,乃所以保护农民不必贱价以卖,而制止富商不能取倍称之息。

二求人民担税的公平。五代为弱肉强食之世,这种强弱斗争乃充分表现于租税之上。唐明宗说:

> 兼有富户或投名于势要,以求影庇,或希假于摄贵,以免丁徭。(《旧五代史》卷三十八《唐明宗纪》天成二年春正月辛巳诏)

周太祖说:

---

① 《旧五代史》(卷一百四十六)《食货志》:"周显德三年十月,宣三司指挥诸道州府,今后夏税以六月一日起征,秋税至十月一日起征,永为定制。"

贫乏者困于供须,豪富者幸于影庇。(《旧五代史》卷一百十一《周太祖纪》广顺元年三月壬申诏)

豪富逋税,而在国家财政困难之际,税额必须分摊于贫民,所以五代之世税率极重,吾人只看盐曲二税,即可知之。

五代横征无艺,洪《容斋随笔》记朱温以夷门一镇,力役而得天下,士虽苦战,民则乐输。末帝与唐庄宗对垒于河上,民虽困于辇运,亦未至流亡,由赋敛轻而田园可恋故也。及唐庄宗任吏人孔谦为三司使,峻法以剥下,厚敛以奉上,于是赋敛日重,而历代因之。今即据盐曲二事,可见其大概也。凡盐铛户应纳盐利,每斗折纳白米一斗五升,晋初始令折钱收纳,灶户所纳如此,盐价之贵可知也。海盐界分每年收钱一千七万贯,以区区数十州之地,而收价如此,其价更可知也。每城坊官自卖盐,乡村则按户配食,依田税输钱,其私贩之禁,十斤以上即处死,刮硷煎盐者,不论斤两皆死,凡告者十斤以上赏钱二十千,五十斤以上三十千,百斤以上五十千,其法令之严可知也。晋高祖知盐贵之病民,乃诏计户征税,每户自一千至二百文。分五等,听商人贩盐,民自买食,一时颇以为便。出帝时,又令诸州郡税盐,过税斤七钱,住税斤十钱,盖已按户征盐钱,不便改法,乃又加征商税,使利归于官也。汉乾祐中,青盐一石抽税一千文盐一斗,是又加重于出帝时矣。周广顺中,始诏青盐一石抽八百文盐一斗,白盐一石抽五百文盐五升。然盐价既因抽税增贵,而按户所征之盐税又不放免,是一盐二税,民益苦之,此盐法之大概也。其酒曲之禁,孔循曾以曲法杀一家于洛阳(私曲五斤以上皆死),明宗乃诏乡村人户,于秋田苗上,每亩纳钱五文,听民自造曲酿酒,其城坊亦听自造,而榷其税。长兴中,又减五文为三文,寻仍诏官自造曲,减旧价之半,卖民酿酒。汉乾祐中,私曲之禁,不论斤两皆死。周广顺中,仍改为五斤以上,然五斤私曲即处极刑,亦可见法令之酷矣。此曲法之大概也。(以上俱见薛史及《五代会要》)即此二事,峻法专利,民已不堪命,况赋役繁重,横征百出,以加藩镇之私敛,如赵在礼之拔钉钱,每户一千,刘铢之加派秋苗,每亩率钱三千,夏苗亩二千,民之生于是时者,可胜慨哉?(《廿二史札记》卷二十二《五代盐曲之禁》)

何况正额之外,尚有加税省耗①。

> 旧制,秋夏苗租,民税一斛,别输二升,谓之雀鼠耗。乾祐中,输一斛者,别令输二斗,目之为省耗,百姓苦之。(《旧五代史》卷一百七《王章传》)

唐明宗只令人民纳正数,而不加税省耗。世宗更进一步,许人民所输,每石许其损耗一斗,即税一石者,只求其入仓库九斗。这对于人民,不失为仁政之一。

> 周显德二年正月,世宗谓侍臣曰,转输之物,向来皆给斗耗。自晋汉(北汉)以来,不与支破,仓廪所纳新物,尚除省耗,况水路所般,岂无损折?起今后每石宜与耗一斗。(《旧五代史》卷一百四十六《食货志》)

胡寅谓"观世宗此言,则知晋汉间取耗,未尝为耗用,直多取以实仓廪耳。世宗予之,善矣"(引自《大学衍义补》卷三十三《漕挽之宜上》)。可惜世宗在位只有五年,天下未能尽受其惠。其未受惠者,只有逋负,逋负至宋真宗时代尚课督未已。真宗共放逋负一千余万,释系囚三百余人。

> 王钦若判三司理欠凭由司,时毋宾古为度支判官,尝言曰,天下逋负,自五代迄今,理督未已,民病几不能胜矣,仆将启蠲之。钦若一夕命吏勾校成数,翌日上之,真宗大惊……即日放逋负一千余万,释系囚三百

---

① 唐明宗天成元年夏四月壬子,曾下诏:"秋夏税子每斗先有省耗一升,今后只纳正数,其省耗宜停。"(《旧五代史》卷三十六《明宗纪》)

余人。(《宋史》卷二百八十三《王钦若传》)

前已提到周太祖时,诏有"贫乏者困于供须,豪富者幸于影庇"之言。田赋之不均便是国穷而民贫的根本原因。显德五年,世宗派朝臣,分行各州,均定田租。

> 显德五年冬十月丁酉诏,左散骑常侍须城、艾颖等三十四人,分行诸州,均定田租。(《资治通鉴》卷二百九十五《后周纪》)

均定田租不是单单限于田赋一项,五代承唐之旧,采用两税,而两税则以地税与户税为本,所以均定田租乃包括户税在内。

> 雷德骧显德中,入受诏,均定随州诸县民田屋税,称为平允。(《宋史》卷二百七十八《雷德骧传》)

税制经世宗改革之后,多数人民受益不浅,于是农村经济渐次复兴,国家财政渐次充足,而苛捐杂税也渐次随之撤销。政府不谋租税之平,而只谋租税之轻,结果必如王莽所说:"汉氏减轻田租,三十而税一,而豪民侵陵,分田劫假,厥名三十,实什税五也。"(《汉书》卷二十四上《食货志上》)世宗整理税制,先确定纳税时期,次又均定田租,可以说是知理财之道。

(二) 运河的疏浚

汉末大乱,继之又有五胡乱华,中原士女避难江东者为数甚多,人口的南移引起南方经济的发达。隋唐以后,经济中心移至江淮,欲将江淮钱谷运至中原,必须利用运河。唐末,杨行密割据江淮,溃决汴水,自是而后,运河事实上已经不能航运。这对于中央政权乃有很大影响。中原萧条,朝廷更须仰食江淮,运河湮塞,经济中心与政治中心不能联系,凡遇饥馑,财政便无法筹措,甚至战士也不能得到衣粮,所以梁唐晋汉无不势衰力弱。这种情况到了后周世宗时代,开始发生变化。案漕运断绝乃有两种原因,一是淮南独立,运河切为两段;二是汴水溃决,运河变为污泽。所以世宗要打通运河,不能不讨伐南唐,而要讨伐南唐,又不能不先疏导周境的运河。

汴水自唐末溃决,自埇桥东南悉为污泽。上谋击唐,先命武宁节度使武行德发民夫因故堤疏导之,东至泗上。议者以为难成。上曰,数年之后,必获其利。(《资治通鉴》卷二百九十二《后周纪》世宗显德二年十一月)

及至南唐降附,淮南平定,世宗复疏汴水,使青齐舟楫能达于大梁。

四月乙酉,诏疏汴水,北入五丈河,由是青齐舟楫皆达于大梁。(《资治通鉴》卷二百九十三《后周纪》世宗显德四年)

翌年,又浚汴口,使淮汴二水能够贯通。自是而后,江淮舟楫始得通行。

是月浚汴口,导河流达于淮,于是江淮舟楫始通。(《资治通鉴》卷二百九十四《后周纪》世宗显德五年三月)

其对于汴水,是不断疏浚,且多方利用。汴水经世宗疏浚之后,既可通陈颍之漕,又可通青郓之运。

二月丙子朔,命王朴如河阴按行河堤,立斗门于汴口。壬午,命侍卫都指挥使韩通、宣徽南院使吴廷祚,发徐宿宋单等州丁夫数万,浚汴水。甲申,命马军都指挥使韩令坤,自大梁城东,导汴水入于蔡水,以通陈颍之漕;命步军都指挥使袁彦,浚五丈渠,东过曹济梁山泊,以通青郓之漕,发畿内及滑、亳丁夫数千,以供其役。(《资治通鉴》卷二百九十四《后周纪》世宗显德六年)

农业国家最重要者为水利，北方水流虽有黄河，而常泛滥为灾，人民不受黄河之利，而受黄河之害。黄河之外，许多水流均在东方，而自魏晋之后，关中郑白两渠又复久废不修，失去灌溉的作用，耕地的面积日益减少，土地生产力也日益耗竭。降至隋唐，东部经济已经比西部繁荣，而尤以东南一带为盛。五代定都开封，就是取其地位略偏于东，一方可以仰食东南之粟，同时又可以照顾北方的边防。世宗疏导汴水，南至江东，东至青齐，均得利用水流，以达大梁，于是东部各地在经济上遂成为一个有机体，中央政府亦得漕运各地钱谷，以供各种经费之用。这便是北宋立国之基础，也便是北宋统一中夏的原因。所以五代之后，建设大一统国家者虽然是宋太祖，而周世宗之力更为伟大。

关于经济建设，应附带说明者，由南北朝而至唐代，破坏国民经济的，除内乱外，尚有佛教。人士寄身佛寺，不是由于信仰，而是要规避徭役，影庇资产。故《颜氏家训》（第十六篇《归心》）云："馨井田而起塔庙，穷编户以为僧尼，遂使非法之寺妨民稼穑，无业之僧空国赋算。"那三破论之第一破："入国而破国"，亦斥"人不蚕而衣，不田而食，国灭人绝，由此为失"（《弘明集》卷八梁刘勰撰《灭惑论》）。五代丧乱相承，人士舍身为沙门者甚众，例如燕帅刘守光尽率部内丁夫为军伍，而黥其面，民多为僧以避之（《旧五代史》卷六十七《赵凤传》）。游食多而务农寡，国安得不穷，民安得不贫？世宗即位，就毁佛寺，禁私度，勒令僧尼还俗。

显德二年五月敕，天下寺院非敕额者悉废之。禁私度僧尼，凡欲出家者，必俟祖父母、父母、伯叔之命。惟两京（汴京及洛京）、大名府、京兆府、青州听设戒坛。禁僧尼舍身、断手足、炼指（束香于指燃之）、挂灯（裸体，以小铁钩遍钩其肤，凡钩皆挂小灯圈灯等贮油而燃之，俚俗谓之燃肉身灯）、带锥之类，幻惑流俗者。令两京及诸州每岁造僧帐，有死亡归俗，皆随时开落。是岁，天下寺院存者二千六百九十四、废者三万三百三十六，见僧四万二千四百四十四、尼一万八千七百五十六。九月敕，始立监采铜铸钱，佛像等五十日内悉令输官，过期隐匿不输，五斤以上其罪死，不及者论刑有差。上谓侍臣曰,卿辈勿以毁佛为疑。夫佛以善道化人,苟志于善,斯奉佛矣,彼铜象岂所谓佛耶?且吾闻佛在利人,虽头目犹舍以布施。若朕身可以济民,亦非所惜也。臣光曰,若周世宗可谓仁矣,不爱其身而爱民。若周世宗可谓明矣,不以无益废有益。(《资治通鉴》卷二百九十二《后周世宗纪》)

关于后周世宗之灭佛,王船山亦有批评。他说:"一日而欲挽数千年之波流,一人而欲拯群天下之陷溺,虽矣哉……周主荣(世宗名荣)废无额寺院,禁私度僧尼,而存寺尚二千有奇,僧尼犹六万。说者或病其不力为铲除,乃不知周主之渐而杀其滔天之势也。为得其理,使有继起者踵而行之数十年,而其邪必衰止,固非严刑酷令,凭一朝之怒所可胜者也……急诛之而激以兴,缓图之而焰以熸,此制胜之善术。禹之所以抑洪水者,惟其渐而已矣。拓拔、宇文固不足以及此,唐武之后继以宣宗,抑流急必逆之势然也。周主行裁损之法得之矣。"(《读通鉴论》卷三十《五代》)盖天下之事有可立致者,有当驯致者,数百年之宿弊,固不能立改,改之之法只有驯致。船山之言乃深知世宗之意,所谓"他人有心,予忖度之",其斯之谓欤?

各种改革既然成功,于是世宗慨然有削平天下之志,乃依王朴之议,定下平边之策①。

  王朴献平边策云:攻取之道,从易者始。当今吴国东至海,南至江,可挠之地二千里,从少备处先挠之,备东则挠西,备西则挠东,必奔走以救其弊,奔走之间,可以知彼之虚实、众之强弱,攻虚击弱,则所向无前矣。勿大举,但以轻兵挠之,彼人怯,知我师入其地,必大发以来应,数大发,则必民困而国竭,一不大发,则我获其利,彼竭我利,则江北诸州乃国家之所有也。既得江北,则用彼之民,扬我之兵,江之南亦不难而平之

---

① 《资治通鉴》卷二百九十二《后周纪》世宗显德二年条,胡三省注云,是后,世宗用兵,以至宋朝削平诸国,皆如王朴之言,惟幽燕不可得而取。

也。如此则用力少而收功多,得吴则桂广皆为内臣,岷蜀可飞书而召之,如不至,则四面并进席卷,而蜀平矣。吴蜀平,幽可望风而至。惟并必死之寇,不可以恩信诱,必须以强兵攻之,然其力已丧,不足以为边患,可为后图,候其便,则一削以平之。(《旧五代史》卷一百二十八《王朴传》)

王朴之策,简单言之,即如王船山所说:"先下江南,收岭南,次巴蜀,次幽燕,而后及于河东。"船山以为"先江南而后蜀,非策也"。"秦灭楚,晋灭吴,隋灭陈,必先举巴蜀,顺流以击吴之腰脊,兵不劳而迅若疾风之扫叶,得势故也。"固然从来有取天下之略者,莫不切切于用蜀。宋先灭蜀,然后并江南,收交广,所以船山谓"此宋之用兵贤于王朴之策也"。"若夫河东之与幽燕,则朴之策善矣……契丹之据幽燕也未久,其主固居朔漠,以庐帐为便安,视幽燕为赘土,未尝厚食其利而歆之也。而唐之遗民犹有存者,思华风,厌膻俗,如吴峦、王权之不忍陷身污秽者,固吞声翘首以望王师,则取之也易。迟之又久,而契丹已恋为膏腴,据为世守,故老已亡,人习于夷,且不知身为谁氏之余民,画地以为契丹效死。是急攻则易,而缓图则难也。幽燕举,则河东失左臂之援,入飞狐天井而夹攻之,师无俟于再举,又势之所必然者。王朴之谋,理势均得,平一天下之大略,斯其允矣。宋祖有志焉而不能追惟王朴之伟论,遂绌曹翰之成谋,以力敝于河东,置幽燕于膜外,则赵普之邪说盅之也。普蓟人也,有乡人为之居闲,以受契丹之饵,而偷为其姻亚乡邻免兵戈之警,席犬豕以酣睡,奸谋进而贻祸无穷。惜哉其不遇周主,使不得试樊爱能之欧刀也。"(《读通鉴论》卷三十《五代》)①船山为明末清初之人,其民族观念极其强烈,故有此种主张,而其立论实有可取之点。

自古南北交战,南方常处于不利的地位,宋世以前,南方精华均在沿江一带,而以江左最为富饶。江流千里,西自巫峡,东至沧海,无险可守,北军到处可以乘便横渡。南军若分防各地,则兵散而力弱,若聚防一地,又守此而失

---

① 《宋史》卷二百六十《曹翰传》未述此事,船山之《宋论》(卷一《太祖》)曾谓"曹翰献取幽州之策,太祖谋之赵普,普曰云云"。《宋史》卷二百五十六《赵普传》,曾述及太宗雍熙三年春,大军出讨幽蓟,久未班师,普疏请罢将士伐燕之师。

彼。五代时，南方又不统一，既不能合纵以抗周，又互相兼并，自耗国力，当然不能抗拒北军。隋唐以后，江淮为财富之区，而蜀自古就有天府之号，唐时"谚称扬一益二，谓天下之盛，扬为一而蜀次之也"（《容斋随笔》卷九《唐扬州之盛》）。当时割据扬州者为南唐，割据益州者为后蜀。南唐屏蔽江东，既专江淮之富，而与后周又止隔一水，其势足以威胁开封。后周若灭南唐，可用江淮财富，以行平南之策；若灭后蜀，可依长江上流之势，下临吴楚。所以后周用兵，不是先攻蜀，就要先伐唐。这个时候蜀主孟昶据险一方，以为北军不能南下，乃务为奢侈，不恤民事。

> 孟昶幸晋汉之际，中国多故，而据险一方，君臣务为奢侈以自娱，至于溺器皆以七宝装之。（《新五代史》卷六十四《后蜀世家》）

唐主李璟又喜用谄谀之臣，而至政刑紊乱。

> 唐主性和柔，好文章，而喜人佞己，由是谄谀之臣多进用，政事日乱。（《资治通鉴》卷二百九十二周世宗显德二年）

以新兴之邦临危亡之国，当然势如拉朽，无攻不破。显德二年，伐蜀，取秦凤阶成四州。五年，伐唐，淮南十四州悉入于周。六年，亲征契丹，取瀛莫二州，关南悉平。但是世宗又不是专以武力征服四方的。武力之外，又用仁政以引诱敌国人民来降。例如：

> 显德二年十月乙卯，诏曰，其四州（秦凤阶成）之民，二税征科之外，凡蜀人所立诸色科徭，悉罢之。（《资治通鉴》卷二百九十二《周世宗纪》）
>
> 显德三年六月壬申诏，先属江南之时，应有非理科徭，无名配率，一切停罢云。（《旧五代史》卷一百十六《周世宗纪》）
>
> 秦凤平，得降军数千人，其后帝念其怀土，悉放归蜀，至是蜀人知感。（《旧五代史》卷一百十七《周世宗纪》显德四年八月）

> 显德五年六月辛未，放先俘获江南兵士四千七百人归本国……十二月己卯，楚州兵马都监武怀恩弃市，坐擅杀降军四人也。（《旧五代史》卷一百十八《周世宗纪》）

其不杀降卒，实足以收罗敌国军队之心，而令敌兵不战而降。孟子说："不嗜杀人者能一之。"世宗深得此中道理，所以周师讨伐北汉之时，北汉人民乃箪食壶浆，以迎王师。

> 周师入境，汾晋吏民望风款接，皆以久罹虐政，愿输军须，以资兵力。世宗从之，而连下数州。（《宋史》卷二百五十一《符彦卿传》）

由此可知单以武力平定天下，是不易成功的。武力之外，尚需要政治进攻，才克有济。此际为中原之患者已经不是各地军阀，而是契丹，所以世宗得到瀛莫之后，就议攻幽州，不幸途中得疾，竟然晏驾，而遗下了宋代契丹之祸。

> 世宗末年，大举以取幽州，契丹闻其亲征，君臣恐惧，沿边城垒皆望风而下。凡蕃部之在幽州者亦连宵遁去。车驾至瓦桥关……以为大勋必集……是夜圣体不豫，翌日病，亟有诏回戈，未到关而晏驾。（《旧五代史》卷一百十九《周世宗纪》显德六年注引《五代史补》）

然而统一的曙光已经出现了。世宗崩后，宋太祖入践帝位，太宗继之，又次第削平群雄，先取荆（南平高继冲于建隆三年降）、湖（楚周保权于建隆三年降），西灭蜀（蜀孟昶于乾德二年降），南平汉（南汉刘𬬮于开宝三年降），遂并江南（后唐李煜于开宝七年降），吴越入朝（吴越钱俶于太平兴国三年降），北汉降附（北汉刘继元于太平兴国四年降），于是天下复归于一。司马光说：

> 自周室东迁，王政不行，诸侯逐鹿，凡百五十年而合于秦。秦虐用其民，十有一年，而天下乱，又八年而合于汉。汉为天子，二百有六年，而失

其柄。王莽盗之,十有七年,而复为汉。更始不能有,光武诛除僭伪,凡一十四年,然后能一之。又一百五十三年,董卓擅朝,州郡更相吞噬。至于魏氏,海内三分,凡九十有一年,而合于晋。晋得天下,才二十年,惠帝昏愚,群夷乘衅,散为六七,聚为二三,凡二百八十有八年,而合于隋。隋得天下,才二十有八年,炀帝无道,九州幅裂,八年而天下合于唐。唐得天下一百三十年,明皇恃其承平,荒于酒色,渔阳窃发,四海横流,肃代以降,方镇跋扈。陵迟至于五代,朝成夕败,有如逆旅。太祖起而振之,东征西伐,大勋未集,太宗嗣而成之,凡二百二十又五年,然后大禹之迹复混而为一。由是观之,上下一千七百余年,天下一统者五百余年而已。

吾国自周室东迁之后,或合为一统之国,或分为割据之邦,合短分长,合则治,分则乱。而在分乱之际,汉民族却不断地南移,挟中原的文化,以同化其土著的人民。分乱之在中国,不使中华民族衰亡,而使中华民族膨大,由黄河流域发展至长江流域,再由长江流域发展至闽粤桂黔,最后竟然殖民于南洋群岛,所以分乱对于中华民族的发展,是有间接作用的。此只就闭关时代言之,海禁开通,一个民族不能统一,国力消耗于内乱,结果只有灭亡。何况过去与吾国比邻者尽是野蛮的民族,现今环吾国而居者则为文明的国家。以古律今,太过乐观,此又吾人所宜警惕焉。

第四节
五代的政治制度

第一项　中央官制

五代之世,丧乱相承,中央政权极不巩固,无遑改造政制,其中央制度一方继承隋唐制度的形式,同时又产生未来制度的模型,举其要者约有两种。

第一是枢密院职权的增大。唐初以三省长官为宰相之职,其后稍有变动,同时又以他官参知政事。高宗以后,不问哪一称职官,苟有"同品""平章"之号,皆为宰相之职,而三省长官不加"同品""平章"之号者,反不得入政事堂议政,而失去其宰相的地位。唯自开元二十五年以后,同品之号已经绝迹,而侍中及中书令自大历二年之后,又升为正二品(《旧唐书》卷四十三《职官志二》),所以五代除避讳,不用平章,而用"同中书门下二品"之外,均用同中书门下平章事。

后唐长兴四年九月敕,冯赟有经邦之茂业,宜进位于公台。但缘平章事字犯其父名,不欲斥其家讳,可改同平章事为同中书门下二品。后至周显德中,枢密使吴廷祚亦加同中书门下二品,避其讳也。(《旧五代史》卷一百四十九《职官志》)

其实宰相之权已经潜移于枢密院。唐自宪宗以后,阉宦当国,政权归属于枢密使,军权归属于神策中尉,当时有四贵之称。

唐枢密使(当系两名)与两军中尉,谓之四贵。《《旧五代史》卷一百四十九《职官志》注引《职官分纪》》

政权与军权的消长,常依国之治乱而不同。国治,政可御军;国乱,军又御政,所以政权实际上也是属于神策中尉。枢密使与神策中尉斗争,结果一定失败,下列的事可以视为一例。

宣宗爱夔王滋,欲立为皇太子,而郓王长,故久不决。大中十三年八月,宣宗疾大渐,以夔王属枢密使王归长、马公儒……而左神策护军中尉王宗实、副使亓元实矫诏立郓王为皇太子。癸巳,即皇帝位于柩前,王宗实杀王归长、马公儒。《《新唐书》卷九《懿宗纪》》

朱全忠受禅,因鉴唐代宦官之祸,改枢密院为崇政院,更用士人。

梁之崇政使乃枢密之职,盖出纳之任也。唐常以宦者为之,至梁戒其祸,始更用士人。《《新五代史》卷二十四《郭崇韬安重诲传》论》

但是崇政院与枢密院最初乃两者并置,不久,方合并枢密院于崇政院。

开平元年四月辛未,以太府卿敬翔知崇政院事……五月甲午诏,枢密院宜改为崇政院,以知院事敬翔为院使。《《资治通鉴》卷二百六十六《梁太祖纪》》

敬翔为崇政院使在开平元年四月辛未,到了五月甲午改枢密院为崇政院,由此可知在五月甲午以前,崇政院与枢密院乃同时并置。五月甲午不是改枢密院为崇政院,而是将枢密院合并于崇政院。

开平元年四月辛未,以太府卿敬翔知崇政院事。胡三省注云,梁崇政院即唐枢密院之职,后遂废枢密院入崇政院……五月甲午诏,废枢密院,其职事皆入于崇政院,以知院事敬翔为院使。胡三省注云,《考异》曰,《实录》四月辛未,以翔知崇政院事。五月甲午诏,枢密院宜改为崇政院,始命翔为院使,盖崇政院之名先已有之,至是始并枢密院职事,悉归崇政院耳。(《资治通鉴》卷二百六十六《后梁太祖纪》)

梁之崇政院即唐枢密院之职。枢密之任本来属于宰相,其后唐帝宠任宦官,始以枢密归于内侍。

唐于政事堂后,列五房,有枢密房以主曹务,则枢密之任宰相主之,未始他付。其后宠任宦人,始以枢密归之内侍。(《旧五代史》卷一百四十九《职官志》注引《项安世家说》)

梁改枢密院为崇政院,亦掌枢密之任。其出纳王命有似于汉世的尚书与魏晋的中书。最初不过备顾问,参谋议于中,尚不能专行事于外。

敬翔、李振为崇政院使,凡承上之旨,宣之宰相而奉行之。宰相有非其见时,而事当上决者,与其被旨而有所复请者,则具记事而入,因崇政使以闻,得旨则得宣而出……盖出纳之任也……其备顾问,参谋议于中有之,未始专行事于外也。(《新五代史》卷二十四《郭崇韬安重诲传》论)

到了后唐,又恢复原名,即改崇政院为枢密院。

后唐同光元年十月,崇政院仍旧为枢密院。(《旧五代史》卷一百四十九《职官志》)

枢密使每以武臣为之,而权重将相。

唐制，枢密使常以宦者为之，自梁用敬翔、李振，至庄宗，始用武臣，
而权重将相。(《新五代史》卷四十七《刘处让传》)

庄宗时，郭崇韬为枢密使，其权侔于宰相。

梁之崇政使乃唐枢密之职，盖出纳之任也……至崇韬、重诲为之，始
复唐枢密之名，然权侔于宰相矣。(《新五代史》卷二十四《郭崇韬安重诲传》论)

明宗时，安重诲为枢密使，其势倾动天下。

唐明宗即位，以安重诲为枢密使……重诲以佐命功臣，处机要之任，
事无大小，皆以参决，其势倾动天下……是时四方奏事，皆先白重诲，然
后闻。(《新五代史》卷二十四《安重诲传》)

降至后晋，曾于天福四年，废枢密院，事无巨细，均归中书。

梁太祖以来，军国大政，天子多与崇政、枢密使议（胡三省注，梁与崇
政使议，唐与枢密使议），宰相受成命，行制敕，讲典故，治文书而已。帝
惩唐明宗之世安重诲专横，故即位之初，但命桑维翰兼枢密使。及刘处
让为枢密使，奏对多不称旨，会处让遭母忧，四月甲申，废枢密院，以印付
中书，院事皆委宰相分判。(《资治通鉴》卷二百八十二后晋高祖天福四年)

少帝开运元年依旧置枢密院[①]。

[①] 《旧五代史》卷八十一及八十二《晋少帝纪》，高祖崩，少帝即皇位。宰臣冯道等上表请依旧置枢密
使。"初高祖事后唐明宗，睹枢密使安重诲秉政擅权，赏罚由己，常恶之，及登极，故断意废罢，一委
中书。至是冯道等厌其事繁，故复请置之，庶分其权，表凡三上，不允。"至开运元年六月丙午，"诏
复置枢密院，丁未以侍中桑维翰为中书令，充枢密使"。

开运元年六月,敕依旧置枢密院,以宰臣桑维翰兼枢密使,从中书、门下奏请也。(《旧五代史》卷一百四十九《职官志》)

自此历汉至周不改,而汉且以枢密使兼方镇之任。

乾祐三年夏四月壬午,以枢密使郭威为邺都留守,依前枢密使,诏河北诸州,应兵甲、钱帛、粮草,一禀郭威处分。(《旧五代史》卷一百三《汉隐帝纪》)

郭威以枢密使出外为邺都留守,虽云枢密使兼方镇之任,实是方镇兼枢密使之职,所以时人才说:"以外制内,岂得便耶?"

周太祖之将镇邺也,苏逢吉奏请落枢密使。隐帝曰,有前例否?逢吉奏曰,枢密之任方镇带之,非便。史宏肇曰,兼带枢密,所冀诸军凛畏。竟从宏肇之议。宏肇怨逢吉之异己,逢吉曰,此国家之事也,且以内制外则顺,以外制内,岂得便耶?事虽不从,物议多之。(《旧五代史》卷一百八《苏逢吉传》)

到了这个时候,枢密使不但管理机要,代替了中书的地位,且又权兼内外,比之后梁初年,备顾问,参谋议于中,而不专行事于外,已经不可同日语了。马端临论述枢密院,甚得要点,兹录之如次。

按枢密之名始于唐代宗宠任宦官,故置内枢密使,使之掌机密文书,如汉之中书谒者令是也。若内中处分,则令内枢密使宣付中书、门下施行,则其权任已侔宰相。至僖、昭间,杨复恭、西门季元之徒遂至于视事行文书矣。昭宗天复元年,既诛刘季述,乃敕近年宰相延英奏事,枢密院侍侧,争论纷然,既出,又称上旨未允,复有改易,挠权乱政。自今并依大中旧制,俟宰相奏事毕,方得升殿承受公事。盖当时所谓枢密使者,专横如此。朱梁惩唐弊，不用宦者。然徒知宦者之不可用，而不知枢密院之不必存也，乃复改为崇政院，以敬翔为使。至后唐而复枢密院，郭崇韬、安重诲相继领其事，皆腹心大臣，则是宰相之外，复有宰相；三省之外，复有一省矣。宋兴，始以中书与枢密对持文武二柄，号称二府。然后枢密院之设，始专有职掌，不为赘疣。（《文献通考》卷五十八《枢密院》）

第二是三司使机关的产生。唐定都长安，租赋所出以江淮为渊，故常转漕东南之粟，以供京师之用，而转运使之职在官制上遂占重要的地位，常以宰相兼之。

> 开元二十一年，裴耀卿以侍中充江南、淮南转运使……天宝以韦坚充勾当转运使，第五琦充诸色转运使，刘晏充诸路转运使，其后韩滉、杜悰、杜让能、崔昭纬皆以宰相充使，而诸道分置巡院，皆统于此。（《文献通考》卷六十一《职官考十五·转运使》）

转运使转运钱谷，唐时国家收入除租赋外，尚有盐铁专卖。关于盐铁，凡有盐铁之处，均设监院，而中央则置盐铁使以总海内盐铁之课。关于租赋，尚书省户部尚书之下，有户部度支郎中、侍郎判其事。

> 唐朝以来，户部度支掌泉货，盐铁时置使名，户部度支则尚书省本司郎中、侍郎判其事。天宝中，杨慎矜、王铁、杨国忠继以聚货之术媚上受宠，然皆守户部度支本官，别带使额，亦无所改作。下及刘晏、第五琦亦如旧制，自后亦以宰臣各判一司，不置使额。（《旧五代史》卷一百四十九《职官志》）

> 唐制，户部度支以本司郎中、侍郎判其事，而有盐铁转运使，其后用兵，以国计为重，遂以宰相领其职。（《新五代史》卷二十六《张延朗传》）

所谓三司是指盐铁、户部、度支三个机关。

三司谓盐铁、户部、度支也。(《文献通考》卷五十二《职官考六·户部尚书》)

在财政困难之际，政府往往增设机关于各地，以搜括天下钱谷，这不但可使地方官制因之复杂，且可使地方税制因之纷乱。唐在开元以后，有租庸使；建中以后，有两税使；乾符以后，天下丧乱，国用愈空，复置租庸使于各地，兵罢则止。

乾符后，天下兵兴，随处置租庸使，以主调发，兵罢则停。(《旧五代史》卷一百四十九《职官志》)

乾符以后，天下丧乱，国用愈空，始置租庸使，用兵无常，随时调敛，兵罢则止。(《新五代史》卷二十六《张延朗传》)

梁承唐制，也置租庸使，领天下钱谷，其与唐代不同者，唐的租庸使多以节镇兼之，其性质接近于地方官，且为临时机构；梁的租庸使"专天下泉货"，似为一种中央官，且为常设机关。

梁时乃置租庸使，专天下泉货。(《旧五代史》卷一百四十九《职官志》)
梁兴，始置租庸使，领天下钱谷，废盐铁、户部、度支之官。(《新五代史》卷二十六《张延朗传》)

后唐灭梁，仍而不改[①]。

同光二年正月戊午诏，盐铁、度支、户部并委租庸使管辖。(《旧五代史》卷三十一《唐庄宗纪》)
后唐同光二年正月敕，盐铁、度支、户部三司，凡阅钱物，并委租庸使

---

① 《资治通鉴》卷二百七十三《后唐庄宗纪》，同光二年正月戊午，敕盐铁、度支、户部三司并隶租庸使。

管辖,踵梁之旧制也。(《旧五代史》卷一百四十九《职官志》)

租庸使只以聚敛为事,大失人心。

> 租庸使孔谦酷加赋敛,敕文之所原放,谦复刻剥不行,大失人心,始于此矣。(《旧五代史》卷三十一《唐庄宗纪》)

> 孔谦为租庸使……谦无他能,直以聚敛为事。庄宗初即位,推恩天下,除百姓田租,放诸场务课利欠负者,谦悉违诏督理。故事,观察使所治属州,事皆不得专达,上所赋调,亦下观察使行之。而谦直以租庸帖调发诸州,不关观察。观察使交章论理,以为制敕不下支郡,刺史不专奏事,唐制也。租庸直帖沿伪梁之弊,不可为法。今唐运中兴,愿还旧例。诏从其请,而谦不奉诏,卒行直帖。又请减百官俸钱,省罢节度、观察判官、推官等员数,以至郭塞天下山谷径路,禁止行人,以收商旅征算,遣大程官放猪羊柴炭,占庇人户,更制括田竿尺,尽率州使公廨钱,由是天下皆怨苦之。(《新五代史》卷二十六《孔谦传》)

明宗即位,以租庸使之权太重,流弊甚多。天成元年四月,罢租庸使,依旧为盐铁、户部、度支三司,委宰相一人判其事,号曰判三司。

> 天成元年四月诏,废租庸使,依旧为盐铁、户部、度支三司,委宰臣一人专判……梁时乃置租庸使,专天下泉货。庄宗中兴,秉政者不娴典故,踵梁朝故事,复置租庸使,以魏博故吏孔谦专使务。敛怨于下、斩丧王室者,实租庸之弊故也。洎明宗嗣位,思革其弊,未及下车,乃诏削除使名,但命重臣一名判其事,曰判三司。(《旧五代史》卷一百四十九《职官志》)

到了长兴元年,置三司使,三司使之名自此始。

> 长兴元年八月,以许州节度使张延朗行工部尚书,充三司使……三

司置使,自延朗始也……延朗自许州入,再掌国计,白于枢密使,请置三司名。宣下中书,议其事,宰臣以旧制覆奏,授延朗特进,行工部尚书,充诸道盐铁转运等使,兼判户部度支事,从旧制也。明宗不从,竟以三司使为名焉。(《旧五代史》卷一百四十九《职官志》)

自是而后,地方财务均归三司使指挥,三司使得遣取地方财货,不使方镇有所积聚。

张延朗充三司使……晋高祖在太原,朝廷猜忌,不欲令有积聚,系官财货留使之外,延朗悉遣取之,晋高祖深衔其事。(《旧五代史》卷六十九《张延朗传》)

又得指挥地方征税,不使外臣任意繁敛。

周显德三年十月,宣三司指挥诸道、州、府,今后夏税以六月一日起征,秋税至十月一日起征,永为定制。(《旧五代史》卷一百四十六《食货志》)

秦汉以大司农掌钱谷,而郡国盐官铁官亦属大司农。魏晋以后,尚书发展,钱谷归户部管辖,司农所掌者为稼穑之政。至唐,财政由三司分掌。天宝以后,"唐室微弱,诸道常赋多不上供"(《旧五代史·赵匡凝传》),财权于中央分掌于三司,于地方分化于方镇,这便是中唐以后政局不能安定的一个原因。五代置三司使,以掌财赋,地方财政官均直隶于三司,固然户部失职,而财权却渐由地方集中于中央。至宋,三司使之权侔于宰相,与中书省掌行政,枢密院掌军政,成为政军财三权鼎立之制。

第二项　地方官制

地方政制的变更常不如中央政制的变更那样激烈,这不但吾国如是,外国也是一样。何以故？地方政制是以社会环境为基础，社会环境不易变更，所以地方政制也不易变更。中央政制固然也宜顾到社会环境，而其基础则为势力关系。势力关系容易变更，所以中央政制也容易变更。吾国自秦汉以来，采用郡县之制。县区是依山川形势与地土生产而划分之，其变更最为困难。汉武帝开广三边，东至朝鲜，西至榆林，南至交趾，北至沙漠，凡郡国一百三，县千五百八十七（《汉书》卷二十八《地理志下二》）。唐在开元、天宝之际，东至安东，西至安西，南至日南，北至单于府，盖南北如汉之盛，东不及而西过之，凡郡府三百二十有八，县千五百七十三（《新唐书》卷三十七《地理志一》）。唐的版图与汉相埒，其县数亦与汉相差不远，由此可知县区是不易改变的。而县的官制，自秦汉以来，也少改造。郡与县不同，其设置大率由于政治原因。吾国虽然一治一乱，而由分权逐步倾向于集权，则为历史的趋势，郡区的缩小便是用以达成集权的目的。汉郡一百有三，唐郡三百二十八，增加了三倍有余。此无他，区域小者控制易，区域大者控制难。但是区域过小，单位必多；单位过多，中央又不易一一指挥监督，因此行政区之上，往往另设监察区。这个监察区在汉曰州，在唐曰道，而汉代的郡，唐代或改名曰州，或仍称曰郡。称州则置刺史，称郡则置太守，州郡迭置，刺史、太守更相为名，其实一也。所以唐代虽有刺史，皆太守的互名，非旧刺史之职，理一郡而已。由此可知唐的刺史即汉的太守，而汉的刺史在唐则为诸道采访使或观察使。

> 武帝元封五年，乃置部刺史，掌奉诏六条察州……唐神龙二年二月，分天下为十道，置巡察使二十人，一道二人……兼按郡县，再期而代。至景云二年，改置按察使，道各一人。开元十年省，十七年后置，二十七年省，改置采访处置使……至德之后，改采访使为观察……分天下为四十余道……大者十余州，小者二三州，各因其山川区域为制，诸道增减不恒，使名沿革不一，举其职例，则皆古之刺史云。（《文献通考》卷六十一《州牧刺史》）

但是监察之任往往变为行政之官，汉之刺史变为州牧，唐之观察变为方镇,于是前此为了监察利便,设道以统诸州者,现在道又变成行政区,区域过大,又感觉控制艰难了。这便是方镇之祸所以发生的原因。五代为丧乱之世,地方政制不易改革者如县,固然未曾改革;地方政制应该改革者如道,亦无遑改革,因之整个地方政制均循唐代之旧,未曾改弦更张。

五代地方政制表

区域	官名	备考
第一级	道 节度使 观察使	节度使大率兼领观察使之职,例如晋天福三年十一月辛亥,升相州为彰德军,置节度观察使,以澶卫二州为属郡;升贝州为永清军,置节度观察使,以博冀二州为属郡。(《旧五代史·晋高祖纪》)
第二级	府 尹	五代常以藩镇创业之地,升州为府,欲异其制,以别于诸州,而诸府升降改置,甚为频繁,称府置尹,称州则置刺史,体制虽殊,职掌则一。
	州 刺史	五代沿唐制,依地望高卑及户口众寡,有辅、雄、望、紧、上、中、下之别。
第三级	县 令	县亦有赤、畿、望、紧及上、中、下之别。

五代地方政制均沿唐代之旧,无可足述。其中可以提出讨论者,不是制度,而是地方官的人选问题。

第一为节度使的人选。五代节度使均用勋臣武将,遍检薛、欧二史,文臣为节度使者唯冯道暂镇同州、桑维翰镇相州二者而已。他们恃勋骄恣,荼毒生民,固不必说,而矜功桀骜,蔑视朝廷,又比比皆是。梁祖以枭桀之资,驱策群下,"功臣宿将多以小过被诛",未尝稍事含忍。友珪篡逆,惧臣下不附,"多出府库金帛,赐诸军及百官以取悦"(《资治通鉴》卷二百八十六梁太祖乾化二年)。末帝欲诛友珪,又向魏博节度使杨师厚,"深陈欸效",及其即位,"事无巨细,必先谋于师厚"(《旧五代史·杨师厚传》)。自是而后,唐代方镇之祸又发生于五代之世,抑且加甚焉。

唐自失河北后,河朔三镇,朝命不行,已同化外,羁縻至末季,天子益弱，诸侯益强，朝廷尤以姑息为事，卒至尾大不掉，区宇分裂，鼎祚遽移。梁祖以枭桀之资，驱策群下，动以诛戮从事，如氏叔琮、朱友恭、王重师、朱珍、邓季筠、胡规、黄文靖、李重允、范居实等皆披坚执锐，为开国功臣，一有疑忌，即斩艾随之，固未尝稍事含忍也。及末帝即位，渐不能制其下。杨师厚在魏博，朝廷常有隐忧，而不敢过问。师厚死，乃私贺于宫中（《杨师厚传》，庶人友珪篡位，以杨师厚为魏博节度使，末帝将图友珪，遣使谋于师厚，深陈款效。友珪既诛，末帝即位，首封师厚为邺王，事无巨细，必先谋于师厚）。华温琪为定昌节度使，夺人妻，为其夫所告。帝下诏曰，若便行峻典，谓予不念功勋；若全废旧章，谓予不念黎庶，为人君者不亦难乎？乃召温琪入为金吾大将军。（《华温琪传》）此可以见曲事调停，略无威断矣。庄宗登极，历年未久，明宗尝因诸侯邸吏骄恣，杖遣示惩，可谓能整饬纪纲者。（《卢文纪传》）然姑息之弊实起于是时。高季兴擅窃夔州，帝遣刘训讨之，以霖潦班师。（《高季兴传》）李彝超据夏州不受代，帝遣安从进讨之，以刍粮不继班师。（《李彝超传》）安重诲虑孟知祥据蜀，遣李严往监军，知祥即斩严以叛。（《李严传》）董璋与知祥分据两川，攻陷遂阆二州，帝遣石敬瑭讨之，又以馈饷不给引还。帝遣人往谕璋改过，璋不听。（《董璋传》）知祥抗命既久，范延光奏曰，陛下若不屈意招抚，彼亦无由自新。帝曰，知祥吾故人也，抚之，何屈意之有？乃以诏赐知祥，知祥始上表谢。（《孟知祥传》）是明宗之于强藩已多所包容，不能制驭矣。至石晋尤甚，几有冠履倒置之势（《安从进传》，晋高祖取天下不顺，常以此惭，藩镇多务过为姑息，而藩镇之臣或不自安，或心慕高祖所为，谓举可成事，故在位七年，而反者六起）。杨光远奉命讨范延光，兵柄在手，以为晋祖畏己，辄干预朝政，或抗有所奏。晋祖亦曲意从之。（《杨光远传》）张彦泽为节度使，所为不法，从事张式谏，不听，出奔。彦泽使人面奏，谓彦泽不得张式，恐致不测。晋祖亦不得已与之。（《张彦泽传》）朝廷之尊反为臣下所胁制，然此犹事之小者也。安重荣在镇州，以晋祖厚事契丹，数加非笑，谓诎中国以事外蕃。上表欲兴兵攻契丹，并执契丹使者。驰书各镇，谓契丹贪傲无厌，将与之决战。帝谕止之，不从，重荣谓帝无如之何，遂与襄州安从进谋反。（《安重荣传》）安从进在襄州，南方贡输道裹者，辄留之。帝欲徙之青州,使人告以虚青州以待。从进曰,移青州在汉江南,即赴任。帝亦优容之。(《安从进传》)威令不行,武夫悍将桀傲至此,固由于兵力不足以相制,然周世宗登极后,诸镇咸惕息受驱策,则又不系乎兵力之强弱,而制驭天下,自有道矣。(《廿二史札记》卷二十二《五代姑息藩镇》)

第二为刺史的人选。隋唐五代的刺史便是秦汉的郡守。汉宣帝常称曰:"庶民所以安其田里,而亡叹息愁恨之心者,政平讼理也,与我共此者,其唯良二千石乎?"故二千石有治理效,辄以玺书勉厉,增秩赐金,或爵至关内侯,公卿缺,则选诸所表,以次用之。(《汉书·循吏传序》)唐太宗尝曰:"朕思天下事,丙夜不安枕,永惟治人之本莫重刺史。"故录姓名于屏风,卧兴对之,得才否状,辄疏之下方,以拟废置。(《新唐书》卷一百九十七《循吏传序》)古代天子怎样注意地方官的人选,观这两事,可以明了。而五代刺史则以武夫之有军功者任之。

> 当是时,刺史皆以军功拜,言事者多以为言,以谓方天下多事、民力困疲之时,不宜以刺史任武夫,恃功纵下,为害不细。(《新五代史》卷四十六《郭延鲁传》)

他们虽知军旅,而昧于抚绥,往往容纵部曲,渔蠹公私。

> 相里金,同光中拜忻州刺史。是时诸州皆用武人,多以部曲主场务,渔蠹公私,以利自入。金独禁部曲不与事,厚其给养,使掌家事而已。(《新五代史》卷四十七《相里金传》)

功臣大将不幸而死,其子孙又得进献家资,以求刺史之职。

> 功臣大将不幸而死,则其子孙率以家资求刺史,其物多者得大州善地。(《新五代史》卷四十六《郭延鲁传》论)

石晋时,边光范曾上书言:

> 今则刺史或因缘世禄,或贡奉家财,或微立军功,但循官序,实恐抚民无术,御吏无方,以此牧民,而民受其赐,鲜矣。(《宋史》卷二百六十二《边光范传》)

刺史人选既是这样,欲其不侵渔百姓,以偿贡奉家财之失,已经不易,更何能望他们励精图治,抚集凋残?五代没有循吏,所以张全义诒事朱温,甚至妻妾媳女为其所乱,不以为恨;及唐灭梁,又贿赂唐庄宗之后刘氏及伶人、宦官等以保禄位,而当时万口同声皆以全义为名臣,为元老,实因五代之世,民众倒悬,张全义为河南尹,独能以安辑百姓为念。

> 张全义为河南尹……初蔡贼孙儒、诸葛爽争据洛阳,迭相攻伐,七八年间,都城灰烬,满目荆榛。全义初至,惟与部下聚居故市,井邑穷民不满百户。全义善于抚纳,课部人披榛种艺,且耕且战,以粟易牛,岁滋垦辟,招复流散,待之如子。每农祥劝耕之始,全义必自立畎亩,饷以酒食,政宽事简,吏不敢欺。数年之间,京畿无闲田,编户五六万,乃筑垒于故市,建置府署,以防外寇。(《旧五代史》卷六十三《张全义传》)

第三为县令的人选。汉法,郡县秀民推择为吏,考行察廉,入为郎官,出宰百里。县令无不妙选贤能,地方行政甚为进步,所以武帝讨伐匈奴,师出三十余年,赤地数千里,而社会秩序尚甚安定。南北朝为混乱之世,县令多用厮滥,至于士流,耻居百里。五代之乱不亚于南北朝,凡人投身行伍,稍有功勋,就可以任命为刺史乃至节度使。县令既受刺史的指挥,又受节度使的监督,上司人选猥滥,所以贤士大夫均耻居百里之任。因之为县令者率是龌龊无能之辈,他们只知诛求,不知安辑。

五代任官,凡龌龊无能者始注为县令,故天下之邑率皆不治,甚者诛

求刻剥,猥琐万状。(《文献通考》卷六十三《职官考十七·县令》)

固然五代政府,例如梁太祖时代,对于县令人选,也颇注意。

> 乾化二年三月,诏曰,夫隆邦兴国,必本于人民;惠养瘦赢,尤资于令长。苟选求之逾滥,固抚理之乖违。如闻吏部拟官,中书降授,或缘亲旧所请,或为势要所干,姑徇私情,靡求才实。念兹蠹弊,宜据条章。今后应中书用人及吏部注拟,并宜省藩身之才业,念为政之臧否,必有可观,方可任用。如或尚行请说,犹假货财,其所司人吏必加推穷,重加惩断。(《五代会要》卷十九《县令上》)

且改革唐末之弊,令州镇使官,秩无高卑,均在县令之下。

> 帝过朝邑,见镇将位在县令上,问左右。或对曰,宿官秩高。帝曰,令长字人也,镇使捕盗耳。且镇将多是邑民,奈何得居民父母上?是无礼也。至是敕天下镇使官秩无高卑,位在邑令下。(《旧五代史》卷五梁太祖开平四年)

但是刺史、节度使既以武夫走卒任之,而只精选县令,贤士大夫哪肯屈身于百里之任?何况县令不得专县事,纵令部内黜吏,亦须先咨府,才得罢免。

> 王审琦为中正军节度……所部邑令以罪停其录事吏。幕僚白令不先咨府,论按之。审琦曰,五代以来,诸侯强横,令宰不得专县事。今天下治平,我忝守藩维,而部内宰能斥去黜吏,诚可嘉尔,何按之有?(《宋史》卷二百五十三《王审琦传》)

县令为临民之官,中央法令必待县令,而后才得实施于人民。县令人选不良,则中央法令将供为县令渔民之具。当时政府所急者有三,一是征粮,二

是征税,三是征兵。此三者均须取之于民,而如晋少帝所说:

> 干戈尚兴,边陲多事,仓廪不足,则辍人之粮食;帑藏不足,则率人之资财;兵士不足,则取人之丁口;战骑不足,则假人之乘马。(《旧五代史》卷八十三《晋少帝纪》开运元年十月戊午诏)

取之于民,必须假手于临民之宰,豪富之家本来有逃避赋役的方法,因之,实际负担赋役者只有一般贫民。县令不良,则必因缘为奸,分外扰人。

> 每官中抽差徭役……刺史、县令……因缘赋敛,分外扰人。(《旧五代史》卷五《梁太祖纪》开平三年)

> 契丹入寇,国用愈竭,复遣使者三十六人分道括索民财……州县吏复因缘为奸。(《资治通鉴》卷二百八十四《后晋纪》齐王开运元年)

总之,五代地方行政极其腐败,节度使多勋臣武将,刺史皆以军功拜,而县令多龌龊无能,他们不能治民,而是渔民,所以欧阳修说:

> 呜呼,五代之民其何以堪之哉?上轮兵赋之急,下困剥敛之苛……则为其民者其何以堪之哉?(《新五代史》卷四十六《郭延鲁传》赞)

此外,应附带叙述者,五代丧乱相承,闾里虽然不修,而为征调赋役起见,似亦有邻保之制。例如:

> 天成四年五月敕,百姓今年夏苗,委人户自通供手状,具顷亩多少,五家为保,委无隐漏攒连状,本州具状送省,州县不得送差人检括,如人户隐欺,许令陈告,其田倍令并征。(《五代会要》卷二十五《租税》)

> 长兴二年六月敕,委诸道观察使属县,于每村择有力人户充村长,与村人议,有力人户出剩田苗,补贫下不迨顷苗者。肯者即具状征收,有者

即排段抢括,自今年起为定额,有经灾旱及逐年逋处,不在此限。(《五代会要》卷二十五《租税》)

其邻里相保之状颇为严酷,晋时,一家为盗,邻保处斩。

朝廷患诸处盗贼,遣使捕逐。苏逢吉自草诏意云,应有贼盗,其本家及四邻同保人,并仰所在全族处斩。或谓逢吉曰,为盗者族诛,犹非王法。邻保同罪,不亦甚乎?逢吉坚以为是,仅去全族二字。时有郓州捕贼使臣张令秀尽杀平阴县十七村民,良由此也。(《旧五代史》卷一百八《苏逢吉传》)

此亦可以证明吾国保甲制度是以监察邻里奸邪为目的,使政府征税捕盗容易进行而已。周显德中,对于保甲制度稍有厘革。

周显德五年十月诏,诸道州府团并乡村,大率以一百户为一团,选三大户为耆老。凡民家之有奸盗者,三大户察之。民田之有耗登者,三大户均之。仍每及三载,即一如是。(《五代会要》卷二十五《团貌》)

然而民田耗登,既由三大户均担,则三大户何能不设法取偿于百姓?所以立法之意虽佳,而实行之后,反供为土豪劣绅以鱼肉平民的工具而已。

附录 五代建元表

(一) 后梁

太祖朱温　　开平四　乾化二
末帝友贞　　乾化二　贞明七　龙德三
上后梁二主，十七年。

(二) 后唐

庄宗李存勖　同光三
明宗嗣源　　天成四　长兴四
闵帝从厚　　应顺一
潞王从珂　　清泰三
上后唐四主，十三年。

(三) 后晋

高祖石敬瑭　天福七
出帝重贵　　开运三（初即位，称天福八年）
上后晋二主，共十一年。

(四) 后汉

高祖刘知远　乾祐一（初即位，称天福十二年）
隐帝承祐　　乾祐（自二年至三年）
上后汉二主，四年。

(五) 后周

太祖郭威　　广顺三　显德一

世宗柴荣　　显德（自二年至六年）

恭帝宗训　　显德

上后周三主,共十年。